Nada por lo que pedir perdón

Historia

Marcelo Gullo Omodeo

Nada por lo que pedir perdón

La importancia del legado español frente a las atrocidades cometidas por los enemigos de España

ESPASA

Espasa, un sello editorial de Editorial Planeta, S. A.
Avda. Diagonal, 662-664, 08034 Barcelona (España)

Imágenes de interior: © Guajillo studio/Shutterstock; © Granger, NYC/Album; © Robert Belbin/Art Directors/ACI; © FLHC 20216/Alamy/ACI; © filipefrazao/ istock images; © Westend61/Gettyimages; © Michael Derrer Fuchs/Shutterstock; © Bridgeman images/ACI; © Stefano Bianchetti/Bridgeman Images; ©Heritage Images/Album/ Keystone Archives; © Bridgeman Images/RDA/Album; © Hulton Deutsch/Getty Images; © Real Academia de Historia/Alamy/ACI; © EFE; © Keystone Pictures USA/ ZUMAPRESS/EFE; © BNE; © akg-images/Album; © CLAUDIO PERI/EFE; © Bettmann/ Getty; © Leonardo Fernández/Getty Images; © Chepa Beltran/LongVisual/ZUMA Press Wire/EFE; SOPA Images Limited/Alamy/ACI; Andia/Alamy/ACI; © Vidal/EFE y Berliner Verlag/picture alliance/ZB/ACI.

Iconografía: Grupo Planeta

Adaptación de la cubierta: Booket / Área Editorial Grupo Planeta
Ilustración de la cubierta: Mapamundi de Domingos Teixeira (1573)
Primera edición en Colección Booket: abril de 2024
Segunda impresión: septiembre de 2024
Tercera impresión: octubre de 2024
Cuarta impresión: noviembre de 2024
Quinta impresión: febrero de 2025
Sexta impresión: mayo de 2025
Séptima impresión: octubre de 2025

Depósito legal: B. 4.294-2024
ISBN: 978-84-670-7312-6
Impreso en España

Biografía

Marcelo Gullo Omodeo es doctor en Ciencia Política por la Universidad del Salvador (Buenos Aires), magíster en Relaciones Internacionales —especialización en Historia y Política Internacional— por el Institut Universitaire de Hautes Études Internationales de la Universidad de Ginebra, graduado en Estudios Internacionales por la Escuela Diplomática de Madrid, profesor de la Escuela Superior de Guerra y de la Universidad Nacional de Lanús (Buenos Aires) e investigador asociado del Instituto de Estudios Estratégicos (INEST) de la Universidad Federal Fluminense (Río de Janeiro). Es autor de varios libros, entre los que cabe destacar, *Argentina-Brasil. La gran oportunidad*; *La insubordinación fundante. Breve historia de la construcción del poder de las naciones*; *Insubordinación y desarrollo. Las claves del éxito y el fracaso de las naciones*; *La historia oculta. La lucha del pueblo argentino por su independencia del imperio inglés*; *Haya de la Torre. La lucha por la Patria Grande* y *Relaciones internacionales. Una teoría crítica desde la periferia sudamericana*. Ha impartido numerosas conferencias en España, Argentina, Bolivia, Perú, Uruguay, Brasil, Venezuela, Italia y Rusia. En Espasa ha publicado tres obras de enorme repercusión en venta y crítica: *Madre patria*, *Nada por lo que pedir perdón* y *Lo que América le debe a España*.

Al legendario profesor Luis D'Aloisio, mi gran maestro y amigo, el Sócrates de Rosario, el hombre que me enseñó a pensar.

A la memoria de Aquilino Duque y Fortunato Baldelli, que me protegieron y ayudaron tanto.

A Ramiro de Maeztu, Claudio Sánchez Albornoz y Gustavo Bueno, que amaron siempre a España.

A Vicente Sierra, el gran historiador olvidado de la obra de España en América.

A Inés, fuente de amor e inspiración.

A mis queridos hijos Juan Carlos, Piti y Antonio, a los que amo profundamente.

Yo he conocido cantores
que era un gusto escuchar,
mas no quieren opinar
y se divierten cantando,
pero yo canto opinando,
que es mi modo de cantar.

JOSÉ HERNÁNDEZ, *El gaucho Martín Fierro*

Lo que se llama ponderación de juicio, consideración a las opiniones del prójimo, espíritu crítico equilibrado, en los tiempos tempestuosos de una nación, son con frecuencia evasivas de parte de los intelectuales nativos para no afrontar responsabilidades, la forma cómoda y nirvánica de no comprometerse y evitar los odios contumaces que provocan escritos cuyo único compromiso es la fidelidad al país.

JUAN JOSÉ HERNÁNDEZ ARREGUI

La historia es testigo de lo pasado,
ejemplo y aviso de lo presente
y advertencia de lo porvenir.

MIGUEL DE CERVANTES

Índice

Prólogo

Si el anterior libro del historiador argentino Marcelo Gullo, *Madre Patria,* supuso un fuerte impacto entre profesionales y lectores de Historia por su solvencia investigadora, su buena escritura y su valentía al adentrarse con firmeza en una temática sobre la historia de América y de España tan controvertida, tan falseada y llena de prejuicios asentados por «la ignorancia y la malicia» —dos de las cuestiones principales a combatir que movieron a los académicos del siglo XVIII a fundar en España la Real Academia de la Historia—, este que tengo el honor de presentar, *Nada por lo que pedir perdón,* se adentra en lo que ha sido y sigue siendo la némesis de la falta de autoestima de nuestras naciones y un tópico siempre a mano para hacer callar cualquier intento explicativo: la leyenda negra.

El libro hace un exhaustivo recorrido por las distintas etapas históricas en las que se ha centrado la leyenda negra, así como en los personajes y en los intereses políticos de Estados y naciones que han alimentado tergiversaciones, falsedades o exageraciones sin cuento, resaltando siempre lo negativo (que existió, efectivamente) y omitiendo lo positivo (que también existió, y mucho). No se trata de superioridades o de inferioridades de unos u otros, sino de mostrar una objetiva historia comparada en la que han ocurrido brutalidades y sangre, y también hechos valiosos, generosos y civilizatorios que, en el caso de España y de América, en los tres siglos de existencia de la Monarquía Hispánica, quedan sepultados bajo las afirmaciones fáciles generalizadoras de una barbarie que condena sin apelación tres siglos de Historia. El desconocimiento de una compleja historia común que nos honra, la «malicia» que la lucha política utiliza sin ofrecer detalles, la tendencia humana para conseguir la supremacía del poder y destruir la reputación del «enemigo» como sea —la propaganda ha existido siempre— se agravan aún más cuando sectores significativos entre los propios españoles creen esas generalidades falseadas y las asumen con cierta resignación y auténtico complejo de inferioridad. Todavía recuerdo en los años ochenta del siglo pasado la respuesta que me dio un buen y querido amigo mío desde los años universitarios, importante y honesto político, militante de siempre y en el Gobierno de España en aquel momento, cuando me devolvió el ejemplar de la biografía de Felipe II como príncipe del Renacimiento, publicada por Alianza Editorial, objetiva y bellamente escrita por Geoffrey Parker, diciéndome: «¡Bueno, lo creo porque lo ha escrito un inglés!». Ni siquiera quiso quedarse con el libro, que ya se lo había regalado antes.

Una más de las aportaciones importantes del nuevo libro de Gullo son las citas documentadas y reseñadas de historiadores y escritores fundamentalmente americanos que, a lo largo de los siglos, combatieron lo que todavía no era la leyenda negra; lo siguieron haciendo sus sucesores a partir del siglo XIX, cuando Julián Juderías dio ese nombre a las mentiras sobre la historia de España y América y también las combatió. No es el momento de tratar nuestra entrada en la contemporaneidad en el siglo XIX en medio del gran trauma del fin del Imperio (que no imperialista, como se verá) y, muy especialmente, la terrible invasión francesa de 1808 y la guerra napoleónica más larga de Europa... y, para colmo, tener como soberano a Fernando VII. Pero ahí comenzó precisamente el colonialismo europeo y norteamericano tal como lo conocemos, las guerras y las rapiñas colosales (no hay más que ir a los museos de Inglaterra, Francia o Bélgica para ver los tesoros de Grecia, de Egipto, de África, de la India... Nada que ver con España. El único museo de América se hizo en el siglo XX, y no es producto del robo o del expolio). Están muy bien explicados en las páginas de Gullo estos contrastes y acontecimientos históricos, y el lector creo que se sorprenderá con algunos detalles y datos, y también, digamos, con el poco éxito que historiadores y escritores de un lado y otro del Atlántico hemos tenido incluso entre los propios compatriotas. Claro que estos historiadores y escritores suelen ser una minoría, si bien tanto en América como en España están aumentando significativamente los escritos que reivindican la *verdad de los hechos*. Historiadores y escritores de franjas generacionales más jóvenes y en plena madurez están tomando la palabra. Marcelo Gullo es uno de ellos.

Cuando hablamos de la «verdad de los hechos», con minúscula, nos estamos refiriendo a lo que Hannah Arendt calificaba como una *verdad factual:* los hechos han sucedido y no se pueden cambiar, esa es la primera premisa; nos podemos preguntar si pueden existir en la realidad, «independientemente de la opinión y de la interpretación», como plantea en ese pequeño gran escrito titulado *Verdad y mentira en la política*. Y en esta segunda premisa señala que para explicarlos hay que acompañarlos de una interpretación objetivada en todo lo posible, porque nuestro mundo es un mundo de significados y, sin ellos, pierde todo sentido, como han demostrado las ciencias cognitivas de nuestra época: sin significación no podemos vivir. Por ello, «hay que rescatar esos hechos del caos de los meros acontecimientos... y después hay que ordenarlos en una narración que exige una *perspectiva*». De ninguna manera —prosigue— esto constituye un argumento contra la existencia de las cuestiones objetivas (que no absolutas), ni pueden servir para justificar que se borren las líneas divisorias entre *el hecho, la opinión y la interpretación,* tercera premisa. En Historia, corresponde al historiador mantener esas líneas divisorias con su rigor investigador de los hechos, de su contexto, siempre complejo, bajo el imperativo ético profesional de la búsqueda de la verdad. Y de ninguna manera se pueden manipular los hechos a gusto de cada cual. Cuando admitimos que cada generación hace sus preguntas al pasado desde su presente no se trata de que cada generación tenga derecho a una particular «historia» que pueda alterar el propio hecho objetivo, sino que, con un conocimiento que enriquezca la comprensión de las fuentes y datos y, especialmente, con nuevas preguntas y búsquedas, cada generación puede crear una nueva perspectiva que le permita desde ella ordenar y enriquecer el significado y el contexto del hecho, su *verdad factual.* Arendt recuerda con humor la famosa anécdota atribuida a Clemenceau, cuando un interlocutor alemán le preguntó qué dirían los historiadores cincuenta años más tarde sobre quiénes habían sido los responsables del comienzo de la Primera Guerra Mundial de 1914-1918, «un asunto tan problemático y controvertido». Clemenceau contestó: «No lo sé, pero estoy seguro de que no dirán que Bélgica invadió Alemania».

Conviene recordar que, cuando alguien nos dice que no existe la Historia ni los hechos objetivos, hay que desconfiar: nos quieren imponer su «historia» particular. Hay otra importante consideración de Arendt en este sentido cuando afirma que esas mentiras o falsedades llevan en sí una *violencia* que se manifiesta en la manipulación o en el intento de tergiversar con *opiniones* falseadas los hechos del pasado mediante la reescritura de la historia, de la historia de siglos pasados, pero incluso de la historia contemporánea, ante los ojos de quienes fueron testigos de los hechos, en el adoctrinamiento en las escuelas y en algunos medios, con el propósito de *sustituir los hechos por las opiniones.* Entonces, como ocurrió en los prolegómenos del nazismo, decía Arendt, «hay que salir corriendo», como ella y tantos otros tuvieron que hacer. Cuando hay una falsedad deliberada que niega la verdad de los hechos y se confunde con interpretaciones y opiniones interesadas y subjetivadas, en todo ello existe una violencia latente que acaba llevando a una destrucción mayor en los seres humanos afectados. La historia del siglo XX nos ha dado terribles ejemplos.

Lo que debemos a los muertos, decía José de la Quintana, son dos cosas: justicia y verdad. Principio de justicia y no de venganza, puntualiza Ágnes Heller en el siglo XX, en buena medida discípula de Arendt. Uno puede perdonar a *sus* enemigos, pero NO puede perdonar en nombre de otros. El perdón, como la culpa y la responsabilidad, son interrelaciones entre individuos y no entre abstracciones. Historia y futuro impiden olvidar el pasado, pero los actos de justicia posteriores, a veces, pueden conducir a una serie de injusticias, sobre todo en contextos fuera de toda ley. No es el momento de desarrollar este sensible tema, pero de forma implícita está contenido en las líneas siguientes.

Marcelo Gullo ha dado un título brillante y valeroso a este libro: *Nada por lo que pedir perdón.* En una mezcolanza político-moral-populista-victimista, es conocida la pretensión de petición de actos, fundamentalmente políticos, de «reconocimiento de culpas» —quinientos años después de acontecimientos históricos complejos— a Estados, personas o pueblos que nada tienen que ver con los hechos de sus antepasados, salvo una historia —como todas, con sombras y luces— que les es común y necesaria para comprender la propia vida y existencia. Pero la Historia no es ningún Tribunal que intente juzgar y determinar los sucesos pasados, como si fuera el Juicio Final en el Valle de Josafat, como decía con humor uno de mis maestros historiadores, don José Antonio Maravall Casesnoves, sino una disciplina que, sobre la base de la investigación y de las fuentes, cuenta lo más objetivamente posible la historia de los humanos a través de los siglos. Un testigo del tiempo y de nuestra existencia.

El historiador Gullo contesta con los datos y con las fuentes a esa pretensión, demostrando paso a paso que los hechos son tan ricos que lo positivo destaca respecto a lo negativo. No hay nada por lo que perdonar. Los españoles llevaron a América su cultura, su religión, su lengua, su organización social, los valores de la civilización occidental, todo lo que eran y tenían. Llevaron consigo un corpus legislativo, las Leyes de Indias y otras disposiciones sucesivas, que permitían recurrir ante los tribunales de justicia a los súbditos del Rey de España, bajo la potente protección de la Monarquía Hispánica o Monarquía Española, como se llamaba en su época. Como señalará también Hannah Arendt en su gran obra *Los orígenes del totalitarismo,* no puede haber derechos humanos si no hay poder *estatal* o *global* dispuesto a protegerlos. Las Indias no fueron nunca colonias, el mestizaje —como decía Carlos Fuentes— ha sido y debe ser el gran orgullo diferenciador contrario a todo racismo. La Monarquía Hispánica fue policéntrica alrededor del mundo; México fue el centro más importante de esa Monarquía, pero había varios a uno y otro lado del Atlántico. La universalidad fue un hecho que cambió el mundo. Con sus costos y sus aciertos.

En cualquier caso, importa hacer algunos apuntes más sobre esta cuestión de hechos, culpas y perdones. Arendt de nuevo da claves básicas en el precioso texto *Responsabilidad y juicio.* Contra el «todos somos culpables», denuncia su falacia extrema: nadie entonces lo es. Para empezar, hay que diferenciar *culpa* y *responsabilidad* (y, en esta, hay grados) y ambas son siempre *individuales.* No existen responsabilidades colectivas —salvo en casos concretos políticos y legales para los que forman parte de corporaciones así estructuradas voluntaria o involuntariamente—, ni mucho menos culpabilidades colectivas. *La culpa tiene nombre y apellidos y es fundamentalmente individual.*

«Existe —señala Arendt— una responsabilidad por las cosas que uno NO ha hecho, a uno le pueden pedir cuentas por ello. *Pero no existe algo así como el sentirse culpable por cosas que han ocurrido sin que uno participe activamente en ellas».* La aparente «noble y tentadora» afirmación de «todos somos culpables» es una exculpación de los realmente culpables; es, en definitiva, *«una declaración de solidaridad con los malhechores».* Donde todo el mundo es culpable, nadie lo es. La culpa es estrictamente personal y se refiere a un ACTO, no a intenciones. El sentirse «culpable» de lo que hicieron otros (padres o antepasados, etcétera) es solamente metafórico y puede llevar a un «falso sentimentalismo» donde todo quede difuminado. Arendt realiza un fino análisis, que no es posible desarrollar en estas páginas, sobre las normas legales y las morales, que tienen el rasgo común decisivo de que «siempre hacen referencia a la persona y a lo que *la persona ha hecho».* Incluso si es un grupo en el que han participado varios individuos conjuntamente, el juicio es siempre a cada una de las personas y no al grupo como tal.

Desde la perspectiva médica, Carlos Castilla del Pino, en su imprescindible libro sobre la culpa, ya señalaba su carácter «singular», plenamente individual y atenido a su acción personal. Aparte de apuntar a su origen religioso, insiste en que no hay «culpas colectivas», porque ello «supondría la negación —empíricamente inaceptable— de las posibilidades, siempre distintas, de cada uno de los miembros de la colectividad». Y, en oposición a Jaspers sobre esta cuestión, vuelve a afirmar que, «desde un punto de vista objetivo, *la culpabilidad total de un país es tan falsa como lo sería la estimación de un mérito colectivo*».

Las falsedades, la mentira y el engaño —que son cosas diferentes, aunque de la misma familia— y la invención de noticias o de hechos no sucedidos han existido siempre. Los fantasmas existen en todas las épocas y tienden a la compulsión repetitiva; son estereotipos de los que echar mano para explicar hechos complejos. Fomentan equívocas ideas esencialistas de que estamos abocados a lo peor y que siempre ha sido así. Crean a veces utopías imposibles a las que unen un impulso peligroso y atrevido de «redención» (algo que preocupaba a Ágnes Heller en sus ensayos); sustituyen a las personas concretas por la abstracción y a los ciudadanos por la tribu. Los linchamientos, físicos o intelectuales o reputacionales, siempre se hacen en grupo. En nuestra época fomentan un fundamentalismo indigenista que divide y oculta lo individual —las personas— para levantar mitos y resentimientos. Pero la piedad, la compasión, el perdón, el reconocimiento de errores y la cortesía de la disculpa, o las palabras de agradecimiento en su caso, son siempre individuales y bases para la convivencia. Individuo y comunidad deberían formar un equilibrio inestable, pero no contrapuesto.

Saber de dónde venimos, conocer y aceptar nuestra historia en toda su complejidad y riqueza, fortalece nuestra existencia individual y colectiva. Parte de todo esto y mucho más encontrarán los lectores en este importante libro de Marcelo Gullo, que, además de todo lo que se ha dicho en cuanto a la exhaustividad de fuentes y de investigación, está escrito con el entusiasmo o la pasión fría de pieza de combate frente a tanta falsedad interesada en la negación, no solo de la realidad de lo que fue la Monarquía Hispánica, sino de la propia cultura e historia occidental. Los españoles llevaron consigo a América las raíces griegas, romanas y cristianas que configuraron Europa. Como escribiera mi maestro don Luis Díez del Corral, la España de tales gestas «no era una sociedad militar» (a diferencia, por ejemplo, de la Suecia del siglo XVII y luego los casos de Prusia o Rusia). La España que venía de un enfrentamiento de ocho siglos con los musulmanes «era un país con vocación guerrera —pero no militarista— capaz de movilizar para llevar a cabo sus hazañas bélicas gentes de las más variadas nacionalidades de Europa». De ahí que entre los reyes españoles abunden más los retratos cortesanos como esenciales que los retratos de poder militar (Velázquez es el modelo en el que profundizaba Díez del Corral), y por ello, en todas las campañas, tanto en Europa como en América, gentes y figuras señaladas de distintas procedencias se reúnen y reclutan bajo las banderas del rey de España. La universalidad, la igualdad de todos a un lado y otro del Atlántico como súbditos del monarca, es un sello especial de la Monarquía Hispánica, que nada tuvo que ver —aunque nada puede ser idílico, pero sí diferenciador— con las tergiversaciones «maliciosas» y falseadas.

CARMEN IGLESIAS
Directora de la Real Academia de la Historia
y miembro numerario de la Real Academia Española

Bibliografía citada

Arendt, Hannah, *Responsabilidad y juicio,* Paidós, Barcelona, 1968.

— *Los orígenes del totalitarismo,* Alianza, Madrid, 2006.

— *Verdad y mentira en la política,* Página indómita, Madrid, 2016.

Castilla del Pino, Carlos, *La culpa,* Revista de Occidente, Madrid, 1968.

Díez del Corral, Luis, *Velázquez y la Monarquía en Italia,* Espasa Calpe, Madrid, 1979.

— *La Monarquía de España en el pensamiento europeo,* Alianza, Madrid, 1983.

Granés, Carlos, «Las contradicciones del pensamiento decolonial», en *Letras Libres,* julio de 2022.

Heller, Ágnes, *Historia y futuro,* Península, Barcelona, 1991.

Maravall Casesnoves, José Antonio, *Teoría del saber histórico,* Revista de Occidente, Madrid, 1961.

Rojas, Rafael, entrevista a Rodrigo Martínez Baracs, «La idea del México Colonial», en *Letras Libres,* julio de 2022.

Zaid, Gabriel, «Recordación de Uranga», *Letras Libres,* noviembre de 2021.

Una confesión íntima

> Se ha dicho que nuestro hispanismo es agresivo. Mas no es, en el fondo, que seamos agresivos, sino que nada hay en sí más agresivo y más tranquilo a la vez que la verdad.
>
> José Fuentes Mares

El 26 de mayo de 2021 apareció en España mi libro *Madre patria. Desmontando la leyenda negra desde Bartolomé de las Casas hasta el separatismo catalán*. Ese mismo año fui precandidato a diputado nacional por el Partido del Campo Popular argentino, situación que me llevó a vivir la anécdota que relato a continuación. La formación, en realidad, estaba compuesta por un pequeño grupo de jóvenes entusiastas e idealistas, de profesiones variadas —economistas, abogados, científicos—, conducidos por quien esto escribe. Teníamos un buen proyecto político y, sobre todo, muchas ganas de cambiar la realidad argentina, caracterizada por la pobreza, la corrupción y el narcotráfico. De lo que carecíamos era de financiación para abordar la campaña electoral. Por intermediación de una amiga conseguí una entrevista con el gerente del principal medio de comunicación de la ciudad de Rosario, con la esperanza de que, tras escuchar mi propuesta, escribieran un artículo sobre nuestro partido en el diario en cuestión. Fui acompañado por mi hijo Antonio porque quería que fuese testigo del encuentro. El gerente me recibió en un precioso despacho y, tras escuchar atentamente nuestra propuesta, dijo:

—Marcelo, tu proyecto es el mejor que he escuchado. Es fantástico, pero acá las entrevistas y los artículos se pagan. Te puedo hacer un descuento especial, pero para que te hagamos una entrevista, tenés que pagar.

Como el partido carecía de fondos, no apareció ni una simple nota sobre nosotros en ningún medio. El 12 de septiembre de 2021 se celebraron las elecciones. Naturalmente, perdimos, pero mi moral en ningún momento se vio afectada y, al día siguiente, tomé un avión con rumbo a Madrid. Almudena de Maeztu, nieta de ese gran mártir de la Hispanidad llamado Ramiro de Maeztu, me abrió generosamente las puertas de su casa, donde permanecí un mes y dos semanas. Durante ese tiempo conocí a numerosas personas que organizaron diferentes presentaciones del libro en varios lugares de España. En una de ellas —celebrada en la casa de una familia— expuse resumidamente el contenido de mi obra y, cuando terminé, un asistente, de cuyo nombre no quiero acordarme, se levantó y, con cierto tono académico —también era profesor universitario—, me acusó de estar haciendo *«leyenda negra» de Inglaterra y «leyenda rosa» de España.* Incluso llegó a decir que Gran Bretaña es la nación que más ha luchado contra la esclavitud desde el comienzo de los tiempos… Yo no podía creer lo que estaba escuchando. Debo confesar que apareció el siciliano que llevo dentro y que le espeté:

—¿Leyenda negra es relatar los distintos genocidios que Gran Bretaña cometió en la India?

El recuerdo de aquella noche constituye una de las razones que me ha llevado a escribir este libro. Estaba claro que aquel asistente a mi conferencia sabía poco, por no decir nada, de la historia de Inglaterra —hecho imperdonable dada su profesión—, pero lo que supone un verdadero escándalo es que, para la mayoría de las personas que caminan por Madrid, Barcelona, Bogotá o Buenos Aires, países como Inglaterra, Holanda y Estados Unidos son sinónimos de libertad y tolerancia; Francia es la cuna de los derechos del hombre y Alemania, a pesar de los «pecadillos» que cometió durante la Segunda Guerra Mundial, es un ejemplo de orden y respeto. En efecto, la leyenda rosa de esos países oculta los aspectos más macabros de sus respectivas historias.

Holanda, Inglaterra y Estados Unidos —los tres «jueces» principales del «Tribunal de la Historia» que condenó a España por ser una nación intolerante y reñida con la libertad— fueron los países donde la esclavitud conoció su mayor desarrollo. Han sido ellos quienes han condenado a España por los supuestos crímenes cometidos durante la conquista de América, cuando, paradójicamente, de sus territorios salieron los «mejores filósofos y juristas» en defensa del imperialismo, de la esclavitud como institución y de la limpieza étnica (genocidio) en América, África, Asia y Oceanía.

Como dijo Juan Domingo Perón, tras el juicio y la condena, España, «como un nuevo Prometeo, quedó amarrada durante siglos a la roca de la Historia»[1]. Desamarrarla es obligación de todo hombre de bien que ame la verdad y la justicia.

Es lo que quise hacer en mi libro anterior. En este lo que pretendo es dar a conocer los aspectos menos conocidos de la vida política de esos falsos jueces del «Tribunal de la Historia» para ver si su pasado es más una «leyenda rosa» o una «leyenda negra».

Introducción
Quien controla el pasado controla el presente... y el futuro

En el «Tribunal de la Historia», España ha sido juzgada por jueces parciales con testigos falsos. En un primer momento, esos jueces parciales fueron Italia, Holanda, Alemania, Francia y Gran Bretaña, aunque, años más tarde, al coro de difamadores se unirían Estados Unidos, México y la propia Unión Soviética. Todos ellos, con sus inicuas sentencias, crearon una leyenda negra en torno a la historia de España y la conquista de América tendente a presentar la cultura del pueblo español —que había heredado y sintetizado lo mejor de Jerusalén, Atenas y Roma— como una civilización sanguinaria, lasciva, intolerante, machista, contraria a la ciencia y al progreso y reñida siempre con el espíritu de la libertad. Como pruebas presentaban las corridas de toros, el supuesto «genocidio» perpetrado en América y, por supuesto, los famosos «crímenes» de la Inquisición. La nación que presidía ese «Tribunal de la Historia», Inglaterra, atacaba de este modo la cultura de España, porque sabía que de ella podía nacer un modelo económico alternativo, un modelo que no estuviese basado en el egoísmo que Inglaterra había «santificado» porque lo consideraba el saludable motor de la historia y del crecimiento económico.

Con la difusión de la leyenda negra, Gran Bretaña no solo buscaba desprestigiar a España en el concierto de las naciones y derrotarla políticamente a través de la propaganda —porque no había podido vencerla militarmente—, sino hacer que los propios españoles de ambos continentes asumieran esa falsa versión de la historia de España, puesto que, de tener éxito, se produciría el aniquilamiento del ser nacional español y, a la larga, la destrucción de la unidad política del Imperio hispánico. Y vaya si lo logró... Ayer, con la fragmentación de la Hispanidad en repúblicas impotentes en el concierto de las naciones, y hoy haciendo que una parte importante de la izquierda española crea que toda la historia de España es un equívoco, que España es un mito, que la reina Isabel la Católica es un personaje «deleznable», e incluso lleguen a renegar de la propia palabra «España».

Esta es una de las razones por las que España hoy se encuentra en peligro de muerte. Pero la derecha tampoco está exenta de culpa, ya que una parte importante de esta asumió la leyenda negra y, como si padeciese una especie de síndrome de Estocolmo, comenzó a admirar a los verdugos de España. Algunos se hicieron germanófilos, otros anglófilos, y estos últimos llegaron al ridículo al bautizar con el nombre de Margaret Thatcher una plaza de Madrid. Y digo *ridículo* porque es bien sabido que desde su juventud la famosa Dama de Hierro despreció España y todo lo que oliese a español. De hecho, cuando tuvo que festejar la victoria inglesa en la guerra de las Malvinas, Thatcher decidió que las tropas británicas desfilasen un 12 de octubre, ya que para ella el Reino Unido no solo había derrotado a Argentina, sino a la Hispanidad entera.

Adviert o al lector de que en este libro asumo la defensa del «imputado», es decir, España, una defensa que es bastante sencilla porque tan solo consiste en decir la verdad. En este libro hablaremos sobre todo de los «jueces» y de sus fechorías, así como del primer y más importante «falso testigo» de los supuestos crímenes cometidos por España: el célebre Bartolomé de las Casas. El juicio y la condena a España me hacen recordar el famoso «caso Dreyfus», y por ello, emulando a Émile Zola, *j'accuse* a esos jueces de ser parciales y de haber sido los autores de algunos de los crímenes más abominables de la historia de la humanidad. Lo más indignante es que, durante cuatro siglos, esas mismas naciones que conformaron el «Tribunal de la Historia» —sin ninguna autoridad moral— le han exigido a España que pida perdón por los supuestos pecados cometidos, cuando, en realidad, son ellas las que deberían hacerlo porque sus manos están manchadas de sangre.

Sin embargo, estimado lector, debo decirle que algo curioso está aconteciendo en los últimos años: convertida la oligarquía financiera mundial[1] en el gran actor de las relaciones internacionales, ha comenzado ella misma —utilizando como mano de obra a los intelectuales que conforman el llamado «marxismo cultural», desocupado tras la caída de la Unión Soviética— el trabajo de «demolición» cultural de las mismas potencias con las cuales había estado aliada para desprestigiar y destruir España. Paradojas de la historia, las naciones que se habían atribuido el papel de miembros permanentes de ese «Tribunal de la Historia» ahora comienzan a ser imputadas y llevadas a juicio. Estimado lector, debo confesarle que, si no fuese porque estamos todos en el mismo barco llamado Occidente —aunque deberíamos llamarlo «falso Occidente»—, me alegraría de que prueben un poco de su propia medicina.

A los que exigen que España pida perdón no les interesa el pasado, sino el futuro. Y a mí también. Como sostenía

George Orwell en su famosa *1984,* quien controla el pasado controla el presente, y quien controla el presente controla el futuro. A todos esos no les interesa la verdad histórica, sino la creación de un «nuevo orden mundial» basado en el egoísmo como motor de la historia, condimentado con utilitarismo, relativismo, hedonismo y multiculturalismo. Saben que para la construcción de ese nuevo orden mundial que tanto desean —y que están creando con la excusa de que no existe alternativa—, la Hispanidad es un mal precedente y un pésimo ejemplo: son conscientes de que España protagonizó la primera globalización a partir de unos valores que detestan y de que aquella primera globalización fue exitosa. Para ellos es bueno solo lo que es útil, y es útil solo lo que hace ganar dinero, por lo que ni la belleza ni la bondad ni la solidaridad ni la amistad tienen valor. Son predicadores «seriales» de la leyenda negra porque saben que si —desmontando la leyenda negra— los pueblos hispanos redescubriesen la Hispanidad, encontrarían en ella un modelo histórico alternativo a la globalización deshumanizante y desnacionalizante que los amos del mundo proponen hoy como única opción posible. En realidad, son propagadores de la leyenda negra porque deben «borrar» de la conciencia de los pueblos que se jalonan desde California hasta la Tierra del Fuego y desde los Pirineos hasta las playas del Pacífico la idea y el sentimiento de que conforman una nación inconclusa. Para ellos no existe —ni debe existir— la nación hispanoamericana, como tampoco existe —ni debe existir— España y aún menos la Hispanidad.

Mientras en España los nacionalismos periféricos amenazan con destruir la unidad del Estado, en Hispanoamérica[2] los señores del Foro de São Paulo —creado en 1990 por iniciativa de Fidel Castro y Lula da Silva—, herederos de la vieja política del Partido Comunista, predican —basándose en el mismo concepto racial de nación que tenía el nacionalsocialismo alemán— la existencia de una pluralidad de naciones indígenas que tarde o temprano[3] deberán constituirse en Estados independientes, produciéndose un proceso de balcanización territorial que nos hará aún más insignificantes en el concierto de las naciones. Así, los señores Evo Morales, Pedro Castillo, Andrés Manuel López Obrador, Gabriel Boric y Gustavo Petro, creyéndose antiimperialistas, resultan ser la mano de obra más barata de la que han dispuesto el imperialismo anglosajón y el imperialismo internacional del dinero a lo largo de su historia.

Por ello, no hay nada por lo que pedir perdón. No porque no se hayan cometido errores, sino porque eso implicaría convalidar una mentira histórica que anularía a la Hispanidad como modelo humanista para el futuro y nos conduciría inexorablemente a una nueva balcanización a ambos lados del océano Atlántico. Repito: España no tiene nada por lo que pedir perdón —y no porque no haya pecado, porque pecar se pecó, y mucho—, porque lo que está en la cabeza de quienes demandan esa asunción de culpa no es la reconciliación de los pueblos, sino la destrucción misma de España, de Hispanoamérica y de Occidente. Mejor dicho, de lo que queda de Occidente.

Estimado lector: de todas estas cosas voy a hablar en este libro, porque está en juego su futuro y el de sus hijos. Quizá ya conozca mi obra anterior y sabe que ir del presente al pasado y del pasado al presente para avizorar el futuro es una de las coordenadas de mi método de escritura. Si no es este su caso, no se preocupe, porque lo descubrirá ahora. Pero quiero avisarle de que desenmascarar a esos viejos miembros del «Tribunal de la Historia» que con tanto descaro se atrevieron

—y lo siguen haciendo— a juzgar a España y a condenarla a la pena capital requiere de un largo repaso de la historia.

Para que los árboles no nos impidan ver el bosque debemos comprender la esencia del juego de la política internacional, donde el que tiene poder siempre desea incrementarlo y donde el que manda hará lo posible para que sus rivales, adversarios e incluso aliados tengan el menor poder posible. La política internacional es como una partida de ajedrez en la que lo que cuenta es la planificación estratégica. Los distintos actores de la política internacional se proponen alcanzar determinados objetivos —algunos públicos y otros secretos— a corto, medio y largo plazo (10, 20 o 40 años). En una partida de ajedrez, el movimiento de una pieza solo se comprende si se descubre cuál es el fin que el jugador se propone alcanzar con dicho movimiento. Los países subordinados —y no solo me refiero a Argentina, Perú o México; en esa categoría también está España y, por momentos, incluso Estados Unidos— no tienen planificación estratégica porque sus élites o bien actúan como simples «gerentes» de los países subordinantes y de la oligarquía financiera internacional, o bien ignoran el juego de la política mundial y los objetivos de los grandes actores. Si algún político o pensador de un país subordinado intentase explicar cuáles son los objetivos estratégicos de los grandes actores de la política internacional, estos, sencillamente, harán lo posible por descalificarlo.

Le pido, estimado lector, que tenga paciencia. Aunque por momentos se sienta abrumado por la información, tenga en cuenta que recurrir a los datos históricos es necesario. Le insto a que llegue hasta el final, porque lo que está en juego es la supervivencia de los valores sobre los que se cimenta nuestra civilización: la existencia de la pequeña propiedad privada, la posibilidad de una mínima justicia social y el mantenimiento de los derechos individuales. Estos asuntos no los trataré en este libro. Si Dios y la editorial quieren, los abordaré en una obra próxima, cuyos ejes temáticos serán la geopolítica mundial y el destino de la Hispanidad.

1
La única conquista «mala» es la conquista española de América

Como no podía ocurrir de otra manera, la empresa de España fue desprestigiada por sus enemigos, y su epopeya, objeto de escarnio, pasto de intriga y blanco de calumnia, juzgándose con criterio de mercaderes lo que había sido una empresa de héroes. Todas las armas fueron probadas; se recurrió a la mentira, se tergiversó cuanto se había hecho, se tejió en torno suyo una leyenda plagada de infundios y se la propagó a los cuatro vientos.

Juan Domingo Perón

España culpable, arrepentida y avergonzada

La prédica de la leyenda negra fue política de Estado para Holanda, Inglaterra, Estados Unidos y la Unión Soviética. Sin embargo, no han sido muchos los políticos e intelectuales españoles que se han dado cuenta de ese «pequeño detalle», y menos aún los que han intentado contrarrestar esa propaganda política dentro y fuera del país[1]. Semejante negligencia ha dado como resultado que España sea la única nación del mundo en la que una parte importante de su población ha asumido la historia que sus enemigos han contado y cuentan sobre ella. Es imposible imaginar a un romano creyendo a pies juntillas la historia de Roma escrita por Cartago, o a un francés de 1914 aceptando al pie de la letra la historia de Francia relatada por Alemania. Pero lo que resulta aún más increíble es el hecho de que exista un importante núcleo de intelectuales, periodistas y políticos que pretenden convencer al pueblo español de que España, por haber descubierto y conquistado América, es culpable de la mayor atrocidad cometida en la historia de la humanidad. Culpable de genocidio, de violaciones masivas, del uso sistemático de la tortura y del terror... Desean que los españoles se avergüencen de haber conquistado América y que pidan perdón por ello una y mil veces. Confieso no conocer otro caso en la historia en el que un grupo de miembros del *establishment* político y cultural de un país se dedique con tanto empeño a destruir su propia nación.

¿Conquista, invasión o liberación?

En efecto, existe una corriente de historiadores —que no por casualidad reciben el apoyo logístico de la cadena británica BBC— que, cada vez que se publica un panfleto disfrazado de libro académico dirigido a denigrar a España, corre presurosa a alzar la voz para afirmar que no debería hablarse ni de descubrimiento ni de conquista de América, sino de *invasión* de América. Todos ellos —herederos del principal mentiroso de la historia de la conquista española de América, Bartolomé de las Casas, cuyos libros publicaron con fruición las potencias enemigas de España— se han apropiado de la historia de este país con fines ideológicos. Para ellos, la historia de España consiste en una serie ilimitada de atrocidades cometidas durante la Reconquista y la conquista de América de las que el pueblo español debería avergonzarse eternamente. Eso es lo que escriben en sus libros y lo que, desde sus puestos de profesores de Historia, enseñan a sus alumnos. Así, con un cierto placer morboso, relatan el «asesinato» del inca Atahualpa a manos del «cruel y sanguinario» Francisco Pizarro, olvidándose de contar que mientras «Pizarro mataba a Atahualpa, que no era sino un rebelde y un usurpador, sanguinario y fratricida, el rey Enrique VIII de Inglaterra asesinaba a su mujer, Ana Bolena», y «ahorcaba a 72.000 ingleses»[2] para resolver el problema de exceso de población que entonces padecía el país.

Los miembros de esa corriente historiográfica son en realidad militantes políticos disfrazados de profesores. Como afirmaba el filósofo Gustavo Bueno, para todos ellos España es un mito y su principal objetivo es la creación de un estado catalán independiente, un estado andaluz independiente, un estado asturiano independiente... Por supuesto, también ven con simpatía la implantación en Hispanoamérica de un estado mapuche, de un estado aimara, de un estado guajira..., y fomentan una suerte de balcanización de Hispanoamérica cuyas consecuencias serían, sin duda, una profundización de la pobreza acompañada de una total insignificancia en el gran tablero de ajedrez que es la geopolítica mundial.

Sin embargo, en algo tienen razón: no hubo conquista de América. Pero ¿hubo invasión? Sin lugar a dudas, para las clases dominantes de los estados totalitarios y teocráticos azteca e inca (nobleza y casta sacerdotal), sí la hubo. Sus respectivas capitales, Tenochtitlan y Cuzco, fueron invadidas por un ejército formado por unos 200.000 hombres a los que tanto aztecas como quechuas habían sometido por la fuerza anteriormente[3], puesto que en realidad eran los nietos y los hijos de las mujeres que aztecas e incas habían violado a discreción[4]. En México, por ejemplo, los hombres que integraban aquel ejército de liberación eran los descendientes de las más de 20.000 víctimas[5] que cada año los aztecas llevaban a la pirámide de Tenochtitlan para arrancarles el corazón y distribuir sus extremidades entre la nobleza para que las esclavas cocinaran el «suculento» *Tlacatlaolli*, un guiso que se preparaba con carne humana y abundante maíz y que se servía con salsa de ají, a gusto del comensal[6]. Asímismo, en Perú, los integrantes del ejército de liberación eran los abuelos, padres y hermanos de las niñas que los incas sacrificaban arrojándolas desde la cima de los volcanes o que enterraban vivas cada vez que se inauguraba un templo o moría un emperador[7]. Se sabe que, cuando terminaron las obras de remodelación del Templo del Sol, el emperador Pachacútec ordenó sepultar vivos a decenas de niños y niñas como ofrenda al dios Sol, y, cuando el gran líder murió, se enterraron junto a él a mil infantes de entre cuatro y cinco años[8]. Por tanto, fueron esos hombres —esclavizados por los aztecas o por los incas— los que, conducidos por un puñado de españoles, invadieron y conquistaron por la fuerza las impresionantes ciudades-fortaleza de Tenochtitlan y Cuzco, lugares que hasta entonces habían sido inexpugnables.

Así pues, para la mayoría de los pueblos oprimidos de Mesoamérica y los Andes no hubo invasión española de América, sino *liberación* del imperio antropófago de los aztecas y del dominio salvaje de los incas. Por ello, el filósofo e historiador mexicano José Vasconcelos no se cansó de repetir que, en realidad, la «conquista» la hicieron los indios. Para los zapotecas, los tlapanecas, los huexotzincas, los atlixcas, los tlaxcaltecas, los tizauhcóacs, etc., la caída de Tenochtitlan supuso el fin del poder azteca, y para los huancas, los chancas, los chachapoyas, los huaylas y los canaris, la caída de Cuzco significó el fin del sometimiento al Imperio inca.

Por supuesto, esas dos guerras de liberación fueron brutales y crueles, tanto como los bombardeos sobre la ciudad de Dresde, realizados por las fuerzas aéreas estadounidense y británica el 13 y el 14 de febrero de 1945, que causaron entre 20.000 y 45.000 víctimas y destruyeron los cimientos de la que hasta entonces había sido una de las ciudades más bellas de Europa[9]. En Tenochtitlan y en Cuzco, obviamente, corrieron ríos de sangre, tantos como los que corrieron en Tokio a raíz de los bombardeos de las tropas estadounidenses durante la campaña del Pacífico, entre el 9 y el 10 de marzo de 1945, que costaron la vida a más de 100.000 civiles y el desplazamiento de un millón de personas.

Cabe preguntarse si las mujeres de Tenochtitlan y Cuzco fueron entregadas para el disfrute de las soldadesca española, tlaxcalteca o huanca vencedoras. La respuesta es bastante obvia: probablemente así fue —aunque no hay prueba de ello—, como también sucedió —y de esto sí hay pruebas— en Colonia y en Düsseldorf (Alemania), donde los soldados norteamericanos, durante la Segunda Guerra Mundial, violaron a 11.040 mujeres[10] a punta de pistola[11]. Las tropas estadounidenses tenían la orden de no confraternizar con la población local en territorio enemigo, por lo que la frase «copular sin conversar no es fraternizar» se convirtió en el lema que guiaba su conducta[12]. Así, en la batalla de Montecassino, acaecida entre el 17 de enero de 1944 y el 19 de mayo de 1944, «el mariscal francés Alphonse Juin prometió a sus tropas marroquíes, a cambio de romper la línea del frente, al este de Montecassino, 24 horas de licencia total para hacer lo que quisieran con la población civil»[13]. El mariscal cumplió su palabra y las tropas marroquíes cometieron alrededor de 7.000 violaciones de hombres, mujeres y niños, incluyendo las internas de un manicomio[14].

En abril de 1945, las tropas soviéticas liberaron Berlín del nazismo y en apenas un par de semanas dos millones de alemanas fueron violadas por los soldados del Ejército Rojo. Esta fue una de las más crueles batallas de la Segunda Guerra Mundial, porque los alemanes, como relató el general

De Gaulle en sus memorias, actuaron casa por casa[15]. Tras la caída de Berlín, Stalin dio luz verde para que los «bravos» soldados soviéticos violasen a cuantas mujeres alemanas encontrasen en su camino, afirmando que, tras una campaña tan dura, «los soldados tenían derecho a entretenerse con mujeres»[16].

A la luz de estos hechos ocurridos durante el siglo XX, ¿se puede afirmar, como hacen los profesores «negrolegendarios», que los españoles deben avergonzarse de su historia porque, en el siglo XVI, los conquistadores recurrieron a las violaciones de mujeres como arma de guerra para sembrar el terror, aun cuando resulte prácticamente imposible documentarlo por falta de pruebas?[17]. Además, debemos tener en cuenta otro «pequeño detalle», y es que tanto en Tenochtitlan como en Cuzco las clases sometidas apenas combatieron para defender las ciudades-fortaleza de los tlaxcaltecas y los huancas, respectivamente, ya que, como hemos dicho anteriormente, la caída de esos centros de poder significaba el fin de su propio sometimiento.

Como señala el sociólogo argentino Juan José Sebreli, el Imperio inca poseía muchos de los rasgos del totalitarismo moderno, como el trabajo forzado, el control de la vida privada y el castigo al disidente:

> El trabajo forzado en las minas, la mita y el yanaconazgo, que tanto se han condenado en los conquistadores eran ya un procedimiento incaico. [...] El Inca Garcilaso de la Vega decía que funcionarios especiales iban de casa en casa para asegurarse de que todos estaban ocupados y de que los indolentes eran castigados. [...] La educación estaba reservada a la clase privilegiada. La vida cotidiana era gris, triste y monótona hasta el hastío como en todas las sociedades totalitarias[18].

La sociedad que se construyó después de la conquista, aun siendo terriblemente injusta en términos modernos, fue mucho más justa que la existente bajo el dominio azteca o inca, aspecto que explica que, durante la mal llamada «guerra de la independencia hispanoamericana», las masas indígenas no solo se mantuvieran fieles a la monarquía española, sino que combatieran por España incluso después de que Chile y Perú se declarasen independientes[19]. Esta es otra de las verdades que los autores negrolegendarios no pueden explicar y que, por tanto, prefieren ocultar.

Entonces, ¿debe avergonzarse España por haber puesto fin al genocidio de zapotecas, tlapanecas, huexotzincas, atlixcas, tlaxcaltecas o tizauhcóacs que los aztecas estaban realizando en Mesoamérica? ¿Debe avergonzarse España por haber derrotado, junto a todos esos pueblos, al imperio caníbal de los aztecas en México y por haber puesto punto final al sacrificio masivo de niños del Imperio inca? Dejo al lector la respuesta a estas preguntas, aunque le pido que tenga en cuenta que, si España debe pedir perdón por haber llevado a cabo la liberación de esos pueblos oprimidos, tanto Estados Unidos como Rusia deberían hacerlo por haber liberado a los pueblos oprimidos por los imperialismos nazi y japonés.

Un Estado genocida

Las dimensiones que alcanzó el imperio antropófago azteca son inusitadas, hasta el punto de que es imprescindible acompañarlas de datos y hechos demostrados. Las excavaciones arqueológicas y los hallazgos fortuitos que se produjeron a raíz de la construcción de grandes obras públicas

—como, por ejemplo, el metro de Ciudad de México— han permitido la aparición de muros y paredes construidos con las calaveras de los sacrificados. La prueba más reciente data de 2015, cuando, gracias a las excavaciones que se realizaron junto a la catedral de Ciudad de México, se encontró una torre de cráneos que se corresponde con la descrita por los cronistas españoles que acompañaron a Hernán Cortés.

Si se analiza la historia sin prejuicios —y no se pretende ocultar la verdad—, se llega a la conclusión de que la «política de estado» de los aztecas consistía fundamentalmente en la conquista de otros pueblos indígenas para disponer de seres humanos con los que honrar a sus dioses y alimentar a nobles y sacerdotes. Como bien explica el filósofo e historiador José Vasconcelos, «en todo el resto de la Tierra se ha juzgado como antinatural matar, y se ha matado sabiendo que se cometía un crimen. Solo el azteca mataba movido por gusto y por mandato de su dios, Huichilobos, siempre sediento de sangre»[20].

Para comprender el significado profundo de cualquier hecho o proceso histórico complejo —como lo fue, sin duda, la mal llamada «conquista de México»—, es necesario analizar las contradicciones que irremediablemente se dan en su interior, distinguiendo entre la contradicción principal, que es la que imprime el significado histórico-filosófico profundo del hecho o proceso en cuestión, y las secundarias, que son las que aportan los matices.

En el caso que nos ocupa, la contradicción principal es la elección entre la vida o la muerte que debían hacer los pueblos dominados por los aztecas. En 1521, en Mesoamérica, existía una nación opresora (los aztecas) y decenas de naciones oprimidas. El estado azteca —de carácter totalitario y genocida— llevó a cabo una política de conquista de otras naciones indígenas cuya finalidad era obtener seres humanos para ser sacrificados y devorados —literalmente— por los nobles y sacerdotes que ocupaban el puesto más alto de la pirámide social. Por tanto, se trataba de una elección bastante simple: o continuar siendo exterminados por aquellos que les sometían o aliarse con quienes podían llevar a cabo su liberación.

Una cuestión de números

Si un estado A matase anualmente a 572.760 personas durante un lapso de 35 años —lo que sumaría una cifra de 20.046.600 víctimas— y un estado B interviniese para poner fin a la masacre, ¿se posicionaría usted, estimado lector, a favor del estado A o del estado B? Le aclaro que las casi 600.000 personas asesinadas no son ciudadanos del estado A, sino de otros pueblos que este ha sometido por la fuerza.

Si toma partido por el estado B, debe saber que se estará situando del lado de Hernán Cortés, quien, el 13 de agosto de 1521, puso fin a la pesadilla antropófaga que los aztecas habían desarrollado en el territorio del actual México. Si, por el contrario, toma partido por el estado A, estará a favor del emperador Moctezuma.

Según Ángel Rosenblat, que ha realizado el estudio científico más serio hasta la fecha sobre la población de la América precolombina, en el momento de la llegada de Hernán Cortés, en México vivían 4,5 millones de personas[21]. El historiador estadounidense William Prescott afirmaba que «el número de las víctimas sacrificadas por año —inmoladas por los aztecas— era inmenso. Casi ningún autor lo computa en menos de 20.000 por año, e incluso hay quien lo hace subir hasta 150.000»[22]. Esas 20.000 personas asesinadas suponen un 0,4% de la población total, porcentaje que, trasladado a la actualidad (México posee alrededor de 129 millones de habitantes), se traduciría en 572.760 asesinatos por año[23]. Si tomásemos el dato de las 150.000 muertes que cita Prescott (3,33% de la población) y lo trasladásemos a la actualidad, estaríamos hablando de la muerte de 4,3 millones de personas al año.

Estas cifras nos llevan a una conclusión sencilla e irrefutable que se resume en la siguiente frase: el estado azteca fue el más genocida que ha conocido la historia. Frase que casi nadie se atreve a decir por temor a las represalias de los guardianes del aparato mediático-académico instaurado por la dictadura de lo políticamente correcto. De hecho, si esta verdad se dijera en voz alta, la leyenda negra de la conquista española de México se derrumbaría como un castillo de naipes.

Asimismo, es indiscutible que la mayoría de la sociedad azteca —salvo la nobleza y la casta sacerdotal— se sintió aliviada cuando se produjo la caída de Tenochtitlan, especialmente las mujeres, quienes, como señaló José Vasconcelos, bajo el despotismo del emperador Moctezuma «eran poco menos que mercancía, y los reyezuelos y los caciques disponían de ellas a su antojo y para hacerse presentes»[24].

Hernán Cortés: ¿conquistador o libertador?

A estas alturas —aunque no se diga—, ya nadie duda de que el lazo que unía a Moctezuma con sus feudatarios estaba basado en el terror[25], lo que nos lleva a afirmar que Hernán Cortés en realidad no conquistó México, sino que lo liberó del yugo azteca.

El 13 de agosto de 1521, una inmensa alegría inundó el corazón de las masas indígenas de Mesoamérica. Algunos sintieron alivio; otros, sed de venganza contra quienes habían sido sus verdugos durante años, contra aquellos que les habían arrebatado a sus hijos, padres y hermanos para llevarlos a rastras al Templo Mayor y ser sacrificados. Había llegado el día de su liberación y, aunque para muchos la ira era incontenible, aquel «extraño hombre barbudo» que llegó al mando de un ejército de 300 soldados logró poner orden e impedir la matanza.

Hernán Cortés de Monroy y Pizarro Altamirano nació en 1485 en el pequeño pueblo extremeño de Medellín. Hijo único de una familia hidalga poseedora de una viña, un colmenar y un molino, fue un niño bastante débil que en varias ocasiones estuvo a punto de fallecer por distintas enfermedades[26]. ¿Quién podría pensar que, unos años después, se convertiría en uno de los soldados más lúcidos y recios de la historia? Sus progenitores lo mandaron a estudiar a Salamanca bajo la tutela de Francisco Núñez de Valera, cuñado de su padre, que era profesor de Gramática en la prestigiosa universidad. El joven Cortés aprendió latín, dialéctica y leyes, pero no logró el título de bachiller, como soñaban sus progenitores, y al cabo de dos años regresó a Medellín. Había adquirido una exquisita formación clásica, pero no quería ser un doctor en leyes, sino un héroe, un cruzado cristiano en América. Su ídolo era don Gonzalo Fernández de Córdoba, el Gran Capitán, a quien deseaba emular, y lo que más le gustaba era el ejército, el combate y, sobre todo, la aventura. Para cumplir su sueño, Cortés se alistó en el ejército bajo el mando de Nicolás de Ovando. Antes de partir, decidió hacer una visita a una mujer casada, con tan mala suerte que el esposo llegó antes de lo que los amantes habían calculado y el joven Hernán tuvo que huir por los tejados para salvar la honra de la señora y su propia vida. Por desgracia, la prisa hizo que resbalara, que cayera desde lo alto de un edificio y quedara mal herido. El accidente le obligó a retrasar su partida hacia América con Ovando, que, lógicamente, no esperó a que el joven se recuperara. Finalmente, Cortés zarpó hacia La Española en 1504. Allí ya se encontraba Ovando, junto con otros muchos extremeños, ocupando el puesto de gobernador de la isla, lo que le facilitó a Cortés su asentamiento.

En La Española, Cortés combatió a los caciques indígenas que se rebelaron contra la presencia española, y no debió de hacerlo mal, porque, una vez finalizada la revuelta, le otorgaron tierras en propiedad y fue nombrado escribano público de una de las localidades de la isla. Asimismo participó en la conquista de Cuba y consiguió la explotación de una mina de oro, lo que le convirtió en un hombre bastante adinerado. Pero Cortés quería más... Él no había cruzado el océano para hacerse rico, sino para ser un héroe y alcanzar la gloria conquistando nuevos pueblos a los que evangelizar. Quizá para congraciarse con el gobernador y conseguir el permiso para explorar nuevos territorios, Cortés se casó con doña Catalina Juárez, cuñada de Ovando, y, finalmente, en noviembre de 1518, al mando de una pequeña expedición, el extremeño partió del puerto de Santiago de Cuba rumbo a la gloria. A finales de febrero desembarcó en la península de Yucatán (hoy México), donde, como ya hemos mencionado, la nación azteca imponía su cruel dominio sobre otros pueblos, como los tlaxcaltecas, los texcocotecas o los cholultecas.

Cortés, al mando de 300 soldados españoles y cerca de 200.000 indios, tomó Tenochtitlan, la capital del Imperio azteca. Al frente de las fuerzas indígenas iba una mujer, doña Marina, que había sido esclava sexual tanto de los aztecas como de los mayas, con quienes tenía sus propias cuentas que arreglar… Y esta es la verdad de la conquista de México, una conquista que en realidad la realizaron los indios oprimidos por los aztecas, conducidos por uno de los más grandes militares y políticos de la historia, el extremeño Hernán Cortés.

Tras la liberación

¿Qué sucedió después? Pues que los españoles mezclaron su sangre con la de los vencidos y los liberados. Como prueba de ello tenemos el caso de la hija del emperador Moctezuma, Isabel, que, tras la conquista, se convirtió en una de las mujeres más ricas e influyentes de México. Isabel tenía 30 años cuando se casó (era su quinta vez) con el conquistador cacereño Juan Cano de Saavedra, con quien tuvo cinco hijos, que fueron nietos de Moctezuma: Juan, Pedro, Gonzalo, Isabel y María. Las dos últimas tomaron los hábitos y vivieron en el convento de la Concepción, en Ciudad de México. Juan y Gonzalo se casaron con Elvira Toledo Ovando y con Ana Prado Calderón, respectivamente, hijas de hidalgos españoles.

Tras el final del salvaje Imperio de los aztecas, México se llenó de hospitales, de colegios bilingües y de universidades. España envió a América a sus mejores profesores, que impartieron sus conocimientos entre los indios y los mestizos. Tan respetuosos fueron los libertadores —o conquistadores— españoles que en 1571 se editó en México el primer libro de gramática de la lengua náhuatl, es decir, 15 años antes de que en Gran Bretaña apareciera la primera gramática inglesa.

Concluida la conquista, y por iniciativa del propio Hernán Cortés, los españoles se dieron a la tarea de establecer lugares adecuados para la atención médica no solo de los europeos, sino también de los indios. El primer hospital de la Nueva España fue el Hospital de Jesús —originalmente llamado Hospital de la Purísima Concepción y Jesús Nazareno—, fundado en 1521, que Cortés pensó como un hospital destinado a prestar servicio sin distinguir entre españoles, indígenas y castas. El hospital fue tan bien planeado y tan perfectamente construido que ha resistido el paso del tiempo y está todavía en funcionamiento.

No se conoce exactamente la fecha de fundación, pero se presume que fue entre 1521 y 1524 cuando el doctor Pedro López, nuevamente por iniciativa del conquistador de México, fundó el Hospital de San Lázaro, el primer establecimiento hospitalario dedicado a los leprosos, sin distinción alguna de raza o clase social. En el año 1527, el obispo Julián Garcés procedió a la edificación de un hospital en el camino de Veracruz a México que pasó a ser conocido luego de su muerte, acaecida en 1542, como Hospital Real de Nuestra Señora de Belén. En 1535 se funda, en Puebla, un hospital exclusivamente para mujeres. En 1539, el obispo de Nueva España, fray Juan de Zumárraga, compadeciéndose del terrible sufrimiento de los sifilíticos, y con la anuencia del emperador Carlos V, decidió fundar el Hospital del Amor de Dios, que fue conocido también como el «hospital de las Bubas» y que estaba dedicado a la atención de las enfermedades venéreas. En 1553, gracias a la iniciativa de Vasco de Quiroga y Pedro de Gante, se funda en la Ciudad de México el Hospital Real de Naturales. Nacía así el primer hospital dirigido exclusivamente a los indígenas, que llegó a tener 600 camas. En el Hospital Real de Naturales los indios recibían una alimentación que hoy, en pleno siglo XXI, los más pobres de México, que siguen siendo los indios, no imaginan ni en el mejor de sus sueños. Dicho hospital no tenía nada que envidiar a los de España, Francia o Inglaterra. Fue el primero tanto en el Viejo como en el Nuevo Mundo en:

1) Tener una atención trilingüe.
2) Combinar la medicina tradicional europea con la medicina prehispánica, lo que le permitió las curaciones de muchas enfermedades a base de hierbas totalmente desconocidas en Europa.
3) Realizar autopsias masivas, sobre todo en tiempos de epidemias, en busca de respuestas para la cura de las enfermedades, lo que le permitió, además, crear una escuela de cirujanos de excelencia.
4) Llevar estadísticas precisas y detalladas de los pacientes, sus enfermedades y su evolución y de los medicamentos que se le suministraban.

Un detalle que muestra la calidad de la atención y el trato humano que recibían los indios es que las reales ordenanzas establecían que los practicantes —que conviene recordar que eran médicos— debían dar «por su mano, con caridad y cuidado, los caldos de sustancia a aquellos que estuviesen agravados, y demás clase de alimentos que juzgare conducir al alivio de los enfermos». La magnitud de la población de enfermos atendida, así como la gran cantidad de pacientes egresados con su salud restablecida, es evidencia de la calidad de la atención médica en esta institución, que fue la envidia de los hospitales europeos.

En el año de 1567, fray Bernardino Álvarez, con la colaboración de la Orden de los Hermanos de la Caridad, fundó en el Virreinato de México el primer hospital destinado, en América, a alojar a enfermos mentales. En 1582, la Cofradía del Tránsito de Nuestra Señora fundó el Hospital de Nuestra Señora de los Desamparados, destinado a atender a pacientes negros, mulatos y mestizos que deambulaban por la Ciudad de México. En 1584, el obispo fray Juan de Medina fundó, en la ciudad de Valladolid, el primer hospital dirigido y administrado por seglares. En 1604, se fundó en la Ciudad de México el hospital de San Juan de Dios y, en Veracruz, se construyó el Hospital de Nuestra Señora de Loreto. En 1612, se levantó en la Ciudad de México el Hospital Espíritu Santo. En el 1625, en Guanajuato, se edificó el Hospital de Nuestra Señora de la Concepción. En 1626, se edificó en Puebla el Hospital Real de San Bernardo. En 1672, se levantó en Michichoacán el Hospital de San Juan de Dios[27].

No menos impresionante que la construcción de hospitales fue la fundación de instituciones educativas. En casi todas las ciudades importantes se crearon establecimientos para la educación de los niños indios, tanto para los varones como para las mujeres. Contrariando la leyenda negra, la evidencia histórica deja pocas dudas de que España tomó la decisión política de que la mejor educación en América fuera impartida a los indios y a los mestizos. Como afirma Clarence Henry Haring, al comienzo había más escuelas para indios que para hijos de españoles. Las dos primeras escuelas de México fueron creadas por los franciscanos, una en Texcoco, en 1523, por un hermano lego, Pedro de Gante, y otra en México, dos años más tarde, por fray Martín de Valencia. Junto al convento de San Francisco, Pedro de Gante edificó y dirigió la escuela de San José de Belén de los Naturales, una institución de excelencia donde llegó a reunir a más de mil niños indios que aprendieron náhuatl, castellano y latín, además de pintura, escultura, bordado, la ejecución de instrumentos musicales, así como carpintería, herrería y talabartería. Prueba de la calidad de la educación impartida en la escuela San José de Belén de los Naturales es que de sus aulas salió Diego Valdés (1533-1582), el primer mestizo ordenado fraile en América, en el año 1547. Su madre fue una indígena tlaxcalteca y su padre, el conquistador Diego Valdés, que estuvo con Hernán Cortés en la famosa «noche triste» y en el asalto final de la capital azteca.

Sin duda alguna el más famoso de estos primeros colegios fue el de Santa Cruz, en Tlatelolco, en el barrio indio de México. Se inauguró, oficialmente, el 6 de enero de 1536, apenas 15 años después de la caída de Tenochtitlan. Sin embargo, el dato políticamente más relevante que desmorona la leyenda negra es que este colegio fue la primera institución de educación superior en América preparatoria para la universidad, y que no estaba destinado a los hijos de españoles, sino a los indígenas. En el Colegio Imperial de Tlatelolco, los jóvenes indígenas eran formados en latín, gramática, retórica, lógica, aritmética, geometría, astronomía, medicina, música, pintura, teología y religión. Durante los 50 años de su funcionamiento, en este establecimiento científico se cultivó preferentemente la medicina náhuatl y, al mismo tiempo, fue la escuela de ciencias políticas donde se preparaba a los hijos de los caciques para el gobierno de los pueblos de indios.

Este colegio no solo fue el más importante centro de las ciencias y las artes de todo el continente americano durante la primera mitad del siglo XVI, sino también uno de los más sobresalientes del mundo. Nada tenía que envidiarle a ningún colegio del viejo continente. Ya en 1552 dos investigadores indígenas, exalumnos y profesores del colegio, Martín de la Cruz y Juan Badiano, luego de un arduo proceso de investigación, dieron a conocer un tratado de botánica y farmacología que describe las propiedades curativas de las plantas americanas empleadas por los mexicas.

En 1574, los primeros jesuitas llegados a México fundaron el Colegio de Puebla. En 1574, el Colegio Máximo de San Pedro y San Pablo. En 1579, el Colegio de Oaxaca. En 1583, el Colegio de San Idelfonso. En 1596, el Colegio de Guadiana. En 1623, el Colegio de San Luis Potosí y, en 1625, el Colegio de Querétaro.

La Real Universidad de México, conocida también como la Universidad de San Pablo, fue creada por Real Cédula del emperador Carlos V y firmada en su nombre por el príncipe Felipe, en la ciudad de Toro (Zamora), el 21 de septiembre de 1551. Fue inaugurada el 25 de enero de 1553 y tenía los mismos privilegios que la Universidad de Salamanca. En ella se estudiaban los grados de bachiller, licenciado, maestro y doctor, y las clases se impartían en latín. En ella podían estudiar tanto los españoles como los mestizos y los indios. La universidad estaba abierta a todos los habitantes de México porque todos eran considerados españoles. Contaba con escuelas para la enseñanza en cinco facultades: Teología, Derecho Canónico, Derecho Civil, Medicina y Artes. También existían cátedras llamadas «sueltas» o «libres», es decir, sin facultad, como las de astrología y matemáticas, retórica, gramática y lenguas indígenas: azteca y otomí. Sí, estimado lector, ha leído usted bien, en la Real Universidad de México se estudiaban y rescataban las lenguas indígenas para que estas no quedasen en el olvido. ¿En qué universidad de las Trece Colonias, luego devenidas en los Estados Unidos de Norteamérica, se estudió el idioma de los sioux, de los apaches o de los navajos?[28].

Entre los más destacados profesores que enseñaron en las universidades y colegios de México merecen citarse a Alonso Gutiérrez —que en América tomaría el nombre de Alonso de la Vera Cruz—, Francisco Cervantes de Salazar, Bartolomé Frías de Albornoz y Antonio Rubio de Rueda, considerado «el más importante de los jesuitas españoles enviado a América»[29], debido a la gran influencia que su obra filosófica tuvo en Europa, principalmente sobre el propio Descartes, quien, mientras cursaba en el Real Colegio de La Flèche, estudió los comentarios a la lógica de Aristóteles que Antonio Rubio de Rueda realizó en su obra titulada *Lógica mexicana*. Importa resaltar que fray Alonso de la Vera Cruz fundó, en 1540, el convento de San Juan Bautista, creó la primera biblioteca de América y dictó el primer curso de Filosofía del Nuevo Mundo, 145 años antes que en la Universidad de Harvard se comenzara a dictar Filosofía. También contribuyó a fundar, en Pátzcuaro, en el estado de Michoacán, el Real Colegio de San Nicolás Obispo, que luego se convertiría en una de las primeras universidades del continente. Fueron alumnos en el San Nicolás nada menos que el cura Miguel Hidalgo, el sacerdote José María Morelos, el padre José Sixto Verduzco, el hacendado José María Izazaga y el abogado Ignacio López Rayón. Fray Alonso de la Vera Cruz, en 1553, sin descuidar en ningún momento su vida religiosa, empezó a escribir su tratado de filosofía, que fue el primer libro de filosofía escrito en el continente americano.

En la Universidad de México, Bartolomé de Albornoz, con apenas 34 años, fundó el 24 de enero de 1553 la cátedra de Instituta, es decir, de Derecho Civil. Experto en Aristóteles y Cicerón, fue famoso en su época por defender la abolición de la esclavitud. En 1573 publicó en Valencia su obra *Arte de los contractos,* en la que refuta y niega licitud no solo al tráfico de esclavos, sino a la esclavitud misma. Con estos profesores la educación en México recibió un impulso de excelencia de tal magnitud que es difícil que haya vuelto a suceder algo semejante en toda su historia.

La presencia de Pedro de Gante, Alonso de la Vera Cruz, Francisco Cervantes de Salazar, Antonio Rubio de Rueda, José de Acosta, Diego de Avendaño, Pedro de Oñate, Hernando Cavero, Pedro de Quintanilla, Pedro Gutiérrez Flores, Francisco de León Garavito, Alonso Velázquez, Juan de Atienza, Juan Perlín, Antonio Torquemada, Miguel de Ampuero, Cristóbal Gomera, Lauro Nuñes, Ignacio de Frías, Francisco Burgés, Cristóbal Grijalba y Diego de Torres Bollos, entre otros, es apenas una muestra de que España envió a América a sus mejores profesores.

Por último, señalar que una de las grandes figuras del Siglo de Oro español, Mateo Alemán, el creador de la novela picaresca moderna, fue a vivir sus últimos años de vida a México[30].

Alexander von Humboldt: un negrolegendario que admiró la obra de España en México

Trescientos años después de la llegada de Cortés a tierras mexicanas, un testigo absolutamente imparcial dio cuenta del extraordinario desarrollo que se había producido en México bajo la Administración española. Ese testigo fue nada más ni nada menos que uno de los más prestigiosos científicos de su época, el alemán Alexander von Humboldt

(1769-1859), geógrafo, astrónomo, humanista, naturalista y explorador, que en absoluto apreciaba España ni el catolicismo y que, como veremos, se mostró a favor de las potencias protestantes.

Humboldt nació en Berlín el 14 de septiembre de 1769. Su padre, Alexander Georg von Humboldt, oficial del ejército de Federico II de Prusia, eligió como profesor particular para su hijo a Joachim Heinrich Campe (1746-1818), discípulo de Jean-Jacques Rousseau (1712-1778), quien, como todos los ilustrados, era profundamente antiespañol. Campe transmitió al joven Alexander los principios esenciales de la leyenda negra, mientras que su madre, Marie Elisabeth von Holwede (1741-1796), que procedía de una familia de raíces protestantes hugonotes, lo formó en el anticatolicismo más visceral[31].

Alexander von Humboldt, a quien la Academia francesa puso el apodo de «el nuevo Aristóteles», desembarcó en el puerto mexicano de Acapulco el 22 de marzo de 1803. Así lo relata el propio autor en el prólogo de su *Ensayo político sobre el reino de la Nueva España:*

> Llegué a Méjico por el mar del Sur en marzo de 1803, y he residido en este vasto reino por espacio de un año [...]. Me sorprendió ciertamente lo adelantado de la Nueva España respecto de las partes de la América meridional que acababa de recorrer. Este contraste me excitaba a un mismo tiempo a estudiar muy particularmente la estadística del reino de Méjico, y a investigar las causas que más han influido en los progresos de la población y de la industria nacional[32].

A Humboldt le sorprendió la buena formación en química que poseían los jóvenes mexicanos:

> Los principios de la nueva química, que en las colonias españolas se designa con el nombre algo equívoco de Nueva filosofía, están más extendidos en Méjico que en muchas partes de la Península. Un viajero europeo se sorprendería de encontrar en lo interior del país, hacia los confines de la California, jóvenes mejicanos, que raciocinan sobre la descomposición del agua en la operación de la amalgamación al aire libre[33].

Después de pasar por Cuba, Venezuela, Barbados, Trinidad, Colombia y Ecuador, Humboldt llegó al virreinato de Nueva España con el permiso de las autoridades mexicanas y con la condición de que no revelara los datos que allí obtuviera al Gobierno de Estados Unidos. Recopiló numerosa información sobre el clima, los recursos naturales, la orografía y los dispositivos militares que allí había, pero, incumpliendo su palabra, se la hizo llegar a los estadounidenses, que, gracias a ello, lograron una ventaja militar y estratégica valiosísima. De hecho, los mapas que Humboldt proporcionó al Gobierno estadounidense sirvieron para planificar la guerra contra México de mediados del siglo XIX. Así ocurrió, por ejemplo, con el mapa elaborado para el científico prusiano por los estudiantes del Colegio de Minería de México, que «quedó en poder del Departamento de Estado de Washington en 1804 y fue la base para preparar los viajes de "observación" de Lewis y Clark en 1804 y de Pike en 1806»[34].

A los pocos días de arribar a México, Humboldt anotó en su cuaderno:

> Entre las colonias sujetas al dominio del rey de España, Méjico ocupa actualmente el primer lugar, así por sus riquezas territoriales como por lo favorable de su posición para el

comercio con Europa y Asia. No hablamos aquí sino del valor político del país atendiendo su actual estado de civilización, que es muy superior al que se observa en las demás posesiones españolas[35].

Sin embargo, los historiadores que defienden y promueven la leyenda negra tan solo destacan sus continuas alusiones a la pobreza y a la miseria de la población india, que, según los datos suministrados por el propio Humboldt, en la Ciudad de México no superaba el 29 % de la población total. En efecto, el científico resalta este dato, pero reconoce —y esto no lo nombran los autores negrolegendarios— que el estado de miseria de los indígenas (no así de los mestizos) era anterior a la llegada de los españoles:

> Estos indios embrutecidos por el despotismo de los antiguos soberanos aztecas, y por las vejaciones de los primeros conquistadores, aunque protegidos por las leyes españolas, en general sabias y humanas, gozan sin embargo muy poco de esta protección a causa de la grande distancia de la autoridad suprema[36].

Un poco más adelante añade:

> Cuando los españoles hicieron la conquista de Méjico encontraron ya el pueblo en aquel estado de abyección y de pobreza que en todas partes acompaña al despotismo y la feudalidad. El emperador, los príncipes, la nobleza y el clero (los teopixquis) poseían exclusivamente las tierras más fértiles; los gobernadores de provincia hacían impunemente las exacciones más fuertes; el cultivador se veía envilecido, los principales caminos, como lo hemos observado más arriba, hormigueaban de pordioseros; la falta de grandes cuadrúpe-

> dos domésticos forzaba a millares de indios a hacer el oficio de caballerías, y a servir para trasportar el maíz: el algodón, pieles y otros objetos de consumo, que las provincias más lejanas enviaban como tributo a la capital[37].

Como vemos, Humboldt reconoce que el azteca era un estado despótico, pero pasa por alto el asunto de los sacrificios humanos masivos. Sus prejuicios luteranos le llevan a criticar el hecho de que España hubiera terminado con la casta sacerdotal azteca, que era la que, como vimos, mataba a más de 20.000 personas al año. Es ese prejuicio el que le lleva a afirmar lo siguiente:

> El fanatismo cristiano se ensangrentó principalmente contra los sacerdotes aztecas; se exterminaron los Teopixquis o ministros de la Divinidad, todos los que habitaban los Teocali o casas de Dios, y a los cuales podría considerarse como depositarios de los conocimientos históricos, mitológicos, y astronómicos del país; porque los sacerdotes eran los que observaban la sombra meridiana en los relojes de sol...[38].

Aun así, el científico se recrea en los avances producidos en Ciudad de México después de la llegada de los españoles:

> Ninguna ciudad del nuevo continente, sin exceptuar las de los Estados Unidos, presenta establecimientos científicos tan grandes y sólidos como la capital de Méjico. Citaré solo la escuela de minas [...], el jardín botánico y la academia de pintura y escultura, conocida con el nombre de Academia de las Nobles Artes de Méjico[39].

Y añade que «la capital de la Nueva-España sorprende a los europeos, no tanto por la grandiosidad y hermosura de sus monumentos, como por la anchura y alineación de las calles; y no tanto por sus edificios como por la regularidad de su conjunto, por su extensión y situación»[40], destacando que «la Ciudad de Méjico es también muy notable por su buena policía urbana; las calles tienen andenes muy anchos; están limpias y muy bien iluminadas...»[41]. En cuanto a su población, Humboldt destaca que «la Ciudad de Méjico es la más poblada de las del Nuevo Continente. Tiene unos 40.000 habitantes menos que Madrid [Madrid tenía entonces alrededor de 200.000 habitantes]. Como forma un gran cuadrado, la población está esparramada en un gran espacio de terreno; y como las calles son muy anchas, parecen en general bastante desiertas [...]. Sí, Méjico tiene más habitantes que las ciudades de la Gran Bretaña y de Francia, a excepción de Londres, Dublín y París»[42].

En México se comía y se bebía mejor que en París

Uno de los datos sociológicamente más importantes que Humboldt nos proporciona y que, sin proponérselo, hieren de muerte a la leyenda negra es el de que en México las masas populares —fundamentalmente mestizas— vivían igual o mejor que en París:

> El conde de Revillagigedo mandó hacer indagaciones exactas sobre los consumos de Méjico. El estado siguiente, que se formó en 1791, satisfará en cierto modo á los que conocen los importantes trabajos que han hecho M. Lavoisier y Arnould sobre los consumos de París y de toda la Francia.

CONSUMO DE MÉJICO

COMESTIBLES	
Bueyes	16.300
Terneras	450
Carneros	278.923
Cerdos	50.676
Cabritos y conejos…	24.000
Gallinas	1.255.340
Patos	125.000
Pavos	205.000
Pichones	65.300
Perdices	140.000
GRANOS	
Maíz, cargas de á 3 fanegas	117.224
Cebada, cargas	40.219
Harina de trigo, cargas de á 12 arrobas	130.000
LÍQUIDOS	
Pulque, cargas	294.790
Vino y vinagre, barriles á 4 arrobas	4.507
Aguardiente, barriles…	12.000
Aceite de España, arrobas de á 25 libras.	5.585

Suponiendo, con M. Peuchet, que la población de París es cuatro veces mayor que la de Méjico, se observará que el consumo de la carne de buey con poca diferencia es proporcional al número de habitantes de ambas ciudades, pero que la de carnero y cerdo es excesivamente mayor en Méjico. He aquí la diferencia[43].

Sí, estimado lector, ha leído bien: ¡se comía más carne en la Ciudad de México que en París! En este sentido, Humboldt proporciona un cuadro de situación sumamente interesante:

> M. Lavoisier halló por sus cálculos, que en su tiempo los habitantes de París consumían anualmente 90 millones de libras de carne de todas especies, lo que hace 163 libras (79 kilogramos) por cada individuo. Estimando la carne comestible que producen los animales designados en el estado que precede, por los principios de M. Lavoisier, modificados por las localidades, el consumo de Méjico, de toda clase de carnes, es de 26 millones de libras, o de 189 libras (92 kilogramos) por cada individuo. Esta diferencia es tanto más extraordinaria si se atiende á 33.000 indios de una población de 160.000[44].

Veamos ahora qué ocurría con el consumo de pan:

> En Méjico, el consumo del pan es igual al de las ciudades de Europa [...]. Si se supone con M. Arnould, que 325 libras de harina dan 416 libras de pan, se hallará que las 130.000 cargas de harina consumidas en Méjico, podrían dar 49.900.000 libras de pan, lo que hace un consumo de 363 libras por cada individuo de todas edades. Estimando la población habitual de París en 547.000 habitantes, y el consumo de pan en 206.788.000 libras, resulta en París 377 libras por cada individuo[45].

¿Qué sucedía en materia de bebidas? Así nos lo explica Humboldt:

> Los indios, los mestizos, los mulatos y aun la mayor parte de los blancos criollos prefieren el pulque, del cual se consume

anualmente la enorme cantidad de 44 millones de botellas (de 48 pulgadas cúbicas cada una). La gran población de París en el tiempo de M. Lavoisier no consumía anualmente más que 281.000 moyos (medida de 133 azumbres) de vino, aguardiente, cidra, y cerveza, lo que hace 80.988.000 botellas[46].

Así pues, si tenemos en cuenta que París tenía cuatro veces más habitantes que la Ciudad de México, resulta claro que se bebía más en la capital de la Nueva España que en la capital de Francia.

Sobre la suerte de los indios, los mineros y los esclavos

Humboldt empieza su análisis de lo que hoy denominamos «la cuestión social» reflexionando sobre «el problema del indio», aunque reconoce que «más feliz hallaríamos quizá la suerte de los indios si la comparásemos a la de los campesinos de Curlandia, de Rusia y de gran parte de la Alemania del norte»[47]. Es decir, de la Alemania mayoritariamente protestante. A pesar de sus prejuicios, el científico afirma que la suerte de los indios había mejorado sustancialmente:

> En el siglo XVIII empezó a ser de día en día más feliz su suerte. Una parte de las familias de los conquistadores se ha extinguido; y no se han distribuido de nuevo las encomiendas en calidad de feudos. Los virreyes, y aún más, las audiencias, han mirado por los intereses de los indios, y poco a poco ha ido aumentándose su libertad, y aun en algunas provincias su bienestar. El rey Carlos III ha sido principalmente a quien por sus medidas tan sabias como enérgicas puede llamársele el bienhechor de los indígenas: este rey anuló las encomiendas, prohibió los repartimientos, por medio de los cuales los co-

rregidores se constituían arbitrariamente acreedores, y, por consiguiente, los dueños del trabajo de los indios, anticipándoles a precios excesivos caballos, mulos, y ropas. El establecimiento de las intendencias, debido al ministerio de Gálvez ha formado una época memorable para el bienestar de los indios. Las pequeñas vejaciones a que estaba continuamente expuesto el cultivador de parte de los magistrados subalternos, así españoles como indios, se han disminuido infinito por la vigilancia activa de los intendentes; y los indígenas empiezan a gozar de los beneficios que les habían concedido las leyes, suaves y humanas en general, pero de cuyo efecto se les había privado durante aquellos siglos de barbarie y opresión[48].

Pone luego su lupa en uno de los grandes tópicos de la leyenda negra, el trabajo en las minas, del que afirma:

El trabajo en las minas es enteramente libre en todo el reino de Nueva España; a ningún indio, a ningún mestizo, se le puede obligar a dedicarse al trabajo de minas. Es absolutamente falso, aunque se haya repetido el aserto en las obras más estimadas, que la Corte de Madrid envíe presidiarios a trabajar en las minas de oro y plata. Las minas de Siberia se han poblado con malhechores rusos; pero en las colonias españolas hace ya siglos que no se conoce, por fortuna, esta clase de castigo[49].

Y profundiza en su análisis llegando a una reveladora conclusión:

En el Reino de la Nueva España, al menos desde hace treinta o cuarenta años, el trabajo de las minas es un trabajo libre; no existe traza de mita, aunque un autor justamente célebre, Robertson, haya afirmado lo contrario. En ninguna

> parte goza el bajo pueblo más perfectamente del fruto de sus fatigas que en las minas de Méjico; no hay quien obligue al indio a dedicarse a esta clase de trabajo o preferir tal explotación o tal otra: descontento del propietario de una mina, el indio la abandona para ofrecer sus servicios a otro que pague con más regularidad o en dinero contante. Estos hechos exactos y consoladores no se conocen lo bastante en Europa[50].

Humboldt no deja de sorprendernos cuando afirma que «el minero mejicano es el mejor pago de todos los mineros [...], mientras en Sajonia, cobra el minero 4 francos o 4 y medio por semana de cinco días, cobra el minero mejicano 25 o 30 [...]. Un carpintero de Nueva Andalucía cobraba en su tiempo 5 o 6 francos, es decir, más que un minero sajón en una semana»[51].

No deja de lado la cuestión de la esclavitud, asunto sobre el cual también aporta interesantes datos y reflexiones:

> Por lo demás, los esclavos, que, como se ha dicho, son muy pocos en el reino de Méjico, están allí, como en todas las posesiones españolas, algo más protegidos por las leyes, que los negros que habitan las colonias de las otras naciones europeas. Estas leyes se interpretan siempre en favor de la libertad; y el gobierno desea ver que se aumente el número de los libertos. Un esclavo que con su industria ha llegado a juntar algún dinero, puede forzar a su amo a que le dé libertad, pagándole la suma de 300 á 400 pesos. Ni puede negarse la libertad á un negro á pretexto de que fue triplicado el coste de su primera compra, ó de que posee alguna habilidad particular para ejercer un oficio lucrativo[52].

Resulta también revelador el testimonio del científico alemán sobre la situación de los escasos esclavos existentes en México si se compara con la de sus semejantes de las colonias anglosajonas protestantes:

> Al esclavo que haya sido maltratado con crueldad le da la ley por este hecho su libertad, si es que el juez hace justicia al oprimido. Es fácil concebir que esta ley será eludida las más veces: pero con todo yo he visto en Méjico, por el mes de julio de 1803, el ejemplar de dos negras a quienes el alcalde de corte dio la libertad, porque su ama, que era una señora nacida en las islas, las había llenado de heridas con tijeras, alfileres y cortaplumas[53].

Todos estos datos demuestran que, en el momento de su independencia de España, México era mucho más rico y poderoso que Estados Unidos. Sin duda, existían en Nueva España situaciones de injusticia social —negarlo sería una necedad por nuestra parte—, pero estamos en condiciones de afirmar que dichas injusticias eran mucho menos dañinas que las existentes, en el mismo momento histórico, en Inglaterra, en Rusia o, a día de hoy, en Argentina, donde, a pesar de producir alimentos para 200 millones de personas, el 30% de los niños sufre desnutrición y casi el 40% de la población vive sumida en la pobreza. Parece mentira y genera asombro, pero es preciso recordar que, antes del golpe militar del 24 de marzo de 1976 contra el Gobierno constitucional de Isabel Martínez de Perón, la pobreza en Argentina no superaba el 4% de la población.

La traición de Humboldt

Alexander von Humboldt terminó sus viajes por América con una visita a Estados Unidos, donde fue huésped de honor del tercer presidente, Thomas Jefferson (1743-1826), que había asumido su mandato el 4 de marzo de 1801. El científico prusiano llegó al territorio de las antiguas Trece Colonias en la primavera de 1804 y allí permaneció cinco semanas.

Tan solo porque, al parecer, Jefferson era muy aficionado a los estudios geográficos, Humboldt le entregó la totalidad de la valiosa información estratégica que había recopilado durante su estancia en México. El presidente estadounidense ordenó al secretario del Tesoro, Albert Gallatin, que hiciera copias de los mapas del prusiano, los cuales fueron sumamente útiles al ejército de Estados Unidos para planificar y efectuar la invasión de México de 1846. La amistad entre el científico y el entonces presidente se consolidó durante años y entre los dos mantuvieron una profusa correspondencia epistolar[54]. En ella se aprecia el profundo agradecimiento de Jefferson a Humboldt por los servicios prestados.

El Congreso de Estados Unidos declaró formalmente la guerra a la República de México el 13 de mayo de 1846. El general Zachary Taylor (1784-1850), futuro presidente de Estados Unidos, sirviéndose de los mapas que Humboldt entregó a Jefferson, planificó fácilmente la invasión. El 8 de mayo, Taylor desató las hostilidades al presentar batalla a los mexicanos, al mando de Mariano Arista, en Palo Alto y en Resaca de la Palma, el 8 y 9 de mayo, respectivamente. En 1847, las tropas estadounidenses desembarcaron en el puerto de Veracruz y marcharon rumbo a Ciudad de México, que conquistaron sin demasiada dificultad.

El 2 de febrero de 1848, México se vio obligado a firmar el Tratado de Paz de Guadalupe Hidalgo, gracias al cual Estados Unidos se anexionó los actuales territorios de Alta California, Nuevo México, Texas, Arizona, Nevada, Utah,

Colorado y parte del estado de Wyoming. Cuando los colonos anglosajones ocuparon todas esas tierras, la población mexicana se convirtió en una presencia molesta y el linchamiento pasó a ser el principal método usado para expulsarla y obligarla a cruzar la frontera, situada en el Río Bravo, en dirección a México. En algunos casos se acusó a los mexicanos de cometer delitos tales como «mirar de forma poco adecuada» a una mujer blanca, «hablar español demasiado fuerte», quitar el trabajo a un anglosajón, «actuar de forma arrogante» o «practicar brujería». A las mujeres mexicanas de clase baja se las acusaba de «resistirse demasiado a los avances de hombres blancos», es decir, de no dejarse tratar como prostitutas. Los hombres y las mujeres inculpados casi siempre fueron ejecutados por ahorcamiento, y sus cuerpos mutilados, quemados y exhibidos en público para aterrorizar e «invitar» al resto de la población mexicana a abandonar sus hogares[55].

El 4 de marzo de 1849, el general Taylor se convirtió en el décimo segundo presidente de Estados Unidos. Las antiguas Trece Colonias formaban ahora un estado gigantesco, en buena medida gracias al «generoso y honorable» Alexander von Humboldt, que probablemente se sintió orgulloso de haber contribuido a la creación de la nación protestante más poderosa de la historia.

Aunque parezca mentira, también para la dirigencia política de México la única conquista mala e injusta fue la conquista española de América. En ningún caso lo era la estadounidense, que dio lugar a la pérdida de 2.700.000 kilómetros cuadrados, es decir, el 60 % del territorio que México había heredado de España.

En 1854, Humboldt recibió, de la mano del general José López Uraga, la Gran Cruz de la Orden de Guadalupe, otorgada por el general Antonio López de Santa Anna (1794-1876). Cinco años después, el presidente mexicano Benito Juárez (1806-1872) tuvo la desfachatez de nombrar «Benemérito de la Patria» al barón Alexander von Humboldt.

Otras conquistas no tan «malas»

> Nadie enjuicia a los egipcios que absorbieron a los primitivos camitas. Ni tampoco nadie enjuicia a los hebreos porque dominaron a los antiguos filisteos y cananeos de las tierras del Jordán. Ni a los griegos, ni a los romanos. ¿Por qué entonces se enjuicia a España?[56].

Estas palabras del historiador Jorge Óscar Sulé me llevan a recordar un buen número de crónicas que relatan cómo los ríos Éufrates y Tigris se tiñeron de sangre cuando los árabes conquistaron la antigua Mesopotamia[57], ese pedazo de tierra que es cuna de civilizaciones y que hoy se corresponde aproximadamente con la República de Irak. ¿Acaso ha escuchado usted a algún historiador, periodista o político enjuiciar a los árabes por aquella sanguinaria conquista? ¿Qué profesor negrolegendario, de esos que se rasgan las vestiduras por la caída de Tenochtitlan, se atreve a criticar la sanguinaria conquista árabe de Alejandría o la brutal conquista turca de Constantinopla? Cuando los árabes invadieron la península Ibérica se llevaron a Damasco, capital del Califato, a unas 20.000 mujeres de entre 12 y 16 años para convertirlas en esclavas sexuales. ¿Acaso hay alguien que recuerde hoy en España y en Europa semejante atrocidad?

Pero los ejemplos de conquistas sangrientas no acaban ahí. Fueron los británicos los que instauraron en América del Norte la política del «mejor indio es el indio muerto» y, de hecho, fueron los protestantes ingleses quienes repartieron mantas contaminadas con el virus de la viruela para acabar con los indios norteamericanos. ¿Cuántos libros hay que critiquen la política de exterminio de «pieles rojas» llevada a cabo primero por Gran Bretaña y luego por Estados Unidos? ¿Dónde están los libros de historia que retraten la salvaje conquista holandesa de Indonesia? ¿Acaso hay alguna película de Hollywood que trate de la violación sistemática de los derechos humanos cometida por Estados Unidos cuando puso sus garras sobre Filipinas? Al menos yo no conozco ninguna.

Los ingleses, cuando fueron a Australia, la consideraron *terra nullius,* es decir, territorio sin habitantes, aunque llegaron a censar entre 600.000 y un millón de indígenas. Para los ingleses, los aborígenes australianos no eran seres humanos, sino una especie de monos que caminaban sobre dos patas. Por eso llevaron a cabo el genocidio de Tasmania, del que tan solo salió con vida una mujer. Por supuesto, se han escrito artículos académicos que refieren tal atrocidad, pero ¿cuántos libros de divulgación masiva se han publicado sobre este asunto?

Y, mientras tanto, cada 12 de octubre desfilan por las calles de Lima, de Caracas, de México, de Quito e incluso de Madrid centenares de ingenuos jóvenes de izquierda que critican airadamente la conquista española de América. ¿Acaso hay desfiles semejantes criticando la conquista británica de Australia en las calles de Melbourne, Sidney, Canberra o Londres? Es cierto que ahora el Gobierno australiano ha pedido perdón a los pocos aborígenes que lograron sobrevivir a la masacre, pero ¿sabía usted, querido lector, que en 1988 Australia festejó a bombo y platillo el bicentenario de la llegada al puerto de Sidney del capitán Arthur Phillip al mando de 11 navíos de la Primera Flota para fundar la colonia de Nueva Gales del Sur? ¿Y que ese mismo año la reina Isabel II fue la encargada de inaugurar la nueva sede del Parlamento australiano en la ciudad de Canberra?

La verdad es que únicamente se critica una conquista: la española de América. Solo una nación —España— se merece ser llevada todos los años al banquillo de los acusados, y solo a una nación —España— se le exige que pida perdón por sus supuestos pecados. Como afirma el historiador marxista Jorge Abelardo Ramos, «al parecer, España en sus conquistas empleaba métodos sangrientos. Sus rivales, en cambio, eran filántropos rebosantes de piedad»[58].

2
Cuando Dios hizo el Edén, no pensó en América

Con la verdad no ofendo ni temo.

José Gervasio Artigas

Mitos perpetuados por los negrolegendarios

Mi padre, nacido en lo que fue la Magna Grecia, en las laderas del volcán Etna y a un tiro de piedra del todavía impresionante teatro griego de Taormina, maldecía siempre a Cristóbal Colón. En las tardes de lluvia solíamos jugar a las cartas, al chinchón o a la escoba de quince. No sé por qué, pero mi querido viejo —así llamamos cariñosamente los argentinos a nuestros padres— odiaba España y no perdía la ocasión de exclamar: «¡¿Por qué no fue Colón a pedirle ayuda a los ingleses?!».

Mucho tiempo después me di cuenta de que ese tipo de expresiones eran habituales en el sector social que el ensayista argentino Arturo Jauretche definió como «de medio pelo»[1], que, como afirman Miguel Mazzeo y José Agustín Sánchez, «se expresa en esa frase vergonzante y repulsiva pero que, lamentablemente, tan a menudo escuchamos: "Ojalá hubiéramos sido colonia de Inglaterra"», sin advertir «que la razón principal de nuestros males es que sí fuimos colonia de Inglaterra, aunque exhibiéramos ante el mundo una independencia formal»[2].

Cuando, con el paso de los años, recorrí toda Hispanoamérica me percaté de que la frase que mi padre repetía los días de lluvia la pronunciaban chilenos, bolivianos, ecuatorianos, paraguayos, peruanos, venezolanos... Una frase sin duda producto de la leyenda negra, que conforma el núcleo duro de nuestra colonización pedagógica cultural. Esa y otras expresiones semejantes están destinadas a destruir nuestra identidad y a confundirnos, haciéndonos creer que somos subdesarrollados porque nos conquistó España. Y, para colmo de males, porque los españoles nos hicieron católicos.

El historiador chileno Pedro Godoy lo explica así[3]:

> La erosión de nuestra identidad comienza temprano con la leyenda negra. La plasma el padre Bartolomé de las Casas. La usan los emancipadores para legitimar la ruptura con Madrid. En el siglo XX la estimula Hollywood, la escuela y el texto. Hoy la televisión fomenta la gringomanía, cuyo reverso es la hispanofobia. El efecto: autodenigrarse por no ser longilíneos, blondos y de ojos azules[4].

Pido disculpas al lector si me voy un poco por las ramas, pero, al reflexionar sobre ese «autodenigrarse» por no ser rubios y de ojos azules, no puedo resistir la tentación de transcribir un pequeño ejemplo de cómo los hispanos nos sentimos inferiores respecto de los anglosajones. En un interesante artículo dedicado a la mujer argentina, la periodista Belén Ortega afirma lo siguiente:

> La rubia platinada que hizo furor en los años treinta inició la tendencia en coloraciones artificiales. Todas las mujeres querían tener el pelo de ese color. Pero, en aquella época, las tinturas no existían y los tintes eran tan caros como inaccesi-

bles. Para colmo, los avances cosméticos eran tan precarios que, para imitar a Marilyn, las mujeres fabricaban tinturas caseras que llevaron a la calvicie a más de una. Cuando Brigitte Bardot, Meg Ryan, Kim Basinger, Sharon Stone y Madonna siguieron apostando por las melenas platinadas, las tinturas ya se habían apoderado del mercado cosmético y el color blonde saltó de la pantalla grande a la cabeza de las amas de casa. En la Argentina, como en ninguna otra parte del mundo, las mujeres se adhirieron a las melenas de color oro y le siguieron siendo fieles más allá de los vaivenes de moda. Poco importa que no tengan la piel tan clara como la de la típica chica americana ni los ojos azules de las mujeres nórdicas. Con tez trigueña, ojos marrones y raíces negras, las argentinas siguen apostando por el rubio[5].

Yo mismo debo confesar la fascinación que sobre mi persona ejercían las rubias nórdicas. Dicho esto como *mea culpa* para que las «rubias argentinas» no lancen sus venenosos e implacables dardos sobre mí, volvamos al razonamiento de Pedro Godoy:

> El vigor económico de Estados Unidos y Europa que se muestra en la pantalla y que fluye de lo enseñado en el aula y del imaginario colectivo refuerza ese desdén por lo propio. Resulta frecuente que la pereza se atribuya a los ancestros propios. Estos no podían generar progenie dinámica y aseada. La piel olivácea y el pelo azabache se identifican con la siesta y con la mugre. El repiqueteo continúa con ucronías que legitima el docente al lamentar que no nos colonizaran británicos, holandeses, franceses o italianos. Se redondea el enfoque con la lápida en que se anota: «Pero tocarnos los españoles…». Es lo que Rodó denomina la «nordomanía», que se mezcla con la hispanofobia[6].

Tras remarcar que la leyenda negra —la falsa historia de la conquista española de América—, elaborada a partir del falso testimonio de Bartolomé de las Casas, es el huevo de la serpiente, Godoy afirma que «los rebeldes flamencos transfieren al Reino Unido, y este a Estados Unidos, la leyenda negra. Se tiñe con luteranismo. Corrientes ideológicas de la vertiente laica la *gasolinean* con el propósito de enjuiciar a la Iglesia como la depositaria de disvalores que bloquean el "progreso": contemplación, incuria, resignación, laxitud... La Hispanidad se presenta en connivencia con lo católico. Círculos de fatalidad se multiplican y el complejo de inferioridad se hace colosal»[7].

Para que la leyenda negra sea creíble —sobre todo en la mente de los jóvenes idealistas— debe partir de una primera premisa errónea, cuya falsedad se oculta cuidadosamente, que afirma que, antes de que llegara España a estas tierras, América era un paraíso habitado por pueblos angelicales que vivían felices en armonía y amándose los unos a los otros. Es por esto por lo que Godoy concluye su razonamiento de la siguiente manera:

> Otra arista de la leyenda negra es la nostalgia por el ayer aborigen [...]. Los tardíos «lascasianos» [partidarios de Bartolomé de las Casas] se obnubilan con ruinas mayas y vierten lágrimas por la captura de Atahualpa [...]. No captan el mestizaje como el fundamento de nuestra identidad [...]. Hugo Chávez suprime el 12 de octubre como Día de la Raza y anuncia que nuestra América debe denominarse «América india». Esta devoción indigenista es la otra cara de la leyenda negra. Nos pulveriza y es una política incentivada desde los centros mundiales de poder[8].

De este modo, Pedro Godoy pone el dedo en la llaga cuando afirma que el indigenismo está promovido por la estructura hegemónica del poder mundial[9]. Miguel Mazzeo y José Agustín Sánchez insisten en la misma idea:

> El mejor modo de dominar a un pueblo es hacerle sentir vergüenza de sus orígenes, su identidad y su historia. Esa es la razón de ser fundamental del antihispanismo. Las lamentaciones fariseas que se escuchan y se infiltran en las candorosas mentes juveniles sobre el exterminio de los indios (buenos) a manos de los sanguinarios españoles (malos) no hace más que ocultar el verdadero problema [...]. Resulta increíble que nadie reflexione sobre el hecho de que 200 españoles dominaron un Imperio (el azteca) que en las aproximaciones más bajas se calcula en tres millones de habitantes. Aun si admitimos el impacto mítico-mágico del inicio, no es admisible que tres meses después, una vez comprobada la mortalidad de los supuestos dioses y lo pedestre y común de sus actitudes, siguieran siendo esos factores los que permitieron la conquista (además de la superioridad tecnológica de sus armas). La realidad es muy otra: la organización social tanto del Imperio azteca como del inca distaba mucho de ser idílica, recíproca, distributiva, e igualitaria. En verdad, era un conjunto de pueblos sojuzgados y explotados por los sistemas centrales imperiales[10].

La verdad que se oculta es que, como vimos en el capítulo anterior, en México los pueblos estaban sometidos al imperio antropófago de los aztecas y en Perú, al de los incas. Tanto en la meseta mexicana como en los Andes peruanos había una nación opresora y decenas de naciones oprimidas, y lo cierto es que, como señalan Mazzeo y Sánchez, «los españoles vienen a resultar un catalizador de contradicciones preexistentes, que devinieron en cruentas luchas y guerras interétnicas con carácter de exterminio»[11].

La clave para comprender esta realidad es que tanto los aztecas como los incas habían construido teocracias sanguinarias que estaban en decadencia cuando los españoles llegaron a América. Juan José Sebreli lo explica con suma claridad:

> Cuando llegaron los españoles, los mayas ya estaban en decadencia, divididos en quince señoríos rivales, de los cuales diez se unieron a los conquistadores para luchar contra los cincos restantes. Es repudiable la destrucción de los grandes monumentos, templos y palacios aztecas e incas, pero una civilización no consiste tan solo en sus obras de arte, sino, ante todo, en su organización política y social, su derecho y su ética, y en ese aspecto poco tenían de ejemplares las grandes civilizaciones precolombinas. Eran teocracias sanguinarias sin ninguna autoridad moral para condenar la crueldad de los españoles[12].

Así pues, si en algún momento de la historia y si en algún lugar del mundo existió algo parecido al paraíso, ese lugar no fue el continente americano antes de la llegada del «abominable» Cristóbal Colón.

Un paraíso en la Tierra

Ni antes ni después de 1492 existió el paraíso en América. La realidad siempre es compleja y el objetivo principal de cualquier historiador serio es ofrecer una descripción objetiva del mundo precolombino para, de esa forma, desafiar lo políticamente correcto. Por desgracia, el coraje no es una virtud extendida y apenas encontramos ejemplos de esta forma de actuar. La mayor parte de los historiadores equidistantes, herederos en mayor o menor medida de la leyenda negra, aluden a la responsabilidad de ambas partes (indigenista e hispanista), que «quieren llevar el agua a sus molinos, unos molinos no impulsados por el caudal de la historia, sino por concretos intereses políticos e ideológicos»[13]. Frase que suena bien, pero que en realidad quiere decir que no tienen razón los que dicen que dos más dos son cinco, ni tampoco los que aseguran que dos más dos son cuatro.

Lo cierto es que en aquel «paraíso americano» se vivía en estado de guerra permanente. Así lo explica Juan José Sebreli:

> La guerra era a tal punto una virtud suprema para los indígenas que sus hazañas y sus víctimas estaban representadas por emblemas en las ropas, en las plumas que adornaban al guerrero, en las máscaras o en el tatuaje. Los soldados incas volvían de la guerra blandiendo la cabeza de los vencidos en la punta de las picas. Algunos prisioneros eran despellejados y transformados en tambores que conservaban la forma humana por lo que el cadáver parecía golpear su propio vientre con varitas que les colgaban de las manos. Las cabezas reducidas como trofeos de guerra, los collares hechos de dientes, los cueros desollados de las víctimas convertidos en vestidos y los cráneos transformados en copas donde beber la chicha, constituyen un lejano antecedente de los libros encuadernados por los nazis con piel de judíos. Se habla con horror del asesinato del inca Atahualpa por Pizarro, pero se olvida que aquel había hecho matar a su hermano Huáscar y que bebió chicha en su cráneo en las vísperas de la emboscada que le tendieron los españoles[14].

De la descripción que los académicos negrolegendarios realizan de la realidad americana anterior a 1492 casi siempre están ausentes cuatro temas fundamentales: los sacrificios humanos, el canibalismo, la esclavitud y la prostitución, cuestiones estas esenciales porque permiten apreciar que, como no nos cansaremos de repetir, América estaba lejos de ser el paraíso en la Tierra que tantas veces se ha descrito. Resulta fundamental aclarar que, como señala el historiador Cristian Rodrigo Iturralde, «si acaso persisten en la actualidad dos temas que podríamos sindicar como "tabúes" y del todo políticamente incorrectos, esos son sin duda alguna los referentes a los sacrificios humanos y a los actos caníbales perpetrados por los indígenas americanos»[15].

Esta deliberada omisión encuentra su razón de ser en dos cuestiones ideológicas: la idealización de los pueblos originarios y la criminalización de España y de la Iglesia católica. El castigo a quien se atreva a romper ese pacto de silencio consiste en la marginación del mundo académico, hoy controlado por el progresismo negrolegendario. Bien lo sabe el autor de este libro... La instalación de esos temas tabúes es perfectamente comprensible desde el punto de vista político, ya que, si se hablara de ellos, la leyenda negra se vendría abajo de un plumazo. El problema es que esos tabúes son respetados por académicos que dicen ser imparciales y objetivos. Por lo general, estos aducen que las costumbres de los pueblos originarios deben ser respetadas y entendidas, un razonamiento a todas luces absurdo, porque sería como reconocer que los nazis encuadernaban libros con la piel de los judíos y los asesinaban en las cámaras de gas porque esas eran sus costumbres y hay que respetarlas.

Por desgracia, en este tipo de discusiones casi nunca impera la lógica ni el sentido común, por lo que le advierto al lector que, si se encuentra metido en alguna, no mantenga la esperanza de convencer a su interlocutor, puesto que en el indigenismo se fusionan el relativismo cultural y el mito del buen salvaje, y es bien sabido que una cabeza desestructurada por el relativismo y ganada por un mito —sea este el que sea— es incapaz de atender a razones, incluso las más simples.

UN CULTO REBOSANTE DE PIEDAD

Ni la cultura ni la organización política de los pueblos que habitaban América antes de la llegada de los españoles eran uniformes. En la meseta mexica y en los Andes peruanos existió el más alto nivel de organización gubernamental y de desarrollo económico, siendo también en esta zona donde la cultura y las artes se desarrollaron en mayor medida[16].

Tenochtitlan, la capital de los aztecas, era una verdadera metrópoli imperial plagada de templos fastuosos. El gran *teocali* (templo) de la urbe era una pirámide truncada de más de 70 metros de altura y 114 empinados escalones. En la cúspide, frente al altar donde se colocaban los ídolos, había una piedra redonda dispuesta para los sacrificios humanos.

Por su parte, los incas sembraron su Imperio de caminos y acueductos que eran verdaderas obras de ingeniería. La distancia que separa Cuzco de la costa es de 485 kilómetros en línea recta, aunque, debido a las curvas para sortear ríos y montañas, son 862 los kilómetros que hay que recorrer desde un punto hasta el otro. Sin embargo, resulta asombroso pensar que el emperador podía comer pescado fresco cuando lo deseara, ya que desde la capital, situada a 3.500 metros de altura, salía hacia el norte, el sur y el este una amplia red de caminos que se calcula llegó a tener cerca de 40.000 kilómetros y que estaba sembrada de pequeñas fortalezas-almacenes (llamadas *tambos)* en las que hacían guardia los *chasquis* (hombres correo), que se encargaban de llevar lo que fuera que hiciera falta de una a otra. Y, sin embargo, pese a esta sofisticación, en la capital de los incas los sacrificios humanos también estaban a la orden del día.

Ya hemos aclarado que en Mesoamérica —y también en las regiones andinas— coexistieron muchos pueblos diversos, casi siempre enemigos a muerte los unos de los otros. En el norte, pimas y tarahumaras; en el sur, mayas y zapotecas; en el este, olmecas, totonacas y toltecas; en el centro, tlaxcaltecas, tarascos, otomíes y chichimecas... Los aztecas —pueblo originario del norte— invadieron el valle de México en 1168 y, paulatinamente, fueron dominando y esclavizando a todos los pueblos de la región. En el momento de la llegada de Hernán Cortés, el emperador Moctezuma recibía tributo de 371 pueblos. Cada seis meses (el calendario azteca constaba de 18 meses de 20 días) los recaudadores pasaban a recoger los impuestos —y los seres humanos— estipulados como pago al emperador. En este sentido, el historiador mexicano Carlos Pereyra escribe:

> El sacrificio humano llegó a tener entre los aztecas una frecuencia y una generalidad que abisman. Para que no hubiese falta de víctimas, se instituyó con los pueblos enemigos una costumbre muy singular, la de la *Xochiyoayóalt,* o Guerra Florida, cuyo objeto era hacer prisioneros y ofrecer su sangre a los dioses. Cada mes tenía sus fiestas y cada fiesta sus víctimas. En un mes mataban muchos niños, llevándolos a las cumbres de los montes, donde les sacaban los corazones y los ofrecían en demanda de lluvias. Los niños iban adornados con plumajes y guirnaldas, y sus sacrificadores los acompañaban tañendo, cantando y bailando. Si los niños lloraban, el regocijo era mayor, porque aquellas lágrimas significaban lluvia. En el segundo mes sacrificaban a los cautivos, quitándoles antes las cabelleras[17].

Los sacrificios humanos también se realizaban para festejar el comienzo de un nuevo reinado. En tiempos del emperador Axayáctl (1449-1481), sucesor de Moctezuma I y padre de Moctezuma II, se sacrificaron 700 seres humanos. En 1487, Ahítzotl (1440-1502) hizo sacrificar durante 14 días a 16.000 zapotecas, 24.000 tlapanecas, 16.000 huexotzincas y atlixcas y 24.400 tizauhcóacs. Estimado lector: le ruego que se detenga un instante en el caso de los zapotecas: matar a 16.000 personas durante 14 días equivale a asesinar a 1.143 personas por día (48 personas por hora). Los números del horror hablan por sí solos.

En el Imperio de los incas, aunque las cifras no alcanzaron las dimensiones de las de los aztecas, las víctimas humanas, llamadas *copaccochas* por los antropólogos negrolegendarios, fueron principalmente niños y adolescentes reclutados y sacrificados para propiciar buenas cosechas y ahuyentar a los malos espíritus. Entre el Imperio azteca y el inca, en lo que más tarde fue el Virreinato de Nueva Granada (desde Nicaragua hasta Ecuador), vivían los chibchas, que nunca lograron conformar un imperio homogéneo. En el altiplano de Bogotá y en las regiones andinas de Popayán, Antioquia y Cartago vivían los llamados muiscas, el grupo chibcha más importante de la región, que, al igual que los aztecas y los incas, practicaron sacrificios humanos, principalmente de niños, para honrar al dios Sol.

Carlos Pereyra amplía la existencia de estas prácticas a otras muchas zonas:

> Entre los pueblos ecuatorianos había algunos que, como los puruhaes, adoradores del Chimborazo, hacían sacrificios humanos sobre el altar del templo levantado en el límite de las nieves perpetuas [...]. Tenían también la práctica de la

inmolación de los primogénitos, cuyos cadáveres conservaban embalsamados, dentro de sus habitaciones, en vasos de piedra o de barro. En la Costa de las Esmeraldas, los indígenas ofrecían a sus dioses las *tsantsas* o cabezas reducidas de los enemigos muertos en sacrificio. Adornaban los templos con estas cabezas, preparadas de un modo especial para que su tamaño disminuyese hasta quedar como el puño de la mano de un hombre. En Manabí, en Machala y en la isla de Puná no solo sacrificaban a los prisioneros de guerra, sino a las mujeres y a los niños [...]. Despellejaban los cadáveres de sus víctimas y, después de preparar la piel con todo esmero, la llenaban de ceniza y finalmente la cosían, para que todo el cuerpo humano apareciese como de persona viva, en parte visible del templo[18].

En el actual territorio de Argentina, entre los indios mocovíes también era habitual el asesinato de los niños. Cuando una familia con un hijo recién nacido debía emprender un viaje, el padre ordenaba a su mujer que diera muerte a la criatura para que no fuese una incómoda carga. Además, cuando el varón sospechaba que el hijo no era suyo, exigía a la madre que lo matara delante de él e incluso llegaba a pedirle que asesinase a todos los niños que nacieran de entonces en adelante.

Las prácticas caníbales no existieron antes de la conquista

Estimado lector: soy consciente de que hay temas sobre los que resulta muy desagradable hablar y escribir, y el que nos ocupa en este epígrafe —el del canibalismo reinante en la América precolombina— es uno de ellos. Sin embargo, es preciso abordarlo porque solo así podemos llegar a una comprensión verdadera de lo que estamos tratando.

Ni mucho menos es mi intención ofender a nadie, pero si hay un ingrediente característico de la cocina de los «pueblos originarios» ese es la carne humana. Por ejemplo, el *pozole,* uno de los platos más populares de la cocina mexicana, tiene su origen en la época prehispánica, aunque la mayoría de los mexicanos desconozca tanto este dato como cuál era su componente principal.

El arqueólogo Enrique Vela nos habla del *Tlacatlaolli,* que en náhuatl significa «maíz de hombre», que se comía para honrar a Xipe Tótec, dios de la Primavera, para quien se sacrificaba a un guerrero de alguno de los pueblos vencidos por los aztecas. Después era desollado, desmembrado y cocido a fuego lento en caldo de maíz. El muslo derecho estaba destinado a la persona más importante de la fiesta, esto es, el emperador o el gobernador, mientras que el muslo izquierdo y los dos brazos eran para el guerrero que lo había capturado en batalla. Las costillas las disfrutaban los comensales invitados. Cuando llegaron los españoles, prohibieron el consumo de carne humana, que fue sustituida por la de cerdo, lo que permitió el nacimiento del *pozole* que los mexicanos consumen a día de hoy. Por el contrario, los incas combatieron la antropofagia y quisieron erradicarla en sus territorios.

También los caribes y los guaraníes consumían carne humana, aunque cocinada de diferente manera; no así los taínos y los siboneyes que poblaban las Antillas mayores; ni los tehuelches, que habitaron las pampas en Argentina; ni los aimaras, que moraban en la meseta del lago Titicaca. Los siboneyes, que habitaban la actual Cuba, de carácter bondadoso, tuvieron que aprender a guerrear para defenderse de la ferocidad de los caribes, que vivían en las Antillas menores, la ribera oriental de Centroamérica y el litoral de América del Sur, desde la región del Darién hasta el delta del Orinoco. De hecho, los caribes fueron una especie de vikingos de las Antillas, «a cuyo mar impusieron su nombre: mar Caribe. [...] Eran caníbales y se jactaban de sus víctimas»[19]. En sus incursiones llegaron hasta Jamaica, La Española y las Bahamas[20], y, cuando atacaban un pueblo, mataban sistemáticamente a todos los varones —niños incluidos— y capturaban a las mujeres viudas y solteras para convertirlas en esclavas sexuales.

Todos los indicios apuntan a que los caribes, en su proceso de expansión territorial, llegaron a conquistar la mayor parte del territorio de Colombia. En este sentido, el etnólogo Carlos Cuervo Márquez (1858-1930) afirmaba:

> La mayor parte del territorio de Colombia [...] estaba ocupada por numerosas tribus pertenecientes a la raza caribe, las cuales, aunque presentando entre sí grandes diferencias, tenían caracteres y rasgos generales que les eran comunes. Valientes y aguerridos, tenían una organización militar propia de pueblos guerreros y conquistadores; eran antropófagos y no conocían la piedad; en los combates que libraban, si conservaban prisioneros, era con el objeto de engordarlos y de tener por mayor tiempo fresca la carne humana, que era una de sus mayores delicias[21].

Y, sin embargo, este prestigioso historiador, impregnado hasta los huesos de leyenda negra, no solo no criticaba a los caribes, sino que los admiraba y los respetaba, aludiendo a que sus características eran comunes a todos los pueblos de América, un argumento que equivale a decir que no se puede acusar a Hitler por los crueles asesinatos que ordenó porque también lo hicieron Stalin y otros dictadores europeos de su época. Su razonamiento le lleva a afirmar lo siguiente:

> A los pueblos caribes, además de la antropofagia, no se les puede condenar sino sus ritos sanguinarios y su crueldad para con los prisioneros; pero estos eran vicios comunes a todos los pueblos americanos, aun a los más cultos, como los aztecas, o de costumbres más suaves y de carácter más dulce, como los chibchas; recuérdese si no el rito sangriento del moja o la ceremonia para la construcción de los templos, en la cual los maderos que servían de columnas se enterraban aplastando los cuerpos vivos de doncellas escogidas[22].

Sin duda, el etnólogo colombiano nos proporciona en este párrafo una descripción perfecta del «paraíso americano» antes de la llegada del «conquistador» español. Pero va aún más lejos:

> En el momento de la conquista española, la raza caribe dominaba [...]. Los chibchas de las tierras templadas habían sido rechazados a la altiplanicie y los caribes los tenían en alarma permanente. De tal manera que si [la llegada de los españoles] se hubiese retrasado un siglo, probablemente la nación chibcha habría corrido la misma suerte de los pueblos andinos de Antioquia; es decir, habría sido sojuzgada y destruida por los caribes, que por todas partes la estrechaban[23].

Otro de los grandes «pueblos *gourmet*» de la América precolombina fue el de los pijaos, de quienes se discute si pertenecieron o no a la familia de los caribes, aunque todo parece apuntar en esa dirección[24]. Los pijaos habitaban también en la actual Colombia, junto a coyaimas, natagaimas, guauros y tamagales, con los que compartían lengua y numerosas costumbres, como la antropofagia, «aunque entre ellos existía una rivalidad desde tiempos prehispánicos»[25].

Manuel Lucena Salmoral (1933-2018), uno de los investigadores que más seriamente ha estudiado el tema del canibalismo de los pijaos, afirma:

> Cabe pensar que la antropofagia de los pijaos tuviera un origen religioso, tendiente a asimilar las virtudes del ser deglutido, pero es evidente que la costumbre fue degenerando en el transcurso de los años, hasta convertirse en vicio. A principios de siglo XVII, estos indígenas devoraban a todo ser humano que capturaban, fuera valeroso o cobarde, y hacían expediciones con objeto de aprovisionarse de carne humana. Engordaban prisioneros que luego mataban y comían e incluso desenterraban cadáveres en putrefacción para deglutirlos»[26].

Al parecer, a los pijaos les encantaba comer niños asados, hasta el punto de que Lucena Salmoral afirma que «el bocado predilecto parecía ser la carne de niño». A las criaturas las asaban «en barbacoas, a modo de parrilla, y las llevan en el zurrón, comiendo de ellas por el camino»[27].

Sobre la macabra predilección por la carne de los niños, la historiadora Chantal Caillavet concluye:

> Está documentada la venta de niños originarios del oriente amazónico por el grupo selvático de los coronados, a cambio de productos de tierras de altura en los mercados tradicionales de la sierra norte ecuatoriana. ¿Cuál era la finalidad de esta esclavitud infantil? El hecho de que los niños sean una presa más fácil de capturar que los adultos puede explicar que estuviera tan difundida [...]. No hay que descartar ante todo su utilización como mano de obra [...]. El

consumo caníbal es el tercer destino de estos niños esclavos. Muchas de las referencias a antropofagia especifican que estos son las víctimas preferentes[28].

En el oeste de Colombia, al sur de Bogotá, se encuentra la ciudad de Popayán, famosa por sus edificios coloniales encalados y por ser un centro religioso en el que se celebran vistosas procesiones en Semana Santa. Lo que la mayoría de los turistas que visitan la ciudad no saben es que, tal y como relata el antropólogo alemán Hans Disselhoff, en el valle del río Nore los indios tenían como práctica capturar a todas las mujeres de sus enemigos que pudieran para abusar de ellas y dejarlas embarazadas. A los hijos que nacían los alimentaban y cuidaban con mucho esmero hasta que cumplían 12 o 13 años, momento en el que, estando ya «bien gordos, los comían con gran sabor»[29].

El Inca Garcilaso de la Vega también señala que, cuando las mujeres que tenían como esclavas ya no servían para la reproducción, se las comían[30], y añade que los pijaos «en muchas provincias fueron amicísimos de la carne humana, y tan golosos que antes que acabase de morir el indio que mataban le bebían la sangre por la herida que le habían dado»[31].

Los pijaos combatieron contra los españoles junto a los paeces, que lograron reunir a 6.000 guerreros de los pueblos yalcón, avirama, pinao, guanaca y timana. El etnólogo Cuervo Márquez afirma que todas esas tribus «eran antropófagas, hasta el extremo de que su único alimento consistía en la carne humana, y para procurársela vivían en constante guerra las unas contra las otras [...]. Al pueblo de Carnicerías, en territorio de los paeces, le dieron los españoles este nombre porque allí encontraron mataderos y mercados públicos de carne humana»[32].

Cuenta la leyenda que, en el territorio del actual Brasil, dos hermanos, uno llamado Tupí y el otro Guaraní, llegaron navegando con sus canoas hasta la selva procedentes de una región misteriosa del otro lado del mar. Allí construyeron sus casas y comenzaron a labrar la tierra para cultivar maíz, poroto, calabazas y yuca. Vivieron en paz durante algún tiempo, hasta que las continuas peleas entre sus respectivas mujeres hicieron imposible la convivencia entre los hermanos. Fue entonces cuando Tupí, el hermano mayor, decidió partir hacia el norte, mientras Guaraní lo hizo hacia el sur. Podríamos pensar que los hermanos Tupí y Guaraní representan a dos tribus de los caribes que llegaron a Brasil procedentes de las Antillas. Así, según el etnólogo austríaco Martin Gusinde (1886-1969), los tupí-guaraní eran parientes de los caribes, aunque el historiador brasileño Oliveira Lima (1867-1928) niega dicha relación. Sea como fuere, los guaraníes compartían con los caribes su gusto por la carne humana: «Aunque comían hierbas y frutas, practicaban en gran escala el canibalismo, sobre todo los omaguas y los chiriguanos, que fueron los más feroces»»[33]. De esto también da cuenta el Inca Garcilaso de la Vega en sus *Comentarios reales:*

> En la dilatada historia del continente, el virrey no era el primero en luchar contra esos indios. Ya antes de la presencia española, Túpac Inca Yupanqui había contemplado la posibilidad de hacer la conquista de la gran provincia chiriguana y, como paso previo, había enviado espías que le informasen sobre ella. Estos observadores regresaron diciendo que la tierra era muy mala, con montañas escarpadas, ciénagas, lagos y pantanos y muy inapta para siembras o cultivos. Además, informaron al Inca de que «los naturales eran brutísimos, peores que bestias fieras; que no tenían religión ni adoraban cosa

alguna; que vivían sin ley ni buenas costumbres, sino como animales por las montañas, sin pueblos ni casas, y que comían carne humana». Con estos datos, el Inca resolvió atacar a los chiriguanos para convertirlos a su religión, pero al cabo de dos años sus guerreros salieron de la provincia sin haberla conquistado[34].

Es posible que las expediciones descritas por el soldado y poeta el Inca Garcilaso se correspondan con las incursiones hacia la Alta Amazonia o, incluso, hacia el Alto Paraguay. De lo que no hay duda es de que los quechuas despreciaban y detestaban a los chiriguanos por ser antropófagos y que los consideraban «animales y bestias brutas». Desde el Amazonas, los chiriguanos se expandieron hacia el sur en busca de nuevas tierras para cultivar y ocuparon sectores de Paraguay, Bolivia y Argentina. En los siglos XV y XVI, los lograron someter a los chanés, si bien, después de cada enfrentamiento, primero los esclavizaban y después los hacían engordar hasta que alcanzaban un buen peso[35].

Cuando los incas conquistaron lo que llamaron «el reino de Quito» (en la actual República del Ecuador), intentaron erradicar la costumbre de comer carne humana. Sin embargo, no tuvieron mucho éxito, porque hasta la llegada de Pizarro, «tanto las tribus que moraban en el territorio de Esmeraldas como las que se hallaban establecidas en la provincia de Manabí, en la isla de la Puná y en las costas de Machala, tenían la horrible costumbre de sacrificar víctimas humanas, eligiéndolas de preferencia entre los niños y las mujeres, además de los prisioneros de guerra, a quienes, según el uso de aquellas gentes, les estaba reservado ordinariamente tan funesto destino»[36]. Por cierto que, para no ser injustos con los indios de Esmeraldas y Machala, es preciso aclarar que no eran tan «machistas» como sus hermanos caribes, pues, a diferencia de estos, que rechazaban la carne femenina, guisaban preferentemente mujeres. Por supuesto, estos «pequeños detalles» no son relevantes para un buen número de profesoras feministas radicales que en las universidades de Ecuador y de toda Hispanoamérica critican la conquista española de América al tiempo que militan contra la discriminación de las mujeres. Como vemos, el mundo posmoderno que nos toca sufrir está lleno de contradicciones.

El caso es que, siempre que se trata el tema del canibalismo de los caribes, los guaraníes o los pijaos, una pléyade de antropólogos, historiadores, sociólogos y etnólogos negrolegendarios sale en su defensa diciendo que no podemos juzgarlos con nuestra mentalidad eurocéntrica, colonialista y occidental. La vacuidad e inconsistencia de esta respuesta se hace evidente cuando se estudia un poquito y vemos que desde el pensamiento islámico, budista y brahamanista también se condena el canibalismo de los indios americanos. ¿Acaso a los historiadores iraníes que critican la antropofagia de los mal llamados «pueblos originarios» americanos se les puede tachar de eurocéntricos y occidentalistas?

Cuando se enfrentan a esta pregunta, muchos negrolegendarios, como la catedrática Priscila Burcher de Uribe, el antropólogo Luis Gonzalo Jaramillo o el historiador Juan José Velázquez Arango, replican que a los aztecas, a los caribes, a los guaraníes o a los pijaos no les quedó más remedio que recurrir a la antropofagia porque no tenían otra forma de conseguir proteínas[37] para llevar una «dieta equilibrada»[38]...

Volviendo a ponernos serios, me pregunto cómo es posible que se diga que «la culpa del canibalismo la tienen los españoles». Así lo hace, por ejemplo, el colombiano Roberto Pineda Camacho, quien, sin temblarle la voz, afirma que «las consecuencias destructoras de la violencia de la conquista en la economía indígena llevaron a gran parte de la población autóctona a abandonar la producción agrícola» y a adoptar «la práctica ampliada de un canibalismo de subsistencia como respuesta a la hambruna»[39].

Cuando se quedan sin argumentos, los herederos de la leyenda negra se convierten en negacionistas y, como hacía el historiador ucraniano Juan Friede Alter (1901-1991), terminan concluyendo que se trata de «una acusación injusta. La antropofagia es un invento para poder esclavizar a los indios»[40]. Un invento de los malvados españoles, se entiende. Se olvidaba este autor de que ya los incas acusaban a los guaraníes de almorzar niños a la parrilla y de cocinar a cientos de adultos en gigantescas cacerolas.

Otro gran negacionista es el antropólogo estadounidense William Arens, que en sus obras equipara la antropofagia a un «mito occidental»[41], e incluso llega a sostener que los caribes nunca existieron[42]. Mostrando una gran paciencia, la ya mencionada Chantal Caillavet le contesta diciendo que «una lectura minuciosa y un cotejo de las fuentes sí dan pruebas claras de la amplia práctica de la antropofagia»[43].

Me pregunto por qué todos estos antropólogos no salen nunca en defensa de los tlascaltecas, los chibchas, los chanés, los dúhos, los badahujos o los sutagaos, que fueron las víctimas de los aztecas, de los caribes, de los pijaos y de los chiriguanos. Es decir, ¿por qué siempre defienden a los victimarios y se olvidan de las víctimas?

El expresidente de Bolivia, Evo Morales, y el actual presidente de México, Andrés Manuel López Obrador, después de realizar «profundos» estudios, coinciden en que el *Abya Yala* —denominación inventada para referirse a la América precolombina— fue una especie de arcadia celestial hasta el

12 de octubre de 1492, momento en el que se desataron todos los horrores. Como hemos visto, la «dulce relación» existente entre los siboneyes y los caribes, entre los aztecas y los tlaxcaltecas, entre los chiriguanos y los chanes, entre los chibchas y los pijaos y entre los quechuas y los guaraníes parece que no les da la razón, por más que se empeñen en hablar de algunos «pequeños vicios» comunes a todos los «pueblos originarios» americanos, pero que en nada alteraban el amor reinante entre ellos.

Un paraíso en el que todos eran políglotas

En una conferencia impartida en Madrid, David Choquehuanca, exministro de Relaciones Exteriores y actual vicepresidente de la República de Bolivia, expresó que, antes de la llegada a América del «invasor español», era posible «atravesar el continente de costa a costa sin encontrar grandes obstáculos». Esta afirmación resulta no ser del todo exacta, ya que cualquier indio que hubiese querido «atravesar el continente» se hubiese encontrado con un obstáculo difícilmente eludible: el idiomático.

En efecto, en aquel «paraíso americano» nadie se entendía con nadie y reinaba una confusión lingüística que hacía imposible cualquier tipo de intercambio cultural, social o económico. Entre otras lenguas, se hablaba el quechua en Perú, Bolivia, Argentina y Chile; el aimara en Perú, Bolivia, Argentina y Chile; el guaraní en Paraguay, Brasil, Argentina y Uruguay; el taíno en Cuba, Puerto Rico y República Dominicana; el garífuna en Nicaragua, Guatemala y Honduras; el xinca en Guatemala, Honduras y El Salvador; el maya en Guatemala y México; el mixe, el zoque, el amuzgo, el chatino, el chiapaneco, el chinanteco, el chimicheco, el mazahua o el náhuatl (por nombrar solo unos pocos) en México; el bagua, el aguano y el jébero en Perú; el guajiro, el carijona, el yukpa y el makú en Colombia y Venezuela; el chiriana en Colombia y Brasil; el kurripako en Brasil, Colombia y Venezuela; el yucuna, el awa pit y el pasto en Colombia y Ecuador; el bora, el meneca, el nonuya y el ocaina en Colombia y Perú; el chapacura, el kitemoca, el moré, el napeca, el chipaya, el murato y el yucaré en Bolivia; el charrúa y el guaraní en Uruguay; el chibcha en Costa Rica, Panamá y Colombia; el puelche, el querandí, el tehuelche, el abipón, el mataco, el toba y el wichí en Argentina... En resumidas cuentas, si bien es cierto que en la zona comprendida entre el istmo de Panamá y la llanura del Oregón y entre el océano Pacífico y el Golfo de México hubo una raíz idiomática unificadora, el uto-azteca, no es exagerado afirmar que la América precolombina era una Babel idiomática.

Un indio aimara o quechua que hubiese intentado caminar desde el lago Titicaca hasta las playas de Cancún habría tenido que dominar unas 300 lenguas distintas para explicarle a cualquiera con quien se topara que era un indio amigo y no un enemigo, y lo más seguro es que nuestro imaginario turista hubiese terminado convertido en alimento de sacerdotes y nobles de alguna de las tribus caníbales de las que estamos hablando en este capítulo.

El paraíso del amor

Para el pensamiento negrolegendario, antes de la llegada de los españoles reinaba el amor libre en América. Aun admitiendo que este sea un ingrediente necesario de cualquier paraíso, el hecho de que reinara en América también es un mito, porque de esa supuesta «libertad amorosa» tan solo disfrutaban las clases dominantes. Así, un noble podía tomar a una campesina y tener con ella relaciones sexuales, con o sin su consentimiento, y abusar de su cuerpo cuantas veces quisiera. Sin embargo, un campesino que mantuviera relaciones sexuales antes del matrimonio era severamente castigado[44], incluso con la pena de muerte, aunque, si se trataba de adulterio, el marido ultrajado tenía derecho a arrancarle «a mordiscos la nariz a su esposa y a su amante»[45].

Las prostitutas se reclutaban en las clases bajas y se castigaba con la muerte a la mujer de origen noble que libremente decidiera ejercerla[46]. Obviamente, también se captaban mujeres de los pueblos conquistados para convertirlas en prostitutas al servicio de los más poderosos[47]. Los sacerdotes que se especializaban en la lectura y la explicación del calendario supuestamente tenían la facultad de saber qué niñas de las clases bajas estaban destinadas a vender su cuerpo cuando cumplieran los 13 años[48], lo que sucedía con las huérfanas, las prófugas y las desprovistas de casa[49]. Asimismo, a las jóvenes condenadas a ejercer la prostitución se las instruía en el uso de alucinógenos y afrodisíacos para hacer que los guerreros que recurrían a sus servicios disfrutaran de unas relaciones sexuales aún más estimulantes y apasionadas[50].

Pero las prostitutas no solo atendían a los guerreros, sino que también se «las requería en ciertas festividades para alegrar a las víctimas de sacrificio»[51]. Es decir, a los pobres desgraciados a los que unas horas más tarde se les arrancaría el corazón se les daba un «regalito» de despedida antes de terminar cocidos en la mesa de los nobles y de los sacerdotes aztecas. Era también una costumbre habitual que «las *ahuia-*

nime fueran contratadas por los señores nobles para que tuvieran relaciones sexuales con el esclavo destinado a ser inmolado en alguna de las fiestas principales. El trabajo de las mujeres públicas terminaba cuando este moría en el altar de los sacrificios, y el pago por sus servicios era el quedarse con las prendas y con todo objeto que hubiera pertenecido al esclavo»[52].

Para no ser injustos con el pueblo azteca, es preciso aclarar que, aun antes de que invadieran el valle de México en 1168, entre los pimas, los tarahumaras, los mayas, los zapotecas, los olmecas, los totonacas, los toltecas, los tlaxcaltecas, los tarascos, los otomíes y los chichimecas reinaba la prostitución más cruel, ya que los padres prostituían a sus propias hijas para los caciques. De hecho, tan importante era la industria prostibularia que en cada población existía un mercado para tal efecto:

> La prostitución estaba fuertemente arraigada en todos los pueblos, especialmente entre los caciques, que actuaban muchas veces como proxenetas [...]. La industria prostibularia constituía una importante fuente económica, existiendo mercados públicos a tal efecto [...], la prostitución era impuesta por los padres a sus hijas e incluso a sus propias mujeres. El reconocido etnólogo francés Jacques Soustelle confirma que los padres daban a sus hijas como prostitutas a cambio de dinero. Los caciques, a su vez, disponían de la potestad de todas las mujeres de su tribu, a las que utilizaban como objeto de trueque u ofrenda con otras tribus amigas o enemigas [...]. En tiempos de guerra, las mujeres que no eran casadas eran obligadas por el Estado o el cacique de turno a acompañar a los ejércitos a fin de actuar como troperas; es decir, como rameras de los guerreros[53].

Estimado lector: después de leer estas líneas, ¿no le parece ridículo el habitual cuadro que se nos presenta cada 12 de octubre, lleno de aguerridas feministas negrolegendarias marchando junto a representantes de los «pueblos originarios» para protestar contra la salvaje conquista española de América? La jurista mexicana Sara Bialostosky no puede sino reconocer que, «al estar las mujeres sometidas a la dominación masculina, no ocupaban ningún puesto relevante en los cargos religiosos; al contrario, dada su posición relegada, un gran número de mujeres eran llevadas a la piedra sacrificial [...]. La mística guerrera las relegaba a un papel secundario»[54], e incluso a ser «el botín compartido por los vencedores», transformándose en «objetos de lujo palaciego»[55].

La sociedad azteca estaba profundamente marcada por la diferencia abismal que separaba a las clases sociales, pero la mujer, además de sufrir «el expolio y el pago del tributo en trabajo y en especie, sufría el agravante de la explotación sexual»[56]. Además del cuidado de los hijos, «debía acudir periódicamente a las casas nobles a realizar tareas domésticas. La cosificación de todas esas mujeres fue tan acentuada y adoptó formas tan brutales que algunas de las trabajadoras que realizaban el servicio doméstico en un palacio fueron enterradas junto con sus patrones al morir estos»[57]. En el mejor estudio elaborado sobre este asunto, la historiadora y antropóloga María Rodríguez Shadow afirma que «la sociedad mexica, que tendía a desvalorizar y cosificar a la mujer, no solo la sometió a la humillante explotación sexual que significaba la prostitución, sino que incluso le impuso la actividad sexual mediante la agresión violenta como forma de sojuzgamiento»[58]. Como puede apreciarse, el tan mentado «patriarcado» no llegó a América con las carabelas españolas, sino que estaba implantado desde bastante antes.

Es un hecho histórico irrefutable que las mujeres tarahumaras, mayas, zapotecas, olmecas, totonacas, oltecas, tlaxcaltecas, otomíes y chichimecas fueron sistemáticamente violadas por los guerreros aztecas, lo que explica que todas ellas recibieran a Cortés y a sus tropas como libertadores y que odiaran a los varones de su propio pueblo. Una de ellas fue doña Marina, más conocida como «La Malinche» por la historia oficial de México:

> A pesar de pertenecer a una familia noble y de ser una mujer muy hermosa [...], tuvo una vida desgraciada. Siendo muy joven, su padrastro la vendió como esclava a un grupo de mexicas traficantes de esclavos originarios de Yicalango, una importante región comercial al sureste del actual territorio de México. Posteriormente, tras una de las tantas guerras entre los mexicas y los mayas, los primeros la entregaron como tributo al cacique maya de Tabasco [...]. Derrotados estos por Hernán Cortés, la joven fue entregada como regalo al conquistador español, tras lo cual fue bautizada y convertida al cristianismo, adoptando el nombre de doña Marina. En señal de respeto, los soldados de Cortés la llamaron siempre doña Marina [...]. Ni a los mayas ni a los aztecas les debía algo parecido a la lealtad, de modo que decidió desempeñar un papel clave en la derrota del imperialismo antropófago de los aztecas»[59].

Doña Marina se convirtió en una leal y fiel compañera de Hernán Cortés, y trabajó como consejera, guía y traductora del «abominable conquistador» español.

3

Bartolomé de las Casas: el «santo» que convirtió el infierno en paraíso

> Yo me maravillo cómo Vuestra Majestad y los de vuestros Consejos han podido sufrir tanto tiempo a un hombre tan pesado, inquieto e importuno, y bullicioso y pleitista en hábito de religión.
>
> Fray Toribio de Benavente

Cuando, en 1168, los aztecas llegaron al valle de México provenientes del norte —antes estuvieron apostados en el centro de Estados Unidos—, procedieron a enviar embajadores a los distintos pueblos que habitaban Mesoamérica, es decir, tarahumaras, mayas, zapotecas, olmecas, totonacas, oltecas, tlaxcaltecas, otomíes y chichimecas, para que estos se incorporaran a su Imperio y les hicieran llegar a Tenochtitlan a 20.000 jóvenes de entre 15 y 20 años para que formaran parte de la dieta del emperador y su séquito. También solicitaron un envío de doncellas para que los jóvenes guerreros pudiesen desahogarse sexualmente. Parece ser que las dos solicitudes fueron aceptadas de buen grado.

Mientras tanto, en los Andes, la tristeza invadía el corazón del inca Atahualpa, que acababa de enterarse de que su amado hermano Huáscar había muerto. Los dos eran los herederos de los emperadores Huayna Cápac, Túpac Yupanqui y Pachacútec, que habían logrado extender la frontera del Imperio gracias a las negociaciones que mantuvieron con los chachapoyas, los huancas o los collas, pero sin que fuera necesario derramar una gota de sangre. Aficionados a la música, Atahualpa, Huáscar, Huayna Cápac, Túpac Inca

Yupanqui y Pachacútec disfrutaban escuchando el sonido de los tambores y de una especie de flauta de hueso de la que salía una alegre melodía...

No, estimado lector, no me he vuelto loco y no estoy dando la vuelta a mi discurso. Con estas descripciones pretendo mostrar la historia de América en la que tanto insistió el fraile dominico Bartolomé de las Casas (1484-1566).

Las Casas y sus tiernas «ovejas mansas»

Según se desprende de sus sermones y panfletos, para Bartolomé de las Casas los caribes eran piadosos misioneros que navegaban de isla en isla pidiendo a cada hombre o mujer que encontraban un pedacito de carne que llevarse a la boca. Para el legendario dominico, el Imperio azteca era el reino de la misericordia y el inca, el de la bondad. Bartolomé de las Casas niega la existencia de los sacrificios humanos en masa y nada nos dice de los tambores confeccionados con piel humana que servían para deleitar lo oídos de la nobleza inca.

Para el fraile, los habitantes del Nuevo Mundo eran, sin excepción, «gente de lo más simples, sin maldades ni dobleces»[1], las personas «más humildes, más pacientes, que hay en el mundo»[2], seres «sin rencores, sin odios, sin desear jamás venganzas»[3]. En definitiva, «gentes paupérrimas y que menos poseen ni quieren poseer bienes materiales; e por esto no soberbias, no ambiciosas, no codiciosas [...]. Son ovejas mansas»[4]... Tan bondadosos o más que el inca Atahualpa, quien, desprovisto de rencor, ordenó asesinar a su hermano Huáscar y exigió que su cráneo fuese conservado para poder usarlo como recipiente donde beber chicha en cualquier ceremonia.

Como era de esperar, Bartolomé de las Casas no habla en ningún momento del sufrimiento de los pueblos oprimidos por los aztecas, que les arrebataban a sus niños para comérselos y que tomaban «prestadas» a sus mujeres para violarlas cuantas veces quisieran. Nada nos cuenta de los festejos que ordenó celebrar el emperador Atahualpa cuando supo que su hermano había sido asesinado. Ni una palabra de cómo los caribes engordaban a los niños siboneyes para luego asarlos a la parrilla... Como él mismo dijo, los indios de América eran los hombres más piadosos y «humildes que hay en el mundo».

Un «amarillista» desenmascarado

Bartolomé de las Casas vivió siempre como un rico. Durante sus estancias en América acostumbraba a beber buen vino traído de España y a vestir con ropas elegantes. La pobreza evangélica no fue una de sus virtudes. Cuando comenzó su «lucha humanista» en defensa de los naturales de América, cobraba 100 pesos de oro anuales como procurador de indios. Luego, cuando se hizo famoso y logró que lo nombraran obispo (1524) —tras una campaña de *automarketing* digna de estudio—, llegó a ganar 500.000 maravedíes anuales. En 1551, ya cansado de «predicar», consiguió una pensión de 300.000 maravedíes.

Como diría el papa Francisco, tampoco tuvo que soportar el «olor a oveja». A los indios siempre los vio de lejos y nunca se tomó la molestia de aprender ninguna de las más de 300 lenguas que hablaban. Su cómoda vida como procurador de indios y como obispo contrasta con la que llevaron los doce franciscanos —conocidos como «los doce apóstoles del Nuevo Mundo»— que evangelizaron México, vivieron junto a los indios, aprendieron su lengua y compartieron sus penurias[5]:

> A la hora de comer iban los frailes [los doce apóstoles del Nuevo Mundo] al mercado a pedir por amor de Dios algo de comer, y eso comían. Tampoco quisieron beber vino, que venía entonces de España y era caro. Ropa apenas tenían otra que la que llevaban puesta, y como no encontraban allí sayal ni lana para remendar la que trajeron de España, que se iba cayendo a pedazos, acudieron al expediente de pedir a las indias que les deshiciesen los hábitos viejos, cardasen e hilasen la lana y tejieran otros nuevos, que tiñeron de azul por ser el tinte más común que había entre los indios[6].

Aprender la lengua de los indios era fundamental para la tarea de un misionero, «pues sin esto apenas era posible la educación y la evangelización [...]. En esto los niños ayudaron mucho a los frailes, que se ponían a jugar con ellos con pajuelas o pedrezuelas el rato que les daban de huelga [...] y siempre tenían a mano un papel para ir anotando las palabras aprendidas. Al fin del día, los religiosos se comunicaban sus anotaciones, y así fueron formando un vocabulario y aprendiendo a expresarse mal o bien. Un niño, Alfonsito, hijo de una viuda española, que tratando con otros niños indios había aprendido muy bien la lengua de estos, ayudó especialmente a los frailes. Vino a ser después fray Alonso de Molina»[7]. Es importante destacar que estos frailes, «sin la dura arrogancia de los primeros conquistadores, se ganaron el afecto y la confianza de los indios». El modo sencillo de vivir de los religiosos les atraía, así como «su honestidad, su laboriosidad infatigable, el trato a un tiempo firme y amoroso que tenían con ellos, los trabajos que se tomaban por enseñarles, y también por defenderles de aquellos españoles que les hacían agravios»[8]. Los doce apóstoles de América en ningún momento pensaron —como sí hizo Las Casas— en «declarar que todos los españoles eran criminales, usurpadores y que todos estaban en pecado mortal. Fueron mucho más humildes y realistas. Denunciaron con energía cuantos abusos veían, pero en modo alguno pensaron en descalificar globalmente la acción de España en América»[9].

Uno de ellos fue fray Toribio de Benavente (1482-1562), llamado «Motolinía»[10] por los indios, que «tomó los hábitos en la provincia franciscana de Santiago y fue, junto a fray Martín de Valencia, el más dotado del grupo. En aquellos primeros años se distinguió tanto por su energía para poner paz entre los españoles y frenar sus desmanes como por su amor a los indios y su entrega a la labor evangelizadora»[11]. De 1527 a 1529 estuvo en «Guatemala, donde estudió la fundación de las misiones. Después llegó a Nicaragua y desarrolló una amplia acción evangelizadora. De vuelta al convento de Huejotzingo, hubo de amparar a los indios contra los atropellos de Nuño de Guzmán [...]. Desenvolvió luego su acción misionera en Tehuantepec, con el padre Valencia; en Guatemala de nuevo (1534); en Yucatán, con fray Jacobo de Testera, y por tercera vez en Guatemala (1543)»[12]. Sus contemporáneos reconocieron sus enormes méritos, pero su humildad era tan grande que «rehusó un obispado que le ofreció Carlos V»[13].

A fray Toribio de Benavente nunca le tembló la mano cuando se trató de denunciar los abusos cometidos por algunos españoles, pero fue sumamente cuidadoso en sus crónicas y evitó en lo posible hablar de oídas. Por ejemplo, sobre la Nueva España el fraile denuncia con tristeza y amargura a aquellos españoles —los menos— que no vinieron a América sino a «buscar el negro oro de esta tierra que tan caro cuesta, y a enriquecerse y usurpar en tierra ajena lo de los pobres indios, y tratarlos y servirse de ellos como de esclavos»[14].

Al contrario que fray Bartolomé de las Casas, que actuó como un típico «periodista amarillista», un calumniador, Toribio de Benavente nunca mintió, ni en sus cartas dirigidas al emperador Carlos V, ni en sus sermones, ni en su libro más importante: *Historia de los indios de la Nueva España*[15]. Con razón moral suficiente, fray Toribio afirma:

> No tiene razón el de Las Casas al decir lo que dice, y es un mercenario y no un pastor por haber abandonado a sus ovejas para dedicarse a denigrar a los demás [...]. A los conquistadores y encomenderos y a los mercaderes los llama muchas veces tiranos robadores, violentadores, raptores; dice que siempre y cada día están tiranizando a los indios [...]. Para con unos poquillos cánones que el de Las Casas oyó, él se atreve a mucho, y muy grande parece su desorden y poca su humildad; y piensa que todos yerran y que él solo acierta, porque también dice estas palabras que se siguen a la letra: todos los conquistadores han sido robadores, raptores y los más calificados en mal y crueldad que nunca jamás fueron, como es a todo el mundo ya manifiesto: todos los conquistadores, dice, sin sacar ninguno[16].

El texto anterior pertenece a una carta-documento que Toribio de Benavente dirigió al emperador Carlos V el 2 de enero de 1555. Poco después agrega:

> Yo me maravillo cómo Vuestra Majestad y los de vuestros Consejos han podido sufrir tanto tiempo a un hombre

tan pesado, inquieto e importuno, y bullicioso y pleitista en hábito de religión, tan desasosegado, tan mal criado y tan injuriador y perjudicial, y tan sin reposo: yo ha que conozco al de Las Casas quince años [...] y siempre [está] escribiendo procesos y vidas ajenas, buscando los males y delitos que por toda esta tierra habían cometido los españoles, para agraviar y encarecerles males y pecados que han acontecido: y en esto parece que tomaba el oficio de nuestro adversario [es decir, del demonio], aunque él pensaba ser más celoso y más justo que los otros cristianos y más que los religiosos, y él acá apenas tuvo cosa de religión[17].

Fray Toribio acusa al dominico Bartolomé de las Casas de mentiroso, de no celebrar misas, de no confesar..., es decir, de no ejercer como sacerdote. Al parecer, su vocación religiosa no era una de sus cualidades más señaladas. Incluso podemos pensar que cuando lo tacha de «pleitista en hábito de religión», Motolinía lo estaba acusando de ser un falso sacerdote.

A Las Casas lo que en verdad le gustaba era la prensa sensacionalista o, como mucho, si creemos en su buena voluntad, la labor de un asistente social, aunque, como acabamos de señalar, ni siquiera se tomó la molestia de aprender ninguna lengua indígena. También lo tacha fray Toribio de «mercenario», término bastante grave para usarlo en una carta dirigida al emperador Carlos. ¿Quizá el franciscano se extralimitó y no midió bien sus palabras? Y, si no fuera así, ¿por qué usó una palabra de connotaciones tan negativas? Como decía mi profesor Luis D'Aloisio —en una síntesis entre Dumas, Freud y Marx—, ante cualquier problema historiográfico, *cherchez l'argent, cherchez la femme et le garçon...*

El padre de la «novela histórica»

La vocación de novelista de Las Casas parece ser más que incuestionable. Para él, los indios eran «seres angelicales» desprovistos de malicia, y sus líderes, abnegados «padres» que se desvivían por el bienestar de sus hijos. En el extremo opuesto estaban los españoles —¿quizá porque su familia era de origen francés?—, que eran malvados, seres dominados por la codicia y la concupiscencia: «La causa por la que han muerto y destruido tantas y tales e tan infinito número de ánimas los cristianos —¿acaso él no lo era?— ha sido solamente por tener por su fin último el oro y henchirse de riquezas en muy breves días»[18].

En su famosa «novela», titulada *Brevísima relación de la destrucción de las Indias,* el dominico relata el siguiente episodio:

> Una vez vide que teniendo en las parrillas quemándose cuatro o cinco principales señores (y, aun pienso que había dos o tres pares de parrillas donde quemaban otros), y porque daban muy grandes gritos y daban pena al capitán o le impedían el sueño, mandó que los ahogasen [...]. Con las gentes de Indias, España no hizo más que despedazarlas, matarlas, angustiarlas, afligirlas, atormentarlas y destruirlas por las extrañas y nuevas y varias, nunca otras tales vistas ni leídas ni oídas, maneras de crueldad [...]. Los españoles les arrebataron a los indios las comidas y los enseres más elementales, para pasar luego a quitarles las mujeres y los hijos, usar mal de ellos, y obligarlos, más tarde, a buscar en la selva el refugio salvador. [Los españoles] extremaban su crueldad [...], entraban a los pueblos y no dejaban niños, ni viejos, ni mujeres preñadas, ni paridas que no desbarrigaran y hacían pedazos: como si dieran a unos corderos metidos en sus apriscos [...]. Hacían apuestas sobre quién de una cuchillada

abría el hombre por medio, o le cortaba la cabeza de un piquete, o le descubría las entrañas. Tomaban las criaturas de los pechos de las madres por las piernas, y daban de cabeza con ellas en las peñas. Otros daban con ellas en ríos por las espaldas, riendo y burlando y cayendo en el agua; otras criaturas metían en la espada con las madres juntamente y todos cuanto delante de sí hallaban. Hacían unas horcas largas que juntasen casi los pies a la tierra, y de trece en trece, a horror y reverencia de nuestro Redentor y de los doce apóstoles, poniéndoles leña y fuego, los quemaban vivos. Otros ataban o liaban todo el cuerpo de paja seca, pegándole fuego, así los quemaban[19].

Después de leer este párrafo se entiende bien por qué el historiador —marxista— Jorge Abelardo Ramos afirmaba que «los rivales de España, famosos genocidas y vampiros de pueblos enteros, como los ingleses y los holandeses, se lanzaron sobre la obra de Las Casas como moscas a la miel»[20]. Lo mismo tiene que reconocer Miguel León-Portilla, aunque con desgana, en su introducción a la *Brevísima:*

> Fuera de España, la *Brevísima* fue aprovechada por no pocos holandeses, ingleses, franceses, italianos como argumento para condenar a España. Se ha dicho que con ella nació o se fortaleció la leyenda negra. Los nombres del cosmógrafo real, el francés André Thevet, el grabador holandés Theodor de Bry, el francés Jacques Miggrode y el milanés Girolamo Benzoni pueden ser recordados como los de quienes se valieron de la *Brevísima* para denigrar a España[21].

El historiador y sacerdote Javier Olivera Ravasi apunta un dato muy revelador sobre la *Brevísima:*

Algo que llama la atención es que Las Casas se precia siempre de haber sido testigo directo de lo ocurrido, de allí que sus relatos gocen de tanta autoridad. A lo largo de sus escritos se lee normalmente la siguiente frase: «Yo vide», frase que, tratándose de un sacerdote obispo, hace de su testimonio casi un juramento [...]. Hay una constante en los escritos de fray Bartolomé: Las Casas siempre habla en vago y en impreciso. Nunca dice ni cuándo ni dónde se consumaron tales horrores, ni se cuida de establecer que —en caso de haber existido— se trataron de una excepción a la regla. Por el contrario, deja entrever que lo descrito por él era el único y habitual modo de conquista y que las ferocidades destacadas en su librito debían tenerse por las que comúnmente emplearon los españoles en los 40 años a los que su relato se refiere[22].

En el mismo sentido, Miguel León-Portilla se pregunta: «¿Exageró Las Casas en lo que escribió? Me inclino a pensar que exageró y fue muchas veces impreciso»[23]. Por su parte, el historiador limeño Luis Alberto Sánchez, miembro del Partido Aprista Peruano y afiliado a la Internacional Socialista, al analizar la obra de Las Casas se percató de que el sacerdote sevillano había escrito algunas «pequeñas» mentirijillas, como cuando «en un pasaje de su historia de las Indias afirma que un español mataba con su lanza 10.000 indios en una hora, o sea, 166 por minuto, o casi tres indios muertos por segundo, tanto como un arma automática moderna»[24].

Imagino lo que el lector estará pensando: el bueno de Bartolomé de las Casas exageraba y mentía para proteger a los indios, y ya sabemos que el fin justifica los medios... Este punto de vista nos crea dos problemas esenciales: el primero es que para la doctrina católica el fin en ningún caso justifica los medios; el segundo es que el bueno de don Bartolomé mentía incluso cuando no era necesario.

Por poner solo un ejemplo, cuando habla de La Española (hoy República Dominicana y Haití), dice que por allí corren 30.000 ríos y arroyos, 12 de los cuales son tan grandes como el Duero, el Ebro y el Guadalquivir; y 25.000, riquísimos en oro. Así que ríos tan grandes como el Duero... Pues bien, el Duero tiene 837 kilómetros de longitud y un caudal medio de 675 metros cúbicos por segundo. El río Yanque Norte, el más largo de la República Dominicana y el segundo de toda la isla, tiene una longitud de 298 kilómetros y un caudal medio de 80 metros cúbicos. Es decir, si se le compara con el español, el dominicano es un simple arroyito. Respecto a los «impresionantes» ríos de Haití, el más importante es el Artibonito, que recorre cerca de 321 kilómetros, lo que lo convierte en el segundo más largo de todas las Antillas caribeñas, solo por detrás del río Cauto, en Cuba. El Artibonito posee un caudal de 84 metros cúbicos por segundo, cifra apenas comparable con los 675 metros cúbicos que tiene el Duero.

Los que nos dedicamos a las ciencias sociales no solemos ser buenos en matemáticas, característica que explica por qué a Las Casas se le daba tan mal contar muertos. Olivera Ravasi señala:

> En su tristemente famosa *Brevísima* inventa el «genocidio» indígena. Primero son 12 millones de muertos, luego eleva la cifra a 15 millones y termina redondeándola en 24 millones. Aun conformándonos con los 15 millones, los españoles deberían haber matado 375.000 indios por año, es decir, bastante más de 1.000 diarios. Estas cifras son imposibles, aun después de haberse inventado las cámaras de gas y

demás prácticas del genocidio moderno. Sin embargo, las leyendas de fray Bartolomé darán lugar a que hasta el día de hoy varios propagandistas de la leyenda negra sigan afirmando que la demografía americana se desplomó con la llegada de los españoles[25].

Como vemos, los mismos apologetas del gran «novelista» sevillano reconocen que este exageró y que fue impreciso. Por ello cabe preguntarse: si Bartolomé de las Casas no dijo ni cuándo ni dónde se consumaron los horrores que denunció y si nunca dio nombres ni apellidos de los culpables, ¿por qué su palabra ha de valer más que la de fray Toribio de Benavente, que seguramente debía de conocerlo bastante bien?

El «milagro» de inventar el Edén

Por más que el famoso fraile inventara el Edén en América, el continente estaba más cerca del infierno que del paraíso. Lo vimos en detalle en el capítulo anterior. ¿Por qué Las Casas se olvidó de hablar de las guerras constantes que mantenían unos pueblos contra otros? ¿Por qué no mencionó en su *Brevísima relación de la destrucción de las Indias* la antropofagia que muchos practicaban, las violaciones de mujeres de los pueblos derrotados, los sacrificios humanos y la esclavitud? No hay duda de que el sacerdote sevillano hizo un «milagro» al transformar la realidad, aunque no podemos olvidar la «ayudita» que recibió de los protestantes holandeses e ingleses, de quienes hablaremos más adelante.

En 2002, la Iglesia católica inició el proceso de beatificación de Bartolomé de las Casas[26]. Según dictan los cánones, para que una persona sea considerada santa debe haber realizado tres milagros. Como hemos dicho, el padre Las Casas realizó un «milagro» asombroso: transformó el infierno americano en un paraíso. ¿Alguno más? Le sugerimos al postulador Innocenzo Venchi, que es quien debe argumentar —y demostrar— que el candidato ha realizado los tres milagros que manda la regla, que el segundo sea el haber engañado a uno de los hombres más inteligentes y astutos de la historia de España, el cardenal Cisneros. El tercer milagro podría ser el de haber embaucado al propio emperador Carlos para que lo nombrara obispo de Chiapas.

Por otra parte, le sugerimos respetuosamente al padre Innocenzo Venchi que, a fin de que el ilustre dominico llegue a los altares, no se olvide de borrar algunos pequeños detalles de su biografía. Nos referimos a la sugerencia realizada de llevar desde África a las Indias a esclavos negros para reemplazar a los nativos de América. Otro dato que convendría hacer desaparecer de su biografía es el del «dinero sucio» que el candidato a santo recibió:

> [Las Casas], que había sentado como tesis principal que todo dinero proveniente de Indias era un robo a los indios y que aceptar dinero robado obliga en conciencia a reparar *in solidum,* no vaciló cuando debió ser remunerado con ese «dinero sucio». En efecto, en 1516 recibió 100 pesos de oro anuales como procurador de indios; como obispo, en 1524, 500.000 maravedíes anuales; en 1551, cuando renunció al obispado, se le fijó una pensión de 300.000 maravedíes, renta que en 1563 se le aumentó a 350.000 maravedíes… [Las Casas] ¡nunca discutió el origen de esa paga![27].

Por su parte, la Iglesia luterana ya incluye a Bartolomé de las Casas en las celebraciones de su calendario de santos.

¡No podía esperarse menos! A fin de cuentas, el dominico sirvió a esta institución denigrando la conquista española de América y la conversión al catolicismo de los «pueblos originarios».

Entre quienes quisieron —y quieren— ver a Bartolomé de las Casas en los altares se encuentran algunos hombres ilustres, como Juan Antonio Llorente (1756-1823)[28], para quien el sevillano fue un héroe de la caridad; Emilio Castelar (1832-1899)[29], que lo consideraba un adalid de los derechos humanos; Francisco Pi y Margall (1824-1901)[30], que opinaba que el obispo de Chiapas fue un desmitificador de la conquista; el padre Gustavo Gutiérrez[31], que lo tenía como el apóstol de América y un precursor del cristianismo de izquierda... Defensores de lo indefendible, nombrarlos a todos requeriría escribir otro libro cuyo título bien podría ser *Al padre le sobran los defensores, aunque fue siempre un mentiroso.* De lo que no hay duda es de que, como dijimos al principio de este libro, estos autores forman parte del pensamiento hegemónico que está siempre al servicio —consciente o inconscientemente— de los centros de poder mundial[32]. No conviene olvidar que la leyenda negra fue una política de Estado tanto en Gran Bretaña como en Estados Unidos, independientemente de que algunas voces se alzaran en esos países contra tan injusta infamia cometida contra España.

En el sentido contrario escribieron Marcelino Menéndez Pelayo (1856-1912), que demostró que Bartolomé de las Casas fue un injuriador serial; Julián Juderías (1877-1918), que explicó por qué el dominico podía ser considerado el padre moderno de la fantasía histórica; Rómulo Carbia (1885-1944), para quien el fraile sevillano era un fabuloso mutilador de textos; Ramón Menéndez Pidal (1869-1968), que desveló que se trataba de un gran vanidoso imbuido de un complejo de superioridad moral e intelectual, o el marxista argentino Juan José Hernández Arregui (1913-1974), para quien Bartolomé de las Casas fue simplemente el autor de un «libelo» a partir del cual comenzó a construirse la falsificación de la historia de Hispanoamérica:

> El menosprecio hacia España arranca de los siglos XVII y XVIII como parte de la política nacional de Inglaterra [...]. Es un desprestigio de origen extranjero que se inicia con la traducción al inglés, muy difundida en la Europa de entonces, del libro de Bartolomé de las Casas: *Lágrimas de los indios: relación verídica e histórica de las crueles matanzas y asesinatos cometidos en veinte millones de gentes inocentes por los españoles.* El título lo dice todo. Un libelo[33].

A nosotros sobre todo nos interesa destacar el análisis que por su seriedad intelectual y procedencia ideológica efectúa Juan José Sebreli[34], a quien solo un ignorante o un desquiciado podría calificar de nacionalcatólico, dada su doble condición de filósofo marxista y de fundador del argentino Frente de Liberación Homosexual. Sebreli afirma lo siguiente:

> Las denuncias de Las Casas a los crímenes de los conquistadores hacen de él un gran humanista, pero sus informaciones eran de segunda mano, y con frecuencia exageraba y aun mentía deliberadamente para lograr mayor fuerza en sus argumentos [...]. Faltaba a la verdad cuando presentaba a todos los indios pacíficos sin excepción sobre la base de sus escasas experiencias con ciertas tribus. Algunos de sus propios acompañantes fueron víctimas de otras tribus. La belicosidad de los indios no puede tampoco justificarse como

una respuesta a la agresión de los conquistadores, ya que existía desde antes de que llegaran estos[35].

Además, Sebreli pone el dedo en la llaga cuando sostiene:

> Los indigenistas encuentran en fray Bartolomé de las Casas un valioso aliado en su odio a la colonización española, y los teólogos de la liberación, como el padre Gustavo Gutiérrez, lo exaltan como un precursor del cristianismo de izquierda. Esta utilización del fraile torna más necesario un análisis más objetivo de su personalidad y de su obra, que seguramente será tomado a mal por quienes creen autoritariamente que los ídolos deben ser intocables. Sin poner en duda su auténtico anhelo de justicia, de la biografía puede inferirse que el origen de su pasión por la causa indígena se encuentra, tal vez, en su adolescencia, en una amistad amorosa o en una relación homosexual, consciente o no, con un joven esclavo indio que le regalara su padre y a quien, tras una forzada separación, buscó obsesivamente en sus viajes por América[36].

Bartolomé de las Casas fue el principal «testigo» que los fiscales del infame «Tribunal de la Historia» presentaron para juzgar y condenar a España. Resulta, sin embargo, que se trata de un testigo falso y que en su obra, como hemos visto, exageró y mintió descaradamente. Desnudar esta verdad lleva a quien lo hace a ser condenado por el pensamiento «progresista» —es decir, por los que han pasado del marxismo serio al «marxismo cultural»— a arder en el fuego del infierno. En realidad, toda la leyenda negra se fundamenta en la obra del famoso dominico, a quien los guardianes de lo políticamente correcto han convertido en un mito intocable.

4
Martín Lutero y el rayo que cambió la historia

Todo el que pueda debe aplastarlos, degollarlos y ensartarlos, en secreto y abiertamente, lo mismo que se mata a un perro rabioso.

Martín Lutero

La leyenda negra con la que la Reforma se ingenió en denigrar la empresa más grande y más noble que conocen los siglos, como fueron el descubrimiento y la conquista, solo tuvo validez en el mercado de los tontos o de los interesados.

Eva Perón

En el siglo XVI, Europa vivió uno de los momentos más críticos de su historia. La Reforma protestante, encabezada por Martín Lutero y Juan Calvino, contra la Iglesia de Roma supuso un cambio de concepción no solo del cristianismo, sino, también, del poder en su sentido más amplio. Un cambio que, como veremos, tuvo unas consecuencias de enorme calado en la vida de toda Europa y, por tanto, de América.

En este capítulo analizaremos el cómo y el porqué de aquella crisis política, cultural y de valores que removió los cimientos sobre los que se había construido la Cristiandad occidental y veremos de qué manera la rebelión protestante creó —o ayudó a crear— la leyenda negra con el único objetivo de acabar con la única nación que asumió desinteresadamente la defensa del catolicismo y de los católicos, cuyos derechos eran avasallados por los reyes y nobles que se convertían al protestantismo para quedarse con los bienes de la Iglesia y afianzar su poder político. Al respecto, Vargas Llosa, a quien nadie en su sano juicio podrá acusar de ser un nacional católico, afirma que:

> … la leyenda negra antiespañola fue una operación de propaganda montada y alimentada a lo largo del tiempo por el protestantismo —sobre todo en sus ramas anglicana y calvinista— contra el Imperio español y la religión católica para afirmar su propio nacionalismo, satanizándolos hasta extremos pavorosos y privándolos incluso de humanidad... [hay] de ello ejemplos abundantes y de toda índole: tratados teológicos, libros de historia, novelas, documentales y películas de ficción, cómics, chascarrillos y hasta chistes de sobremesa[1].

LUTERO: DE PROFESOR DE TEOLOGÍA A LÍDER RELIGIOSO

Martín Lutero nació el 10 de noviembre de 1483 en el pueblo de Lutherstadt Eisleben, en la antigua Sajonia. Ese mismo año, en la ciudad castellana de Burgos, venía al mundo el fraile dominico Francisco de Vitoria. Ambos fueron profesores de Teología —sostenían que Dios es la fuente de todo poder—, pero, mientras el sajón afirmaba que el pueblo no tiene derecho a rebelarse contra el rey (la autoridad), el monje español reivindicaba lo contrario cuando el monarca no sigue los dictados del bien común. Paradójicamente, el «Tribunal de la Historia» ha considerado que la Iglesia alemana está en el origen de la democracia; todo lo contrario que la española, a la que se ha situado en el origen del autoritarismo.

Lutero tenía 22 años cuando se graduó como «maestro en artes» por la Universidad de Erfurt. Su padre quería que estudiase Derecho, pero, según cuenta la leyenda, el 2 de julio de 1505 una tormenta eléctrica lo sorprendió mientras regresaba a casa y un rayo cayó prácticamente a sus pies. Al parecer, Lutero, aterrorizado, gritó: «¡Sálvame, santa Ana, y me haré monje!». Poco después ingresó en el convento de los Ermitaños de San Agustín, donde tomó los hábitos. Estudió Teología en la Universidad de Wittenberg, en la que, asombrosamente, se doctoró en 1512 —nos parece asombroso porque su desgana para el estudio era más que notable, prueba de la profunda crisis que había en las universidades alemanas de la época—.

Lutero ocupó la cátedra de Exégesis Bíblica y desde el primer momento sus clases giraron en torno a la Epístola a los Romanos de san Pablo. Sus comentarios baladíes sobre la «fe sin obras» provocaron reñidas disputas con sus hermanos agustinos. Según él, la Biblia era la única fuente de verdad y las almas de los hombres de fe encontrarían la salvación eterna independientemente de los actos que realizasen. Sus compañeros agustinos le recordaban que el magisterio de la Iglesia sostenía que esa «fe sin obras» era una fe muerta, porque, entonces, si un hijo clavaba alfileres en los ojos a su madre o si un noble obligaba a trabajar a sus siervos hasta que muriesen de fatiga, tanto uno como otro irían al paraíso solo por su fe. También le explicaban que no toda la verdad está en la Biblia —aunque esta siempre diga la verdad— y que, debido a la complejidad del texto sagrado, su correcta comprensión requería de un profundo conocimiento de la historia y de la tradición del que, sin duda, él carecía. Pero Lutero, atormentado por el voto de castidad, no se encontraba con ánimos para mantener discusiones profundas... Sí, es cierto que formaba parte de la comunidad agustina y que enseñaba Teología, pero la verdadera vocación religiosa brillaba por su ausencia. A fin de cuentas, todo había sido por culpa de un rayo, y es bien sabido que «lo que mal comienza, mal acaba», apotegma que preconiza a la perfección lo que estaba por venir[2].

Un acto de rebelión

En 1517, numerosos clérigos alemanes comenzaron a criticar el desafortunado procedimiento que el papa León X había elegido para recaudar fondos destinados a la construcción de la basílica de San Pedro: la venta de indulgencias. Martín Lutero era uno de ellos, y fue entonces cuando decidió dar a conocer sus ideas principales, que podríamos resumir en cinco: 1) la Biblia es la única fuente de verdad; 2) el hombre se salva por la fe más que por las obras; 3) la fe hace que Dios no solo perdone al hombre por sus pecados, sino que, además, le garantiza la remisión de la pena merecida; 4) el sacerdocio no es una institución divina, y 5) el culto ceremonial no es necesario.

A partir de estas ideas básicas, Lutero formuló sus famosas «95 tesis», que el 31 de octubre de 1517 ordenó colocar en la puerta de la *Schlosskirche* (iglesia de Todos los Santos) de Wittemberg. Cuando la noticia llegó a Roma, de inmediato la curia abrió un proceso contra el alemán. Corría el año 1518, pero el enfrentamiento se agravó en 1519, durante la llamada «disputa de Leipzig», en la que Luero no solo sostuvo que el Papado era una institución meramente humana, sino que puso en tela de juicio la infalibilidad de los concilios, dos afirmaciones que negaban la tradición de la Iglesia. El papa León X exigió a Lutero que fuese a Roma a sincerarse y rectificar, a lo que este se negó. Así, el 15 de junio de 1520, el Pontífice dio a conocer la *Bulla contra errores Martini Lutheri et sequatium,* por la cual se le obligaba a retractarse de sus errores en un plazo máximo de 60 días so pena de excomunión[3]. Lutero, envalentonado por el aplauso de sus seguidores, quemó el documento papal en medio de la principal plaza de Wittemberg, donde, además, afirmó que no reconocía más autoridad religiosa que la de las Sagradas Escrituras. El 3 de enero de 1521, León X firmó la bula *Decet Romanum Pontificem,* por la cual se excomulgaba al profesor alemán.

Los escritos de Lutero contra el Papa, los obispos e incluso contra los simples sacerdotes católicos se tornaron furibundos:

> Si su desatada furia continúa, no veo casi más que un buen medio para hacerles entrar en razón: que los reyes y los príncipes recurran a la fuerza, se equipen y ataquen a esa gente nociva que envenena el mundo entero, y de una vez para siempre, con las armas y no de palabra, pongan fin a su juego. Si castigamos a los ladrones con la espada, a los asesinos con la horca y a los herejes con el fuego, ¿no deberemos atacar, con tanta más razón a esos funestos maestros del mal, al Papa, a los cardenales, obispos y demás jauría de la Sodoma romana, atacarlos con todas las armas y lavar nuestras manos en su sangre?[4].

La virulencia de Lutero contra el Pontífice no amainó nunca, ni siquiera al final de su vida. Conocedor de la eficacia del panfleto como arma política, en 1545, poco antes de morir, escribió uno que tituló «Contra el Papado de Roma, fundado por el diablo», donde llegaba a afirmar:

> Los cardenales y toda la gentuza de la curia son hombres por delante y mujeres por atrás [...], toda la Iglesia del Papado es una Iglesia de putas y hermafroditas. [el Papa] es un loco furioso, un falsificador de la historia, un mentiroso, un blasfemo, un profanador, un tirano del emperador, de los reyes y del universo entero, un estafador, un bribón...[5].

En otro panfleto de la misma época Lutero espetaba directamente al Pontífice (entonces Paulo III):

> Vamos despacio, querido Paulito; caro borrico, no bailes; ¡ah! Querido borriquillo Papa, no bailes; queridísimo asnillo, no lo hagas, porque el hielo de este año, por la suavidad de los vientos, está muy resbaladizo y te podrías caer y romper una pierna. Y si en este caso se te escapa un pedo, todo el mundo se reirá de ti y exclamará: «¡Diablos! ¡Cómo se ha ensuciado el asno papal!»[6].

Está bastante claro que ni la sutileza ni los buenos modales estaban entre sus principales cualidades.

El mar de fondo de la Reforma protestante

Los sajones fueron la última tribu germana que adoró a los antiguos dioses nórdicos y la que más firmemente se opuso al cristianismo hasta que este les fue impuesto por la fuerza. Para muchos, esto explica el origen último de la rebelión protestante encabezada por Martín Lutero, en cuyas venas, como ya hemos dicho, corría sangre sajona[7]. Nosotros no nos aventuramos a asegurarlo, aunque, como dice el refrán, cuando el río suena... Sea como fuere, en tiempos del Imperio romano, los sajones vivían a orillas del mar del Norte, entre los ríos Elba y Eider, en lo que hoy es el estado de Schleswig-Holstein. En el territorio de la actual Alemania habitaban otras muchas tribus, como la de los alamanes, la de los bávaros, la de los turingios, la de los francos, la de los frisios o la de los anglos. Los sajones lograron expandirse hacia el oeste, casi hasta el Rin, donde solo una pequeña franja de tierra en su orilla derecha siguió perteneciendo a los francos. Por el este llegaron hasta los ríos Elba y Saale, y por el sur, hasta los montes Harz y Eichsfeld, lo que les permitió dominar la mayor parte de Turingia, región en la que muchos años más tarde nacería Martín Lutero.

Tras la caída del Imperio romano, sajones y anglos invadieron lo que hoy es Gran Bretaña, mientras que los francos hicieron lo propio en la Galia romana —la actual Francia— y se convirtieron al cristianismo. Aunque el reino franco logró reunir bajo su mando a casi todas las tribus germánicas, no lo consiguió con los sajones, con quienes estuvo en guerra durante más de cien años. Los sajones realizaban continuas expediciones de saqueo en los territorios vecinos convertidos al cristianismo, quemando a su paso iglesias y monasterios, asesinando a sacerdotes y monjes, y sacrificando a los prisioneros de guerra en honor a sus dioses Odín y Thor. Finalmente, tras una sangrienta lucha que duró treinta años (772-804), los francos sometieron a los sajones, que de este modo se vieron obligados a adoptar el cristianismo.

A la luz de lo relatado hasta aquí, cabe preguntarse si, en efecto, la historia del pueblo sajón forma parte del mar de fondo que explica la rebelión de una parte del pueblo alemán contra la que llamaron «Iglesia romana»... Podría ser, aunque algunos de quienes más saben sobre este asunto, como el ensayista británico Hilaire Belloc (1870-1953) y el teólogo argentino Leonardo Castellani[8] (1899-1981), apuntan en otras direcciones. El primero sostiene que «lo más importante en cuanto a la Reforma es comprenderla. No solo seguir su historia fase por fase —proceso necesario para la comprensión de cualquier tema histórico—, sino captar su naturaleza esencial»[9]. Para Belloc, no hay duda de que Martín Lutero es un hereje, y el protestantismo, una herejía, ya que conserva un buen número de verdades del catolicismo. En este sentido, «la negación de un sistema en su totalidad no es herejía ni tiene el poder creador de una herejía. Es de la esencia de la herejía dejar en pie gran parte de la estructura que ataca. De este modo puede atraer a los creyentes y sigue afectando a sus vidas, aunque apartándolas de sus caracteres primitivos. Por ello se dice de las herejías que sobreviven por las verdades que conservan»[10].

Por su parte, el argentino Leonardo Castellani se pregunta por qué el protestantismo se expandió por media Europa como un reguero de pólvora. A lo que responde:

> Es falso que la querella de las indulgencias fuera una casualidad, una máscara del orgullo de un fraile, de unos príncipes mal bautizados o de una nación entera mal evangelizada. Ese material seco no se hubiese inflamado sin la llama de la indignación de muchísimas almas religiosas contra la exterioridad religiosa[11].

Sin negar el papel decisivo que tuvieron la libido insatisfecha, en el caso de Lutero, y la extrema ambición económica, en el caso de la nobleza alemana, Castellani concluye que «el punto de disensión entre el catolicismo y el protestantismo en su nacimiento fue la exterioridad»[12]. Pero ¿a qué se refiere Castellani con ese término? Él mismo lo explica:

> Los protestantes protestaron contra una Iglesia que se volvía un imperialismo, contra una fe que se volvía ceremonias y obras de filantropía, contra una religión que se volvía exterioridad: y apelaron a la religión interior. La rebelión protestante marca históricamente el momento en que la ex-

> terioridad religiosa rompió el equilibrio y amenazó seriamente a la interioridad. El remedio contra eso no era la rebelión y la desobediencia, por cierto, y así el protestantismo no remedió el mal, sino que lo agravó. El protestantismo es la rebelión contra una imperfección que, en vez de volverse perfección, deviene permanente rebelión [...]. Pero el protestantismo se llevó consigo una gran verdad cautiva. No era un puro error[13].

Y concluye con una idea demoledora: «Si media Europa acabó por seguir y acoger la rebelión religiosa es porque toda Europa estaba sumida en la mayor crisis religiosa de la historia del mundo: el fariseísmo estaba por ahogar la religión. La exterioridad devoraba la fe»[14].

Por su parte, el también teólogo y jesuita Alfredo Sáenz afirma:

> La decadencia era cierta, pero no todo estaba destruido [...]. Algunos papas de aquellos tiempos se vieron afectados por el carácter mundano del siglo, el lujo, el mecenatismo esteticista, las ambiciones familiares, dejando en un segundo plano su misión sobrenatural o supeditándola a intereses demasiados humanos. De pontífices y pastores de almas se fueron convirtiendo en príncipes seculares, interesándose más en los asuntos políticos que en el incremento de la catolicidad[15].

Sáenz pasa revista al clero y sostiene:

> El estado en que se encontraba el alto clero vuelve verosímil la rápida propagación del incendio luterano. Sus desmedidas riquezas hicieron que la alta nobleza se aprovechase de la Iglesia para que sus hijos medraran, ocupando puestos

elevados en el episcopado [...]. Un libro notable de esos tiempos llamado *Onus ecclesiae* decía que aquellos dignatarios cubrían sus cuerpos con oro, pero sus almas con basura. Esto pasó sobre todo en el último periodo que precedió a la gran revolución religiosa[16].

Respecto a la situación de la Iglesia en la tierra de Lutero, el teólogo argentino aclara:

> Quizá en ningún país era tan poderosa y opulenta la nobleza eclesiástica como en el Imperio germánico, precisamente en el lugar donde nacería la Reforma protestante [...]. En muchas ciudades y diócesis, la mayor parte de las tierras y campos eran propiedad de la Iglesia, es decir, de los obispos y abades [...]. De uno de esos obispos se cuenta que no celebró misa casi durante treinta años [...]. Resultado de tal género de vida era el ausentismo de los pastores, así como la frecuente violación del celibato, la ambición y la codicia [...]. Con tales dignatarios la Iglesia no estaba en condiciones de resistir eficazmente a la embestida avasalladora del luteranismo[17].

Todo lo contrario de lo que sucedía en el bajo clero, ya que «buena parte de sus integrantes, al menos en ciertas zonas, vivían en el mayor abandono, pobreza, ignorancia y corrupción [...], lo que lo predisponía a adherirse a cualquier revolución»[18]. Una situación similar a la que se vivía en las abadías, monasterios y conventos, «que tenían fama deplorable, por lo que no fue raro que no pocas de ellas [monjas] abrazaran las nuevas doctrinas, quebrantando fácilmente sus votos y echando por la borda todo lo que hasta entonces habían considerado intangible»[19].

Por otra parte, era indudable que «Alemania miraba a Roma con recelo y que los papas del siglo XV tuvieron su parte de culpa en esta animadversión [porque] con frecuencia hacían obispos al mejor postor»[20]. También parece ser cierto que «el disgusto que los católicos alemanes experimentaban por la conducta que seguía Roma se acrecentó por haberse mezclado con el sentimiento nacional [...]. Parece indudable que el nacionalismo germánico, de larga data, imbuido en pasión antirromana, tuvo una parte considerable en la gestación de la rebelión protestante»[21]. Que en el alma germana había un sedimento marcadamente antirromano parece fuera de toda duda:

> No puede negarse que entre Alemania e Italia —dos naciones que se complementan y que por eso tan fuertemente se atraen— ha existido siempre un antagonismo y un mutuo desprecio, que no excluye la estima recíproca. Gibelinos y güelfos fueron durante siglos algo más que dos partidos políticos. «La vieja aversión de la sangre latina por la sangre alemana», en frase de R. Ridolfi, o «la ancestral oposición entre el carácter germánico y el romano», en expresión de G. Ritter, se fundan en peculiaridades étnicas, sociales y culturales. ¡Con qué soberano desprecio le dice Lutero a un fraile que lo contrariaba: *Dialogus ille tuus... plane totus italicus et thomisticus!*, ese diálogo tuyo es completamente itálico y tomístico[22].

Y, pese a todo, el dato políticamente decisivo, la clave principal que debemos tener en cuenta para entender bien ese mar de fondo que propició la rebelión encabezada por Lutero, es que esta no fue popular, ya que «la idea de separarse plenamente de Roma no halló lugar alguno en el conjunto del pueblo alemán»[23]. En efecto, «si solo se tienen en cuenta los números, la población protestante alemana era mucho menor que la católica»[24], por lo que podemos afirmar que la revuelta protestante no hubiese triunfado sin el apoyo decisivo de los nobles alemanes, deseosos de quedarse con las tierras y propiedades que la Iglesia poseía en el Sacro Imperio Romano Germánico.

El padre del Estado autoritario

Ya hemos dicho que las enseñanzas de Martín Lutero se basan en dos principios fundamentales, el reconocimiento de la Biblia como única fuente de verdad religiosa y la aceptación de que la fe puede salvar al hombre independientemente de las obras que realice. Sin embargo, no fueron estas ideas doctrinarias las que hicieron que una parte importante de la nobleza alemana se entusiasmara hasta el delirio con sus ideas y le brindara su apoyo, sino la que afirmaba que la Iglesia no necesitaba poseer bienes materiales y que los existentes debían ser secularizados, es decir, repartidos entre los seglares. De este modo quedaba planteada la cuestión de quiénes debían poseer las tierras de la Iglesia, si los campesinos, que las trabajaban, o la nobleza, que deseaba incrementar sus riquezas mediante la adquisición gratuita de más terrenos. En un primer momento, Lutero se decantó por los campesinos, que ingenuamente le creyeron. Sin embargo, el ya exmonje agustino, que pronto fue consciente de dónde se hallaba el poder que podía sostenerlo —tanto económica como políticamente—, cambió de opinión. En este sentido, el historiador y filósofo marxista Abraham M. Deborin[25], a quien nadie en su sano juicio acusaría de ser «filocatólico», concluye:

> Cuando los campesinos tradujeron las tesis religiosas de Lutero al lenguaje de las reivindicaciones sociales, su autor

los traicionó y se pasó al bando de los príncipes y de los terratenientes feudales, haciendo llamamientos en pro de su exterminio en masa[26].

En una de sus arengas dirigidas a los nobles, Lutero llegaba a decir:

> Todo el que pueda debe aplastarlos, degollarlos y ensartarlos, en secreto y abiertamente, lo mismo que se mata a un perro rabioso. Por eso, amados señores, acudid en ayuda nuestra, salvadnos; que todos cuantos puedan, hieran, golpeen y degüellen, y si alguien alcanza la muerte, bienaventurado de él, pues no puede existir muerte mejor[27].

Fueron muchos los nobles alemanes que acudieron a la llamada de Lutero para aplastar la rebelión campesina y, de paso, quedarse con las tierras de la Iglesia. La represión protestante «le costó al pueblo alemán 130.000 vidas»[28]. Este baño de sangre hizo que los campesinos daneses, noruegos y suecos aprendieran la lección, y cuando vieron que la nobleza de sus respectivos países se hacía reformista, se convirtieron en los más fervientes y decididos defensores del catolicismo.

Pero el exmonje agustino dio a los nobles alemanes algo aún más importante: una doctrina política que consagraba el poder absoluto de la nobleza sobre el pueblo. Las tesis de Lutero proporcionaron «bases nuevas al carácter divino del poder, al que se hacía derivar de Dios, y exigía la subordinación absoluta a los príncipes»[29]. Así, inventando una doctrina política —de supuesta inspiración evangélica—, el exmonje alemán traicionaba tanto los anhelos de justicia de las masas campesinas como las aspiraciones democráticas de los burgueses que lo habían apoyado. Al afirmar que el cristiano, bajo ninguna circunstancia, «tiene derecho a oponerse a la iniquidad y a la injusticia»[30] y que su deber siempre es «tolerar y sufrir»[31], Lutero sentaba las bases de la monarquía absoluta y del futuro Estado totalitario alemán del siglo XX.

Mientras tanto, en la «oscura e intolerante» España, los pensadores de la Escuela de Salamanca abrían el camino a la soberanía popular y al Estado democrático. Tanto en las universidades de la Península como en las de Hispanoamérica comenzó a extenderse la doctrina que afirmaba que el depositario del poder —que siempre emana de Dios— es el pueblo, y no el rey ni la nobleza, por lo que aquel conserva siempre el derecho a la revolución, es decir, a destituir al rey si este no gobierna en beneficio del pueblo. Así, el sacerdote español Francisco de Vitoria sostenía que el monarca era elegido por el pueblo, que le encomendaba el poder social y político —que viene de Dios, único poder superior natural de los hombres, que en esencia son libres e iguales—. Es decir, el rey no era el amo del reino, sino el «padre de su pueblo», lo que le prohibía gobernar a su antojo y en su particular provecho. Para Francisco de Vitoria, el cristiano no solo tiene derecho a oponerse a la iniquidad y la injusticia, sino que tiene el deber de hacerlo.

Karl Marx, que en algunas de sus obras analizó la esencia de la Reforma y del pensamiento político de Lutero, escribió:

> Lutero venció, efectivamente, a la servidumbre por la devoción, porque la sustituyó por la servidumbre en la convicción. Acabó con la fe en la autoridad, porque restauró la autoridad de la fe. Convirtió a los curas en seglares, porque

> convirtió a los seglares en curas. Liberó al hombre de la religiosidad externa, porque erigió la religiosidad en el hombre interior. Emancipó de las cadenas al cuerpo, porque cargó de cadenas al corazón[32].

Tanto en Alemania como en los países nórdicos, «la Iglesia se convirtió en una institución estatal, en un servidor del poder laico. Los pastores pasaron a ser funcionarios del rey. Habían de orar en público por el bienestar de este y predicar la sumisión al poder»[33].

El sociólogo francés André Lichtenberger (1870-1940) insiste en la misma idea:

> El Estado prusiano, que había reunido en sí todo el conjunto de la vida social, en última instancia se apodera también de la Iglesia, y con la ayuda de esta crea algo semejante a una religión estatal. La sumisión al poder público prusiano, aceptada por el protestantismo como dogma, se convierte en la creencia religiosa de todos, desde el monarca hasta el último de los súbditos[34].

¿Tuvieron los escritos de Martín Lutero una importancia decisiva en la conformación del pensamiento político del pueblo alemán y de su clase política? Puesto que no somos expertos en el tema, no nos aventuramos a contestar afirmativamente a esta pregunta, aunque, si seguimos la tesis del politólogo alemán Robert Michels (1876-1936), de lo que no hay duda es de que la obra de Lutero adquirió categoría de norma bíblica en Alemania, lo que lo convirtió en el autor más leído de su generación[35]. Martín Lutero sentó las bases de la teoría del poder absoluto y, por ende, del Estado totalitario. No por casualidad casi todos los libros antijudíos impresos en el Tercer Reich contenían referencias y citas del fundador del protestantismo[36].

El rechazo de Lutero hacia los judíos

En un primer momento, Lutero intentó convertir a los judíos mediante declaraciones amistosas y la publicación de un opúsculo titulado «Jesucristo es judío de nacimiento». Ante el fracaso de su empresa, en 1438 optó por dirigir su resentimiento contra el pueblo de Israel publicando varios folletos en los que mostraba una agresividad sin límites. En uno de ellos llegaba a afirmar: «Si un judío viene a pedirme el bautismo, se lo daré. Pero enseguida lo llevaré sobre el puente del Elba, le pondré una rueda de molino en el cuello y lo tiraré al agua»[37]. Y continuaba: «No se les debe mostrar ninguna piedad ni misericordia, esos infectos gusanos venenosos deben prepararse para el trabajo forzado o la expulsión definitiva. Seremos culpables de no destruirlos»[38]. Resulta evidente que, como luego hizo Adolf Hitler, Lutero identificaba a los judíos con el mal[39].

En 1543, ya consagrado como líder religioso indiscutido de una parte importante de la sociedad alemana, Lutero publicó un nuevo panfleto titulado «Sobre los judíos y sus mentiras», en el que arengaba al pueblo y a la nobleza alemanes para que pasaran de inmediato a la acción contra los judíos:

> ¡Que se quemen sus sinagogas y sus escuelas! ¡Lo que no se puede quemar, cúbraselo con tierra! ¡Que se lo sepulte de tal manera que jamás ya nadie encuentre de ello una piedra ni un desperdicio! ¡Que se derriben y demuelan sus casas!

> ¡Que se les quiten sus libros de oración y sus talmudes! ¡Que se prohíba a sus rabinos, bajo pena de muerte, comunicar sus enseñanzas! ¡Que se rehúse a los judíos todo derecho de amparo y protección pública! ¡Que se les prohíba hacer comercio! ¡Que se apoderen de sus economías, sus joyas y su dinero! Y si ello no es suficiente, ¡que se les eche de todas partes como perros rabiosos![40].

En septiembre de 1543, Lutero escribió una carta a Georg Buchholzer, un alto funcionario de la iglesia de San Nicolás de Berlín, en respuesta a la que este le había enviado solicitándole su interpretación sobre unos versículos bíblicos a través de los cuales Johannes Agricola —un viejo amigo de Lutero— justificaba una visión positiva de los judíos. En su carta, el líder de la Reforma acusó de mentiroso a Agricola y pidió a Buchholzer que siguiera predicando contra los judíos «porque no son sino demonios encarnados que maldicen a nuestro Señor»[41].

Con el paso del tiempo, su furia contra el pueblo judío fue en aumento. Como señala el mexicano León Opalín Chmielniska, Lutero siguió acusándolos y «considerándolos sus principales enemigos, que no dejaban de blasfemar contra Cristo, tratando a la Virgen María de puta, a Cristo de bastardo y a los cristianos de imbéciles»[42]. Poco antes de su muerte,

> ... Lutero predicó cuatro sermones en Eisleben. Al penúltimo añadió lo que él llamó su última advertencia contra los judíos. El punto principal de este breve trabajo es que las autoridades con las prerrogativas de expulsar a los judíos de sus tierras debían de hacerlo si estos rehusaban convertirse al cristianismo. De no hacerlo así, las autoridades se harían por

sí mismas socios en los pecados de otros. Sin embargo, si se convierten, abandonan su usura y recibirían a Cristo como su señor, entonces de buena gana los considerarían hermanos[43].

Tratando de defender lo indefendible, Eric Metaxas, autor de una biografía titulada *Martín Lutero,* afirma que el rebelde sajón tuvo «sentimientos negativos contra los judíos porque estaba irritable y enfermo»[44], argumento que podríamos aplicar a Nerón o a Hitler para explicar por qué hicieron lo que hicieron. Respecto al segundo, tan solo nos queda añadir que las ideas de Lutero tuvieron una gran repercusión en la Alemania de los años treinta del siglo pasado, sobre todo entre los nacionalsocialistas. El periódico oficial del partido nazi, *El Observador del Pueblo,* recogió la siguiente frase del ministro de Educación de Hitler, Bernhard Rust: «Desde que desapareció Martín Lutero no ha aparecido un hombre igual en nuestro pueblo, pero se ha tomado la decisión de que vamos a ser los primeros en presentar su reaparición»[45]. No es casualidad que, tras analizar los escritos y la acción política de Lutero, el psiquiatra y filósofo Karl Jaspers (1883-1969) concluyera que «en Lutero tenemos ya el programa nazi completo»[46].

Lutero contra España

Desde el inicio de la Reforma, Martín Lutero desarrolló un fuerte discurso antiespañol de incuestionable contenido racista. Como señala María Elvira Roca Barea en su libro *Imperiofobia,* el líder protestante se refería a los españoles con el calificativo de *«marranos»,* un insulto que los alemanes habían tomado prestado de los humanistas italianos. El periodista César Cervera explica de este modo el origen de la mala reputación de España en el siglo XV:

> Esta base racista contra los españoles tuvo su origen paradójicamente en otro pueblo latino. La mala reputación del Imperio español en Italia, transformada en hostilidad abierta durante el reinado de Carlos I de España, hundía sus raíces en la expansión mediterránea de la Corona de Aragón a finales de la Edad Media[47].

Posteriormente, Lutero también usó el calificativo de «mameluco» —es decir, «turco»— para referirse a los españoles, ya que, según él, estos no eran verdaderos cristianos y, junto a los musulmanes, planeaban conquistar Alemania.

> Así, profetizado está que los españoles quieren subyugar a Alemania, por sí mismos o por medio de los otros, como, por ejemplo, los turcos [...]. Y así Alemania será humillada y despojada de sus hombres y sus bienes, será sometida al reino de España. Esto lo procura Satanás, porque intenta impedir que haya una Alemania libre[48].

Sin temor a exagerar, Lutero debería ser considerado el padre de la moderna propaganda política. Así lo relata César Cervera:

> Desde su refugio alemán, Lutero alimentó la propaganda protestante que se extendió por Europa al calor de la imprenta de Gutenberg. Solo el monje reformador produjo hasta 1530, según los cálculos de John M. Todd, alrededor de 3.183 panfletos. Maestro visionario de su tiempo en este campo, el monje sabía del poder taumatúrgico de las imáge-

nes para crear mitos sobre la Inquisición española, la codicia de la Iglesia y la inferioridad de los pueblos latinos[49].

María Elvira Roca Barea afirma que en la construcción de la imagen truculenta y demoníaca de los españoles que hizo Lutero no podía faltar la depravación sexual y la crueldad:

> Se habló extensamente —afirma Lutero— de la maldad y de la falta de lealtad de los italianos y los españoles y de cómo esos pueblos son alevosos y engañadores. Sin embargo, los españoles lo son mucho más que los italianos. Son un pueblo violento, tirano y cruel [...]. Por eso el Papa, ese perro sediento de sangre, hace venir a esos hombres crueles contra nosotros[50].

Es decir, en opinión de Lutero, los españoles eran la encarnación del demonio. Pero ¿por qué ese odio visceral a España? La respuesta es bastante obvia: porque Lutero, los protestantes y los nobles debían presentar la guerra civil que habían originado al proclamar la Reforma como una guerra desatada no tanto entre alemanes católicos y protestantes, o entre católicos europeos y protestantes, sino, sencillamente, entre alemanes y españoles. Por ello, ser católico y traidor a la patria venía a ser lo mismo. Para Lutero, los protestantes eran la patria, y los católicos, la antipatria. Lutero era consciente de que la mayoría del pueblo alemán no estaba a favor de la Reforma, pero sabía que la propaganda política —que él manejaba como nadie— podía convertir en verdad lo que no lo era, porque, según él, la verdad era un detalle insignificante cuando se combate por la causa de Dios. Los protestantes alemanes siguieron el ejemplo de su líder y, durante su sangriento enfrentamiento con los católicos, se justificaban diciendo que «quien está contra mí está contra

Alemania, es un traidor, un antipatriota»[51]. Elvira Roca Barea explica que «para la propaganda protestante [se trataba] de una lucha de fuerzas hispano-católicas, esto es, extranjeras, contra lo germánico-protestante, que era lo nacional»[52].

La campaña de difamación contra España no acabó con la muerte de Lutero: los historiadores alemanes al servicio del poder debían ocultar el hecho de que la guerra entre protestantes y católicos era en realidad una guerra civil en la que el bando de Lutero y de la nobleza alemana no contaban con el apoyo de la mayoría del pueblo. Como hemos visto, los nobles se pusieron del lado de la Reforma tan solo para quedarse con los bienes de la Iglesia, y este es un hecho que aquellos historiadores «a sueldo» debían esconder, y lo hicieron presentando la guerra civil como una guerra de liberación del dominio español (recordemos que Carlos V de Alemania era Carlos I de España) y adoptando y repitiéndole *ad nauseam* al pueblo alemán la leyenda negra de la conquista española de América[53]. El razonamiento era sencillo: los españoles, esos hombres malvados, mentirosos, violadores y desleales, intentaban hacer en Alemania lo que habían hecho en América. En Hispanoamérica, fue Eva Perón Duarte quien nunca se cansó de denunciar la maniobra propagandística de la Reforma, que se las ingenió para «denigrar la empresa más grande y más noble que conocen los siglos, como fueron el descubrimiento y la conquista»[54].

Un mito llamado Lutero

Cuando los ecos de la Reforma llegaron a los oídos de la joven monja Catarina von Bora, esta vio claro su destino y una noche de abril de 1525, con la ayuda de un amigo de

Lutero, Leonard Koppe, decidió fugarse del convento cisterciense de Nimbschen en busca de su amor platónico, Martín Lutero[55]. La idea de que la salvación viene únicamente por la fe —no por las obras— había entusiasmado a la religiosa, quien, además de fe, lo que más tenía eran ganas de casarse[56]. Apenas dos meses después, el 13 de junio de 1525, el exmonje agustino, de 42 años, ya autoliberado del yugo del celibato, contrajo matrimonio con Catarina, que entonces tenía 26. Se cuenta que el filósofo Erasmo de Róterdam (1466-1536), cuando se enteró del enlace, se echó a reír a carcajadas porque, a fin de cuentas, «la tragedia luterana había terminado en casorio, como en una comedia cualquiera»[57]. Lástima que la «comedia» hubiera costado la muerte de cientos de miles de personas... Lutero y Catarina, que tuvieron seis hijos, vivieron en el mismo convento —*de facto,* ahora de su propiedad— donde él había sido fraile observante de la regla de san Agustín. Ella se encargaba de mantener limpia y ordenada la «casa», que tenía 40 habitaciones, y de acondicionarla para recibir invitados y organizar banquetes.

Martín Lutero murió el 18 de febrero de 1546, en la ciudad de Eisleben, la misma que le había visto nacer. Moría un hombre y nacía un mito. Menos de dos años después, el 2 de diciembre de 1547, en Castilleja de la Cuesta (Sevilla) fallecía el español Hernán Cortés. El exmonje alemán, responsable de una guerra que sembró Europa de cadáveres, pasó a la historia como un hombre austero y rebosante de piedad, mientras que el soldado español, que, como ya vimos, puso fin al imperio caníbal de los aztecas, lo hizo como un cruel conquistador, libidinoso y sediento de sangre y oro. La comparación no es desproporcionada: los 130.000 campesinos asesinados por Lutero suponen el 1,08 % de la población alemana de la época, porcentaje que, si lo trasladamos a la actualidad, implicaría la muerte de casi 900.000 personas. ¿Qué opinaríamos si la excanciller Angela Merkel hubiese ordenado la represión de casi un millón de personas por, pongamos por caso, mantener un discurso antivacunas? Y permítame el lector otra comparación: a raíz de la guerra de Bosnia (1992-1995), el que fuera presidente de Serbia, Slobodan Milosevic (1941-2006), apodado por la prensa alemana como «el carnicero de los Balcanes», fue acusado por el Tribunal Internacional de La Haya de crímenes contra la humanidad, genocidio y de ser el responsable de la muerte de 250.000 civiles. Si usásemos la misma vara de medir, ¿la prensa alemana no debería apodar a Lutero como «el carnicero de Alemania»? ¿Con qué autoridad moral los historiadores protestantes, que nunca han criticado a Lutero por el asesinato de 130.000 campesinos, se atreven a enjuiciar a Hernán Cortés y la conquista española de América?

Por supuesto, estas son preguntas políticamente incorrectas, porque Lutero es hoy un mito intocable. Uno de los pocos intelectuales que se han atrevido a desafiar este mito es María Elvira Roca Barea, quien, mostrando una gran valentía, en octubre de 2017 escribió un brillante artículo comentando uno de los muchos eventos que se organizaron para festejar los 500 años de la Reforma protestante. El antisemitismo y el antiespañolismo de Lutero no aparecen reflejados «en el catálogo de la exposición organizada en Alemania, que, con el nombre de *"The Luther Effect. Protestantism-500 years in the World"*, puede adquirirse en inglés [...]. Tampoco están representadas las atroces y groseras imágenes que caracterizaron la propaganda luterana. Por el antisemitismo luterano y sus atroces consecuencias se pasa de puntillas, como un detalle menor e insignificante [...]. La operación de ocultación de la realidad histórica y adorno de la figura de Lutero y su legado es tan perfecta y está tan bien hecha que produce admiración»[58]. En la celebración participó el mismísimo Vaticano, donde, en el aula Pablo VI, se colocó una estatua de Martín Lutero[59]. Si con esto no bastara, la Oficina Filatélica y Numismática de la Santa Sede lanzó un sello postal con su imagen[60].

Juan Calvino, el verdadero cerebro de la Reforma

Jean Calvin nació el 10 de junio de 1509 en el seno de una familia católica francesa de la ciudad de Noyon, a unos 100 kilómetros al norte de París, en la región de Picardía[61]. Su padre trabajaba como abogado y procurador del cabildo de la catedral, pero fue acusado de malversar fondos y acabó siendo excomulgado. El joven Calvino estudió en el Collège de Montaigne de la capital francesa, donde también recibieron formación Erasmo de Róterdam e Ignacio de Loyola[62]. Se doctoró en Derecho en la Universidad de Orleans, donde entró en contacto con el pensamiento de Lutero, al principio sin tomarlo demasiado en serio. El teólogo y médico carmelita Jérôme-Hermès Bolsec, uno de sus principales detractores, sostenía que Calvino era un joven brillante del que nada hacía prever que se pasara a las filas de la Reforma hasta que fue sorprendido teniendo relaciones sexuales con un profesor amigo[63]. La sodomía era castigada incluso con la pena de muerte, pero Calvino logró que solo se le aplicase un hierro candente en el hombro como castigo por su delito. Aquel hierro dejó su cuerpo marcado con una flor de lis, pero su alma quedó para siempre impregnada de un profundo odio hacia la Iglesia[64].

Importa resaltar que, a diferencia de Lutero, que nunca gobernó directamente ninguna ciudad o estado, el francés logró dominar, en dos oportunidades, la ciudad de Ginebra, convirtiéndola en una ciudad-estado teocrática bajo su completa autoridad. Entre 1542 y 1561, Calvino mandó ejecutar a 58 individuos y desterrar a otros 76. Una de las ejecuciones más célebres fue la del médico y teólogo español Miguel Servet, autor del libro *Christianismi Restitutio,* donde aparece por primera vez la descripción de la circulación pulmonar de la sangre. Servet fue quemado vivo, junto con varios ejemplares de su famosa obra, el 27 de octubre del año 1553, en la colina de Champel, próxima a la ciudad de Ginebra[65]. Precisamente en ese lugar se levanta ahora la Cité Universitaire, donde tuve la suerte de alojarme mientras finalizaba mi maestría en Relaciones Internacionales, durante la primavera del año 1993, junto a mi esposa y mi primer hijo. Todavía recuerdo la hermosa vista del río Arve y del Mont Salève que podía apreciarse desde la ventana de la cocina de nuestro apartamento. Seguramente, la misma vista de la que disfrutó el español Servet antes de que lo devorara el «democrático» fuego de la inquisición calvinista.

Ginebra se convirtió en una escuela de preparación de cuadros religioso-políticos —es decir, líderes— y recibió en su seno a miles de protestantes franceses, ingleses y escoceses. Entre ellos se encontraba el renombrado John Knox (1514-1572), padre del calvinismo escocés y de la Iglesia presbiteriana. Knox, junto a otros reconocidos huéspedes de la Ginebra calvinista —entre los que se encontraban William Whittingham, Myles Coverdale, Christopher Goodman, Anthony Gilby, Thomas Sampson y William Cole—, fue uno de los editores de la famosa *Biblia de Ginebra,* dirigida a los angloparlantes y repleta de citas y alusiones al «magisterio teológico» de Calvino. Fue esta versión de la Biblia la que cruzó el Atlántico con los tripulantes del Mayflower e inspiró, ya en América, a los peregrinos fundadores de las célebres Trece Colonias. Por ello, no es casual que fuera la teología calvinista la que desde entonces iluminaría la interpretación de los textos evangélicos por parte de los puritanos americanos.

La obra más importante que escribió Calvino fue *Institutio Christianae religionis chrétienne,* publicada primero en latín y luego en francés[66], un extenso manual de teología dogmática, de más de 800 páginas, que convirtió a Calvino en el gran teólogo de la Reforma. Podemos afirmar sin temor a exagerar que, hasta la llegada de Calvino, a la Reforma le sobraba corazón y le faltaba cerebro. Sus verdades surgían de la indignación del corazón ante la corrupción moral que reinaba en una parte importante de la jerarquía de la Iglesia. Sus errores, por otra parte, se debían a una respuesta errónea a esos problemas. Esos errores sin duda se debían a la mala y endeble formación filosófica y teológica de los primeros pastores protestantes. Pero todo cambió con Calvino. La rebelión contra la Iglesia ya no sería una rebelión pasional —como la de una esposa decepcionada de su esposo por su mal comportamiento—, sino cerebral. Los errores doctrinarios de los primeros reformadores, producto de la indignación, de la pasión y de la deficiente formación teológica, fueron recubiertos de una rigurosidad científica impecable. El razonamiento de Calvino era perfecto, solo que partía de premisas falsas.

La predestinación (primera premisa falsa) es la tesis central del calvinismo como doctrina:

> Si la salvación es solo por los méritos de Cristo y sin intervención alguna de nuestra parte, con una lógica típicamente francesa dedujo Calvino que es Dios quien nos con-

dena y quien nos salva [...]. Nada puede el hombre pensar, querer o hacer que no haya sido previamente resuelto por Dios desde la eternidad[67].

Con Calvino resucita el fatalismo de los griegos, como si pensara desde la Atenas clásica y no desde la Jerusalén cristiana de los apóstoles:

> Llamamos predestinación al eterno consejo de Dios, por lo que ha determinado lo que ha de hacer cada hombre. Porque Dios no los crea a todos en las mismas condiciones, sino que ordena a unos hacia la vida eterna y a otros hacia la eterna condenación[68].

Entonces, ¿para qué Dios se hizo hombre y habitó entre nosotros? ¿Jesucristo no murió en la cruz para salvar a la humanidad? A estas preguntas Calvino responde: «Sí, Dios se ha hecho hombre para salvar a la humanidad, pero a una humanidad limitada al número de aquellos individuos para quienes Él había resuelto obrar»[69]. Así pues, ¿solo nos queda desesperarnos en el más terrible fatalismo? A esta pregunta contesta Calvino:

> No, puesto que hay elegidos, y como yo tengo fe, debo confiar que estoy predestinado a la salvación [...]. El hombre debe obrar bien, no por cierto para salvarse, sino porque está salvado. Si alguien se conduce virtuosamente está probando su fe y por tanto su elección. Triunfar en la vida, vivir en la prosperidad, no es sino mostrar que Dios es propicio con alguien, que está visiblemente protegido por Él[70].

¿Cómo podía interpretar el hombre común —campesino, artesano o comerciante— la rebuscada doctrina elaborada por Calvino sino en el sentido de que la riqueza era un signo de predestinación? El calvinista común razonaba de forma muy sencilla y concluía que, si a uno le va bien en la vida y en el trabajo, y si sus negocios son prósperos, seguro que se salva. En cambio, si uno solo tiene desgracias y si sus negocios fracasan, seguramente estará condenado. Bonita fórmula para justificar la injusticia social y dormir con la conciencia tranquila... Permítame, estimado lector, agregar la siguiente digresión: el más grande triunfo del calvinismo sobre el catolicismo es, precisamente, que muchos católicos asumieron esa idea. Lo que dio como resultado una especie de católicos a los que yo denomino «calvinistas de rito católico», pues van a misa y cumplen con todos los ritos, aunque su *forma mentis* sea calvinista. El hombre calvinista común no es contrario a la idea de ayudar al prójimo, pero sabe que las buenas obras no sirven para la salvación, aunque sí son útiles para demostrar que se pertenece a los elegidos.

Los «lobos de mar» isabelinos —piratas, bucaneros y corsarios— fueron en su mayoría profundamente calvinistas y negrolegendarios, y es por ello que pudieron lanzarse sobre las ciudades hispanoamericanas, saquearlas, incendiarlas y matar y violar a sus mujeres sin sentir ningún tipo de remordimiento. Se consideraban «los elegidos por Dios» para castigar a España, la «ramera del Papa», la «meretriz del Anticristo» en la Tierra. Las riquezas que traían de sus correrías por Hispanoamérica eran un signo de que Dios los había elegido para llevarlos con Él al paraíso. Matar a un español era realizar una obra de bien y combatir a España demostraba que se formaba parte de los «elegidos por Dios» para ser salvados.

Los puritanos —los cristianos protestantes que en Inglaterra y en Estados Unidos adoptan las tesis centrales de la doctrina de Calvino, aunque reelaborándolas a su manera—, «no alegaban exactamente que la pobreza era un signo de perversidad. Pero, en general, pensaban que a los piadosos les iba bien económicamente y que si un hombre no lograba prosperar —o si el quebranto económico se abatía súbitamente sobre él— era porque por alguna razón no gozaba del favor divino. Esta era una idea muy arraigada y pasó a formar parte de la principal corriente de opinión en la conciencia social norteamericana»[71].

La clase política norteamericana dio un paso más allá y aplicó este mismo razonamiento para explicar el éxito y el fracaso de las naciones. Como veremos en el capítulo dedicado a este asunto, el calvinismo, junto al mito de la existencia de un nuevo pueblo elegido por Dios y la leyenda negra, está en la base de la doctrina del «destino manifiesto» que permitió a los estadounidenses exterminar a los pieles rojas y arrebatar a los mexicanos el 60 % del territorio que habían heredado de España sin mostrar ni un ápice de arrepentimiento. Las fáciles victorias tanto contra los indios como contra los mexicanos eran pruebas de que los estadounidenses habían sido elegidos por Dios para «iluminar al mundo» y así gozar de la vida eterna en el paraíso. La guerra contra España para apoderarse de Cuba, Puerto Rico y Filipinas confirmaría esa certeza. El éxito de Estados Unidos le aseguraba al pueblo norteamericano que era el «nuevo pueblo elegido» por Dios.

La sangrienta extensión de la Reforma

No es exagerado afirmar que las primeras consecuencias de la Reforma protestante fueron la confiscación masiva de bienes, la violación sistemática de los derechos humanos, el asesinato en masa de campesinos, la intolerancia, la creación del Estado autoritario y, en el caso de los territorios que hoy conforman Alemania, la corrupción y la pobreza. Sin embargo, esos frutos de la Reforma han sido completamente borrados de la historia oficial que se enseña en los colegios y universidades de casi toda Europa. Cuando se cumplieron los 500 años de la Reforma, a ningún intelectual, político o periodista se le ocurrió exigir al rey de Dinamarca o de Suecia que pidiese perdón por la matanza sistemática de obispos, sacerdotes y campesinos, cuyo único delito había consistido en querer seguir siendo católicos. Tampoco a nadie se le ocurrió que la monarquía sueca o danesa tuviese que pedir perdón por la confiscación masiva de los bienes de aquellos ciudadanos que se habían empeñado en seguir siendo católicos. Perdón, ¡qué ingenuidad la mía!... Me había olvidado por un instante de que la única nación que tiene que pedir perdón es España.

La «tolerante» Suecia

Esa historia de terror a la que acabamos de referirnos y por la que nadie, por supuesto, ha pedido perdón comenzó en Suecia el 6 de junio de 1523, cuando Gustavo Eriksson fue elegido rey por un grupo de nobles adictos. Así, el nuevo monarca urdió un levantamiento tendente a lograr la separación de Suecia de la Corona de Dinamarca, a la que hasta entonces había estado unida. El 20 de junio, Gustavo Eriksson hizo su entrada triunfal en Estocolmo. Le tocaba ahora pagar a la nobleza por los favores recibidos, y ahí estaba el espejo alemán. La Reforma protestante será entonces, para el nuevo rey —llamado Gustavo I de Suecia o Gustavo Vasa (1496-1560)—, la excusa perfecta para apoderarse espuriamente de los bienes de la Iglesia y repartirlos entre los nobles que lo habían respaldado. Como dice el refrán, una mano lava la otra, y las dos juntas lavan la cara. Se repitió lo que ya había sucedido en Alemania entre los príncipes alemanes, y el rey se adelantó unos diez años a lo que hizo Enrique VIII en Inglaterra. En realidad, la Reforma no era más que una excusa de los ricos para apoderarse de tierras y edificios de la Iglesia[72].

En Suecia, como en Dinamarca y en Inglaterra, la nobleza se hizo protestante para conseguir aún más riquezas, mientras que las masas campesinas se mantuvieron fieles al catolicismo para ser dignas de ir al paraíso. Por su parte, Gustavo I se autoproclamó cabeza de la Iglesia en Suecia y decidió usar la violencia contra las masas campesinas, que, en junio de 1542, se sublevaron contra la tiranía luterana. La rebelión de los campesinos católicos, encabezada por el legendario Nils Dacke (1510-1543), fue tan intensa que el rey Gustavo I se vio obligado, el 8 de noviembre de 1542, a pactar la paz con los sublevados. Fue entonces cuando Nils Dacke, convertido en gobernante legítimo de la provincia de Småland, en el sureste de Suecia, restableció el culto católico. Sin embargo, en el verano de 1543, el rey rompió el acuerdo de paz y marchó con su ejército contra la provincia católica rebelde. Las tropas protestantes obtuvieron entonces una victoria decisiva en las cercanías de la ciudad de Virserum. A pesar de resultar herido de gravedad, el líder de los campesinos pudo escapar con vida y continuó al mando de la resistencia católica. Sin embargo, algunos meses después, en agosto de 1543, el líder católico encontró la muerte en un enfrentamiento con el ejército protestante. Gustavo Vasa ordenó entonces que su cuerpo fuese «ejecutado» de manera póstuma y que su cabeza fuese expuesta en una pica en la ciudad de Kalmar, a orillas del mar Báltico, junto a las de otros rebeldes. El rey de Suecia —y, repetimos, cabeza de la Iglesia luterana sueca— ordenó también la ejecución de toda la familia del líder católico, y, para terminar con la resistencia de los católicos, Gustavo I introdujo la pena de muerte o el exilio para todos aquellos que no quisieran convertirse al protestantismo oficial.

Cualquier español, francés, alemán, italiano o portugués ha oído hablar —aunque sea una vez en su vida y aunque únicamente le interesen el fútbol y la cerveza— de la ejecución de Atahualpa por parte del cruel Francisco Pizarro, pero seguramente ninguno ha escuchado ni una sola palabra sobre la ejecución de Nils Dacke. Y es que, claro, para el pensamiento políticamente correcto, hay muertos de primera y muertos de segunda.

La «condescendiente» Dinamarca

En Dinamarca y Noruega, que en ese momento conformaban un solo reino, el protestantismo fue impuesto a sangre y fuego por Cristián III (1503-1559), hijo de Federico I y de su primera esposa, Ana de Brandeburgo. Cristián fue educado por dos profesores protestantes, Wolfgang von Utenhof y Johann Rantzau, defensores acérrimos de la Reforma. En 1521 viajó a Alemania y estuvo presente en la «dieta de Worms», donde conoció a Martín Lutero. Cristián volvió a Dinamarca convencido de la conveniencia política y económica que podría reportarle a él y a la nobleza la imposición del luteranismo. Como vemos, una vez más coinciden —¿casualmente?— la ambición reformista y la ambición material.

Tras la muerte de Federico I en enero de 1533, el Consejo Real, con el decidido apoyo de la mayoría del pueblo danés —que era profundamente católico—, se opuso a que Cristián fuera el nuevo rey de Dinamarca y Noruega, lo que dio lugar a la mayor guerra civil de la historia de Dinamarca, desarrollada entre los años 1534 y 1536. En el bando protestante se alineó la nobleza, deseosa de quedarse con los bienes de la Iglesia, y en el bando católico, el campesinado y la burguesía de las ciudades de Copenhague, Malmö (la primera y la tercera ciudad, respectivamente, del reino de Dinamarca y Noruega), Landskrona y Varberg.

Uno de los líderes que encabezó la resistencia del campesinado católico a la imposición del protestantismo fue el capitán y vicealmirante de la Marina Real Klemen Andersen (1484-1536). El 16 de octubre de 1534, los campesinos católicos, conducidos por Andersen, se enfrentaron con valentía al ejército real —mucho mejor pertrechado— de los nobles daneses, derrotándolo en la batalla de Svenstrup. Pero en diciembre de 1534 las tropas realistas, después de una durísima batalla, lograron derrotar a los campesinos católicos que se habían atrincherado en la ciudad de Aalborg. Los soldados protestantes saquearon esa ciudad y masacraron cruelmente a sus pobladores. Aunque en un primer momento Andersen logró escapar, finalmente fue capturado, encarcelado, torturado y ejecutado mediante el tormento de la rueda, que consistía en que el reo fuera atado a una rueda giratoria y sometido a la fractura sistemática de sus huesos y articulaciones, teniendo sus verdugos mucho cuidado para evitar que muriese súbitamente, con el fin de prolongar la agonía el mayor tiempo posible. De este modo procedió la «condescendiente» y ahora protestante Corona danesa con el popular líder católico.

A pesar de su triunfo pírrico, los protestantes no lograron imponerse. Solo la decidida participación de Suecia en esta guerra hizo posible la victoria del minoritario e impopular bando protestante danés.

Finalmente, el 29 de julio de 1536, Cristián III hizo su tan ansiada entrada triunfal en Copenhague. El 12 de octubre de ese año mandó arrestar al arzobispo Torbern Bille y, unos días después, todos los obispos del reino fueron capturados. El 20 de octubre, una supuesta asamblea de notables reunida en Copenhague decidió que debían ser ejecutados y que todas las propiedades de la Iglesia católica debían ser confiscadas en beneficio de la Corona. Cristián III recibió entonces, desde Alemania, las calurosas felicitaciones del mismísimo Martín Lutero.

En 1537, el rey promulgó la orden por la cual el luteranismo se convertía en la religión oficial del reino de Dinamarca y Noruega. El monarca sería la máxima autoridad de la nueva Iglesia y tendría la potestad de nombrar a todos los obispos del reino. Algunas regiones, como Islandia, se negaron a aceptar tan arbitraria imposición y se prepararon para el combate. En 1541, Cristián III envió una enorme fuerza militar para aplastar a los rebeldes, que en 1550 fueron sometidos. El obispo y poeta Jón Arason (1484-1550) murió decapitado[73] y los bienes de la Iglesia católica del país fueron confiscados.

Una vez afianzado en el poder, Cristián III obligó a toda la población de Dinamarca a convertirse al luteranismo y estableció que quienes abjuraran del protestantismo serían castigados con la confiscación de sus bienes y con la inmediata expulsión del reino. Esta ley estuvo vigente hasta 1860[74].

Como ya hemos dicho, el discurso oficial de los «fiscales» del «Tribunal de la Historia» acusa a España de ser la nación más cruel de la historia de la humanidad. Sin embargo, los excesos que pudo haber cometido el Imperio español palidecen frente a las atrocidades cometidas por los protestantes en todas sus variantes.

Y, sin embargo, la imagen de la Dinamarca de Cristián III está asociada a la tolerancia, y la imagen de la España de Felipe II, al fanatismo. Parece ser que todos los reyes protestantes fueron gobernantes prudentes y tolerantes, mientras que los españoles, especialmente Isabel, Fernando y los Austrias, fueron tiranos exaltados y sangrientos.

La «incorruptible» Alemania

Las consecuencias del apoyo de los nobles alemanes a la rebelión de Lutero no fueron precisamente positivas para el pueblo alemán, cuya mayor parte quedó sumida en la miseria absoluta. En realidad, los ricos se hicieron más ricos y los pobres más pobres. Recordemos una vez más que, si la nobleza no se hubiese puesto del lado del rebelde sajón, hoy no estaríamos hablando de él, como nadie habla del inglés John Wyclif (1320-1384) o del checo Jan Hus (1370-1415), por nombrar solo a dos rebeldes que lo antecedieron.

Particularmente terrible para el pueblo alemán fue la Guerra de los Treinta Años, que estalló en 1618. En tan prolongado enfrentamiento, como no podía ser de otra manera, se mezcló la religión con la geopolítica. El *casus belli* que desencadenó la contienda fue el nombramiento del católico Fernando II como emperador del Sacro Imperio, lo que no fue aceptado por los protestantes luteranos ni por los calvinistas, que buscaron el apoyo de países extranjeros.

Como bien afirma María Elvira Roca Barea, esto desató:

> ... Un conflicto internacional que dejó a Alemania postrada para varios siglos [...]. La guerra produjo en Alemania una devastación sin precedentes, a la que se sumaron hambrunas y epidemias que diezmaron la población germana y neerlandesa y llevaron a la bancarrota a casi todos los países contendientes. La población del Sacro Imperio se redujo un 30 % y en algunos territorios, como Brandeburgo, incluso hasta un 50 %. La población masculina de toda Alemania descendió a la mitad e hizo falta más de un siglo para recuperar los niveles demográficos anteriores a 1648. La destrucción provocada por la penetración fortísima de los ejércitos suecos, que recuperaron todo el territorio de Dinamarca y se apoderaron de una parte del norte de Alemania, fue espectacular: redujeron a cenizas 2.000 castillos y fortalezas, 18.000 villas y 1.500 pueblos[75].

La Guerra de los Treinta Años finalizó el 24 de octubre de 1648 con la firma de los tratados de paz de Osnabrück y Münster, ciudad esta última situada en la histórica región de Westfalia (de ahí que casi siempre se diga que aquella guerra terminó con la Paz de Westfalia).

Fue precisamente en la ciudad de Münster, donde, casi cien años antes de aquella firma del Tratado de paz, la Reforma dio uno de sus frutos más extraños. En febrero de 1534, los protestantes anabaptistas, liderados por Jan Matthys (1500-1534), originario de los Países Bajos, se apoderaron de la ciudad e instauraron una dictadura teocrática que procedió a eliminar la propiedad privada y a expulsar tanto a los católicos como a los protestantes luteranos que no se convirtieran a la nueva fe. Así, mientras miles de anabaptistas procedentes de Alemania y Holanda llegaban a Münster para sumarse a la construcción de un supuesto comunismo cristiano anabaptista que prometía construir el paraíso en la Tierra, los católicos y luteranos expulsados se preparaban para recuperar su ciudad y sus propiedades.

El 5 de abril de 1534 se produjo la muerte de Jan Matthys, momento a partir del cual la tragedia se convirtió en comedia: el joven sastre holandés Jan van Leiden (1509-1536) pasó a ser el líder de los anabaptistas y, pocos meses después, en septiembre de 1534, fue coronado como «rey de la Nueva Jerusalén» o «rey del reino anabaptista de Münster». El «monarca» procedió inmediatamente a instaurar la obligatoriedad de la poligamia, castigando a los hombres y a las mujeres que no respetasen la ley con la cárcel o la pena de muerte. Para dar ejemplo, Jan van Leiden se casó con 16 mujeres. Cuando una de ellas se atrevió a criticarlo por llevar una vida de lujo mientras el «reino» se sumía en la más absoluta pobreza, Jan van Leiden ordenó que la decapitaran para luego, jocosamente, danzar y cantar alrededor de su cadáver. Aprovechando la desmoralización de los habitantes de Münster, los luteranos expulsados se propusieron recuperar la ciudad, que finalmente cayó en sus manos tras 16 meses de asedio. Los líderes anabaptistas fueron ejecutados y sus cadáveres expuestos en unas jaulas que se encontraban en la torre de la iglesia de San Lamberto. En nuestros días, las guías de turismo cuentan la historia de las jaulas, el único recuerdo que queda de aquel «paraíso comunista» instaurado por los protestantes anabaptistas.

Después de la Paz de Westfalia de 1648, Alemania quedó dividida en microestados y la desunión del país se convirtió en enfermedad crónica. Durante años, el territorio habitado por los pueblos de lengua alemana constituyó el campo de batalla de franceses, suecos, austríacos, españoles, ingleses y rusos. En 1792, el Ejército francés invadió los territorios del antiguo Sacro Imperio Romano Germánico y dos años después todo el territorio alemán al oeste del Rin quedó bajo dominio francés. Esta situación se mantuvo hasta 1814[76]. Así, mientras Inglaterra y Francia eran Estados unificados desde el siglo XVI, Alemania no era más que una mera «idea geográfica».

Resulta bastante chocante descubrir que, hasta mediados del siglo XIX, el pueblo alemán padeció una esclavitud brutal y que estuvo sometido al capricho de una élite dirigente —mayoritariamente protestante— que vendía a los mejores hombres de la nación como esclavos para que sirvieran como soldados en los ejércitos de Francia y Gran Bretaña. No es fácil imaginar que, hasta hace apenas 150 años, Alemania fue una región subdesarrollada, exportadora de materias prima —cereales y maderas— e importadora de productos industriales[77], y subordinada política, económica e ideológicamente a Inglaterra. Una región dividida en 33 estados independientes y rivales entre sí. Una región que constituía parte de la periferia del sistema internacional y sometida —al igual que Hispanoamérica— a la dominación británica.

Pero resulta aún más difícil de creer que, hasta mediados del siglo XIX, el hoy orgulloso pueblo alemán carecía de conciencia nacional y que, por tanto, el hombre común de Baviera, de Prusia o de Hesse no se sentía alemán y ni siquiera pensaba que existiera una patria llamada Alemania. La clase política presentaba altísimos niveles de corrupción que harían palidecer hoy a cualquier político de España o Hispanoamérica, y las élites —egoístas y despreocupadas del interés nacional y del destino del pueblo— eran totalmente contrarias a los avances de la ciencia.

Digamos simplemente, a modo de ejemplo y para que nuestras afirmaciones no suenen a exageración, que mientras las Trece Colonias de América del Norte luchaban por conseguir su independencia de Gran Bretaña, los príncipes alemanes luteranos «vendían a sus súbditos por millares» al Ejército inglés, que los empleaba como soldados-esclavos para combatir a los insubordinados colonos norteamericanos. En su «recolección» de hombres para ser vendidos —afirma el historiador alemán Emil Ludwig—, los gobernantes alemanes no hacían ningún tipo de distinción:

> El poeta Gottsched, de estatura tan alta como Lincoln, solo por la fuga consiguió sustraerse a las garras de los reclutadores, deseosos de alardear en Prusia, no con sus talentos, sino con sus pies de estatura. Posteriormente, el poeta Seume fue vendido por su soberano de Hesse. [Los soberanos alemanes] semejábanse en todo a esos negreros que, hasta el día de ayer, cazaban sudaneses y abisinios bien plantados de ambos sexos, mientras el rey de Prusia se parecía más bien a un director de jardín zoológico. Por los millares de hombres que en aquel entonces eran vendidos a Inglaterra por no haber allí tropas suficientes en la lucha contra América, se pagaba a razón de siete a ocho libras por cabeza, pero en el precio global resultaban más caros. Como en la feria de ganado, se les palpaba, rechazándose a los que eran de constitución débil. Cerrado el trato, un tal duque de Hesse o de Brunswick obsequiaría al agente británico con una sortija de brillantes. Los súbditos que no habían logrado ponerse a salvo por la fuga, siendo, pues, vendidos al exterior, no tenían permiso de regresar antes de firmada la paz, para que sus relatos no provocaran sublevaciones. Por añadidura, se les defraudaba afuera de su paga, pues los príncipes se reservaban la mitad de la misma[78].

En el mismo sentido, el historiador y diplomático ruso Vladimir Potemkin afirmaba:

Los pequeños príncipes de Alemania que, en virtud de la Paz de Westfalia (1648), habían recibido el derecho de llevar una política autónoma, se dedicaban a ceder por subvenciones sus ejércitos al mejor postor. Se realizaba la venta más desvergonzada de soldados y junto con ellos también de su patria. En solo medio siglo, los príncipes alemanes ganaron de Francia por tal concepto no menos de 137 millones de libras y 46 millones y medio de libras esterlinas de Inglaterra. Este negocio proporcionaba tantas utilidades que los príncipes alemanes solían realizar verdaderas batidas sobre sus súbditos, convirtiéndolos en soldados y vendiéndolos después en ejércitos enteros a sus ricos aliados. Así, el *landgrave* de Hesse, para apaciguar a los americanos que se habían sublevado contra Inglaterra, vendió a esta última un ejército de 17.000 soldados... [mientras que] en Prusia, su clase gobernante, la nobleza, vivía de la explotación del trabajo gratuito de los siervos de la gleba, cuyos productos se vendían en los mercados de la Europa Occidental[79].

Para ofrecer tan solo una pincelada de la corrupta y supersticiosa élite dirigente alemana recordemos que, cuando en 1840 comenzó el tendido del ferrocarril, Augusto de Hannover dijo: «No quiero ferrocarriles en mi país, no quiero que el zapatero o el sastre viajen a la misma velocidad que yo»[80].

Otto von Bismarck (1815-1898), el «Canciller de Hierro», fue el que sacó a Alemania de ese estado de división, subdesarrollo y corrupción, finalizando el proceso de insubordinación fundante iniciado por Federico List (1789-1846)[81]. Pero no dejará de perseguir a los católicos, contra los que iniciará una guerra cultural *(Kulturkampf)* que complementó con una persecución contra los sacerdotes y los obispos, seguida del encarcelamiento de miles de católicos laicos. Suele olvidarse el hecho de que, hasta la caída del Imperio alemán, Bismarck fue considerado «un segundo Lutero» y que la Evangelischer Bund, una de las sociedades ultraprotestantes de Alemania, realizaba una peregrinación anual a la tumba del extinto canciller para colocar una corona de flores sobre su sepulcro y elogiarlo como el «más grande de los protestantes de su tiempo»[82].

El emperador Guillermo II (1859-1941), cuando Alemania ya era una potencia mundial, continuó la batalla cultural contra el catolicismo, lo que hizo que, durante su célebre viaje a Palestina, en octubre de 1898, rindiera honores al sultán Abdul Hamid II (1842-1918), quien poco antes había hecho asesinar a más de 300.000 armenios cristianos. Por citar solo un ejemplo de las atrocidades cometidas, mencionemos el incendio de la catedral de Urfa, en la que 3.000 armenios, mujeres y niños principalmente, se habían refugiado. El objetivo del Imperio otomano era aniquilar gradualmente a las minorías cristianas que habitaban en su territorio, por lo que, además, fueron asesinados asirios y griegos del Ponto. El sultán dio «carta blanca» a los caciques kurdos para que robasen los bienes de los cristianos y se entretuvieran violando a las mujeres cristianas[83].

Si España se hubiera hecho protestante...

Con el correr del tiempo, la hostilidad entres los dos bandos —protestante y católico— dio lugar a que lo que había sido «una Cristiandad unida en Occidente se partiera en dos fragmentos: uno iba a ser, en adelante, la cultura protestante, y el otro la cultura católica. Y cada uno iba a considerarse a sí mismo y a su espíritu como algo separado y enemigo del otro. Cada uno de ellos se puso a asociar el nuevo espíritu a su región, nacionalidad o ciudad estado: Inglaterra, Escocia, Hamburgo, Zúrich y demás»[84].

Las identidades nacionales de Holanda, Inglaterra y, más tarde, Alemania (bajo la hegemonía de Prusia) fueron construidas a partir del odio al catolicismo y a la nación que había defendido el catolicismo, es decir, España. Por ello resulta natural que los Estados protestantes se lanzaran entusiasmados sobre el libro de Bartolomé de las Casas y su falsa historia de la conquista española de América. Tal fue el empeño de los protestantes en difundir la obra del dominico español que podría afirmarse que la leyenda negra de la conquista fue la primera *fake news* de la historia, fruto principalmente de la Reforma protestante.

En este sentido conviene detenernos unos segundos en las reflexiones del historiador francés Jean Dumont (1923-2001):

> Si, por desgracia, España se hubiera pasado a la Reforma, se hubiera vuelto puritana y hubiera aplicado los mismos principios que América del Norte (lo dice la Biblia: el indio es un ser inferior, un hijo de Satanás) un inmenso genocidio habría eliminado de América del Sur a todos los pueblos indígenas. Hoy en día, al visitar las pocas «reservas» de México a Tierra del Fuego, los turistas sacarían fotos a los supervivientes, testigos de la matanza racial, llevada a cabo además sobre la base de motivaciones bíblicas[85].

Sin duda, eso habría ocurrido si las potencias protestantes —Holanda, Gran Bretaña o Alemania— hubiesen sido las conquistadoras del inmenso territorio que se extiende desde el río Grande hasta Tierra del Fuego. Para hacernos una idea, basta con ver lo que ocurrió en América del Norte, en Australia, en Indonesia o en Namibia.

Sobre este asunto también deberían reflexionar las máximas autoridades de la Iglesia católica, que desde 1992 se sumaron alegremente al «coro» negrolegendario y abandonaron la defensa de España. Y deberían hacerlo porque la leyenda negra es en gran medida un disparo en la línea de flotación del catolicismo mismo: las potencias protestantes nunca le perdonaron a España el haber llevado el catolicismo a América, idea clave para comprender el ecosistema protestante-calvinista que dará lugar a una forma de concebir el mundo basada en el utilitarismo. Es decir, es bueno lo que es útil, y solo es útil lo que hace ganar dinero. Calvino estableció que la riqueza es un signo de predestinación, de modo que no hay ninguna contradicción entre ser cristiano y ser utilitarista. Así, según esta lógica, ni los hombres ni las naciones deben buscar las buenas obras, sino enriquecerse y acumular poder. Esta concepción habilita y da justificación tanto al desarrollo del imperialismo británico como al capitalismo salvaje. Tan solo el pensamiento católico, que dice que solo es bueno aquello que mandan la moral y los valores evangélicos, constituye una muralla a esa forma de entender el mundo. Por tanto, el catolicismo y España, a la que se le había ocurrido la idea de defender, espada en mano, a los pueblos católicos avasallados por los ambiciosos nobles y reyes reformistas, debían ser derrotados.

No hay duda de que, si España se hubiera hecho protestante, la leyenda negra no habría existido o, al menos, no habría tenido tanta virulencia. Obviamente, tampoco habrían existido todos esos políticos hispanoamericanos que, como Evo Morales, Pedro Castillo o Rigoberta Menchú, criticaron —y critican— la conquista española de América, ya que esta se habría producido siguiendo los mismos principios que los de las potencias anglosajonas protestantes; esto es, «el mejor indio es el indio muerto». Lo más probable es que sus vidas —y las de sus descendientes— transcurrieran en una miserable reserva indígena, tal y como en Estados Unidos viven los descendientes de Cochise, Gerónimo, Toro Sentado o Caballo Loco.

5
Inglaterra: la nación elegida por Dios que se convierte en un imperio depredador

> No hay duda de que nosotros, la gente de Inglaterra, somos este pueblo redimido y predestinado a ser enviado ante estos gentiles en el mar, en las islas y los famosos reinos, para allí predicar la paz del Señor. Pues ¿acaso no hemos sido puestos sobre el monte Sión para derramar nuestra luz sobre el resto del mundo? Solo nosotros, por tanto, debemos ser esos refulgentes mensajeros del Señor, ¡y nadie más que nosotros!
>
> John Davis

Digamos a vuela pluma que, tras la conquista de las Galias en el año 55 a. C., los romanos, conducidos por Julio César, cruzaron el Canal de la Mancha para ocupar lo que, para ellos, acostumbrados al clima del Mediterráneo, era una inhóspita isla donde siempre hacía mal tiempo. Los problemas con Pompeyo y Craso y alguna que otra revuelta en las Galias «obligaron» a César a regresar a Roma. No fue hasta el año 43 a. C. cuando, ya con el emperador Claudio, los romanos regresaron a la isla para incorporarla definitivamente al Imperio con el nombre de Britania.

La sangre de los romanos se mezcló con la de la población local y llevaron allí sus costumbres y sus leyes, de tal manera que es posible afirmar que «Inglaterra empieza como una provincia del Imperio romano. Se desarrolla a partir de ese origen»[1]. Sugerir que los ejércitos romanos tan solo tocaron la isla y que repentinamente la abandonaron «sin dejar huella del gran sistema romano de civilización sobre la Tierra y la raza es falsificar completamente la historia»[2].

Con la caída del Imperio romano, los anglos y los sajones, provenientes de Holanda y Alemania, invadieron Britania. Los francos, que habían ocupado las Galias, la denominaron *anglae terra* («tierra de los anglos»), que es como empezó a ser conocida. Posteriormente fue invadida por los escandinavos y por los franceses, al mando de Guillermo el Conquistador (1066-1087), de origen normando. En la década de 1450, la isla vivió una cruenta guerra civil, llamada Guerra de las Dos Rosas —que enfrentó a la casa de Lancaster, cuyo símbolo era una rosa roja, contra la casa de York, que se representaba con una rosa blanca—, pero detenernos en estos episodios nos llevaría demasiado espacio... Si el lector desea adentrarse en la historia de Inglaterra, le recomiendo el libro de Hilaire Belloc titulado *Historia de Inglaterra desde los orígenes hasta el siglo* XX[3], y el mucho más breve y ameno *Pequeña historia de Inglaterra,* del gran Gilbert K. Chesterton[4].

Los ingleses miran al Nuevo Mundo como el gato al canario

Cuando en toda Europa se supo que España había descubierto América, Inglaterra comenzó a mirar al nuevo continente con ojos lujuriosos. Como vimos en el capítulo anterior, los nobles alemanes se habían enriquecido sustancialmente al quedarse con los bienes de la Iglesia, y algunos ingleses quisieron hacer lo mismo en su país apropiándose de los territorios del norte de América y convirtiéndose al protestantismo.

Aunque a día de hoy nos parezca mentira, Inglaterra no era entonces una nación imperialista y la mayoría de la población era profundamente católica. De hecho, fue el azar de la historia —que, como veremos, en Inglaterra adoptó la forma de una mujer— el que impulsó a los más ambiciosos hasta lograr que el país se convirtiera al protestantismo. Fue también el azar de la historia el que les «regaló» el famoso librito, escrito por un monje dominico español, que terminaría convenciéndoles de que los españoles eran un pueblo de víboras que no merecía poseer América. Sin duda, la leyenda negra encajaba a la perfección con el protestantismo: lo fundamental era conseguir que el pueblo inglés se convirtiera en anticatólico y antiespañol, pues de ese modo España, la dueña de América, no sería más que la «ramera» del Papa, la nación a la que había que vencer para derrotar al Anticristo e imponer la fe verdadera.

Pero la tarea no era sencilla, ya que implicaba cambiar el ADN del pueblo inglés. Por ello, los más ambiciosos decidieron combinar el uso de la violencia con la paciencia, el soborno con el terror, la prédica con la persecución, el adoctrinamiento con el arresto, la concesión de privilegios con el asesinato... Finalmente, esa política dio sus resultados y el pueblo inglés pasó de ser profundamente católico a ser visceralmente protestante. La política cultural llevada a cabo por la oligarquía inglesa también logró que apareciera un nuevo y falso nacionalismo inglés —sobre todo antiespañol— cuya piedra angular era la idea de que Inglaterra era «la nueva nación elegida para cumplir la voluntad de Dios sobre la Tierra»[5], hasta el punto de que la propagación de la leyenda negra se convirtió en política de Estado y en la justificación ideológica de sus acciones exteriores[6].

La primera edición inglesa de la *Brevísima* de Bartolomé de las Casas data de 1583 —cinco años después de la edición flamenca y 14 antes de la primera edición alemana—. Años más tarde, en 1777, para aumentar aún más la influencia de la leyenda negra entre los británicos, la oligarquía inglesa difundió la *Historia de América* del pastor protestante

William Robertson (1721-1793), capellán real de Jorge III y rector de la Universidad de Edimburgo.

Amagos de ocupación

Si observamos la cronología de los acontecimientos veremos que, apenas tres años después de que Colón regresara de su primer viaje (18 de marzo de 1493), el rey de Inglaterra, Enrique VII, otorgó al navegante veneciano Giovanni Caboto (1450-1499) el permiso para partir «hacia todas las regiones y costas del océano oriental, occidental y septentrional, así como descubrir, explorar y tomar posesión en nombre de Inglaterra de todas las islas, países, regiones o provincias de paganos e infieles, sea cual sea el lugar del mundo en que estén situados, siempre que antes hayan sido desconocidas a todos los cristianos»[7]. De este modo, Inglaterra reconocía el derecho de España de poseer las tierras por ella descubiertas, pero rechazaba cualquier derecho español sobre las que quedaban por descubrir. En definitiva, no estaba dispuesta a reconocer la división del mundo en zonas de influencias que, con la bendición papal, habían acordado España y Portugal. El caso es que esta oposición hispano-inglesa, que habría de sellar la suerte del Imperio español, se tornó extrema cuando a los intereses económicos y geopolíticos se sumara la divergencia religiosa.

Giovanni Caboto —John Cabot para los ingleses—, además de descubrir nuevas tierras, se creyó capaz de hallar una nueva ruta que condujera directamente a China. En 1497 llegó a América del Norte y exploró la costa de lo que más tarde sería Nueva Escocia. Al año siguiente realizó otra expedición que permitió que el gobierno de Su Majestad adquiriese nuevas tierras, pero no el estratégico y deseado «paso» a la inmensa región de las especias y las sedas. España, por medio de su embajador en Londres, protestó reiteradamente ante la corte inglesa, porque consideraba que las expediciones de Caboto violaban sus derechos sobre las nuevas tierras y, de hecho, Enrique VII aceptó no apoyar ninguna expedición más. De esa manera Inglaterra realizaba una concesión táctica, pero en ningún caso renunciaba a su objetivo estratégico de poner un pie en América.

En 1501, el monarca inglés decidió que había llegado el momento de reanudar las expediciones en busca de nuevos territorios que conquistar. El 19 de marzo, un grupo de comerciantes de Bristol, asociados con varios mercaderes portugueses de las islas Azores, recibió una patente del monarca inglés que les autorizaba a descubrir, bajo bandera inglesa, cualquier parte del mundo siempre que «antes y hasta el presente hayan sido desconocidas a todos los cristianos»[8]. El fin último de la expedición seguía siendo el mismo: el hallazgo del paso del noroeste hacia Asia en la región de la costa de la península de Labrador.

El 9 de diciembre de 1502, Enrique VII concedió una patente fundamental porque con ella se establecía un nuevo principio para la expansión ultramarina de Inglaterra: se podían ocupar todas las tierras no descubiertas aún por Portugal, España o cualquier otro príncipe «en cuya posesión no se hallen ahora estos príncipes»[9]. Es decir, Inglaterra avisaba de que solo reconocía la ocupación efectiva, y no el descubrimiento previo, para la adquisición de posesiones en el Nuevo Mundo. Se trataba de un giro copernicano en la política exterior del país y un claro desafío a España.

En 1508, Sebastián Caboto (1477-1557), hijo de Giovanni, emprendió un nuevo viaje para encontrar el ansiado «paso» a Asia. La aventura lo llevó a recorrer Groenlandia hasta el cabo Aterras, a lo largo de la costa norteamericana, pero, al igual que su padre, fracasó en su objetivo fundamental. A la muerte de Enrique VII se suspendieron los viajes de descubrimiento debido a la ausencia de apoyo estatal, y Sebastián Caboto, en 1512, entró al servicio de España.

La falta de respaldo estatal provocó que la monarquía inglesa perdiera un tiempo valiosísimo. Pero aún tenía un as en la manga: el protestantismo, que permitiría que los más poderosos hallaran el respaldo necesario para cumplir su sueño de «comerse el canario» y no solo mirarlo. Aclaremos que la tarea no fue fácil y que tuvieron que esperar a que la invasión napoleónica de la península Ibérica creara las condiciones necesarias para convertir la América española —las repúblicas que surgirían de la mal llamada «guerra de la independencia»— en una semicolonia del Imperio británico. Es decir, surgieron una serie de colonias informales de Su Graciosa Majestad, con sus propios himnos y banderas, pero completamente dependientes de Gran Bretaña.

El anticatolicismo como excusa para la apropiación

En un primer momento, Inglaterra no se vio afectada por la tormenta que se cernía en el exterior tras la rebelión de Lutero y sus «95 tesis». Más aún, el propio rey Enrique, que «mientras que vivió su hermano Arturo había estado destinado a ser arzobispo de Canterbury, que había tenido una cierta instrucción teológica y estaba orgulloso de su conocimiento de las sutilezas de esa ciencia, escribió un libro en defensa de los siete sacramentos, en recompensa por el cual el Papa le concedió el título de Defensor de la Fe»[10]. Es cierto que algunos miembros de la nobleza inglesa simpatizaban con la Reforma, pero la calma reinó en la isla hasta que se produjo el «apasionamiento del rey Enrique VIII por Ana Bolena [...]. La postergación de su deseo que Ana le impuso hasta que pudiera librarse de Catalina [su legítima esposa] y hacer de ella la reina convirtió su apasionamiento en manía [...]. La mujer lo controlaba por completo, y ella, utilizando a Enrique como un instrumento en sus manos, es la autora de todo lo que ocurrió a continuación»[11].

En 1527, Enrique, quien, en sus propias palabras, «había sido embrujado»[12], decidió casarse con Ana Bolena y solicitó al papa Clemente VII la autorización para divorciarse de su esposa, Catalina de Aragón:

> En este contexto, la palabra divorcio no tiene en absoluto el significado actual. No significa la conclusión del matrimonio con una esposa legítima que aún vive y el otorgamiento de un derecho legal para casarse con otra. Una idea tal no existía en ese tiempo. La palabra divorcio en este caso significa la anulación del primer matrimonio [...], es decir, una declaración de que el primer matrimonio no había sido nunca un verdadero matrimonio[13].

Clemente VII no accedió y Enrique hizo que el divorcio se lo concedieran los jueces de su país. El Papa procedió entonces a excomulgarlo y, como respuesta, en 1534, el rey, apoyado por la nobleza, hizo que el Parlamento inglés aprobase el «Acta de Supremacía», por la cual se le nombraba jefe de la Iglesia de Inglaterra y dueño de todos sus bienes. Sin embargo, Enrique no se adhirió a los principios doctrinales de la Reforma protestante enunciados por Lutero y complementados por Calvino. Nunca renegó de los sacramentos y siempre se proclamó fiel a la doctrina tradicional salvo en lo concerniente a la autoridad papal[14]. En 1547 murió el monarca inglés y su desaparición «vigorizó las fuerzas que trabajaban por la revolución religiosa»[15]; es decir, dio impulso a quienes deseaban quedarse con todas las propiedades de la Iglesia. Estos revolucionarios religiosos «no eran numerosos en ninguna parte, pero su mayor fuerza estaba en Londres y en los puertos de mar, especialmente en el sur y el este, más abiertos a la influencia extranjera, ya que debe recordarse que, para el inglés promedio de mediados del siglo XVI (1540-1570), el protestantismo era algo extranjero y antinacional»[16]. En efecto, las masas populares, profundamente nacionales y católicas, tenían «el sentimiento general instintivo de que la revolución religiosa abatiría —como de hecho ocurrió— a las masas para beneficio de los ricos»[17]. Por eso se alzaron en armas, en defensa de la fe católica, en defensa de sus derechos... En definitiva, en defensa de la nación inglesa, que para ellos estaba indisolublemente unida a la fe católica:

> Hubo entonces levantamientos populares en el valle del Severn, en los de Midlands, en East Anglia, Wiltshire Home Countries, en la región del oeste y en todo el sur [...]. Pero estos movimientos no podían triunfar contra la organización que se les oponía: las fuerzas unidas del gobierno y, sobre todo, sus adiestrados mercenarios extranjeros, alemanes e italianos con su artillería [...] los jinetes alemanes y los veteranos soldados italianos hicieron lo que quisieron con la turba inerme de campesinos ingleses y solamente en la rebelión del oeste fueron muertos 4.000[18].

En Oxfordshire, el ejército protestante, compuesto por mercenarios extranjeros pagados por una pequeña parte de la nobleza que se había convertido en oligarquía, «pasó como una despiadada maquinaria, colgando sacerdotes de sus propios campanarios a diestra y siniestra, y para el otoño de 1549, la llama de la revuelta había sido sofocada»[19]. La simple descripción de los levantamientos populares aplastados por mercenarios extranjeros no deja lugar a dudas de que el movimiento reformista protestante en Inglaterra fue una operación marcadamente antipopular y antinacional.

Hagamos ahora un pequeño resumen histórico para no perder el hilo de la narración. Durante el corto reinado de Eduardo VI, hijo de Enrique VIII, Inglaterra se adhirió formalmente a la Reforma, y el calvinismo penetró en las clases altas urbanas. En 1553 llegó al trono su hermana María Tudor, hija de Catalina de Aragón y esposa de Felipe II de España, que restableció el catolicismo y gobernó durante cinco años. En 1556 comenzó el reinado de Felipe II y en 1558 llegó al trono de Inglaterra Isabel I, hija de Ana Bolena, que se convirtió en partidaria de la Reforma. Mediante la llamada «Acta de Uniformidad», dictada en 1565, Isabel I organizó la Iglesia anglicana, momento en el que se reinició la persecución contra los católicos y otros protestantes no anglicanos.

El dato políticamente más relevante es el que destaca el historiador Hilaire Belloc:

> Para 1587, solo los hombres de mediana edad podían recordar la misa parroquial de su niñez. Para 1605, la gran mayoría de los ingleses no habían tenido la experiencia de asistir personalmente a ella, y solo los ancianos de más de sesenta años la recordaban confusamente [...]. La generación naciente, en la medida que recibía instrucción —esto es, en las clases gobernantes y dirigentes—, era educada por maestros an-

ticatólicos [...]. El tono general de la enseñanza era anticatólico y hasta de inspiración calvinista[20].

A partir de 1605, aunque una minoría continuaba siendo católica, «Inglaterra se torna cada vez más anticatólica y queda establecida como una nación protestante»[21]. La oligarquía inglesa había derrotado, definitivamente, al pueblo inglés, aunque es cierto que el tiro de gracia se produjo en noviembre de 1688, con la invasión de Inglaterra por parte del ejército holandés —compuesto, aproximadamente, por 11.000 infantes y 4.000 jinetes—, al mando de Enrique Guillermo, príncipe de Orange, y la traición del coronel John Churchill (1650-1722). Es decir, un noble extranjero y un militar traidor realizaron juntos el *coup d'état* que derrocó a Jacobo II, el legítimo rey de Inglaterra, que contó hasta el último momento con la lealtad y el apoyo del pueblo, que detestaba a los extranjeros y a los traidores[22]. Vulgar golpe de Estado que la historia oficial inglesa —es decir, la historia falsificada— presenta como la «revolución Gloriosa»... Sea como fuere, lo cierto es que, desde entonces, el pueblo inglés será un pueblo completamente imperializado.

El mito de la nación elegida por Dios

Durante el reinado de Isabel I de Inglaterra, Walter Raleigh, su joven favorito, estableció el objetivo estratégico que todos los gobernantes ingleses han mantenido desde entonces: el dominio del mar. Porque quien domina el mar domina el comercio, y quien domina el comercio domina el mundo. Pero el mar era español..., así que la oligarquía inglesa vislumbró que la clave para lograr la hegemonía mundial pasaba por aniquilar a España. Y algo todavía más importante: el pueblo inglés debía ser adoctrinado en el anticatolicismo —el antipapismo— y se debía convencer a la población de que el Papa de Roma era la encarnación del Anticristo, con quien solo se podía terminar si la nación que lo defendía —España— era derrotada.

Una vez «convertido» el pueblo al protestantismo, era necesario dotarlo de una mística que permitiese una larga lucha contra España, una especie de mito fundacional que dijera que el pueblo inglés era el nuevo pueblo elegido por Dios,

> ... mito según el cual los ingleses habían reemplazado a los judíos en el papel de nación elegida y eran los señalados para cumplir la voluntad de Dios sobre la Tierra [...]. En el origen del mito estaba la creencia firmemente arraigada en que la fe cristiana había sido llevada a Inglaterra directamente por José de Arimatea, en cumplimiento de expresas indicaciones de los apóstoles. Había quienes pensaban que el agente había sido san Pablo; otros aseguraban que el propio Cristo había hecho un viaje secreto a la isla[23].

La idea se complementaba con otra que afirmaba que «a través de Inglaterra el Imperio romano hubo de abrazar la fe; el emperador Constantino había sido inglés, ya que su madre Helena era hija del rey inglés Coilus»[24], una mentira que aparecía en el *Book of Martyrs [Libro de los mártires],* de John Fox (1516-1587), que fue el manual de adoctrinamiento de lectura obligatoria para los jóvenes ingleses que tenían acceso a la educación para fortalecer el mito de la nueva nación elegida por Dios. La obra de Fox «fue fundamental en el establecimiento del protestantismo en Inglaterra»[25]. A su autor, nacido en 1516 en Lincolnshire, se le podría considerar el Bartolomé de las Casas inglés precisamente por su capacidad de mentir y exagerar.

Fox estudió siete años en la Universidad de Oxford, «y bajo el reinado de Eduardo VI (1537-1553), fue nombrado diácono de la Iglesia de Inglaterra [...]. Por ese tiempo también empezaría el que sería su trabajo más famoso: un relato sobre los testimonios de los mártires cristianos»[26]. Ante el ascenso de la reina católica María I (1516-1558), en 1553 se trasladó a «Estrasburgo, donde se dedicaría a la escritura y publicaría al año siguiente, en latín, parte de su investigación [...]. Su famoso libro se imprimió finalmente en 1559, en latín, un año después de que ascendiera al trono la protestante Isabel I»[27]. El libro de Fox «alcanzó gran popularidad y, a pesar de su tamaño (tenía unas 1.800 páginas) y su coste, se vendieron más de 10.000 ejemplares antes de la muerte de la reina, una cifra sin precedentes en la época. No era simplemente una historia de persecuciones: también encarnaba en sus páginas el mito religioso nacional inglés»[28].

Durante el reinado de Isabel I, Inglaterra vivió un impulso geopolítico extraordinario que le permitió irrumpir —por la fuerza— en los territorios del Imperio español, intentar robarle América y despojarle del control de los mares. Todos los hombres jóvenes ingleses fueron adoctrinados en la idea de que su país «tenía deberes inexcusables que cumplir, tanto espirituales como geopolíticos»[29], el primero de los cuales era derrotar a España.

Al libro de Fox siguieron otros que también tuvieron una grandísima repercusión, como el escrito por el obispo John Aylmer (1521-1594)[30] titulado *Un refugio para los fieles y los justos,* donde puede leerse lo siguiente:

> Dios es inglés. Por eso no lucháis solo por vuestro país, sino también, y principalmente, en defensa de la verdadera religión de Dios y de su querido hijo Cristo. Inglaterra dice a sus hijos: Dios ha dado a luz en mí el mayor y más excelente de los tesoros que tenía para nuestro consuelo y el de todo el mundo. Él ha querido que de mi vientre saliera ese siervo de Cristo, John Wyclif, que engendró a Huss, que engendró a Lutero, que engendró la verdad[31].

Si Dios era inglés, los enemigos de Inglaterra eran también los enemigos de Dios, y quienes se opusieran a la voluntad de Inglaterra se oponían a la voluntad de Dios. De ahí que no cupiera la piedad ni con los irlandeses, ni con los indios de América, ni con los aborígenes de Australia, ni con los indios de la India, ni, por supuesto, con los papistas españoles.

En el mito inglés, España es la «Mujer Escarlata»[32], la «ramera» que se describe en el Apocalipsis, que ha fornicado con los reyes de la Tierra. Esa Mujer Escarlata controlaba también a gran parte de la humanidad, ya que las «muchas aguas» sobre las que está sentada «son pueblos, muchedumbres, naciones y lenguas» (Apocalipsis 17:1, 15). Un poco más adelante se dice que la maligna mujer —es decir, España— estaba «adornada de oro, de piedras preciosas y de perlas, y tenía en la mano un cáliz de oro lleno de abominaciones y de la inmundicia de su fornicación». Es decir, España debía ser destruida. Así lo ordenaba Dios.

Los que con más vehemencia y estridencia «proclamaron la doctrina de los ingleses como pueblo elegido fueron los exploradores y navegantes, los marinos y los comerciantes aventureros, y los colonos y plantadores. Fueron ellos quienes dieron al mito su impulso geopolítico al afirmar el derecho divino de Inglaterra a irrumpir por la fuerza en el Imperio español de la Mujer Escarlata, de la prostituta papista de Babilonia, a fin de reemplazarla por la preeminencia de la Inglaterra protestante»[33].

John Davis (1550-1605), uno de los principales navegantes de la época de Isabel I de Inglaterra, enunció así la nueva ideología inglesa: «No hay duda de que nosotros, la gente de Inglaterra, somos este pueblo redimido [...]. Pues ¿acaso no hemos sido puestos sobre el monte Sión para derramar nuestra luz sobre el resto del mundo? Solo nosotros, por tanto, debemos ser esos refulgentes mensajeros del Señor, ¡y nadie más que nosotros!»[34]. Más tarde, como veremos en páginas siguientes, la idea de que Dios podía volver a elegir a un pueblo, a una nación, como lo había hecho con Israel, para otorgarle una «misión divina» que cumplir, cruzó el Atlántico y se convirtió en el mito fundacional de los Estados Unidos de Norteamérica.

Los lobos de mar isabelinos contra «la Ramera del Papa»

Durante el reinado de Isabel I (1558-1603), los ingleses, motivados por el ansia de riquezas y por el mito de ser la «nación elegida», se lanzaron como tiburones hambrientos sobre los puertos y ciudades españolas del Nuevo Mundo[35], donde asesinaron, violaron y saquearon cuanto encontraban a su paso. La guerra filibustera que Inglaterra llevó a cabo contra España en los mares de América tenía también un sustrato estratégico que hacía que la lucha contra la España católica fuera «un asunto de vida o muerte [...]. De ahí, también, la facilidad con que, desde la Reforma hasta la guerra civil de 1642 a 1649 y la revolución *whig* de 1688 a 1689, la idea de un Imperio británico distintivo se fundió con las reivindicaciones de nacionalidad y protestantismo, hasta el punto de que los ingleses llegaron a considerarse los sucesores de las tribus perdidas de Israel»[36].

Producto de la influencia de Hollywood en el imaginario colectivo de media humanidad, casi todos tenemos una imagen distorsionada de los piratas ingleses, que se presentan como simpáticos borrachos y bohemios, alejados de cualquier práctica religiosa. En realidad, esos piratas eran despiadados asesinos, ladrones inmisericordes... y fervorosos hombres de fe, la mayoría calvinistas y provistos de una fe simple pero inconmovible[37]. Francis Drake (1540-1596) fue un buen ejemplo de lo que decimos:

> Había sido educado para ceñirse a su Biblia y creer en la doble predestinación y difundirla entre los infieles y los que creían, sumidos en la ignorancia de la superstición romana. Había que celebrar regularmente el culto en sus naves, endilgaba sermones a sus hombres [...]. Además de la Biblia, su libro favorito era el *Book of Martyrs*[38]. Drake fue el primer marino de su tiempo, un hombre de gran coraje, que solo se igualaba con su capacidad de mando, su inescrupulosa avaricia, disposición para el robo y el asesinato, vanidad y tenacidad en sus propósitos[39].

Pero hubo muchos más, como los piratas Noble, Barker y Oxenham, que en aquellos años realizaron actos de pillaje en la América española «movilizados principalmente por la intolerancia religiosa»[40].

La guerra que libró Inglaterra contra España por el control de los mares tenía como objetivo último el desgaste —y el fin— del Imperio español. Entre los piratas que mejor sirvieron a Inglaterra en esta guerra de guerrillas estaba John Hawkins (1532-1595), primo segundo del mencionado Francis Drake. Su padre había sido un comerciante de esclavos muy cercano a Enrique VIII, de modo que el hijo, siguiendo la tradición familiar, se dedicó también a comerciar con personas. Por la captura y venta de esclavos negros africanos fue nombrado caballero por Isabel I, de modo que desde entonces sería *sir* John Hawkins. En 1567 partió en una expedición hacia Hispanoamérica llevando como lugarteniente a su primo Francis Drake, que entonces tenía 25 años. Los dos filibusteros isabelinos zarparon del puerto de Plymouth «con una flotilla de seis naves, una de las cuales había sido alistada por la propia reina Isabel»[41]. El caso es que juntos saquearon un sinfín de puertos y ciudades españolas en el Caribe. En 1577, Drake, el más joven de los dos, inició su famoso viaje alrededor del mundo, azotando el comercio y el tráfico español en todos los mares. Tras asolar América Central, se dirigió a las costas de América del Sur, donde amagó con atacar Buenos Aires, aunque finalmente no se atrevió a penetrar en el Río de la Plata. Atravesó el estrecho de Magallanes y remontó las costas chilenas hasta llegar a las peruanas, donde devastó el puerto del Callao.

Tanto éxito tuvo su gira y tan grande fue el botín conseguido que, «de regreso a Inglaterra, fue recibido con pompa inusitada, y la propia reina Isabel lo fue a visitar a bordo de su nave, el Golden Hind»[42]. En abril de 1581, «Drake, cuyo nombre era ya símbolo de los mayores ataques piratas contra España y el comercio español en el Nuevo Mundo, fue armado caballero»[43], y unos años después llegó a ser miembro del Parlamento inglés[44]. Se le concedió también el grado de almirante de la flota británica, cargo que ostentaba cuando, el 15 de septiembre de 1585, volvió a zarpar del puerto de Plymouth al mando de una formidable flota compuesta por 23 naves, en las que iban más de 2.000 hombres.

En enero de 1586, los barcos de Drake llegaron a Santo Domingo, ciudad que el pirata isabelino y sus hombres saquearon durante 30 días[45]. Instalaron su cuartel general en la catedral, que servía también como cárcel y almacén. Las mujeres que no pudieron huir fueron obligadas a «entretener» a los soldados ingleses y, entre ellas, las niñas eran las preferidas. El 10 de febrero de 1586, tras el pago de un rescate de 25.000 ducados, Drake y sus hombres abandonaron la ciudad, no sin antes saquear las iglesias y hacer que las campanas, junto con la artillería de las fortalezas y el azúcar, fuesen cargadas en sus barcos.

La flota se dirigió entonces hacia las costas de Colombia. Cartagena de Indias fue atacada el 9 de febrero de 1586 y, tras dos días de duros combates, los ingleses tomaron la plaza y permanecieron en la ciudad seis semanas, durante las cuales robaron, saquearon, mataron y violaron a cuantas mujeres y niñas les vino en gana. El propio Drake ordenó el incendio de una parte de la ciudad y 250 casas y edificios públicos fueron destruidos por el fuego[46]. Por si fuera poco, antes de partir capturaron a unos 500 hombres locales para venderlos como esclavos. Como era su costumbre, Drake ordenó a sus hombres que arrancaran las campanas de las parroquias y que robaran los cálices de todas las iglesias[47]. Eso sí, todas las mañanas el pirata Drake escuchaba misa y leía la Biblia y el *Libro de los mártires*. Drake abandonó Cartagena de Indias el 12 de abril de 1586, pero la ciudad tardó años en recuperarse de la devastación.

No terminaron así las andanzas de Drake en el Caribe, tan festejadas por la literatura inglesa y por el cine de Hollywood. En noviembre de 1595, Francis Drake y John Hawkins saquearon e incendiaron San Juan de Puerto Rico, aunque no pudieron tomar la isla. Regresaron al año siguiente, pero en esta ocasión los artilleros españoles del castillo de El Morro alcanzaron el barco de Drake y mataron a John Hawkins. Drake se salvó milagrosamente, pero el 28 de enero de 1596 falleció, posiblemente de una disentería contraída durante el ataque a Puerto Rico.

En la cuidad de Plymouth, en el suroeste de Inglaterra, se levanta majestuosa una estatua en honor a uno de los más despiadados piratas de la historia: *sir* Francis Drake. En realidad, se trata de una copia de la original, que se encuentra en Tavistock, su ciudad natal. Como podemos comprobar, Inglaterra ni olvida ni se avergüenza de los ladrones y asesinos que la enriquecieron.

La colonización cultural llega a tales extremos que en Chile también hay un monumento dedicado a Francis Drake, «en el Mirador de Los Navegantes de Coquimbo, en el sector de Guayacán. Está compuesto por una escultura de metal revestido de concreto, que representa la figura del navegante y corsario inglés junto a un cofre y frente al océano Pacífico»[48].

Ya que está tan de moda eso de avergonzarse por el pasado y pedir perdón, ¿no le parece adecuado, estimado lector, que los presidentes de Santo Domingo y de Colombia exigiesen a la reina de Inglaterra que se arrepintiera públicamente por las atrocidades cometidas por los ingleses en Santo Domingo y en Cartagena de Indias en 1586? De paso podrían pedirle a la reina que le retire a Drake (aunque sea *post mortem)* el título de caballero de Su Graciosa Majestad... En cuanto a San Juan de Puerto Rico, creo que sería demasiado esperar que el presidente de Estados Unidos, Joe Biden, solicite a la reina de Inglaterra que pida perdón por la destrucción de esa ciudad. ¿Quizá debería ser el presidente del Gobierno español, Pedro Sánchez, quien elevase dicha exigencia?

La Compañía Inglesa de las Indias Orientales y el expolio de la India

William Dalrymple relata que el 24 de septiembre de 1599, mientras William Shakespeare trabajaba en el borrador de *Hamlet,* un variopinto grupo de vecinos de Londres se reunió, junto a varios notarios armados de pluma y tintero, en una vieja casona de estilo Tudor. Entre los presentes figuraba el alcalde de Londres, *sir* Stephen Soame (1540-1619), acompañado de sus predecesores en el cargo, de varios altos ediles[49] y del auditor de la ciudad, Thomas Smythe. Asimismo, asistieron a la reunión varios lobos de mar isabelinos que definieron su profesión como *private entrepreneurs* (empresarios privados)[50]. Con un gran «esfuerzo» —lo vimos en páginas anteriores— habían conseguido un buen capital en el Caribe y ahora deseaban invertirlo para asegurarse una jubilación digna.

Todos los que se encontraban allí tenían un único propósito: presentar una petición a Isabel I para fundar la Compañía Inglesa de las Indias Orientales[51]. Sabían que la reina no se negaría y, en efecto, el 31 de diciembre de 1600, esos «ilustres» caballeros obtuvieron el monopolio —durante 15 años— del comercio en y con lo que actualmente es la India. Me parece oportuno destacar que la licencia otorgada por la monarca autorizaba a la compañía a hacer la guerra y a comprar y vender esclavos.

El viaje hasta las Indias Orientales no era una empresa fácil y hubo de esperar seis años para organizar la primera expedición. Finalmente, el 28 de agosto de 1608,

> ... el capitán William Hawkins se convirtió en el primer patrón de una nave de la Compañía Inglesa de las Indias Orientales que ponía pie en suelo indio. Por aquel entonces, la India tenía una población de 150 millones de personas, esto es, una quinta parte del total mundial, y producía cerca de una cuarta parte de las manufacturas del globo. En muchos aspectos, era el gran centro industrial del mundo y el líder global de manufacturas textiles [...]. Por el contrario, Inglaterra apenas tenía un 5 % de la población de la India y producía menos del 3 % de los bienes manufacturados del mundo[52].

Una vez instalada, la empresa se dedicó a la intermediación en el comercio de textiles y de especias entre Oriente y Occidente, obteniendo un margen de ganancia de alrededor del 100 %[53]. La familia real, la nobleza, los militares y los miembros del Parlamento adquirieron acciones de la compañía, hasta el punto de que, a lo largo del siglo XVIII, la relación entre esta y los estamentos más poderosos del país «se fue haciendo simbiótica», casi como si se tratara de un «consorcio público-privado»[54]. El interés económico de la compañía se confundía con el interés nacional de Inglaterra, lo que explica que inversores de toda Europa «hicieran cola para comprar sus acciones»[55].

La Compañía Inglesa de las Indias Orientales se convirtió en un modelo de eficiencia, capaz de organizar el saqueo de la India con tan solo 35 empleados fijos en su oficina central. Quienes deseaban formar parte de la empresa debían pasar por un periodo de prueba no remunerado de cinco años, tras el cual les esperaba un trabajo de más de 12 horas en las oficinas —desde las siete de la mañana a las ocho de la tarde—, con un descanso de dos horas para el almuerzo, incluyendo los sábados. Pero el esfuerzo compensaba, ya que el salario era 12 veces mayor que el de cualquier trabajador manual de Londres.

La compañía se adueñó de los puertos de Singapur y Penang, y solo en la India llegó a contar con más de 250.000 trabajadores locales. Uno de los hombres más «notables» de la empresa fue Robert Clive (1725-1774), un «violento depredador empresarial, completamente despiadado y con brotes intermitentes de inestabilidad mental»[56], que fue el responsable del famoso saqueo de Bengala, que, como veremos, tanto enriqueció a Gran Bretaña. En cierto modo, a él le debe la India el haber pasado de ser un rico subcontinente libre y exportador de manufacturas a ser una colonia pobre y exportadora únicamente de materias primas. Una estatua en su honor se yergue en Londres, en la calle King Charles, frente a la oficina de Asuntos Exteriores y de la Commonwealth. Es decir, el ex primer ministro británico, Boris Johnson, pasaba por delante de la estatua de Clive cada vez que se dirige al parque situado detrás del número 10 de Downing Street.

El saqueo de Bengala

Situada en el noreste del subcontinente indio, la región de Bengala limita al norte con la cordillera del Himalaya y al sur con el golfo de Bengala. Está bañada por el río Ganges, considerado desde tiempos inmemoriales como la encarnación de la diosa de la purificación. Históricamente, Bengala fue una sola unidad política hasta la descolonización británica de 1947, que fue cuando se trazó la actual frontera entre la India y Bangladesh.

Cuando los ingleses llegaron a la India, la región formaba parte del Imperio mogol y era una de las zonas más ricas del planeta gracias a su agricultura y su industria. En su apogeo, este Imperio llegó a dominar los territorios de los actuales Pakistán, Bangladesh y la India.

> Las capitales mogolas eran las megaurbes de su tiempo. «Ninguna ciudad de Asia o Europa las superaba —consideraba el jesuita fray Antonio de Monserrate— en lo relativo a tamaño, población o riqueza. Sus ciudades están abarrotadas de mercaderes, que acuden desde toda Asia. No hay arte o artesanía que no se practique en ellas». Entre 1586 y 1605, la plata europea fluyó hacia el corazón del Imperio mogol a un ritmo asombroso: 18 toneladas métricas anuales[57].

Fue en el siglo XVIII cuando le llegó la decadencia —principalmente política— al Imperio mogol, cuando, el 23 de junio de 1757, tras la captura de un puñado de ingleses en la ciudad de Calcuta, el general al mando de la Compañía de las Indias Orientales, Robert Clive, encabezó una expedición de castigo cuyas consecuencias fueron fundamentales para la Corona inglesa. El enfrentamiento tuvo lugar en una aldea de Bengala occidental llamada Plassey, donde, más que la victoria, lo que los ingleses buscaban era el botín:

> Las ganancias de Clive en 1757, gracias a la victoria de Plassey, fueron un ejemplo de enriquecimiento personal de espíritu muy similar al de los piratas caribeños que habían

fundado la Compañía 157 años antes. Más que la gloria, se buscaba hacer fortunas particulares para los oficiales y tener dividendos para la Compañía; botín más que poder[58].

Después de la victoria de Plassey, la compañía embarcó todas las riquezas de Bengala en un centenar de naves de pequeño tamaño y descendieron por el Ganges hasta el Fuerte Williams, cuartel general de la empresa en Calcuta[59]. Se calcula que aquel primer botín podría haber tenido un valor equivalente a los 250 millones de libras esterlinas.

Sin embargo, lo mejor estaba aún por llegar. Robert Clive realizó una jugada maestra al conseguir que el emperador mogol Shah Alam II otorgara a los ingleses el derecho a recaudar impuestos en las regiones de Bengala, Bihar y Orissa, lo que dio lugar a una hambruna sin precedentes:

> Bengala, que había quedado devastada por la guerra, fue castigada por la hambruna de 1769 y arruinada por los elevados impuestos. Los recaudadores de tasas de la Compañía cometieron lo que en la época se denominó «sacudir el árbol de pagoda» y que hoy calificaríamos de graves violaciones de los derechos humanos. La riqueza de Bengala fue absorbida con rapidez por Gran Bretaña, y sus prósperos tejedores y artesanos fueron coaccionados por sus nuevos amos, que los trataban como si fueran esclavos[60].

Como vemos, una de las regiones más ricas del mundo pasaba a ser una de las más pobres, hasta el extremo de que, en 1770, el hambre exterminó a un tercio de la población[61]. Por el contrario, la llegada del tesoro de Bengala a Gran Bretaña causó un impacto económico extraordinario. Incluso historiadores y economistas de hoy en día siguen preguntándose si el saqueo de Bengala no fue el factor desencadenante de la Revolución industrial inglesa. Lo que sí podemos afirmar es que las riquezas conseguidas en la batalla de Plassey permitieron «a Gran Bretaña recomprar toda su deuda nacional en poder de los holandeses»[62] y, por tanto, recuperar su independencia económica.

«Los huesos de los tejedores blanquean las llanuras de la India»

Bengala era conocida por su excelente algodón y por la calidad de su producción textil. Mientras el Imperio mogol mantuvo su autonomía, el comercio indo-británico era deficitario para Inglaterra, cuya industria textil —en condiciones de libre mercado— no podía competir con la de la India. Ante esta situación, Gran Bretaña actuó para controlar políticamente todo el territorio, sobre todo aplicando impuestos que asfixiaban a los productores textiles e imponiendo cuantiosas multas —e incluso penas de cárcel— a quienes se resistían a pagarlos. Por otra parte, el Parlamento británico impuso un arancel del 80% para la importación de tejidos de algodón procedentes de la India, mientras que la importación desde la India de productos textiles británicos quedaba, lógicamente, exenta de impuestos. La consecuencia era obvia: resultaba más barato importar que producir:

> Esta simple fórmula remodeló el destino nacional de la India, deformó su economía, impidió el crecimiento del capitalismo y en consecuencia el pilar de su soberanía, y llevó la devastación a sus ciudades y sus campos. La industria textil de la India se derrumbó, afectando a gran número de tejedores y artesanos. El proceso fue rápido en Bengala y Bihar; en

otras partes se extendió gradualmente con la expansión del dominio británico y la construcción de ferrocarriles. Continuó durante todo el siglo XIX destruyendo las otras viejas industrias, como la construcción naval, la metalúrgica, el vidrio, el papel y muchos oficios[63].

Dicho de otro modo: no fue la «mano mágica» del mercado la que convirtió a la India en una nación subdesarrollada, sino la «mano mágica» de la política, es decir, las manos de los parlamentarios británicos:

> La India viose empujada de una manera irresistible a convertirse en un país fundamentalmente rural, acoplado como suplemento colonial gigantesco a la economía y a la política de Inglaterra. En el siglo XIX, caracterizado en Occidente por el desarrollo de la industria y por el desplazamiento consiguiente de la población rural a la ciudad —es decir, por el ingreso a la civilización técnica de millones de almas—, se produce en la India el proceso inverso. En lugar de ir del campo a la ciudad, el artesano u obrero indio va de la ciudad al campo, que ya se encuentra superpoblado y con un bajo nivel productivo. La superpoblación del medio rural, a lo cual debía añadirse la extinción de la industria urbana, hunde al país entero en una pobreza espantosa[64].

Además, los impuestos aplicados por los británicos en la India dieron lugar a una concentración de la tierra en manos de los zamindar (nobles terratenientes), asociados con los británicos, y a la sustitución de los cultivos destinados a la producción de ciertos alimentos por otros cuyo fin era la exportación, como el algodón o el opio. El resultado no fue solo que la producción de arroz disminuyera drásticamente, sino, además, que el cereal se exportara sin tener en cuenta las necesidades de la población. Las hambrunas de 1866, 1869, 1874 y 1876 son una buena prueba de ello. En la de 1866 —conocida como la «hambruna de Orissa»— murieron más de un millón de indios y, en total, desde 1860 a 1901, perdieron la vida por falta de alimento alrededor de 15 millones de personas[65], cerca del 10 % de la población de la India de entonces. No en vano, en 1834, el gobernador general de la India, *lord* Bentick, describió la situación de la colonia con la frase que da nombre a este epígrafe: «Los huesos de los tejedores blanquean las llanuras de la India»[66].

Churchill, sangre y lágrimas para la India

La dominación británica en la India duró hasta bien entrado el siglo XX. En un primer momento, la región fue explotada como un «bien de uso» por una empresa privada; después llegaron los «cipayos» —mercenarios encargados de mantener la opresión imperial—, que se rebelaron por las malas pagas que recibían a cambio de sus «servicios», y, por último, el virreinato, institución por medio de la cual la India pasaba a disponer de autoridades designadas directamente por el Gobierno inglés. Aunque los «cipayos» a sueldo siguieron existiendo, Gran Bretaña se vio obligada a enviar tropas para reforzar y sostener a las autoridades virreinales y evitar que aquellos volvieran a rebelarse. Es decir, las tropas británicas debían controlar a las tropas a sueldo que controlaban a los indios.

Este cambio de estatus —de depender de una empresa británica a ser una colonia de la Corona inglesa— empeoró la situación de los indios, que ahora pasaban a ser ciudadanos —«de segunda»— del Imperio, lo que implicaba la obligación de dotar a Gran Bretaña de recursos y de personal militar cuando fuera necesario. Así, en la Primera Guerra Mundial, los indios, que carecían de los derechos de los ciudadanos que vivían en la isla, pero tenían todas sus obligaciones, aportaron un 18 % de las tropas que combatieron bajo bandera británica en la contienda. El saldo fue trágico: más de 50.000 indios murieron combatiendo por una patria ajena; más de 60.000 resultaron heridos, y unos 4.000 o 5.000 resultaron encarcelados, torturados o directamente «desaparecidos en acción».

Peor aún fue la situación de la India durante la Segunda Guerra Mundial, en la que los destinos del Reino Unido (y sus colonias) estaban regidos por el gran «demócrata humanitario» Winston Churchill (1874-1965), que no solo no dudó en recurrir a las tropas indias para que pelearan, sino que sometió a la población a una nueva hambruna, otra vez en Bengala, en 1943. Churchill despreciaba profundamente a los indios —los consideraba inferiores— y, en este sentido, mostraba un racismo más propio del nazismo al que se enfrentaba que de la democracia y la justicia que supuestamente defendía.

Durante el conflicto mundial, y bajo el mando de Churchill, los indios tuvieron que pagar numerosas contribuciones de guerra «extraordinarias» (varios millones de libras), aportar numeroso y valioso armamento, y, fundamentalmente, aportar «almas» al Imperio: más de un millón de indios sirvieron bajo pabellón británico a la fuerza aliada. Fue este «aporte» forzado por el «magnánimo» primer ministro británico —200.000 cabezas de ganado y nada menos que 370 millones de toneladas en alimentos— lo que incrementó decisivamente la pobreza y el hambre.

A principios de 1942, los japoneses derrotaron a los británicos en la batalla de Singapur, lo que permitió que el Imperio del Sol Naciente se hiciera con el control de Birmania, una región muy rica en la producción de alimentos (arroz en particular) cuyo destino, sobre todo, era la India. En ese momento, Gran Bretaña estaba volcada tanto en su propia defensa como en la lucha por el control del norte de África, y Churchill no dudó en privar a los indios de los alimentos necesarios para su supervivencia con el fin de enviárselos a las tropas en conflicto y a la isla británica. Para empeorar aún más la situación, un ciclón devastó la costa oriental de la India y los víveres que se guardaban se perdieron. Se calcula que murieron alrededor de tres millones de personas, y todo porque Churchill se empeñó en alimentar el esfuerzo de guerra con el arroz que debería haber alimentado a los indios. Se cuenta que en cierta ocasión el primer ministro confesó al secretario de Estado para la India, Leopold Amery, que odiaba a los indios, de quienes dijo que «son un pueblo repugnante con una religión repugnante». Incluso pareció culparlos de la hambruna que padecían diciendo que se reproducían «como conejos»[67].

De más está decir que los siempre puntuales e inflexibles cobradores ingleses dejaron sin pagar su enorme deuda con la India por todos los recursos materiales aportados. Por mucho perdón que puedan pedir, los «democráticos» y «agradecidos» británicos continuaron sus prácticas criminales hasta bien entrado el siglo XX —y lo siguen haciendo en el XXI—, como lo demuestran los latrocinios perpetrados contra los Mau-Mau en Kenia o con la ocupación forzada de las Islas Malvinas, ocupación que sostienen mediante una enorme base militar que, dada la indefensión de Argentina, no puede sino tener un carácter ofensivo.

De Estado negrero a paladín humanitario

Es bien sabido que Gran Bretaña desempeñó un papel clave en el comercio de esclavos. Lo que no es tan conocido es el hecho de que los esclavos estuvieron presentes en el territorio de las Islas Británicas hasta bien entrado el siglo XIX:

> Se calcula que a mediados del siglo XVIII su número se acercaba a 10.000 [...]. En 1766, en Liverpool, fueron puestos a la venta 11 esclavos negros, y el mercado de «ganado negro» estaba abierto en Dublín 12 años después y era regularmente publicitado por la prensa local [...]. Considerable resultaba también el papel que el comercio y la explotación de los esclavos desempeñaban en la economía del país. El *Liverpool Courier* del 22 de agosto de 1832 calculaba que las tres cuartas partes del café británico, las 15/16 de su algodón, las 22/23 de su azúcar y las 34/35 de su tabaco eran producidas por esclavos [...]. Malachy Postlethwayt es más preciso aún: «El comercio de los negros y las consecuencias naturales que se derivan de ello se pueden valorar justamente como una inagotable reserva de riqueza y de poder naval para esta nación. Son el primer principio y el fundamento de todo lo demás, el resorte principal que pone en movimiento cada rueda. [El Imperio británico] no es otra cosa que una magnífica superestructura de aquel comercio»[68].

Con el avance técnico y la Revolución industrial de principios del siglo XIX, la esclavitud comenzó a ser cada vez más ineficaz. La economía ya no descansaba sobre la venta de hombres y la producción de azúcar, sino sobre el cultivo del algodón y la producción textil. Aunque para muchas empresas el esclavo seguía siendo fundamental, lo que Gran

Bretaña verdaderamente necesitaba eran asalariados y consumidores.

El 25 de marzo de 1807, el Parlamento aprobó el «Acta de abolición de la trata esclavista», una ley que ponía fin al mercado de personas, pero no a la esclavitud en sí. Finalmente, en 1833, se firmó el «Acta de abolición de la esclavitud», por la cual Inglaterra prohibía la esclavitud en todas sus colonias. A cambio, los antiguos propietarios de esclavos recibirían hasta 20 millones de libras por los daños causados. En 1841, Francia, Rusia, Prusia, Austria y Gran Bretaña firmaron un tratado por el cual acordaron perseguir a los navíos que se dedicaban al tráfico de esclavos.

¿Cómo debemos interpretar este cambio de estrategia? ¿Por qué Inglaterra pasaba de ser un estado negrero a convertirse en paladín humanitario? Intentaremos responder a esta pregunta con la mayor objetividad posible. Por un lado, como señaló Eric Hobsbawm, los ingleses procedieron a realizar una hábil jugada en el tablero de ajedrez mundial para potenciar su superioridad naval, ya que «las exigencias de la lucha contra la trata de esclavos satisfacían a la vez a la opinión humanitaria en el interior y a los intereses estratégicos de la flota británica, la cual la utilizaba para reforzar su monopolio global»[69]. Por otro lado, como señala Juan José Sebreli,

> ... La contradicción entre el crimen que encerraba el tráfico de esclavos y los valores creados por la propia civilización occidental, tanto por los preceptos cristianos como por el humanismo iluminista, encontró en sí misma la superación con la creación de los medios para luchar contra la esclavitud. No fue la civilización islámica ni tampoco el África negra la que llevó a cabo la lucha contra la esclavitud, sino los

El 27 de mayo de 1975, el padre Jorge Mario Bergoglio, superior provincial de la Compañía de Jesús en Argentina, afirmó: «Fuimos forjados por España. Somos hijos de una gran conciencia. Porque la obra de España en América, más que una empresa, fue una Misión. Una misión del pueblo español que se volcó a estas tierras con lo mejor que tenía: su cultura y su fe. Misión de los conquistadores que en cincuenta años recorrieron a pie el continente, fundando pueblos y mezclándose, sin miedo, con los indios».

Los soldados norteamericanos, durante la Segunda Guerra Mundial, violaron a 11.040 mujeres alemanas a punta de pistola. Las tropas estadounidenses tenían la orden de no confraternizar con la población local, por lo que la frase «copular sin conversar no es fraternizar» se convirtió en el lema que guio su conducta.

En abril de 1945, las tropas soviéticas liberaron Berlín del nazismo y en un par de semanas dos millones de alemanas fueron violadas por los soldados del Ejército Rojo.

Según Alexander von Humboldt, en 1803 los sectores populares comían más carne en la Ciudad de México que en París y el consumo de pan en la capital del Virreinato de la Nueva España igualaba al de las ciudades más ricas de Europa.

La mayoría de los mexicanos desconoce que el *pozole,* uno de los platos más típicos de la cocina mexicana que se prepara hoy día con carne de cerdo, tiene su origen en el *Tlacatlaolli* («maíz de hombre»), un guiso que los aztecas preparaban con carne humana y abundante maíz y que se servía con salsa de ají, a gusto del comensal.

El antropólogo Hans Disselhoff afirmaba que en el oeste de Colombia, cerca de la ciudad de Popayán, los indios tenían como práctica capturar a todas las mujeres de sus enemigos que pudieran para abusar de ellas y dejarlas embarazadas. A los hijos que nacían los alimentaban con mucho esmero hasta que cumplían 12 o 13 años, momento en el que, estando ya «bien gordos», los comían con gran fruición.

En el actual territorio de Argentina, entre los indios mocovíes, cuando una familia con un hijo recién nacido debía emprender un viaje, el padre ordenaba a su mujer que diera muerte a la criatura para que no resultase una incómoda carga.

Entre los guaraníes la prostitución era impuesta por los padres a sus hijas e incluso a sus mujeres. Los caciques disponían de todas las mujeres de su tribu, a las que utilizaban como objeto de trueque u ofrenda con otras tribus.

En la ciudad de Ginebra, entre 1542 y 1561, el reformador Juan Calvino mandó ejecutar a 58 individuos y desterró a otros 76.

Martín Lutero traicionó a los campesinos alemanes que en un primer momento le habían brindado su apoyo. En una de sus arengas dirigida a los nobles llegó a decir: «Todo el que pueda debe aplastarlos, degollarlos y ensartarlos, en secreto y abiertamente, lo mismo que se mata a un perro rabioso». La represión del campesinado ordenada por Lutero le costó al pueblo alemán 130.000 vidas.

En 1794 el general Luis Grignon, enviado desde París para reprimir la sublevación popular producida en la región de la Vendée, pronunció la siguiente arenga: «Camaradas, entramos en el país insurrecto. Os doy la orden de entregar a las llamas todo lo que sea susceptible de ser quemado y pasar al filo de la bayoneta todo habitante que encontréis a vuestro paso».

Durante la guerra de la Vendée el general François Pierre Joseph Amey se hizo célebre por su práctica de encender hornos y meter en ellos a las mujeres y los niños católicos.

En la Segunda Guerra Mundial la política adoptada por Winston Churchill para la India provocó que alrededor de tres millones de indios murieran de hambre. Churchill los despreciaba profundamente y los consideraba seres repugnantes e inferiores que se reproducían «como conejos».

El general nicaragüense Augusto César Sandino, de madre india y conocido por luchar incansablemente contra la dominación norteamericana de su país, afirmaba: «Yo veía antes, hace tiempo, con protesta la obra colonizadora de España; pero hoy la veo con profunda admiración. España nos dio su lengua, su civilización y su sangre. Nosotros más bien nos consideramos como españoles indios de América».

El tres veces presidente constitucional de la República Argentina, el general Juan Domingo Perón, dijo: «La obra civilizadora de España cumplida en tierras de América no tiene parangón en la historia. Es única en el mundo. Su empresa tuvo el sino de una auténtica misión. Ella no vino a las Indias ávida de ganancias y dispuesta a volver la espalda y marcharse una vez exprimido y saboreado el fruto. Llegaba para que fuera cumplida y hermosa realidad el mandato póstumo de la reina Isabel de atraer a los pueblos de Indias y convertirlos al servicio de Dios. Venía para que esos pueblos se organizaran bajo el imperio del derecho y vivieran pacíficamente. No aspiraban a destruir al indio, sino a ganarlo para la fe y dignificarlo como ser humano».

El célebre escritor inglés Gilbert K. Chesterton, a contracorriente, aseveró que «España ha sido campeona del progreso y de la libertad. La misma institución del Parlamento no vino de Simón de Montfort, o de la Carta Magna, sino de España. Cuando se toma la historia de España en conjunto, se percibe a través de ella un espíritu cuyo verdadero y único nombre es libertad».

El historiador Claudio Sánchez Albornoz, presidente del Gobierno de la República española en el exilio (en Argentina), afirmó: «Considero la Reconquista una clave en la Historia de España. Esta empresa multisecular constituyó un caso único en la historia de los pueblos europeos, no tiene equivalente en el pasado de ninguna comunidad histórica occidental. Ninguna nación en el Viejo Mundo ha llevado a cabo una aventura tan difícil y tan monocorde, ninguna ha realizado durante tan dilatado plazo de tiempo una empresa tan decisiva para formar su propia vida libre».

Así como Federico García Lorca afirmó que el español que no conoce América no sabe lo que es España puede sostenerse también que el hispanoamericano que no conoce España no sabe lo que es Hispanoamérica.

Según el expresidente de la República Dominicana Juan Bosch, de orientación socialista, «para los Reyes Católicos no había diferencia entre un territorio americano y un territorio español. América era igual a Castilla o Aragón, no un imperio colonial destinado a enriquecer una burguesía española que no existía».

Para el historiador argentino Vicente Sierra, «España posee el sentido romano del Imperio. Roma no subyuga pueblos, los une alrededor de su cultura, de sus instituciones o de su comercio; influyó sobre los conquistados y se dejó ganar por ellos. Ese sentido romano se integra, en España, con las influencias helénicas y, sobre todo, con el contenido humanista y ecuménico del catolicismo; lo que otorga al sentido español de Imperio un contenido espiritual nuevo, que hizo de él un fenómeno histórico original y no repetido».

El historiador argentino Fermín Chávez tuvo el coraje de desafiar lo políticamente correcto burlándose, con mucha elegancia, del falso concepto de «pueblo originario» en una carta que publicó en el semanario *Marcha* el 13 de noviembre de 1986. © Archivo del autor.

La crueldad holandesa en sus colonias llegó a tal extremo que Karl Marx escribió: «A la juventud raptada se la sepultaba en las mazmorras secretas, hasta que estaba lista para enviarla a los barcos esclavos. Donde los holandeses ponían el pie, la devastación y el despoblamiento señalaban su paso. Una provincia de Java, Banyuwangi, tenía en 1750 más de 80.000 habitantes; en 1811, solo quedaban 8.000».

El historiador argentino José María Rosa (tercero empezando por la derecha) sentencia en su libro *Historia argentina:* «La larga guerra de la Reconquista forma el alma española. Por eso, sus virtudes fueron guerreras: coraje, fe, hidalguía, generosidad. El castellano valía más cuanto menor fuese su capacidad de miedo; el honor consistía en ser valiente, leal y generoso; lo demás contaba poco. Era una moral heroica: lo importante era el valor para afrontar la muerte, para mantenerse leal, para dar generosamente su dinero a quienes lo necesitasen más que él. Era una moral señorial como solamente tenían, más allá de los Pirineos, los señores educados para proteger la vida, hacienda y familia de los vasallos».

Charles Lummis, es su obra *Exploradores españoles del siglo XVI*, afirmó: «Porque creo que todo joven sajón-americano ama la justicia y admira el heroísmo tanto como yo, me he dedicado a escribir este libro. La razón de que no hayamos hecho justicia a los exploradores españoles es sencillamente porque hemos sido mal informados. Su historia no tiene paralelo, pero nuestros libros de texto no han reconocido esta verdad. En este país de hombres libres y valientes, el prejuicio de la raza, la más supina de todas las ignorancias humanas, debe desaparecer».

El filósofo Gustavo Bueno tuvo el coraje de denunciar a los militantes políticos que, disfrazados de profesores, predican que España es un mito y que su historia consiste en una serie ilimitada de atrocidades cometidas durante la Reconquista y la conquista de América.

Durante la guerra de las Malvinas Margaret Thatcher dio la orden de que si la Armada británica era puesta fuera de combate, los submarinos ingleses lanzasen dos misiles nucleares sobre la ciudad de Córdoba, que no era un objetivo militar y que se encontraba a 2.996 kilómetros del Teatro de Operaciones. La Dama de Hierro estaba dispuesta a asesinar a un millón de civiles inocentes.

Los señores del Foro de São Paulo predican —basándose en el mismo concepto racial de nación que tenía el nacionalsocialismo alemán— la existencia de una pluralidad de naciones indígenas que tarde o temprano se constituirán en estados independientes, produciéndose un proceso de balcanización territorial que nos hará aún más insignificantes en el concierto de las naciones. Así, los señores Evo Morales, Pedro Castillo, Gabriel Boric, Gustavo Petro y Andrés Manuel López Obrador, creyéndose antiimperialistas, resultan ser la mano de obra más barata de la que han dispuesto el imperialismo anglosajón y el imperialismo internacional del dinero a lo largo de la historia.

propios europeos y, principalmente, los ingleses, después de haber sido durante siglos los mayores traficantes de esclavos [...]. Gran Bretaña se impuso además la tarea de suprimir la esclavitud en todas partes: mantuvo una escuadra naval en aguas de África occidental para impedir el tráfico, pagaba subsidios a España, Portugal y Brasil para que prohibieran la trata de negros, sobornaba a reyezuelos africanos y sostenía en Sierra Leona una comunidad de esclavos liberados[70].

John Locke, un intelectual a sueldo de la oligarquía británica

En Gran Bretaña, al igual que en Holanda —lo veremos en el siguiente capítulo—, el comercio de esclavos tuvo como defensor a uno de sus más grandes intelectuales del siglo XVII, el llamado «padre del liberalismo político», John Locke (1636-1704), nacido en la localidad de Wrington, a unos 12 kilómetros de Bristol, en el seno de una familia puritana. Estudió Filosofía y Medicina en Londres y en Oxford, y en 1666 conoció a Anthony Ashley Cooper, primer conde de Shaftesbury, quien lo contrató como médico y secretario personal. Desde ese momento John Locke se convirtió en un pensador al servicio de la aristocracia inglesa. No es que careciera de principios propios, sino que, como Groucho Marx, si estos no eran del agrado de sus patrones, simplemente, tenía otros[71].

John Locke había comenzado a escribir el borrador de su famoso *Ensayo sobre la tolerancia* y a predicar sobre la igualdad de los seres humanos cuando el conde de Shaftesbury —personaje clave en la vida política inglesa— le encomendó diseñar una Constitución para la nueva colonia, Las Carolinas, que pretendía fundar, junto a otros lores, en las costas del actual Estados Unidos. La Constitución que Locke elaboró establecía que los «ocho lores propietarios» —es decir, el conde de Shaftesbury y sus amigos— conformarían una nobleza hereditaria con absoluto control sobre todos los ciudadanos de Las Carolinas, que serían tratados como siervos feudales o vasallos y en ningún caso podían abandonar la tierra de sus señores sin el permiso de estos. Así, la Constitución de Locke daba forma jurídica a la esclavitud y establecía que «todo hombre libre de Carolina debe tener absoluto poder y autoridad sobre sus esclavos negros, cualquiera sea la opinión y religión de estos»[72]. El poder del propietario sobre el esclavo tenía carácter absoluto, como sobre cualquier propiedad, y bajo ninguna circunstancia los esclavos podrían convertirse en hombres libres. Por otra parte, los hijos de los vasallos serían vasallos, y así sucesivamente en las generaciones posteriores. El filósofo inglés tenía dos sólidas razones para justificar la esclavitud perpetua: el propio lord Shaftesbury era propietario de esclavos y, además, era un importante accionista de la Royal African Company, cuyo objetivo era el transporte y el comercio de esclavos negros capturados en África[73].

En 1683, Locke se exiló en Holanda, pero regresó a Gran Bretaña tras el golpe de Estado que derrocó a Jacobo II, rey legítimo de Inglaterra. Durante su exilio, su amigo James Tyrrell se hizo cargo de muchas de sus posesiones (entre 1683 y 1688), y quizá porque lo conocía bien se dio el gusto de afirmar que el padre del liberalismo «no estudió en absoluto», que era «avaro, vanidoso, holgazán y despreocupado», y que «se divertía con pequeñas trivialidades de ingenio»[74].

Como decimos, en 1688 John Locke retornó a Gran Bretaña formando parte de la comitiva de la esposa del golpista Guillermo de Orange. Fue entonces cuando se convirtió en un intelectual orgánico del poder británico y cuando terminó de redactar y de publicar la mayor parte de sus escritos más famosos, como el *Ensayo sobre el entendimiento humano,* los *Dos tratados sobre el gobierno civil* y la *Carta sobre la tolerancia.* En ellos Locke condena el poder absoluto y llama a «rebelarse contra aquellos miserables que quisieran privar al hombre de su libertad y reducirlo a la esclavitud»[75]. Frases como esta —y una lectura bastante superficial— hicieron que muchos liberales españoles e hispanoamericanos vieran en la obra de Locke un «himno a la libertad», sin darse cuenta de que el filósofo británico legitimaba la esclavitud no solo de las colonias, sino de todas las naciones a las que Inglaterra derrotara. Puesto que Gran Bretaña encarnaba la libertad, todas y cada una de las guerras en las que participara serían «justas». Según él, «los cautivos hechos en una guerra justa se han jugado, por decirlo así, su vida y con ella su libertad [...]. Son esclavos por derecho natural, y sometidos al dominio absoluto y al poder arbitrario de sus amos»[76]. Destaquemos que el puritano John Locke no está pensando solamente en los africanos y en los indios de América cuando escribe esto, sino que también piensa en la gran nación enemiga de Inglaterra, es decir, en España, la «ramera» del Papa. Por tanto, la guerra contra España para arrebatarle sus posesiones en América era una «guerra justa», y la esclavitud de los españoles, en caso de ser derrotados, sería su destino natural.

Veamos el razonamiento de Locke: en *Dos tratados sobre el gobierno civil* afirmaba que «Dios le dio el mundo en común a los hombres; pero [...] Él lo dio para el uso del industrioso y racional, no al capricho o avaricia del pendenciero y contencioso»[77]. Es decir, que, para él, la tierra debe ser de las naciones que la trabajan. España se ha hecho con América, pero no ha hecho un «uso industrioso y racional» de las tierras americanas y no lo ha hecho porque los españoles son, según él, «gente vaga e indigente»[78]. Por tanto, España ha perdido el derecho de propiedad sobre América, un derecho que le corresponde a Inglaterra, que está poblada de gente «industriosa y racional». Dicho de otro modo: una guerra contra España sería una guerra justa.

Como explica la historiadora Eva Botella Ordinas:

> En sus *Dos tratados sobre el gobierno civil* [Locke] explicitaba la vinculación estricta entre industria y dominio aplicado al derecho natural y de gentes. Según argumentaba, «diferentes grados de Industria eran aptos para dar a los hombres posesiones en diferentes proporciones». Eran el comercio, la población y la industria las que añadirían valor a la naturaleza, al convertirla en bienes de mercado. Para Locke existía una jerarquía de civilizaciones en relación con el uso y la mejora de la naturaleza de las sociedades (cuyo primer estadio o nivel estaba poblado por cazadores y recolectores, y el último, por comerciantes adinerados): las sociedades «civilizadas» contemporáneas habrían pasado del primer al último estadio. Pero el estado de naturaleza coexistía también en el presente: en los pueblos en los primeros estadios de desarrollo y en las relaciones entre sociedades civilizadas. Si un pueblo (ya «civilizado», ya «incivilizado») era incapaz de mejorar al máximo sus reclamados dominios mediante su comercio, instituciones y dinero, esas tierras serían consideradas «baldíos» *(waste),* y podrían ser la posesión de cualquier otro[79].

¿Quién es para Locke ese pueblo incapaz de mejorar al máximo sus reclamados dominios mediante su comercio, instituciones y dinero? Pues no es otro que el español. La expansión terrestre del Imperio británico a costa del hispano, por tanto, no solo no estaba reñida con el derecho, sino que era un mandato divino que la nueva nación elegida por Dios —Inglaterra— debía cumplir inexorablemente. Esto es, «la razón jurídica y teológica»[80] dice que Inglaterra debía poseer América no solo para el bien de Inglaterra, sino para el «bien de la humanidad en su conjunto»[81]. A modo de advertencia a España, Locke afirma que «la Naturaleza le ha conferido minas en varias partes del mundo, pero las riquezas, sus riquezas, son solo para el industrioso y frugal»[82], es decir, para el pueblo inglés. ¿Se puede decir más claro?

Locke adaptó su pensamiento para que fuese funcional y útil a los intereses del imperialismo británico, pero también, cuando fue secretario del Council of Trade and Plantations, intentó que sus ideas sirvieran de justificación filosófico-jurídica a la expansión de los colonos anglosajones protestantes en Norteamérica:

> El hecho de que muchos de los ejemplos adoptados por Locke en el «Segundo Tratado» remitan a Estados Unidos muestra su intención de dotar a los colonos —a quienes había servido de otras muchas formas— de un argumento poderoso que les permitiera justificar su depredación y que estuviera basado en la ley natural más que en los decretos legislativos[83].

En este sentido, en el «Segundo Tratado» afirma:

> El indio salvaje vaga insolente y agresivo en las selvas de América o en las selvas vírgenes y en las praderas no cultivadas de América [...]. Ignorando el trabajo, que es lo único que da derecho a la propiedad, habita en zonas que no perte-

> necen a nadie. [Los indios] son fieras salvajes con las que el hombre no puede vivir en sociedad ni sentirse seguro [por lo que] pueden ser destruidos lo mismo que se mata a un león o a un tigre[84].

John Locke, el «luchador incansable» contra el absolutismo, el «defensor» de la tolerancia religiosa ante la despiadada represión que sufren los católicos irlandeses, «cuya suerte hace pensar en aquella reservada a los pieles rojas del otro lado del Atlántico»[85], afirma sin titubear:

> Los papistas son como serpientes, no se logrará nunca con un tratamiento cortés que dejen a un lado su veneno [...]. Los hombres se hallan dispuestos a sentir compasión por los que sufren [...]. Pero yo considero que las cosas son bien distintas en el caso de los católicos, que son menos susceptibles que los demás de ser compadecidos, en cuanto no reciben otro tratamiento que el que la crueldad de sus principios y de sus prácticas les hace merecer notoriamente[86].

Cuando el «padre del liberalismo libertario» hizo esa afirmación, los ingleses mataban irlandeses como si fuesen conejos, y es que para los católicos irlandeses no podía haber compasión alguna precisamente porque eran católicos. Claramente estamos ante una doble vara de medir, porque, a su modo de ver, quien no es protestante no merece ser libre.

¿Cómo es posible que, en el imaginario colectivo de media humanidad, Inglaterra sea la «patria de la tolerancia» y España la de la intolerancia? ¿Cómo es posible que se diga que los hispanoamericanos llevamos en nuestro ADN la intolerancia por ser «hijos de España» y que los estadounidenses llevan en su ADN la tolerancia por ser «hijos de Inglaterra»? Preguntas que se responden con una simple frase: existe una gigantesca falsificación de la historia universal en la que los anglosajones son los «buenos» mientras que los hispanos somos los «malos».

El huevo de la serpiente en el Río de la Plata

La alianza de España con Napoleón, sellada en el Tratado de San Ildefonso de 1796, le brindó a Gran Bretaña la oportunidad de «cumplir» con el mandato divino —tal como lo había explicitado John Locke—, que establecía que las riquezas de Hispanoamérica debían pertenecer al laborioso pueblo británico y no al vago pueblo español. Por el Tratado de San Ildefonso España se convirtió en un auxiliar de Francia, que le obligó a entrar en guerra al año siguiente contra Gran Bretaña. El 14 de febrero de 1797, los ingleses derrotaron a la Marina española en el cabo de San Vicente y poco tiempo después ocuparon la isla de Trinidad, situada delante de la desembocadura del río Orinoco. Luego, dirigieron sus miradas hacia el Río de la Plata y comenzaron a avizorar la posibilidad de invadir la ciudad de Buenos Aires como primera etapa de la ocupación de toda la América del Sur española.

El 25 de junio de 1806, a la una de la tarde, 1.560 soldados británicos al mando del general William Carr Beresford (1768-1854)[87] desembarcaron en las costas de Quilmes, a pocos kilómetros al sur de la ciudad de Buenos Aries, capital del entonces Virreinato del Río de la Plata. El 26 de junio, una inexperta milicia liderada por Pedro de Arce intentó detener, sin éxito, a los ingleses en el puente de Barracas. El 27 de junio, los soldados del Ejército británico entraron desfilando en la ciudad de Buenos Aires y tomaron el fuerte, donde izaron la bandera británica.

Esa misma noche, un grupo de vecinos, en representación de las familias económicamente más acomodadas —que habían hecho sus fortunas gracias al contrabando y al tráfico de esclavos—, se acercó al fuerte inglés para hablar con el general Beresford. La tradición oral afirma que entre los integrantes de esta delegación se encontraban Ortiz Basualdo, Ramos Mejía, Bullrich, Casares Alvear, Blanco Villegas y Martínez de Hoz, entre otros. Una vez en el fuerte, pronunciaron el juramento formal de fidelidad al rey de Inglaterra, tal y como informó el general Beresford a Su Majestad Jorge III.

Sin duda, la mayoría de la clase alta de Buenos Aires y una parte sustancial de los sectores medios intelectualizados fueron colaboracionistas con el invasor inglés: «Dueños de Buenos Aires, los invasores recibieron la apurada adhesión de algunos personajes conocidos. Castelli encabezaba la lista de los 58 vecinos que firmaron su fidelidad al vencedor, y recibe un valioso regalo como retribución»[88].

El plan inglés —perfecto en su concepción— de ocupación del Virreinato del Río de la Plata contenía un error de base: los estrategas británicos no habían tenido en cuenta la decidida voluntad de la mayoría de los hispanoamericanos de resistir firmemente a unos invasores a los que consideraban un enemigo histórico estratégico:

> El pueblo que con altanería masticaba bronca ante la actitud pasiva de los funcionarios encargados de defender la ciudad, espera ansioso la oportunidad de echar a los invasores. De nada valdría la primera medida gubernativa dispuesta por Beresford: la libertad de comercio, es decir, que el virrei-

nato se abriera al comercio británico, medida demagógica solo destinada a recibir el aplauso de los nativos vinculados a dicha actividad que veían con agrado el blanqueo de la antes ilícita, aunque tolerada, actividad mercantil.

Allí es cuando entra providencialmente en escena Santiago de Liniers y Bremond, que, siendo originario de la región de la Vandeé, en Francia, poseía una consustancial devoción espiritual. Se dice que, habiendo concurrido a la iglesia de Santo Domingo, llamó su atención que no estuviera expuesto el Santísimo Sacramento y, según José María Rosa, la tristeza con la que se celebraba la misa y las profanaciones llevadas a cabo por soldados ingleses le hizo prometer ese mismo día al prior del convento, fray Gregorio Torres, que, si con la ayuda de Dios lograba reconquistar la ciudad, ofrecería a los pies de la Virgen los trofeos capturados al enemigo[89].

El 4 de agosto de 1806, Santiago de Liniers —que había escapado a la Banda Oriental de Uruguay para organizar la reconquista de Buenos Aires— desembarcó unos pocos kilómetros al norte de la capital del virreinato al mando de 1.000 combatientes, y allí se le sumaron otros 500 voluntarios. Liniers se dirigió entonces a San Isidro y la Chacarita, y acampó en los corrales de Miserere, actual Plaza Once. El 11 de agosto, a las cinco de la mañana, comenzó el combate por la reconquista de Buenos Aires y la población se unió en masa a las tropas de Liniers. El 12 de agosto, tras una encarnizada lucha por las calles de la ciudad, el contingente de Liniers derrotó al Ejército inglés y logró reconquistar la ciudad de Buenos Aires. Las banderas británicas capturadas fueron colocadas a los pies de la Virgen, en la iglesia de Santo Domingo, tal y como había prometido el militar. A día de hoy todavía pueden verse, aunque no podemos omitir que trofeos de tamaño valor se encuentran en un lamentable estado de abandono e indisimulado descuido.

Desde el punto de vista político, durante la ocupación de Buenos Aries, la principal acción emprendida por Beresford —y la que mayor trascendencia tendría— consistió en reforzar la extensa red británica de espionaje formada por criollos «colaboracionistas» de las clases altas de la ciudad de Buenos Aires[90]. Entre los personajes que formaban parte de esa red se encontraban, entre otros, Saturnino Rodríguez Peña y Manuel Aniceto Padilla. Ese poderoso servicio de espionaje local, que no fue desmantelado tras la expulsión de las tropas británicas, no solo le permitió al poder inglés recabar información, sino realizar importantes acciones encubiertas.

Desde entonces, la inteligencia británica ha operado en el Río de la Plata sin interrupción. El dato políticamente más relevante para el análisis de la historia argentina lo constituye el hecho de que Beresford nombrara a Toribio Martínez de Hoz como gerente nativo de la Aduana, sellando así una alianza con la familia Martínez de Hoz y con la oligarquía porteña que se ha mantenido hasta nuestros días. Más de siglo y medio después, otro Martínez de Hoz, José Alfredo (1925-2013)[91], nombrado ministro de Economía por la criminal dictadura militar de 1976, fue el encargado de llevar a cabo un espeluznante plan de desindustrialización que sumió a miles de argentinos en la pobreza y que obligó al Estado a endeudarse en unos 40.000 millones de dólares (de esa época), para poder mantener una irrestricta apertura de la economía y una falsa paridad cambiaria que sobrevaluaba al peso con respecto al dólar, como parte fundamental del proceso de destrucción industrial. Un peso sobrevaluado aumenta los costes locales porque eleva los precios industriales de producción y hace muy barata la mercancía extranjera frente a la local. Con tamaños costes, la producción nacional no puede competir y la ruina se convierte en su destino inevitable. Importa destacar que la deuda contraída por la dictadura militar —que gobernó desde 1976 hasta 1983— fue sobre todo con bancos ingleses[92].

Por favor, no bombardeen Buenos Aires

El cantautor argentino Carlos Alberto García, conocido por su nombre artístico como Charly García, dio el más importante concierto de su flamante carrera como solista, el 26 de diciembre de 1982, en el estadio de fútbol del club Ferrocarril Oeste, ante unas 30.000 personas. Llegó al escenario a bordo de un Cadillac rosa y, en el cierre, una lluvia de proyectiles de utilería destruyó la ciudad de cartón que formaba el decorado, mientras sonaban los últimos acordes de *No bombardeen Buenos Aires*. Charly García no hacía más que expresar un temor, una pesadilla que había sobrevolado por la cabeza de una parte de la clase media porteña: el bombardeo de la ciudad de Buenos Aires por parte de Gran Bretaña.

Pocos meses antes, la Argentina había tratado de recuperar su soberanía sobre las Islas Malvinas, que le había sido arrebatada por la fuerza por Gran Bretaña en 1833. Los ingleses, perfectamente informados por sus servicios de inteligencia de la incapacidad técnica y moral del alto mando del Ejército argentino, enviaron, muy confiados, una importante flota al Atlántico Sur, pero pensando que la guerra iba a ser un paseo, más precisamente, en términos de sus militares, un *picnic*. Los británicos estaban convencidos de que obtendrían una rápida victoria, prácticamente sin coste alguno. Desde 1810, las Fuerzas Armadas argentinas habían sido infiltradas por la inteligencia británica, que controló siempre, desde aquellos lejanos días, de forma indirecta, a una gran parte de los oficiales del Ejército, pero, sobre todo, a los de la Marina argentina.

La flota británica contaba con 130 buques, dotados, algunos de ellos, de armamento nuclear. Tenían, además, el apoyo incondicional, aunque indirecto, de Estados Unidos. «La guerra comenzó la madrugada del 1 de mayo de 1982, cuando aviones Vulcan de la Royal Air Force dejaron caer 21 bombas de 1.000 libras cada una sobre la pista de aterrizaje de Puerto Argentino. Este ataque aéreo —denominado Black Buck— tenía como objetivo inutilizar el aeropuerto y formaba parte de una acción conjunta de la Royal Navy [...] con la expectativa de que esa poderosa demostración de fuerza inicial desencadenara la rendición inmediata de las fuerzas argentinas... La falta de resultados de los combates del 1 de mayo obligó a los mandos británicos a ordenar el retiro de su flota hacia el este, fuera del alcance de los aviones argentinos»[93].

Los británicos habían comprometido, en ese primer ataque, dos portaaviones, 16 destructores, 44 fragatas, 31 submarinos y una flota de desembarco compuesta por dos buques de asalto, seis buques de desembarco logístico y 60 lanchas de desembarco. Ese primero de mayo —recordado como el bautismo de fuego de la Fuerza Aérea argentina— la expedición invasora británica sufrió un duro golpe: dos destructores fueron hundidos y dos fragatas fueron averiadas[94].

Sin embargo, fue el 4 de mayo de 1982 cuando los ingleses se llevaron la más grande sorpresa de su historia. Ese día, una pareja de cazabombarderos Súper Étendard, tripulados por el capitán de corbeta Augusto Bedacarratz y el teniente de navío

Armando Mayora, dispararon un par de misiles Exocet AM 39 contra el destructor británico HMS Sheffield. Para llegar a su objetivo, los pilotos argentinos habían tenido que enfrentar un muy mal tiempo con lloviznas, niebla, visibilidad menor a media milla (920 metros aproximadamente), y un techo de vuelo de 500 pies (150 metros, aproximadamente).

Por otra parte, la embestida argentina era completamente insólita, porque fue el primer ataque, en la historia de la guerra, consistente en el uso de misiles por parte de aviones contra barcos. A partir de ese día, el heroísmo de los aviadores argentinos estuvo a punto de decidir la guerra a favor de la Argentina.

Fue tal el heroísmo de los pilotos argentinos que el francés Pierre Clostermann (1921-2006), uno de los más grandes pilotos de combate del mundo, as de la Segunda Guerra Mundial —condecorado con las medallas de la Gran Cruz de la Legión de Honor Francesa, la Croix de Guerre (con 19 palmas, el mayor número posible) y la Distinguished Flying Cross de la RAF, entre otras—, le dirigió las siguientes palabras a los pilotos argentinos:

> A vosotros, jóvenes argentinos, compañeros pilotos de combate, quisiera expresaros toda mi admiración. A la electrónica más perfeccionada, a los misiles antiaéreos, a los objetivos más peligrosos que existen, es decir, los buques, hicisteis frente con éxito. A pesar de las condiciones atmosféricas más terribles que puedan encontrarse en el planeta, con una reserva de apenas pocos minutos de combustible en los tanques de nafta, al límite extremo de vuestros aparatos, habéis partido en medio de la tempestad en vuestros Mirage, vuestros Étendard, vuestros A-4, vuestros Pucará con escarapelas azules y blancas. A pesar de los dispositivos de defensa anti-

aérea y de los SAM de buques de guerra poderosos, alertados con mucha anticipación por los AWACS y los satélites norteamericanos, habéis arremetido sin vacilar.

Nunca en la historia de las guerras desde 1914 tuvieron aviadores que afrontar una conjunción tan terrorífica de obstáculos mortales, ni aun los de la RAF sobre Londres, en 1940, o los de la Luftwaffe, en 1945.

Vuestro valor ha deslumbrado no solo al pueblo argentino, sino que somos muchos los que en el mundo estamos orgullosos de que seáis nuestros hermanos pilotos. A los padres y a las madres, a los hermanos y a las hermanas, a las esposas y a los hijos de los pilotos argentinos que fueron a la muerte con el coraje más fantástico y más asombroso, les digo que ellos honran a la Argentina y al mundo latino.

¡Ay!: la verdad vale únicamente por la sangre derramada y el mundo cree solamente en las causas cuyos testigos se hacen matar por ella[95].

Termino de transcribir este mensaje y se me llenan los ojos de lágrimas. Dios quiso que no combatiera en la guerra a pesar de haberme inscrito como voluntario. ¿Ante tanto heroísmo hispano en el Atlántico Sur, ante tanta sangre hispana derramada en Malvinas, como pudieron los pilotos españoles permanecer en silencio? Ni una carta dirigieron a los pilotos argentinos, muchos de los cuales llevaban apellidos gallegos, castellanos o andaluces, es decir, españoles[96]. ¡Qué vergüenza para España! La heroica historia de España no merecía semejante silencio vergonzoso. Los héroes de la hispanidad, desde Lepanto a Cavite, se deben haber retorcido en sus tumbas.

Fue tal el daño que la aviación argentina le estaba provocando a la flota británica que Margaret Thatcher —primera ministra— dio la orden de que, si la Armada británica en el Atlántico Sur era puesta fuera de combate, los submarinos nucleares ingleses debían lanzar, como venganza, dos misiles nucleares[97].

No los lanzarían sobre la ciudad de Buenos Aires, como temía Charly García, porque allí vivían, justamente, las familias que desde 1806 trabajaban como quintas columnas de su graciosa majestad británica. Los lanzarían sobre la hispánica ciudad de Córdoba fundada por el sevillano Jerónimo Luis de Cabrera el 6 de julio de 1573. Los ingleses estaban dispuestos a comenzar un ataque nuclear sobre una ciudad que no era un objetivo militar y que se encontraba a 2.996 kilómetros de distancia del Teatro de Operaciones, es decir, que estaban dispuestos a asesinar a un millón de civiles inocentes.

La zorra pierde el pelo, pero no las mañas. Inglaterra era la misma Inglaterra de siempre, la de los piratas isabelinos asesinos a sangre fría de hombres, mujeres y niños indefensos en las calles de Santo Domingo o Cartagena de Indias.

El 21 de mayo de 1982, las tropas británicas desembarcaron en la bahía de San Carlos. Fue el primer enfrentamiento terrestre de la guerra de las Malvinas. A pesar de que la flota británica sufrió importantes pérdidas, las tropas invasoras lograron establecer una cabeza de playa. Una vez asegurada la posición comenzaron el avance hacia Puerto Argentino, capital de las Islas Malvinas.

El 8 de junio, las fuerzas inglesas intentaron un segundo desembarco en las playas de Fitz Roy y Bahía Agradable, que fue repelido heroicamente por los pilotos argentinos al comando de sus aviones, logrando desbaratar el desembarco e infligiendo a las tropas británicas la mayor cantidad de bajas en una sola batalla desde la Segunda Guerra Mundial. Del 10 al 14 de junio los combates se desarrollaron en el arco defensivo más próximo a Puerto Argentino. Se lucha en los montes Kent, Harriet, Dos Hermanas, Tumbledow y Longdon. Los británicos lograron tomar esta última posición en la madrugada del 12 de junio,

> … luego de casi 12 horas de combate nocturno en el que los británicos debieron llegar al enfrentamiento cuerpo a cuerpo con los soldados argentinos. El combate es recordado, al igual que el de Darwin y de Pradera de Ganso, por la heroica resistencia ofrecida por los soldados argentinos, que, a pesar de estar en una relación de fuerza inferior, resistieron en sus posiciones con una convicción que se hizo sentir duramente entre las tropas de asalto. Como reacción a las pérdidas sufridas, las tropas británicas cometieron acciones prohibidas entre los prisioneros argentinos, como el remate de heridos[98].

Los soldados argentinos eran reclutas cuya edad oscilaba entre los 18 y 22 años mientras que el cuerpo expedicionario británico estaba conformado íntegramente por profesionales de la guerra. Además,

> … durante las jornadas decisivas de la lucha en torno a Puerto Argentino, los ingleses sumaron a su arsenal armas de alta tecnología, provistas por la OTAN, con el consentimiento de Estados Unidos, con las que volcaron rápidamente la situación a su favor[99].

El 13 de junio por la noche las tropas invasoras británicas consiguieron penetrar las últimas defensas argentinas y a las 23:59 horas del 14 de junio fue firmado el alto el fuego y la rendición de las tropas argentinas apostadas en Malvinas[100].

Hoy, 40 años después de la Guerra del Atlántico Sur, Gran Bretaña sigue manteniendo contra todo derecho sus posiciones coloniales tanto en Malvinas como en Gibraltar.

6
La «pobrecita Holanda», que fundó un imperio basado en la esclavitud

Holanda saqueó durante tres siglos Indonesia
y no dejó ni un hijo, ni una iglesia, ni una cultura,
ni una lengua en su secular explotación.

Jorge Abelardo Ramos

Johannesburgo (Sudáfrica), 11 de julio de 2010: final del Campeonato Mundial de Fútbol. Unos instantes antes de que comience el partido, las formaciones de Holanda y de España se disponen a escuchar sus respectivos himnos nacionales. Toda España está delante del televisor, pero pocos saben que el himno holandés, que se compone de 15 estrofas de ocho versos, hace alusión directa a su país, a su rey, y habla de honor y de afrentas. Los jugadores españoles no tienen nada que cantar (su himno no tiene letra) y el mundo se pregunta el motivo de semejante anomalía. Pero esa es otra historia... Los holandeses sí cantan su himno, con voz firme, que dice:

Guillermo soy de nombre,
De Nassau, Señor,
A su Patria no hay hombre
Más fiel, con más fervor.
Sin tacha, nada empaña
De Orange mi blasón,
Al rey señor de España
Rendí yo siempre honor [...]

[...] Ni dolor ni lacería
Igualan dura ley
De saber en miseria
El buen país del Rey.
Mi alma se atormenta
Oh, noble pueblo y fiel
Viendo cómo te afrenta
El español cruel [...].

Se estima que el poema, conocido como el «Wilhelmus» (Guillermo), fue compuesto entre 1569 y 1578, y está dedicado al príncipe Guillermo de Orange, que encabezó la lucha por la independencia de los Países Bajos del «cruel» rey de España, entonces Felipe II. Ya en el siglo XX, en mayo de 1932, el «Wilhelmus» fue declarado oficialmente himno nacional de Holanda, la región más relevante de los Países Bajos. Aclaremos, entre paréntesis, que el *Diccionario panhispánico de dudas* admite el uso de ambos términos —Holanda y Países Bajos— como equivalentes, de modo que a lo largo de este capítulo los usaremos indistintamente.

A los historiadores holandeses siempre les gustó presentar a su nación como una víctima de la crueldad y de la «intolerancia» españolas, y su himno nacional es una buena prueba de ello. En su relato, la «pobrecita» Holanda surgió de la lucha heroica de un puñado de valientes conducidos por Guillermo de Orange, que se jugó la vida para terminar con la «tiranía» española. Una vez liberados del yugo español, los holandeses, gracias a su amor por el trabajo —producto de la ética protestante—, progresaron económicamente y Holanda se convirtió en una nación rica y poderosa. Esta es la historia que aprenden los niños holandeses en sus escuelas, pero, como veremos, la verdadera historia es bien distinta...

Holanda se hizo rica gracias a la explotación colonial más despiadada que conoce la humanidad y, aunque el yugo español nunca existió, había que inventar algo que justificase la ilegal rebelión de un noble ambicioso y advenedizo que quería lo mismo que ya tenían algunos de sus «amiguetes» nobles en Alemania, esto es, los bienes de la Iglesia y el poder político. Por ello podemos afirmar que, si hay una nación en el mundo cuyas raíces se relacionan directamente con Bartolomé de las Casas y la leyenda negra, esa es Holanda.

En 1579 se tradujo al francés el panfleto de Las Casas, titulado, como sabemos, *Brevíssima relación de la destruyción de las Indias,* pero con un nombre más largo e impactante: *Tyrannies et cruautés des Espagnols perpétrées ès Indes occidentales, qu'on dit le Nouveau Monde, brièvement décrites en langue Castillane par l'évêque don frère Barthélemy de Las Casas ou Casaus, de l'ordre de saint Dominique, traduites par Jacques de Migrode pour servir d'exemple et d'avertissement XVII provinces du pays,* —que en castellano vendría a ser *Los abusos y las crueldades perpetradas por los españoles en la Indias occidentales llamadas el Nuevo Mundo, brevemente descritas en lengua castellana por el obispo de Las Casas o Casaus, de la Orden de Santo Somingo, traducidas por Jacques de Migrode para servir de ejemplo y advertencia a las XVII provincias del país*—. Ante semejante derroche verbal y emocional, cabe hacernos dos preguntas que nos parecen fundamentales. La primera: ¿quién pagó la traducción y la impresión del libro de Las Casas en los Países Bajos? Y la segunda, y aún más grave: ¿qué llevó al monje dominico a escribirlo? Sin aventurarnos en exceso, podemos afirmar con rotundidad que fue Guillermo de Orange (1533-1584) quien mayor rédito político obtuvo con la traducción y publicación del libro de Bartolomé de las Casas.

El periodista César Cervera resume perfectamente la cuestión:

> El libro iba dedicado al príncipe Felipe, pero quien más rédito le sacó a largo plazo fue Guillermo de Orange, el hombre que encabezaba en los Países Bajos la rebelión contra el Imperio español. Orange buscaba la forma de debilitar a España a través de la propaganda y se valió de las exageradas cifras del dominico para criticar la conquista de América y pintar a los españoles como esclavistas crueles. Coincidiendo con las negociaciones entre el nuevo gobernador de los Países Bajos, Alejandro Farnesio, y los líderes de las provincias de Flandes más católicas para volver a obedecer al rey español, lo que vendría a llamarse la Unión de Arras, apareció en Amberes la primera edición francesa de la *Brevísima* [...]. La estrategia de Orange pasaba por advertir a los católicos de que entenderse con los españoles era hacerlo con opresores de naciones, como así lo habían demostrado en las Indias, que no tardarían en hacer lo mismo en los Países Bajos[1].

En definitiva, la *Brevísima* —convenientemente ilustrada— le sirvió a Guillermo de Orange para que los protestantes se imaginasen siendo cocinados a la parrilla por los crueles españoles católicos, en caso de que la rebelión encabezada por él fuese sofocada.

Un poco de historia

Los Países Bajos eran, desde comienzos del siglo XVI, una de las regiones más ricas de Europa. El origen de su desarrollo se encontraba en la industria textil, que trabajaba la lana que provenía tanto de Castilla como de Inglaterra. Durante la Edad Media, la región había pertenecido a los duques de Borgoña, pero a comienzos de la Edad Moderna, a raíz del casamiento de Maximiliano de Austria con María de Borgoña, pasó a ser posesión de los Habsburgo (fue en los Países Bajos, en Gante, donde nació el emperador Carlos V). Por tanto —y le ruego al lector que no se olvide de este detalle—, Holanda era una región rica e industrializada mucho tiempo antes de convertirse al protestantismo.

Permítanme una breve digresión: la ética protestante no tuvo nada que ver con la industrialización de Holanda y de Gran Bretaña, de lo que se concluye que la ética católica nada tuvo que ver con la no industrialización de España e Hispanoamérica. Desmenuzando las posibles causas de por qué Gran Bretaña se convirtió en el primer «taller del mundo», el historiador Eric Hobsbawm elabora un argumento de suma importancia para la discusión que se plantea cuando se alude a «las raíces torcidas»[2] de Hispanoamérica:

> Tampoco puede hacerse responsable a la Reforma protestante, ya fuera directamente o por vía de cierto espíritu capitalista especial u otro cambio en la actitud económica inducido por el protestantismo. [...] La Reforma protestante tuvo lugar más de dos siglos antes que la Revolución industrial. De ningún modo todos los países que se convirtieron al protestantismo fueron luego pioneros de esa revolución y —por poner un ejemplo fácil— las zonas de los Países Bajos que permanecieron católicas (Bélgica) se industrializaron antes que las que se hicieron protestantes (Holanda)[3].

Hecha esta aclaración, volvamos a nuestro relato. La historia oficial —falsificada— dice que Felipe II recibió de su padre, Carlos V, los Países Bajos, y que en 1566 intentó imponer por la fuerza la fe católica, originando la rebelión de la población protestante. También nos dice que, para aplastar el levantamiento, Felipe II envió al duque de Alba, su mejor general, quien recibió del monarca la consigna de imponer el orden a cualquier precio. Así, en 1580, las matanzas realizadas por el «sanguinario» duque de Alba desataron una sublevación generalizada dirigida por el príncipe Guillermo de Orange... Sin embargo, la verdad es que Felipe II era el gobernante legítimo de los Países Bajos y Guillermo de Orange, un rebelde movido por la codicia y la ambición del poder. A Felipe II no solo le asistía todo el derecho del mundo al tratar de mantener el orden, sino que, además, su pretensión última era garantizar que la población católica de los Países Bajos pudiese seguir siéndolo, ya que, en las zonas donde se habían impuesto los protestantes, la libertad de culto había desaparecido y los católicos sufrían constantes persecuciones y vejaciones, tal y como vimos que sucedió en Dinamarca o en Suecia.

Tras varios años de lucha encarnizada, los rebeldes protestantes —presentados por la historia como «caballeros de la tolerancia»— declararon la independencia de las Provincias Unidas y establecieron la república como forma de gobierno. La guerra, que se extendió durante todo el reinado de Felipe II, debilitó sustancialmente el poder militar español. La flota, que era atacada al mismo tiempo tanto por los rebeldes holandeses como por los corsarios ingleses, sufrió importantes pérdidas en el océano Atlántico y, como consecuencia, el poder estratégico de España fue disminuyendo paulatinamente hasta casi llegar a desaparecer en el siglo XVII. No hay duda de que se produjo una alianza táctica entre Inglaterra y Holanda (y también Francia) durante los más de 30 años que duró la guerra contra España. En 1610, durante el reinado de Felipe III, Holanda y España firmaron una tregua, pero no fue hasta enero de 1648, con la Paz de Westfalia, ya con Felipe IV como monarca, cuando España reconoció la independencia de los Países Bajos.

En realidad, el sorprendente «despegue» del poder holandés comenzó desde la firma de la tregua de 1610, momento a partir del cual el enfrentamiento con Inglaterra se hizo evidente, a pesar de la comunión ideológica —basada en el protestantismo— que unía a los dos países[4]. El poder holandés, dominado y conducido por la Casa de Orange, se concibió a sí mismo como un nuevo imperio que seguiría el modelo fenicio-cartaginés; es decir, se trataba de controlar el comercio por mar mediante la construcción de una gran flota y de factorías estratégicas. El plan lo financiarían las llamadas «Compañías Generales» —origen de las sociedades anónimas y de las corporaciones multinacionales—, respaldadas a su vez por el poderoso Banco de Ámsterdam, que era el corazón del poder financiero mundial de la época.

El economista y sociólogo italiano Giovanni Arrighi (1937-2009) explica la situación son suma claridad:

> La expansión del radio de acción del sistema comercial holandés desde una escala regional a una global fue impulsada y sostenida por la combinación de tres políticas relacionadas entre sí. La primera de ellas pretendía transformar Ámsterdam en el centro neurálgico de intercambio e intermediación del comercio europeo y mundial [...]. La clase capitalista holandesa se dotó de una capacidad sin precedentes y sin igual para regular y aprovechar los desequilibrios de la economía-mundo europea. [...] La segunda consistió en transformar a Ámsterdam en el mercado central de dinero y

> capital de la economía-mundo europea. El movimiento táctico clave a este respecto fue la creación en Ámsterdam de la primera bolsa de valores de mercado continuo [...]. La tercera política consistió en el lanzamiento de compañías por acciones de gran tamaño, dotadas de un estatuto privilegiado concedido por el gobierno holandés para detentar en exclusiva los derechos comerciales y de soberanía sobre los inmensos espacios comerciales de ultramar[5].

Holanda fue el país más rico de Europa durante más de 50 años y llegó a controlar el centro de la estructura del poder mundial. Una de las acciones habituales que el país llevaba a cabo cuando el «olor a guerra flotaba en el aire» —lo que significaba escasez de productos extranjeros y, por tanto, subida de precios— era invitar a los comerciantes a que llenaran sus almacenes de mercancías. Así, por ejemplo, «en vísperas de la Guerra de Sucesión española, los barcos no podían descargar sus cargas por falta de espacio para almacenarlas»[6]. Las consecuencias visibles de esta política fueron «los grandes almacenes, mayores y más caros que un gran barco, que podían contener grano suficiente para alimentar a las Provincias Unidas durante 10 o 12 años»[7]. En efecto, desde comienzos del siglo XVII hasta mediados del XVIII, «el estrato superior de la clase mercantil holandesa fue el líder y el responsable del motor capitalista europeo»[8], e incluso en la década de 1760, «todos los Estados de Europa hacían cola ante las oficinas de los prestamistas holandeses: el emperador, el elector de Sajonia, el elector de Baviera, el insistente rey de Dinamarca, el rey de Suecia, Catalina II de Rusia, el rey de Francia e incluso la ciudad de Hamburgo (aunque rivalizaba por el éxito con Ámsterdam) y, finalmente, los rebeldes americanos»[9].

La Compañía Holandesa de las Indias Orientales

Desde 1511, aproximadamente, el lucrativo comercio de las especias —codiciadas no solo para conservar la carne, sino también para la elaboración de medicinas y pociones mágicas supuestamente afrodisiacas—, que había estado controlado por los mercaderes musulmanes asociados con los venecianos, comenzó a estar en manos de los portugueses. Los musulmanes siempre habían mantenido en secreto el lugar exacto del que provenían las especias y lo mismo hicieron los portugueses cuando tuvieron la dicha de hallar las famosas islas en las que se encontraban.

Fue a finales del siglo XVI cuando los Países Bajos decidieron que ellos también tenían derecho a participar en el festín. El protestante holandés Jan Huygen van Linschoten (1563-1611), comerciante, marino, historiador y espía al servicio de los Países Bajos, en diciembre de 1576 fue enviado a Sevilla y, después, con ayuda de su hermano, llegó a Lisboa, donde consiguió ser nombrado secretario privado del dominico Vicente da Fonseca, que desde hacía poco ocupaba el cargo de arzobispo de la colonia portuguesa de Goa, en la costa occidental de la India. En abril de 1583, Jan Huygen se embarcó rumbo a Goa, donde tuvo acceso a una información secreta que los portugueses guardaban celosamente: las cartas náuticas de navegación que llevaban a las misteriosas islas de las Especias. El espía holandés copió todos los mapas que tuvo a su alcance y, nueve años después, en 1592, regresó a Lisboa[10], donde le esperaban los hermanos Frederick y Cornelis de Houtman para hacerse cargo de la información recabada por Jan Huygen[11].

En 1594, los comerciantes holandeses Hendrick Hudde, Reynier Pauw, Pieter Hasselaer, Arent ten Grootenhuis,

Hendrick Buyck, Syvert P. Sem, Jan Poppen, Jan Karel y Dirck van Os fundaron, con un capital inicial de 290.000 florines, la Compagnie van Verre —compañía para el comercio a larga distancia—, a la que el gobernador y los Estados Generales se comprometieron a proporcionar el armamento necesario para su funcionamiento. Así, el 2 de abril de 1595, una flota compuesta por cuatro barcos (el Ámsterdam, el Hollandia, el Mauritius y el Duyfken) zarpó del puerto holandés de Texel rumbo a las islas de las Especias, a cuyo mando estaban los hermanos Houtman.

Con la creación de la Compagnie van Verre, Holanda inauguraba «una nueva modalidad de colonialismo que posteriormente sería copiada por Inglaterra: la creación de compañías privadas apoyadas por el Estado para controlar el comercio con sus posesiones de ultramar, aunque sus funciones distaban de ser meramente comerciales porque incluían el contrabando, la piratería, la guerra a los estados rivales, la ocupación de territorios, el establecimiento de colonias y, por supuesto, el tráfico de esclavos»[12].

El 27 de junio de 1596, la expedición holandesa arribó al sultanato de Banten, ubicado al oeste de la isla de Java. En un primer momento, el sultán se ofendió por el trato insolente que le dispensaron los holandeses y les prohibió comprar especias, pero estos se dirigieron hacia las islas de Madura, donde fueron recibidos amablemente. A cambio, los marinos holandeses, cumpliendo órdenes de Cornelis de Houtman, optaron por saquear sistemáticamente todos los poblados de la costa, asesinando a los hombres y violando a las mujeres indígenas.

En febrero de 1597 llegaron a la isla de Bali, donde únicamente lograron comprar pimienta negra. Dos años después, casi con las manos vacías, la expedición holandesa regresó a su patria. El viaje de los hermanos Houtman no había tenido el éxito económico esperado y solo 87 hombres pudieron regresar a los Países Bajos. Aun así, la hazaña despertó tal entusiasmo que en los siguientes cinco años 15 flotas neerlandesas (65 navíos) zarparon desde diferentes puertos de Holanda hacia las islas de las Especias.

La fiebre de las especias hizo que los comerciantes de Ámsterdam y Rotterdam constituyeran cientos de compañías —a veces para realizar un solo viaje—, lo que llevó el caos a la política colonial holandesa. El Estado decidió intervenir y, «para evitar la competencia salvaje entre las distintas compañías y, consecuentemente, su debilidad para hacer frente a los mercaderes de otras banderas, impuso su unificación en una sola empresa de carácter permanente: la Compañía Holandesa de las Indias Orientales, célebre bajo sus siglas en holandés: VOC»[13]. Con la participación en la dirección de representantes de los Estados Generales (es decir, del Estado), el 20 de marzo de 1602 el Gobierno holandés concedió a la empresa el monopolio, por 21 años, del comercio en/con Asia, además del derecho a declarar la guerra, negociar tratados de paz, acuñar moneda y establecer colonias.

El control del comercio de las especias contribuyó decisivamente al enriquecimiento de Holanda, que jamás ha pedido perdón por los saqueos masivos que sus marinos realizaron en las islas de las Especias. En Gouda, ciudad natal de los hermanos Houtman, hay un monumento en su honor. Está claro que nadie puede acusar a los holandeses de olvidar a sus «héroes».

El principal instrumento del imperialismo holandés fue, sin duda, la Compañía Holandesa de las Indias Orientales. Tan solo diez años después de la tregua con Felipe III, Holanda se hizo con las posesiones portuguesas en Asia. En 1620, los Países Bajos se adueñaron de la isla de Java; poco después ocuparon las Molucas y Malasia y, finalmente, se hicieron con las factorías que Portugal había fundado en la India. Desde 1636, los holandeses se enfrentaron con los portugueses por el control de Ceilán, objetivo que lograron en 1658. Recordemos que la isla tenía una gran importancia estratégica —es el punto intermedio entre Sudáfrica e Indonesia—, y era una fuente de canela y elefantes, que, una vez capturados, eran vendidos a los príncipes indios. De 1624 a 1662 también controlaron la isla de Taiwán y fundaron en la zona sur el Fuerte Zeeland. En 1630 conquistaron el noreste del Brasil, del que fueron expulsados en 1654. En 1634 ocuparon Curazao y, en 1636, las islas de Aruba y Bonaire. En 1641 arrebataron a los portugueses la ciudad de Malaca, situada en la costa oeste de Malasia, y en 1643 intentaron hacerse con el sur de Chile. En 1652 fundaron en Sudáfrica una estación-puerto para barcos que viajaban a las Indias Orientales, emplazamiento que luego se convertiría en Ciudad del Cabo. Importa destacar que «el colonialismo holandés tuvo su principal esfera de influencia en el archipiélago de Indonesia, donde a su accionar depredador sumó su política balcanizadora, ya que, a diferencia de España o Portugal, no unificó con el idioma. El holandés era para los amos blancos y los capataces»[14]. La historia de la Compañía Holandesa de las Indias Orientales ofrece un cuadro lleno de traiciones, sobornos y asesinatos. Por ejemplo, «para apoderarse de Malaca, en 1641, sobornaron al gobernador portugués. Este los dejó entrar en la ciudad. Lo primero que hicieron los asaltantes fue dirigirse a su casa y asesinarlo»[15]. Si hay algo que la historia nos enseña una y otra vez es que, como dice el dicho popular, «Roma no paga a traidores».

Según el economista e historiador Aldo Ferrer, la Compañía Holandesa de las Indias Orientales funcionaba como un «sindicato para la piratería, controlado por el Gobierno, pero financiado por particulares y dedicado a destruir la presencia portuguesa en Asia»[16]. Desde un punto de vista puramente económico, se caracterizó «por mantener y consolidar las relaciones precapitalistas de producción, esclavistas y feudales, y usar el viejo aparato burocrático en beneficio de los holandeses para saquear los productos de la población nativa»[17]. Sea como fuere, durante sus dos siglos de funcionamiento, consiguió un dividendo anual del 18%, lo que la convierte en una de las empresas más exitosas en la historia del capitalismo.

La Compañía Holandesa tenía su propio ejército en los territorios que ocupaba, de tal manera que se aseguraba «la entrega gratuita, o a precios irrisorios, de numerosos productos locales»:

> Al principio usufructuó los productos propios de Indonesia, como el arroz, pero luego introdujo por la fuerza nuevos cultivos para la exportación, como el café, en haciendas campesinas. Toda la cosecha era entregada a la compañía. Las hambrunas, las sublevaciones y las represiones que les sucedían despoblaron el país. La VOC logró también mantener el monopolio efectivo de algunas especias, clavo, canela y nuez moscada, destruyendo, cuando era necesario, las plantaciones competitivas[18].

Podría decirse que los holandeses fueron los hunos de Indonesia, y Jan Pieterszoon Coen —del que hablaremos más adelante—, su particular Atila. Como hemos visto, los holandeses llegaron a Indonesia en el siglo XVI y no se marcharon hasta el siglo XX. Su presencia en Asia no dejó ni un solo rastro positivo, situación que llevó al historiador Jorge Abelardo Ramos a afirmar que «Holanda saqueó durante tres siglos Indonesia y no dejó ni un hijo, ni una iglesia, ni una cultura, ni una lengua en su secular explotación»[19].

Un ejemplo paradigmático de lo que decimos nos lo ofrecen los acontecimientos ocurridos en las islas Célebes —hoy forman parte de Indonesia—, al sur de Filipinas y al oeste de las Molucas. Las islas que componen el archipiélago son muy distintas entre sí, hasta el punto de que allí se hablan 114 lenguas y dialectos. La crueldad holandesa llegó a tal extremo en ellas que el fundador del «socialismo científico», Karl Marx, escribió las siguientes palabras:

> Nada hay más característico que su sistema de robo de los naturales de las Célebes con el fin de procurarse esclavos para Java [...]. A la juventud raptada se la sepultaba en las mazmorras secretas de Célebes, hasta que estaba lista para enviarla a los barcos esclavos. Solo en la ciudad de Macasar, por ejemplo —dice un informe oficial—, hormiguean en prisiones secretas, cada una más horrible que la otra, repletas de desdichados, víctimas de la avidez y la tiranía, cargados de grillos, arrancados con violencia del seno de su familia [...]. Donde ponían el pie, la devastación y el despoblamiento señalaban su paso. Una provincia de Java, Banyuwangi, tenía en 1750 más de 80.000 habitantes; en 1811, solo quedaban 8.000. ¡Este es *le doux commerce!*[20].

Jan Pieterszoon Coen: el Atila holandés

Jan Pieterszoon Coen nació en los Países Bajos, el 8 de enero de 1587, en la pequeña ciudad de Hoorn. Fue criado en un estricto ambiente calvinista, profundamente anticatólico y antiespañol, que marcaría a fuego su personalidad. Fue en el seno de su hogar y de labios de su madre como aprendió una consigna que, años más tarde, repetirá una y mil veces a los soldados que marchaban bajo su mando durante la invasión de las islas de Banda: «No os disperséis, no perdonéis a vuestros enemigos, porque Dios está con nosotros».

A los 14 años viajó a Roma para incorporarse, en calidad de aprendiz, a la firma del comerciante flamenco Justus Pescatore (Joost de Visscher), donde el joven Jan aprendió una nueva forma de contabilidad, la teneduría de libros por partida doble, lo que le daba ventaja enorme sobre cualquiera que aspirara a trabajar en alguna de las grandes empresas de los Países Bajos.

En 1607, con solo 20 años, Jan Pieterszoon Coen entró al servicio de la Compañía Holandesa de las Indias Orientales con el rango de comerciante junior, y el 22 de diciembre de ese año se embarcó a bordo del Hoorn rumbo a Indonesia. El navío formaba parte de la gran flota que lideraba el almirante Pieter Willemszoon Verhoeff, cuyo objetivo era obtener en exclusiva el comercio de nuez moscada y macis, en la isla de Banda, y de clavo de olor, en las Molucas[21].

El 5 de abril de 1609, los barcos holandeses llegaron a las islas de Banda, cuya población se refugió en las montañas. Tras algunos enfrentamientos, los holandeses hicieron firmar a los bandaneses un tratado —conocido como «el pacto eterno»— que establecía que, hasta el día del juicio final, únicamente suministrarían las deseadas especias a la compañía[22]. Los bandaneses no entendieron lo que habían firmado y, por supuesto, siguieron vendiendo la nuez moscada y el macis a otros compradores. Los holandeses, entonces, sin ningún remordimiento de conciencia, no tuvieron más remedio que obligarles a cumplir el contrato por la fuerza.

El 28 de junio de 1611, el Hoorn, repleto de pimienta y de resina de goma medicinal, entró en el puerto holandés de Texel. Después de casi cuatro años, Jan Pieterszoon Coen estaba de vuelta en casa, donde aprovechó su experiencia para escribir un extenso y detallado informe, dirigido a la Junta Directiva de la VOC, sobre cómo operar de manera más eficiente en las Indias Orientales. La idea principal era que no se debía buscar ningún acuerdo con los nativos, sino, simple y llanamente, proceder a su exterminio. Jan Pieterszoon Coen escaló rápidamente posiciones en la empresa y, en 1613, fue nombrado contable general de todos los establecimientos en Asia y presidente de los de Bantén y Yakarta, en Java Occidental. En 1614 se convirtió en director general y en 1618 fue nombrado gobernador general. Un año después, respaldado por una fuerza de 19 naves, asaltó e incendió Yakarta, donde la mayor parte de la población fue quemada viva. Las fuerzas del sultanato de Bantén fueron expulsadas y sobre las ruinas de la ciudad se levantó Batavia, pronto conocida como «la reina del Este», centro neurálgico de la VOC en la región.

Las islas de Banda y el genocidio oculto

Las islas de Banda son un grupo de diez pequeñas islas volcánicas situadas a unos 140 kilómetros al sur de la isla de Ceram (Molucas) y a unos 2.000 al este de Java. Los miles de turistas que hoy visitan estas paradisiacas islas para practicar buceo ignoran que los holandeses, al mando de Jan Pieterszoon Coen, cometieron allí un genocidio que ha pasado desapercibido hasta nuestros días.

La particularidad de las islas de Banda es que, hasta mediados del siglo XIX, constituían la única fuente en el mundo de nuez moscada y macis, dos especias usadas en Europa, fundamentalmente, como conservantes y aromatizantes, y como elementos esenciales para hacer ciertos medicamentos. Como ya dijimos, el secreto de su localización exacta se mantuvo durante siglos, y fueron los portugueses, a comienzos del siglo XVI, los primeros que tuvieron un conocimiento vago de su ubicación[23]. En 1529 intentaron ocuparlas y comenzaron la construcción de un fuerte, pero, ante la hostilidad de los bandaneses, optaron por comprar la nuez moscada a los comerciantes de Malaca[24]. De este modo lograron conservar su independencia, hecho que, a la larga, fue su perdición.

Hasta principios del siglo XVII, las islas de Banda estaban gobernadas por un grupo de destacados ciudadanos, los *orang kaya* («hombres ricos»), que fueron los que se vieron obligados —tras la ocupación militar de las islas de Bandaneira y Lontar— a firmar, a punta de pistola, un tratado comercial imposible de cumplir por los bandaneses[25]. Fue entonces cuando Jan Pieterszoon Coen, recién nombrado gobernador general de las Compañía Holandesa de las Indias Orientales, decidió contratar a mercenarios japoneses para que capturaran y ejecutaran a los *orang kaya*. Además, ordenó que sus cabezas fuesen empaladas en lanzas de bambú y expuestas públicamente como advertencia para el resto de la población[26].

Tras el asesinato de sus líderes, el pueblo bandanés se vio inmerso en el caos, circunstancia que el líder de la VOC aprovechó poniendo en práctica la «solución final», es decir, el exterminio completo de la población de las islas. Unos 1.600 holandeses, junto a 300 reclutas javaneses y 100 mercenarios japoneses, fueron los encargados de llevar a cabo el genocidio. Aunque algunos bandaneses lograron huir a la isla de Ceram, la mayoría de la población —alrededor de 15.000 hombres, mujeres y niños— fue asesinada, salvo algunos jóvenes que fueron enviados como esclavos a Java. Después de la masacre, Jan Pieterszoon Coen dividió toda la tierra productiva —medio millón de árboles de nuez moscada— en 68 parcelas de 1,2 hectáreas, que fueron entregadas a colonos neerlandeses *(perkeniers).* Puesto que carecían de experiencia, los colonos tuvieron que recurrir a los esclavos que ya estaban en Java para poner en marcha el cultivo de nuez moscada[27].

Lo sucedido en las islas de Banda lo recogió Jan Pieterszoon Coen en un detallado informe en el que figuraba el número exacto de habitantes asesinados y de nativos capturados como esclavos. Los miembros del directorio de la VOC mostraron cierto disgusto ante la brutalidad de su colega, pero finalmente decidieron premiarlo con 3.000 florines.

El 1 de febrero de 1623, Jan Pieterszoon Coen regresó a Holanda, donde fue recibido como un héroe. Se imprimieron monedas y sellos postales con su rostro. El 4 de septiembre de 1876, el Gobierno holandés descubrió una estatua de Coen en Batavia (Indonesia), frente a una hacienda que fue destruida por las fuerzas de ocupación japonesas el 7 de marzo de 1943. Otra estatua suya se encuentra en la ciudad de Ámsterdam, en una de las esquinas del Beurs van Berlage —edificio diseñado para ser la sede de la Bolsa de Valores y que actualmente es un centro cultural—, donde puede leerse la frase favorita de Coen: «No os disperséis». En

Hoorn, su ciudad natal, otra estatua en su honor se yergue majestuosa en una de las plazas del casco antiguo. El escultor Ferdinand Leenhoff (1841-1914), profesor en la Real Academia de Bellas Artes de Ámsterdam, fue el autor, y al pie aparece la misma frase: «No os disperséis». Justo es reconocer que, en 2012, a raíz de una iniciativa ciudadana, el ayuntamiento de la ciudad colocó un texto adicional en el pedestal explicando el carácter «controvertido» de las acciones y del legado de Jan Pieterszoon Coen.

El efectivo marketing *holandés*

Desde 1568, el protestantismo puso en marcha una poderosa campaña de *marketing* en la que Holanda aparecía como sinónimo de libertad y España como sinónimo de opresión. La campaña, que ha llegado hasta nuestros días, se basa en la siguiente idea: un pequeño pueblo indefenso —el holandés— se enfrenta al poderoso y despiadado Imperio español. Esta idea fue utilizada por la burguesía holandesa para imponer el protestantismo y tener las manos libres para lanzarse a la aventura imperialista y colonialista mediante la captura de asiáticos y africanos, con el fin de convertirlos en esclavos que trabajaran en sus plantaciones de especias y azúcar:

> Entre los siglos XVI y XIX, los holandeses traficaron con alrededor de 600.000 hombres, mujeres y niños africanos cuyo destino era trabajar en plantaciones, minas y en tareas domésticas... La trata de esclavos por parte de la Compañía Holandesa de las Indias Orientales contribuyó, especialmente en los primeros años, a consolidar el estatus de los Países Bajos como potencia económica mundial[28].

La cifra de 600.000 esclavos nos parece demasiado generosa con los holandeses, puesto que se calcula que, en realidad, asciende a más de dos millones. Fue la «tolerante, ilustrada y libre» burguesía holandesa la que organizó eficazmente el primer comercio de esclavos del mundo moderno, y, de hecho, «hasta mediados del siglo XVII, fue Holanda el país que mantuvo el control del comercio de esclavos, estando fundadas todas sus posesiones en la esclavitud o en el trabajo forzado»[29]. Esta supremacía absoluta duró hasta 1675, cuando en el lucrativo mercado de esclavos irrumpió la Company of Royal Adventurers Trading to Africa, creada por sus «primos» ingleses, es decir, por la burguesía británica junto a los principales miembros de la Casa Real, incluida Su Graciosa Majestad Carlos II. A pesar de haber perdido el monopolio de la venta de seres humanos, los Países Bajos declararon de manera formal que la «trata de negros era esencial para el desarrollo de la prosperidad y el comercio de las colonias»[30].

Cuando estalló la guerra civil en Estados Unidos, la burguesía holandesa se puso del lado de los confederados esclavistas del sur, e incluso el Gobierno de Holanda realizó acciones encubiertas para favorecer a los secesionistas. De hecho, «Holanda abolió la esclavitud en sus colonias en 1863, cuando ya la Confederación secesionista y esclavista del sur de Estados Unidos encaminaba sus pasos hacia la derrota»[31].

Si un periodista en las calles de Madrid, Buenos Aires o Bogotá le preguntara a un transeúnte qué país identifica con la tolerancia y la libertad, lo más seguro es que respondiera que Holanda. El mayor milagro holandés no es haberle ganado tierras al mar y haber construido un hermoso jardín, sino el de haber convencido al mundo de que la nación que creó la empresa más eficaz dedicada a la esclavitud de la historia moderna es la patria de la tolerancia y la libertad.

Hugo Grozio, el falso padre del Derecho Internacional

No solo no se alzó en Holanda ninguna voz de relevancia contra la política colonial y esclavista, sino que su pensador más importante del momento, Hugo Grozio (1583-1645), considerado el padre del Derecho Internacional, desenvainó su pluma para justificar la política esclavista y genocida de la burguesía holandesa. No hay duda de que Hugo Grozio era un hombre dotado de una capacidad intelectual superior: a los nueve años ya componía versos de calidad y a los 11 era alumno de la Facultad de Derecho de la Universidad de Leiden. Cuatro años después se licenció en Derecho y Filosofía, títulos que obtuvo en la Universidad de Orleans. No había nadie en Holanda tan dotado de talento para defender lo indefendible.

Grozio explicó en sus escritos que la esclavitud es el justo castigo que Dios impone a los pueblos que adoran al demonio. Por eso, Holanda «no es nada más que la mano de Dios impartiendo justicia». También afirmó que el «culto religioso de los pueblos del África está dedicado a un espíritu malvado y comporta un delito de rebelión contra Dios», y los pueblos que cometen delitos contra Dios «se configuran como animales salvajes más que como hombres». Por tanto, en ese caso, «la guerra es natural. Porque la guerra más justa es la que se hace a los animales feroces y, después, la que se hace a los hombres que se asemejan a los animales feroces»[32].

El pensador holandés se esforzó en aclarar que no solo el individuo aislado debía responder por su comportamiento delictivo, sino, también, el pueblo en su conjunto al que ese hombre pertenece. Por eso la esclavitud y el genocidio son un acto de justicia divina:

> También los pueblos pueden ser sometidos públicamente al castigo por un crimen público, [y en cuanto] insubordinados al Rey del Universo, los habitantes de América y de África pueden caer en la esclavitud también como consecuencia de una guerra justa [...]. Los prisioneros hechos durante un conflicto armado son legítimamente esclavos, y esclavos legítimos son también sus descendientes: de otro modo, ¿qué interés tendría el vencedor en mantener con vida al derrotado? En cuanto esclavo de aquel que le ha perdonado la vida, el prisionero entra a formar parte de la propiedad del vencedor, y tal propiedad puede ser transmitida por vía hereditaria o ser objeto de compraventa, exactamente como la propiedad de las cosas[33].

Este es el planteamiento del considerado «padre» del Derecho Internacional, en las antípodas del que sostenía el fraile español Francisco de Vitoria, que opinaba que los indios vencidos por España no podían ser considerados esclavos, sino nuevos súbditos del rey.

Hugo Grozio, por tanto, justifica todas y cada una de las acciones realizadas por Jan Pieterszoon Coen en 1621, entre ellas, el genocidio de los habitantes de las islas de Banda. Al fin y al cabo, el Atila holandés era un buen calvinista, y como tal recomendaba a sus soldados que se enriquecieran a toda costa, porque la riqueza es un signo de predestinación y, en cualquier caso, como ya vimos, el hombre se salva por la fe, no por las buenas obras.

Por los relatos de los aventureros de la Compañía Holandesa de las Indias Orientales, los ciudadanos de ese país «tolerante e ilustrado» se convencieron de que en Indonesia y en África se encontraron con hombres que se asemejaban a animales salvajes. Por el contrario, cuando leyeron el libro de Bartolomé de las Casas estuvieron seguros de que los indios de América eran hombres «sin maldades ni dobleces, sin rencores, sin odios, mientras los españoles son como lobos y tigres y leones cruelísimos de muchos días hambrientos»[34].

Esta fue la justificación teológico-filosófica de las expediciones de saqueo y ocupación de Brasil y del Virreinato del Perú organizadas en 1623 por el príncipe Mauricio de Nassau, cuyo objetivo último era causar la ruina de la católica España, de los crueles «lobos papistas» y de los salvajes «tigres del Anticristo». Para tal fin Jacques de Clerck partió el 29 de abril de 1623 del puerto de Ámsterdam al mando de una flota compuesta por 15 naves, más de 1.000 tripulantes y 600 soldados, que en el otoño de 1624 saquearon y arrasaron las ciudades de Pisco, Guayaquil y Puerto Viejo, aunque fracasaron en su intento de tomar el puerto del Callao y hacer de Perú una colonia holandesa[35]. Jacques de Clerck, la «mano de Dios» que castigó a los feroces sanguinarios «tigres españoles», murió de escorbuto y disentería el 2 de junio de 1624. Su cuerpo fue enterrado en la isla de San Lorenzo, frente al puerto del Callao[36]. El segundo al mando, Hugo Shapenham, mantuvo el bloqueo del puerto hasta el 9 de septiembre de aquel año, cuando, convencido de que la misión que le había encargado la Casa de Orange era imposible, puso rumbo hacia Nueva España, donde, para no perder la costumbre, ordenó el saqueo de la ciudad de Acapulco[37].

7

Los «piadosos» puritanos de Estados Unidos, creadores de una república esclavista con un «destino manifiesto»

No sabemos cuándo ni cómo estos indios comenzaron a ser habitantes del gran continente, pero podemos conjeturar que probablemente el Demonio atrajo aquí a estos miserables salvajes con la esperanza de que el evangelio de nuestro señor Jesucristo no vendría nunca a destruir o perturbar su imperio absoluto sobre ellos.

Cotton Mather (predicador)

«Dios ha dejado claro nuestro derecho a ocupar este territorio»

En diciembre de 1620 desembarcaron en la costa de Norteamérica, en lo que luego sería el estado de Massachusetts, un grupo de 102 hombres, mujeres y niños que tres meses antes habían partido de la ciudad inglesa de Plymouth rumbo a la nueva «tierra prometida». Se consideraban a sí mismos el «nuevo pueblo elegido» por Dios para fundar una «nueva Jerusalén»[1]. Todos eran fervorosos calvinistas que querían eliminar del cristianismo las lacras del catolicismo que, según ellos, aún persistían. Llevaban en sus manos la famosa Biblia de Ginebra, el texto bíblico traducido al inglés y que, editado por John Knox junto a otros destacados alumnos de Calvino (William Whittingham, Myles Coverdale, Christopher Goodman, Anthony Gilby, Thomas Sampson y William Cole), contenía cientos de notas explicativas de los párrafos más difíciles de interpretar del Antiguo y del Nuevo Testamento. Esa exégesis de las Sagradas Escrituras fue elaborada a partir de los sermones y predicaciones realizadas por Calvino en Ginebra, de las cuales

Knox había tomado cuidadosa nota. Por eso puede decirse que en diciembre de 1620 Calvino también desembarcó en América y que, junto a esos 102 fervientes puritanos, fue uno de los padres fundadores de la *forma mentis* de Estados Unidos.

La pequeña nave con la que cruzaron el Atlántico tenía un bonito nombre, Mayflower, que los puritanos ingleses interpretaron como un renacimiento de la fe verdadera en América después de haber sido liberada del yugo papal y de su principal defensora: España. De este modo nacía el mito fundacional de los Estados Unidos de América y se establecía en su territorio una leyenda negra que desde allí se extendería a las colonias españolas del Nuevo Mundo[2].

Cuando las Trece Colonias lograron la independencia, los descendientes de esos colonos puritanos desempeñaron el papel de representantes de su país ante ese «Tribunal de la Historia» que repetidamente ha condenado a España por la conquista de América. Su fanatismo religioso los llevó a comportarse como los jueces más severos e implacables, aunque hubo alguno, como Charles Lummis[3] o James Brown[4], que logró desprenderse de sus prejuicios, se dio cuenta de que las pruebas presentadas contra España eran falsas y terminó convirtiéndose en un tenaz y ferviente defensor de la conquista española de América.

Pocas décadas después de la llegada del Mayflower a la costa de Massachusetts,

> … el mensaje, el estilo y los supuestos puritanos, cuando no sus doctrinas, se extendieron por todas las colonias y fueron absorbidos en las creencias y los puntos de vista de otros grupos protestantes. En cierta medida, como dijo Tocqueville, los puritanos dieron forma a todo el destino de Estados Uni-

dos. El celo religioso y la conciencia religiosa de Nueva Inglaterra [...] pasaron en gran medida al conjunto de la nación. Matizado, modificado, difuminado, el legado puritano se convirtió en la esencia estadounidense. Mientras que Inglaterra tuvo una revolución puritana que no llegó a crear una sociedad puritana, Estados Unidos creó una sociedad puritana sin padecer una revolución puritana[5].

Por tanto, Estados Unidos es un país que nació de la Reforma protestante, y sus orígenes se remontan a la revolución puritana inglesa, que «constituye el hecho formativo más importante de la historia política estadounidense»[6]. La división de la Reforma en diferentes comunidades religiosas hizo que Estados Unidos se creara a partir de «una sucesión de fragmentos protestantes»[7]. Los cuáqueros y los metodistas, por ejemplo, se establecieron en Pensilvania, pero, sin duda, la «mayor intensidad religiosa fue la de los puritanos»[8], que, como decimos, se instalaron en Massachusetts. Ellos fueron los primeros en definir su asentamiento, basado en una alianza con Dios para la creación de una ciudad sobre la colina, como un modelo para todo el mundo.

En los siglos XVII y XVIII, los norteamericanos definían su propósito en el Nuevo Mundo utilizando términos bíblicos. Eran un pueblo elegido con una misión en el desierto: crear la nueva Israel o la nueva Jerusalén en lo que era claramente la tierra prometida, el escenario de un nuevo cielo y una nueva tierra, el hogar de la justicia, el país de Dios[9].

El historiador británico Paul Johnson afirma que la llegada de los puritanos constituyó «el acontecimiento fundacional más importante de la primera etapa de la historia norteamericana»[10]. Por su parte, el politólogo Samuel Huntington sostenía que «Estados Unidos es una sociedad fundada y creada por los colonos de los siglos XVII y XVIII [...]. Sus valores, sus instituciones y su cultura proporcionaron los cimientos y determinaron el desarrollo de Estados Unidos en los siglos posteriores»[11]. Huntington reconocía que la cultura de los colonos fundadores convive hoy en día con otras que él considera subordinadas a la dominante:

> Estados Unidos siempre ha destacado por su elevado número de subculturas. Pero también se ha caracterizado por una cultura angloprotestante dominante compartida por la mayoría de sus habitantes, con independencia de las subculturas particulares de estos [...]. Esa cultura de los colonos fundadores ha sido el componente más central y duradero de la identidad estadounidense[12].

Las palabras de Huntington nos sirven para explicar cómo ha sido y es Estados Unidos —al menos hasta 1960— y en qué consiste ese «mito fundacional» —establecido por los colonos— que da a Norteamérica el papel de garante de la libertad en el mundo frente a los ataques de ciertos —no todos— dictadores. Ese mito fundacional parece que es compartido incluso por aquellos que ayer fueron esclavos de esos mismos colonos y por un buen número de inmigrantes. Como afirma el analista político Anatol Lieven, esa creencia unifica y uniformiza a la población estadounidense, «desde los gays de San Francisco hasta los bautistas más ortodoxos de los estados del sur»[13].

Pero ¿cómo actuaron esos «piadosos» puritanos cuando se establecieron en Norteamérica? ¿Cuál fue su comportamiento hacia los nativos americanos? ¿Cómo y por qué decidieron que «el mejor indio es el indio muerto»? A estas preguntas intentaremos responder en las siguientes páginas.

Los Pilgrim Fathers

La separación de Enrique VIII de la Iglesia católica dio vida al anglicanismo y al comienzo de una persecución feroz contra el catolicismo. Centenares de sacerdotes ingleses que se resistieron a aceptar la nueva religión impuesta por el Estado fueron colgados de los campanarios de sus parroquias y se persiguió a cualquier persona o grupo que renegase de la religión oficial del Estado. Uno de esos grupos disidentes fue el de los puritanos, que pretendían «purificar» la Iglesia de Inglaterra porque consideraban que no se había reformado lo suficiente y debía hacerse más radicalmente protestante. Muchos de ellos decidieron dejar Inglaterra y se instalaron en Holanda, donde ni mucho menos fueron recibidos con los brazos abiertos. Fue ese ambiente hostil el que los llevó a emigrar al Nuevo Mundo. Una representación de los puritanos —*The Pilgrim Fathers*— solicitó al Gobierno británico que les concediera tierras en América del Norte para establecerse en ellas. El rey les permitió el viaje —así se quitaba un problema de encima—, pero en absoluto recibieron la ayuda que esperaban[14]. Los mayoría de los pasajeros del Mayflower, liderados por William Bradford[15] y William Brewster[16], eran «puritanos no conformistas —es decir, disidentes— que por sus creencias calvinistas ya no estaban dispuestos a reconocer el mandato episcopal y las enseñanzas impuestas por Roma que la Iglesia establecida de Inglaterra obedecía»[17]. No actuaban como individuos aislados, sino como una comunidad de «peregrinos perpetuos»[18] elegidos por Dios para «fundar un país nuevo y santificado»[19].

> Los hombres y mujeres del Mayflower [...] no llegaron a América con el propósito de hacerse ricos, y ni siquiera con la intención de ganarse la vida, aunque aceptaban ambas posibilidades como bendiciones de Dios, sino para crear el reino de Este sobre la Tierra. Eran idealistas, utópicos [...] extremistas, fanáticos, intransigentes y desmesurados en sus pretensiones de superioridad moral. También eran inmensamente enérgicos, tenaces y valientes[20].

Diez años después, en 1630, llegó el siguiente contingente de colonos bajo el mando de John Winthrop[21], que estaba convencido de que la purificación y la salvación solo podía alcanzarse en Norteamérica[22]. Se veía a sí mismo como un nuevo Moisés que debía convencer a sus compatriotas de la necesidad de partir hacia la «tierra prometida».

> Winthrop triunfó rotundamente: durante el invierno consiguió reunir gente y barcos en número tal que conformó la expedición más grande y mejor equipada de que se tuviera memoria en Inglaterra. Cuando la flota se hizo a la mar, el lunes de Pascua de 1630, Winthrop, exaltado, sintió que él y sus compañeros se veían envueltos en lo que parecía ser un episodio bíblico, una nueva huida de Egipto en busca de la Tierra Prometida[23].

Durante la travesía, Winthrop dio un sermón que quedó grabado para siempre en la memoria de los peregrinos. La frase más destacada fue: «Debemos considerar que seremos como una ciudad sobre una colina: los ojos del mundo nos mirarán»[24]. Cuando ya se encontraban cerca de la costa de Nueva Inglaterra, Winthrop recibió la noticia de que los indios estaban siendo diezmados por la viruela, tras lo cual manifestó: «Dios ha dejado claro nuestro derecho a ocupar este territorio»[25].

La política del exterminio: «El mejor indio es el indio muerto»

Cuando los colonos llegaron a América, las costas y el interior de Massachusetts estaban habitados por varias tribus de la familia lingüística algonquina, como los wampanoag, los narragansett, los nipmuck, los pocomtuc, los mohicanos y los pequot, divididos en los mohegan y los mashantucket, que es de donde deriva el nombre de Massachusetts («la gran colina»).

Los nativos ya habían establecido contacto con los ingleses en la ciudad de Jamestown, la primera colonia inglesa permanente en América del Norte, fundada en 1607. En diciembre de 1620, los peregrinos que llegaron en el Mayflower se instalaron en Plymouth, donde entablaron relaciones de amistad con los indios. Así, en marzo de 1621, el gobernador de Plymouth, John Carver, firmó un acuerdo de paz con los indios wampanoag, que estaban ansiosos por reclutar aliados para luchar contra las demás tribus de la región.

Al parecer, los wampanoag enseñaron a los colonos a desenvolverse en tareas fundamentales para su supervivencia, tales como la pesca y la agricultura. Así, cuando llegó el momento de la cosecha, los colonos invitaron a un centenar de nativos a almorzar pavo, acompañado de maíz y calabazas, para dar gracias a Dios. Se supone que ese fraternal almuerzo tuvo lugar el cuarto jueves del mes de noviembre de 1621, y desde entonces las familias puritanas conservaron la costumbre de reunirse en familia ese día. Es lo que conocemos como la Cena de Acción de Gracias, aunque con una diferencia fundamental: los indios nunca más fueron invitados. En 1789, George Washington, consciente de la necesidad de que la religión y el patriotismo fueran de la mano, instó a los norteamericanos a dar gracias a Dios por haber velado por ellos durante la guerra de independencia de la misma forma que había protegido a los peregrinos del Mayflower. Muchos estados de Norteamérica establecieron como día festivo el cuarto jueves de noviembre, aunque no fue hasta 1863, ya con Abraham Lincoln como presidente de la nación, cuando se implantó ese día como fiesta nacional de Estados Unidos.

En apenas 20 años, entre 1620 y 1640, unos 20.000 puritanos llegaron a las costas de Massachusetts. La coexistencia pacífica con los indios duró hasta el 23 de abril de 1637, cuando 200 guerreros pequot atacaron la aldea de Wethersfield, donde mataron a seis hombres y tres mujeres. Un mes después, en la noche del 26 de mayo, el capitán John Mason, al mando de un grupo de 70 puritanos de Connecticut, apoyados por 270 nativos, rodeó el campamento de los pequot, que estaba protegido por una empalizada, y procedió a incendiarlo. Solo esa noche murieron 500 indios; cinco lograron huir y siete fueron hechos prisioneros para luego ser vendidos como esclavos. John Mason fue recibido como un héroe en Connecticut y durante los festejos por su «hazaña» declaró que «gracias a la Divina Providencia hubo en el pueblo esa noche 150 indios más que de costumbre»[26]. A partir de entonces, en las colonias inglesas de América del

Norte comenzó una «política de Estado» que fue seguida por todos los gobernadores y quedó establecida «democráticamente» por los Parlamentos de cada colonia. Esa política se basaba en una consigna: «El mejor indio es el indio muerto». Ya solo les quedaba decidir cuál era el mejor método, el más eficaz, para cumplir el objetivo estratégico de «limpiar» América del Norte de los salvajes pieles rojas. Pronto dieron con él: incentivar económicamente a la población para que todos se involucraran en la tarea de matar indios. El propio Karl Marx describió así la situación:

> Esos austeros «virtuosos» del protestantismo, los puritanos, establecieron por acuerdo de su *assembly* un premio de 40 libras por cada cuero cabelludo de indio y por cada piel roja capturado; en 1720, un premio de 100 libras por cuero cabelludo, y en 1744, después de que la Massachusetts Bay hubo declarado rebelde a cierta tribu, fijaron los siguientes precios: por escalpo de varón de 12 años o más, 100 libras de nuevo curso; por prisioneros varones, 105 libras; por mujeres y niños tomados prisioneros, 55 libras; por cuero cabelludo de mujeres y niños, 50 libras[27].

Fue el pueblo puritano el que decidió en asamblea poner el precio que se obtendría por cada indio muerto. Así comenzó la limpieza étnica de las colonias inglesas en América del Norte, limpieza que continuó cuando se creó la República de Estados Unidos y que no acabó hasta 1898.

¿Cómo es posible que esos sinceros hombres de fe, tan austeros y virtuosos, decidieran una «solución final» para el problema indio? Es decir, ¿cómo es posible que optaran por su eliminación directa o, en el mejor de los casos, por su encierro en miserables reservas? Las respuestas a estas preguntas no hay que buscarlas ni en la economía ni en la cultura, sino en la nueva teología que se había desarrollado en Europa a partir de la Reforma protestante y en la política común que se llevó a cabo tanto en Washington como en Londres. Como diría Antonio Gramsci, las respuestas no hay que buscarlas en la estructura, sino en la superestructura.

La razón teológica

La primera clave de interpretación consiste en entender que, como señala el filósofo mexicano Leopoldo Zea, «en el evangelizador anglosajón, el amoroso Dios del Nuevo Testamento será sustituido por el justiciero e iracundo Jehová del Viejo Testamento. El evangelizador se transforma en juez y en ejecutor de una misión para la cual no están todos los hombres avocados»[28]. La segunda clave tiene que ver con lo sucedido en la América española. Zea dice lo siguiente:

> Junto al rudo conquistador [llegó] el evangelizador, vestido de toscas lanas y sin más armas que rosarios y crucifijos. En Norteamérica, el pionero de la conquista y la colonización fue casi siempre, y simultáneamente, guerrero y pastor. Llevaba en sus manos la espada y la Biblia. Con la Biblia juzgaría, con la espada castigaría. ¿Quién sería el juzgado y quién sería el castigado si el juicio le era adverso? El otro, el habitante de estas remotas tierras sin dueño [...]. En el conquistador y colonizador anglosajón van unidos el guerrero y el juez; el primero decidirá lo que mejor conviene hacer con ese «otro», así como el segundo juzgará la forma como ha de realizarse tal conveniencia. Del peregrino que desciende del Mayflower hasta el pionero que se lanza sobre las llanuras

del *Far West,* nadie responde moralmente. Son ellos los propios y únicos jueces de sus actos[29].

El filósofo y político peruano José Carlos Mariátegui comprendió perfectamente lo sucedido en la América española, donde el poder lo tenía más el misionero, que «inspiraba y manejaba al poder temporal» del conquistador[30].

Podría pensarse que la decisión de exterminar al indio era una decisión cruel contraria al Evangelio y que los puritanos deberían haberse dado cuenta de que estaban actuando contra el mandato bíblico. Sin embargo, en la formación teológica del colono puritano prevalece el Antiguo Testamento sobre el Nuevo, y, además, para él, la crueldad ejercida sobre el indio «no es la crueldad natural, innata a todo hombre, sino la crueldad como necesidad para que el bien se imponga; para que el reino de Dios sea un hecho»[31]. Es decir, en la teología puritana, la crueldad deja de serlo cuando se aplica para cumplir la voluntad de Dios.

Desde el primer momento, los colonos de Norteamérica sabían que el indio no podía formar parte de la «Nueva Jerusalén», como también sabían que ellos no estaban allí para evangelizar, sino para construir un nuevo reino de Dios[32]. ¿Cómo resuelven el asunto, que enlaza con sus creencias religiosas, de que todos los hombres son hijos de Dios y que, por tanto, todos los hombres nacen iguales y tienen los mismos derechos? Lo cierto es que no les costó mucho encontrar la forma de apartar ese planteamiento de sus mentes:

> Todos los hombres nacen iguales, eso era un hecho indiscutible aceptado por los peregrinos y sus sucesores. Lo que va a ser discutible es la continuidad y permanencia de esta primera igualdad. Si bien todos los hombres tienen la misma

oportunidad para salvarse, no todos se salvan. Por ello, la reticencia de los indígenas a vivir y someterse a los modos de vida traídos por los colonizadores, lejos de ser vista como algo natural, como resultado del encuentro de civilizaciones o culturas distintas originadas en historias que no eran semejantes, será vista como el signo de que no formaban parte de los elegidos [...]. El nomadismo, la falta de conciencia del sentido de propiedad y otras costumbres más, que eran la negación de la concepción de la vida europea, mostraban a todas luces que, si bien todos los hombres nacen iguales, no todos se mantienen en esta igualdad[33].

Por otra parte,

> ... los peregrinos y colonizadores, formados en la doctrina de Calvino, tendían a dividir a la humanidad en elegidos y réprobos. Ellos, los portadores de la verdad, los llamados, eran, obviamente, parte de los primeros. Pero ¿qué eran esos hombres que se resistían a abandonar libre, conscientemente, su vida primitiva y que no hacían trabajo sedentario, una expresión de la voluntad divina? Se trataba de hombres que, durante largos siglos, habían formado parte del alejado reino de Satán, creado allende los mares, y que ahora insistían en mantener sus viejos hábitos y costumbres[34].

Dicho de otro modo: para los colonos puritanos, algo andaba mal entre los indígenas. Algo que impedía la comprensión de las normas morales y jurídicas de los colonizadores. Y este algo no podría ser otra cosa que la manifestación de que esos hombres no eran tales, de que no eran semejantes a los peregrinos. Debido a la soledad en la que el colonizador puritano se había formado, este solo era capaz de ver a los indios como «obstáculos que debían ser vencidos»[35]. Los puritanos llegaron a la conclusión de que, en América, el mal había tomado «posesión de los hombres como individuos concretos y que por esta razón dejaban de serlo»[36]. En resumen: el comportamiento de los indios les demostraba que estos no eran sino la «encarnación del pecado»[37].

Como bien afirmó el cardenal Joseph Höffner:

> Los colonizadores, invocando el Antiguo Testamento, exterminaron casi por completo a los indios y convirtieron las tierras de estos en territorios de colonización exclusiva de los blancos. No hubo mezcla de razas, pues los puritanos veían en cada indio a un hombre de condición inferior[38].

Estas son las falsas premisas con las que se elaboró el razonamiento de los puritanos cuando entraron en contacto con los nativos. Y de ese razonamiento se desprendía una conclusión lógica: para la construcción de la «Nueva Jerusalén», los indios debían ser exterminados. En 1637, los colonos puritanos pusieron en marcha el genocidio de los pieles rojas con el beneplácito de Su Majestad británica. En el país de Dios no podía haber lugar para los hijos del demonio. En 1795, casi el 95 % de la población de Massachusetts era ya de ascendencia inglesa.

La razón política: guerra, destrucción y traslado forzoso

La política en las colonias respecto a los indios fue la misma que Londres había aplicado para solucionar, por ejemplo, el «problema irlandés». En este sentido, el eminente historiador británico Arnold Toynbee afirmaba que «los hábitos de horror adquiridos por los ingleses en su prolongada agresión contra los restos de la franja céltica en los *highlands* de Escocia y los pantanos de Irlanda fueron llevados a través del Atlántico y practicados a expensas de los indios norteamericanos»[39].

Cuando estalló el conflicto entre los colonos y el Gobierno británico, seis naciones indias combatieron junto a los ingleses contra los rebeldes, situación que llevó al político, escritor y filósofo Thomas Paine —nacido en el condado de Norfolk, pero considerado uno de los Padres Fundadores de Estados Unidos— a proclamar que «Inglaterra es la potencia bárbara e infernal que ha incitado a los indios y a los negros a cortar la garganta de los hombres libres de Norteamérica»[40]. Por su parte, George Washington, que luego se convertirá en el líder de la nueva nación, definía a los pieles rojas como «bestias salvajes del bosque»[41], unas bestias de las que Thomas Jefferson llegó a decir que «debemos perseguir y exterminar, o bien desplazarlos hacia nuevos asentamientos fuera de nuestro alcance»[42]. Está claro que para los «luchadores por la libertad» el indio también era el enemigo al que había que vencer. En esas circunstancias, el Congreso —el organismo que expresaba la voluntad de los colonos rebeldes a través de sus representantes— ordenó la completa destrucción de las naciones indias aliadas con Gran Bretaña, «incluidos las mujeres y los niños»[43], una orden sin precedentes en la historia de una nación civilizada.

La Declaración de Independencia, firmada el 4 de julio de 1776, confirmó la opinión de Paine y de Jefferson, al tiempo que le reprochaba a Jorge III haber fomentado la revuelta de los esclavos negros contra los colonos independentistas y haber instigado a hacer lo mismo «a los indios despiadados y salvajes, cuyo modo de guerrear, como es sabido, es la masacre indiscriminada sin distinción de edad, sexo o condición»[44]. No olvidemos que el borrador original de la Declaración de Independencia fue escrito por Thomas Jefferson y corregido por John Adams y Benjamin Franklin, todos ellos considerados Padres Fundadores de Estados Unidos.

El 4 de junio de 1779, George Washington, entonces general del ejército revolucionario, ordenó la invasión del territorio de la confederación iroquesa que combatía junto a los soldados británicos y pidió que se mataran a tantos indios como fuera posible y se destruyeran «sus poblados y plantaciones. Se arrancará todo lo sembrado y se impedirá cualquier nueva plantación o cosecha. Lo que no pueda lograr el plomo, lo harán el hambre y el invierno»[45]. La campaña contra los iroqueses en el oeste de Nueva York, durante el verano de 1779, fue dirigida por el general John Sullivan, que había recibido órdenes específicas de George Washington: la total destrucción y devastación de los campamentos indios, «arruinar sus cosechas en los campos e impedir que vuelvan a sembrar»[46]. Entre los meses de junio y diciembre, el ejército norteamericano destruyó más de 40 aldeas y campamentos indios y miles de plantaciones fueron incendiadas. Los indios capturados fueron entregados como esclavos a los colonos que apoyaban la independencia.

Diez años después, en 1789, George Washington fue elegido primer presidente de Estados Unidos y decidió que los «asuntos indios» estuviesen a cargo de la Secretaría de Guerra, al frente de la cual puso al brigadier general Henry Knox, un reconocido héroe de la independencia. La política siguió siendo la misma que durante el periodo colonial —recordemos: «el mejor indio es el indio muerto»—, si bien es cierto que se permitió que algunos misioneros cristianizaran a algunos nativos, sobre todo a los que comenzaron a asimilar la cultura europeo-norteamericana y adoptaron una forma de vida más sedentaria.

En 1829, Andrew Jackson se convirtió en el séptimo presidente de Estados Unidos. En diciembre de ese año, en su primer mensaje anual al Congreso, argumentó que las tierras al oeste del río Misisipi eran el mejor lugar para que las naciones indias pudiesen vivir en paz. Dicho y hecho: a finales de mayo de 1830 se aprobó la llamada «Ley de traslado forzoso de los indios». La superioridad militar del ejército estadounidense era tan aplastante que los jefes de las naciones indias apenas tuvieron margen de maniobra para rechazar o modificar los «tratados para el traslado» que el Gobierno norteamericano les proponía firmar. Aun así, algunas naciones indias entraron en guerra —la guerra de Black Hawk (1832), la guerra Creek (1836) y la segunda guerra seminola (1835-1842)— para evitar el exilio forzoso. En estas batallas tuvo un papel destacado el general Zachary Taylor, que en 1849 se convirtió en el 12.º presidente de Estados Unidos. Conducidos por el jefe indio Halcón Negro, los sauk y sus aliados —los fox, los winnebagos y los kickapús— combatieron ferozmente durante meses, hasta que fueron derrotados en la salvaje masacre de Bad Axe, ocurrida el 2 de agosto de 1832. Más de 400 mujeres, niños y ancianos fueron asesinados y sus cuerpos despedazados. Los guerreros sioux que apoyaban al ejército de Estados Unidos capturaron a los pocos sauk y fox que consiguieron huir y les arrancaron el cuero cabelludo. El ejército norteamericano tan solo tuvo cinco muertos en acción y 19 heridos. El jefe indio Halcón Negro, que fue hecho prisionero en el enfrentamiento de Wisconsin Heights, fue exhibido en varias ciudades del oeste como si fuese un extraño animal de África u Oceanía. No son muchos los que saben que Abraham Lincoln, con 23 años, participó en la batalla contra el jefe Halcón Negro y en el genocidio de todo su pueblo.

La nación cheroqui trató de resistir pacíficamente y se dirigió tanto al Congreso como a la Corte Suprema de Justicia para exponer sus argumentos y ensayar la vía legal para oponerse al traslado forzoso. Los cheroqui eran una de las llamadas «cinco tribus civilizadas», junto con los chickasaw, los choctaw, los creek y los seminola, que habían sido cristianizadas, se habían vuelto sedentarias, habían aprendido a cultivar la tierra e incluso, como los cheroqui, habían desarrollado un sistema de escritura, lo que les permitió publicar un periódico en su propia lengua y en inglés. En 1835, el presidente Jackson designó como comisario de tratados al reverendo John F. Schermerhorn para que convenciese a los cheroqui de que se marcharan al oeste del río Misisipi. A cambio, el Gobierno les pagaría 4,5 millones de dólares. El Consejo de la Nación Cheroqui rechazó la propuesta en el mes de octubre, y poco después presentó al Congreso de Estados Unidos un «memorial de súplicas» para que no les expulsaran de sus tierras. En el texto podía leerse lo siguiente:

> En verdad, nuestra causa es la misma causa vuestra. Es la causa de la libertad y la justicia. Se basa en vuestros propios principios, los cuales hemos aprendido de vosotros mismos; porque nosotros nos gloriamos con considerar a vuestro Washington y a vuestro Jefferson como nuestros grandes maestros [...]. Hemos practicado sus preceptos con éxito y el resultado es evidente. La tosquedad del bosque ha hecho lugar a viviendas confortables y campos cultivados [...]. La cultura intelectual, los hábitos industriosos y los gozos de la vida doméstica han reemplazado a la rudeza del estado salvaje. Hemos aprendido también vuestra religión. Hemos leído

vuestros libros sagrados. Cientos de nuestras gentes han abrazado sus doctrinas, practicado las virtudes que ellos enseñan y fomentado las esperanzas que ellos despiertan [...]. Nosotros hablamos a los representantes de una nación cristiana; a los amigos de la justicia, a los protectores de los oprimidos. Y nuestras esperanzas reviven y nuestras perspectivas se abrillantan cuando nos damos a meditar. De vuestra sentencia está suspendido nuestro destino [...]. En vuestra benevolencia, en vuestra humanidad, en vuestra compasión y en vuestra buena voluntad están depositadas nuestras esperanzas[47].

La petición fue rechazada. Ni la benevolencia ni la compasión formaban parte de las virtudes de la mayoría de los miembros del Congreso de Estados Unidos. Unos eran hombres formados en el capitalismo salvaje y ambicionaban el oro que se encontraba en las tierras de los indios; otros eran hombres formados en la cultura puritana, donde, como ya hemos dicho, el Antiguo Testamento tenía más peso que el Nuevo. Pese a que los cheroqui se habían cristianizado, no formaban parte del pueblo que Dios había elegido para construir la «Nueva Jerusalén» y, por tanto, debían abandonar sus tierras para que estas fuesen habitadas y cultivadas por los «elegidos». 17.000 cheroqui fueron obligados a dejar sus hogares en el norte de Georgia y a trasladarse a pie hasta Oklahoma[48]. La terrible marcha pasó a la historia como el «sendero de las lágrimas»: más de 1.600 kilómetros que muchos —se calcula que unos 4.000— no llegaron a recorrer porque murieron antes de llegar a su destino[49].

Por mucho que los historiadores norteamericanos se esfuercen en maquillar la verdad, lo cierto es que con la «Ley de traslado forzoso de los indios» el Gobierno de Estados Unidos realizó una limpieza étnica en todo el territorio comprendido entre los montes Apalaches y el río Misisipi con el único objetivo de que fuera repoblado por el nuevo pueblo elegido por Dios. Es decir, el Congreso de una república dio la orden y esta fue ratificada por un presidente elegido democráticamente. Y los cheroqui no fueron los únicos. Años después, el Gobierno de Abraham Lincoln también obligó al pueblo navajo a abandonar sus tierras (en Arizona) y a caminar más de 500 kilómetros hasta un paraje situado al este de Nuevo México llamado Bosque Redondo. Entre agosto de 1864 y finales de 1866, el ejército de Estados Unidos obligó a este pueblo indio a realizar 53 marchas forzadas sin disponer de alimentos ni de agua. Miles de navajos murieron antes de llegar a su destino.

Todas las armas son buenas para lograr la «solución final»

La «solución final» al problema indio ha sido documentada por numerosos historiadores norteamericanos, muchos de los cuales coinciden en que, por ejemplo, el alcohol fue utilizado como un arma de destrucción del enemigo. En efecto, los colonos angloamericanos dieron de beber aguardiente a cientos de indios para conseguir que se marcharan de sus tierras[50], una situación que llevó a William Penn —cuáquero fundador de la colonia de Pensilvania— a afirmar que «el aguardiente exterminaba a más indios que el terrible azote de la viruela»[51]. Lo que se pretendía era provocar una embriaguez rápida y total, de tal manera que su resistencia desapareciera e incluso que les llegara la muerte por coma etílico. Como bien señala el historiador Georg Friederici, esta práctica constituye «una hoja particularmente penosa en la historia del vergonzoso negocio del aguardiente en la Norteamérica colonial»[52].

Uno de los partidarios de esa metodología fue Benjamin Franklin, que en un informe llegó a escribir lo siguiente:

> Forma parte de la Providencia destruir a estos salvajes con el fin de dar espacio a los cultivadores de la tierra. Me parece probable que el ron sea el instrumento apropiado. Este ya ha exterminado a todas las tribus que habitaban con anterioridad la costa[53].

El sabio consejo de Franklin fue seguido por muchos gobernadores de la recién creada república y, de hecho, en 1803, cuando la Luisiana fue transferida a Estados Unidos, eran pocos los casos de embriaguez entre los indígenas —el Gobierno español había dictado leyes de prohibición y las había hecho cumplir—. Sin embargo, «todo ello cambió cuando llegaron las multitudes de habitantes angloamericanos de la frontera con sus barriles de whisky y se tomaron la libertad de desobedecer las leyes existentes»[54].

La política de exterminio de los nativos «fue llevada hasta los mayores extremos entre los indios de las llanuras»[55]. Por lo general, «las gentes fronterizas y los granjeros pioneros que seguían sus pasos hicieron de la caza del indio una apasionada profesión»[56]. También decidieron exterminar a los bisontes —eran la base de la economía de los indios— y más de 50 millones de animales fueron sacrificados durante las guerras de finales del siglo XIX[57], lo que inclinó la balanza definitivamente del lado angloamericano. Los indios eran bastante más rápidos y hábiles que los soldados blancos y, aunque apenas disponían de armamento, se calcula que «los sioux mataron unas cinco veces más soldados de los que perdieron. El indio sioux o cheyene era aproximadamente cuatro o cinco veces más eficaz que el soldado blanco»[58]. Sin embargo, al final sus tribus fueron derrotadas fundamentalmente «por la miseria que sobrevino cuando los blancos lograron destruir al búfalo»[59].

Como vemos, para establecer la nación norteamericana fue necesario considerar al indio como un ser infrahumano, que es «el primer precepto del genocidio»[60]. Por ejemplo, en 1850, «en California había unos 100.000 indios; diez años después habían quedado reducidos a 35.000»[61]. De una población total de 1.115.000 habitantes, se pasó a menos de 500.000[62], cifra que se redujo a 228.000 en 1890, y los que sobrevivieron a las balas y al hambre fueron recluidos en campos de concentración llamados eufemísticamente «reservas».

Además, la legislación norteamericana les privaba de la ciudadanía. No fue hasta 1924 que el Congreso aprobó la «Ley de ciudadanía india», que en realidad los situaba como ciudadanos de segunda: el derecho al voto no les fue concedido en todos los estados de la Unión hasta 1948 y hubo que esperar hasta 1993 para que se les reconociera la libertad de culto.

De más está decir que toda conquista contiene episodios de violencia. Tanto en la anglosajona como en la española de América los hubo. Lo que importa destacar es el hecho de que ni a los colonos anglosajones —miembros de la monarquía británica— ni a los ciudadanos estadounidenses —miembros de una república— se les ocurrió otra solución que no fuera el exterminio o la reclusión de los indios en campos de concentración. Los dirigentes de la joven república norteamericana nunca pensaron en la integración y el mestizaje. A fin de cuentas, desde el tiempo de los colonos puritanos, los pieles rojas fueron «equiparados a los cananeos y amalecitas, es decir, a las estirpes elegidas por el Antiguo Testamento para ser borradas de la faz de la Tierra»[63]. ¿Hay alguna diferencia entre esta forma de pensar y de actuar y la que mostró la Alemania nazi respecto a los judíos? Dejamos aquí planteada la pregunta para que el lector la responda a su gusto.

La razón de ser de la república esclavista

Para el historiador inglés Paul Johnson, la fundación de dos ciudades concretas en la costa de América del Norte dio lugar a dos tradiciones políticas distintas que marcaron la historia de Estados Unidos. Esas ciudades fueron Nueva Plymouth, en Massachusetts, de donde nació la tradición conservadora, y Jamestown, en Virginia, de donde surgió la tradición liberal. Los primeros colonos de Jamestown eran un conjunto de hombres unidos por el deseo común de mejorar su situación social y económica. Llegaban al Nuevo Mundo en busca de una oportunidad que se les negaba en Inglaterra y soñaban con hacerse ricos o, al menos, con escapar del fantasma de la pobreza. Eran «caballeros aventureros, hombres sin tierra y siervos sometidos a contratos compulsivos. Los mejores entre ellos eran hombres formados en la sólida tradición empírica inglesa de justicia y libertad, y tanto ellos como su progenie habrían de constituir uno de los principales elementos de la tradición norteamericana»[64].

Paul Johnson se olvida de que esos «caballeros» habían llevado hasta sus últimas consecuencias la consigna de que el «mejor irlandés es el irlandés muerto» y que la trasladaron al Nuevo Mundo con los indios. También se olvida de que los descendientes de esos hombres seguidores de la sólida tradición empírica inglesa de justicia y libertad —solo para los ingleses anglicanos, no para los católicos— construyeron en América una república esclavista que, nacida entre los montes Apalaches y el océano Atlántico, y en cumplimiento de su «destino manifiesto», invadió y conquistó por la fuerza todos los territorios hispánicos hasta llegar al océano Pacífico, para luego lanzarse sobre las islas Filipinas.

Los blancos también fueron esclavos… o algo parecido

Como bien sostiene Juan José Sebreli, «también hubo esclavos blancos en las colonias inglesas de América y en las Antillas, ocultos bajo la categoría de "sirvientes blancos"». Algunos eran prisioneros de guerra, escoceses e irlandeses; otros, delincuentes condenados a trabajos forzados; otros, campesinos pobres que, movidos por el hambre, se vendían a sí mismos o a sus propios hijos… Por último estaban los niños que habían sido secuestrados en Londres o en Bristol «para ser vendidos por los *spirits,* así llamados porque hacían desaparecer a la gente, tal como queda documentado en las novelas de Dickens y otros autores de la época»[65].

En palabras del peruano Luis Alberto Sánchez:

> No todos los pasajeros del Mayflower y de la oleada de buques que lo siguieron fueron gente que pagara su traslado. Decenas de miles de indigentes no tenían cómo hacerlo, pero anhelaban abandonar Inglaterra. Para hacerlo enajenaban a los embarcadores u otras personas a sus servicios, abonando, en vez de dinero, su trabajo por un tiempo preciso. Eran los siervos o alquilados. Muchos de los *bond servants* fueron traídos por los primeros puritanos, los caballeros de Virginia y

los hugonotes, y empleados en los campos de Massachusetts y Georgia [...]. Este tráfico de servidores blancos fue tan cruel a veces como el de los negros y estaba controlado por medidas estrictas, como la de no permitirles casarse sin permiso de su señor[66].

¿Cómo surgió esta forma de esclavitud pactada? En su *History of the United States*[67], los historiadores Charles y Mary Beard[68] afirman que está documentado que varias decenas de miles de inmigrantes no podían pagar su pasaje y que «la principal barrera en el camino de los pobres que querían ir a América era el coste del viaje por mar». Así, «para superar esta dificultad, se elaboró un plan mediante el cual los armadores y otras personas con recursos proporcionaban el dinero del pasaje a los inmigrantes a cambio de su promesa, o fianza, de trabajar durante un periodo de varios años para reembolsar la suma adelantada. Este sistema se llamó servidumbre por contrato»[69]. Curiosa forma de llamar a la esclavitud... El hecho es que, a lo largo de la costa, desde Massachusetts hasta Georgia, había hombres, mujeres y niños cautivos en los campos, cocinas y talleres. En Pensilvania, por ejemplo, no era raro encontrar un amo con 50 sirvientes (blancos) y se estima que «dos tercios de todos los inmigrantes en Pensilvania, entre el inicio del siglo XVIII y el estallido de la revolución, estaban en cautiverio»[70].

Estamos hablando de una especie de esclavitud disfrazada de la que los Beard nos cuentan algunos detalles relevantes:

La historia de este tráfico de sirvientes blancos es una de las cosas más llamativas en la historia del trabajo. Los siervos se diferenciaban de los de la época feudal en que no estaban atados a la tierra, sino al amo. Asimismo, se diferenciaban de los esclavos negros en que su servidumbre tenía un límite de tiempo y estaban sujetos a muchas discapacidades especiales. Era, por ejemplo, una práctica común imponerles penas mucho más severas que las que se imponían a los hombres libres por el mismo delito [...]. La vida ordinaria del sirviente blanco también estaba severamente restringida. Un siervo no podía casarse sin el consentimiento de su amo, ni dedicarse al comercio; ni rehusar el trabajo que se le asignase. Por tentativa de fuga o incluso por cualquier infracción de la ley, se prorrogaba el plazo de servicio. [...] Su destino dependía del temperamento de sus amos[71].

Lo cierto es que el amo podía hacer con sus siervos —sobre todo con sus siervas— lo que se le antojase. Los colonos se referían a ellos como «basura blanca» e incluso «recibían peor trato que los negros, ya que, al estar contratados por un tiempo limitado, no había tanto interés en cuidarlos»[72].

En su afán por conseguir siervos —es decir, esclavos blancos—, los propietarios de tierras en América del Norte se confabularon con ciertos comerciantes británicos que no eran sino delincuentes, pues se dedicaban a secuestrar hombres, mujeres y niños en las calles de las ciudades inglesas. En 1680, «alrededor de 10.000 personas fueron llevadas a América. Muchos eran niños pequeños, ya que el tráfico con ellos era muy lucrativo, y en 1627, unos 1.500 niños fueron enviados a Virginia»[73]. Los Beard no mencionan que la mayoría eran niñas y jóvenes irlandesas que habían sido raptadas en las calles de Dublín, Cork o Galway, y que fueron usadas como esclavas sexuales y empleadas domésticas:

Los colonos, para maximizar sus recursos, decidieron utilizar a las mujeres/niñas irlandesas, además de para su beneficio propio, para «cruzarlas» con africanos y criar mulatos. Y estos nuevos esclavos rompieron el mercado, ya que se podían vender por un precio superior al de los irlandeses y salían más baratos que los esclavos traídos del continente africano[74].

La práctica del mestizaje de esclavos se extendió hasta 1681 cuando, debido a las presiones de la Royal African Company, a la que la Corona británica había concedido el monopolio sobre las rutas del comercio de esclavos africanos y que veía mermar sus ingresos con la «cría de mulatos» en las colonias, se prohibió la práctica del apareamiento de esclavas irlandesas y esclavos africanos con el fin de engendrar esclavos para venderlos[75].

A mediados del siglo XVII, los irlandeses se convirtieron en una de las principales fuentes de ingresos para los siempre «respetables» comerciantes británicos:

> El 70 % de la población total de las islas Antigua y Montserrat eran esclavos irlandeses; en la década de 1650, más de 100.000 niños irlandeses fueron separados de sus padres y vendidos como esclavos en las Indias Occidentales, Virginia y Nueva Inglaterra; 52.000 más, en su mayoría mujeres y niños, en Barbados y Virginia; 2.000 en Jamaica [...]. Además, eran más baratos que los africanos —en el siglo XVII, un esclavo africano costaba unas 50 libras esterlinas y un irlandés, no más de cinco— y los hijos nacidos de estos esclavos blancos seguían siendo esclavos incluso en el caso de que su madre obtuviese la libertad[76].

Aclaremos en este punto que en la América hispana no ocurrió nada semejante. Desde el primer momento, la Corona española prohibió la esclavitud de los indios y dictó las llamadas «Leyes de Indias», en las que por primera vez en la historia se establecía que una persona solo podía trabajar ocho horas al día. No siempre se cumplía, pero la reglamentación oficial dejaba clara la voluntad de proteger y tutelar jurídicamente la dignidad de la persona humana. Cuando en la América española se abusó de los aborígenes y se aceptó la esclavitud de los negros —siguiendo la sugerencia de Bartolomé de las Casas—, los sacerdotes siempre estuvieron allí para recordarles a los propietarios de personas que tanto indios como negros eran seres humanos y que como tales debían ser tratados. En definitiva: fue precisamente la cultura católica española la que hizo que la explotación humana y la esclavitud fuese mucho menor en nuestra América que en la América del Norte calvinista.

Los sirvientes negros de la Casa Blanca

En 1700, en Estados Unidos había 330.000 esclavos negros. Un siglo después ya eran tres millones y, a mediados del siglo XIX, el doble. En la llamada «Revolución norteamericana» —que no fue más que una simple rebelión antifiscal—, en el estado de Virginia se concentraba «el 40% de los esclavos del país», y, curiosamente, de allí procedía la mayoría de los protagonistas de la revuelta[77]. La élite política, económica y cultural estaba absolutamente comprometida con la esclavitud, lo que explica que, durante los primeros 30 años de vida de Estados Unidos, quienes ocuparon el puesto de presidente fueron propietarios de esclavos. Este fue el caso de algunos de los estadistas más ilustres del país, como George Washington, James Madison o Thomas Jefferson. Los tres eran propietarios de esclavos[78].

El 12 de noviembre de 1775, George Washington (1732-1799), que acababa de asumir el mando del ejército revolucionario, prohibió que los afroamericanos formaran parte de las tropas, pues no eran «dignos» de lucir el uniforme de los combatientes por la libertad. En 1787, Washington presidió la Convención de Filadelfia, que esbozó la Constitución de los Estados Unidos de América, y entre el 15 de diciembre de 1788 y el 10 de enero de 1789 tuvieron lugar las primeras elecciones presidenciales de Estados Unidos según el sistema de colegio electoral, vigente hasta la actualidad. George Washington salió elegido por unanimidad con el 100% de los votos, es decir, por los 69 electores. El 4 de febrero de 1789 fue proclamado presidente de Estados Unidos, y en abril, acompañado de su esposa, Martha, viajó a Nueva York, que entonces era la capital federal de la naciente república. La primera dama viajó junto a su doncella personal, una joven esclava negra llamada Ona Judge. Su esposo se llevó consigo a siete esclavos para que trabajaran a su servicio en la residencia presidencial, y cuando esta se trasladó a Filadelfia, llevó a nueve[79]. Cuando George y Martha se enteraron de que Elizabeth Custis Law, una de sus nietas, iba a casarse, pensaron que el mejor regalo que podían hacerle era Ona Judge, que sería una doncella excepcional para la futura esposa. Cuando la joven Judge supo lo que pensaban hacer con ella, se dio a la fuga. George Washington se tomó la desaparición como una ofensa personal y encargó al secretario del Tesoro, Oliver Wolcott, que se encargase de la operación de busca y captura de la fugitiva. En una carta dirigida a Joseph Whipple, responsable de aduanas de Portsmouth, el «padre liberal» de Estados Unidos pidió que se hiciera lo que fuera necesario para «devolver la propiedad de la señora Washington»[80].

Por su parte, el tercer presidente de Estados Unidos, Thomas Jefferson, autor de la Declaración de Independencia (1776) y fundador de la Universidad de Virginia, llegó a poseer más de 600 esclavos negros. Uno de ellos era Sally Hemings, amante de Jefferson y hermanastra de su difunta esposa, Martha Wayles. Hemings era hija del suegro de Jefferson, John Wayles, pero su condición de esclava mulata se mantuvo hasta el final de sus días. No se conservan imágenes de ella, pero la tradición habla del notable parecido que había entre las hermanas blanca y mulata[81]. Thomas Jefferson tuvo varios hijos con Hemings —a su vez, nietos de John Wayles y sobrinos de Martha—, pero el trató que les dispensó siguió siendo el de meros esclavos.

Me parece oportuno decir aquí que el «sanguinario y autoritario» Hernán Cortés hizo que su hijo mestizo se convirtiera en caballero de la Orden de Santiago. O que el rudo Garcilaso de la Vega se encargó de que su hijo, el Inca Garcilaso —considerado el padre de la literatura hispanoamericana—, recibiera una buena educación: llegó a dominar tres lenguas (español, latín y quechua), estudió Historia, escribió poemas exquisitos y actuó como soldado de la monarquía española.

¿Cómo es posible que el autor de la Declaración de Independencia de Estados Unidos, que dice que todos los hombres son libres e iguales, actuara de esa manera? La respuesta es obvia: para Jefferson todos los hombres son libres e iguales siempre y cuando sean blancos, anglosajones, protestantes y ricos.

En la lista de presidentes de Estados Unidos que tuvieron esclavos se encuentran los ya citados y otros muchos, como James Monroe, Andrew Jackson, Martin Van Buren, William Henry Harrison, John Tyler, James K. Polk, Zachary Taylor, Andrew Johnson, Ulysses S. Grant... De hecho, «en las primeras 16 elecciones presidenciales, entre 1788 y 1848, los vencedores llevaron a un propietario de esclavos del sur a la Casa Blanca»[82], y todos ellos se llevaron consigo a sus esclavos para que los atendiesen mientras ejercían su función como presidentes de la república[83]. El general Zachary Taylor, que gobernó entre 1849 y 1850, fue el último que tuvo esclavos en la residencia presidencial[84]. Solo después de él la Casa Blanca dejó de ser atendida por esclavos negros.

Lincoln, el presidente que quería devolver a los negros a África

El *marketing* político anglosajón presenta siempre a Abraham Lincoln (1809-1865) como el paladín mundial de la lucha contra la esclavitud. Dos años después de su asesinato, el Congreso de Estados Unidos encargó a la asociación Lincoln Monument la construcción de un monumento que honrase la memoria del presidente que había acabado con la esclavitud. De esa forma comenzaba la creación de un mito que se ha mantenido vigente hasta nuestros días. El monumento, que se inauguró el 30 de mayo de 1922, es una inmensa estatua de mármol de 175 toneladas, colocada en el interior de un majestuoso templo de estilo griego, que vigila permanentemente a los congresistas que se reúnen en el Capitolio para que nunca olviden su compromiso con la libertad... Eso dice el mito de Lincoln, pero veamos qué dice la verdad histórica.

La guerra civil que enfrentó a los estados del norte con los del sur (agrupados en la «Confederación esclavista») ni mucho menos fue una lucha contra la esclavitud librada en nombre de la igualdad o de la libertad. En realidad, el norte luchaba por la industrialización —que daría lugar a la verdadera independencia política de Estados Unidos— y la esclavitud no era más que un asunto negociable.

Abraham Lincoln asumió su cargo el 4 de marzo de 1861. Ese mismo año, la Cámara de Representantes aprobó un nuevo aumento arancelario. El sur se rebeló, lo que dio lugar a la Guerra de Secesión: «Los esclavistas del sur, enfrascados en el monocultivo algodonero de exportación, aspiraban al pleno disfrute de sus divisas, o sea, a surtirse de manufacturas inglesas, mejores y más baratas que las de la incipiente industria yanqui protegida»[85]. Tanto Lincoln como su «mentor político», Henry Clay[86], eran más proteccionistas que antiesclavistas, y lo cierto es que aquel nunca abogó por la abolición forzosa de la esclavitud, ya que consideraba que los negros eran inferiores, y no estaba a favor de concederles el derecho de sufragio[87]. Lo que no estaba dispuesto a negociar era el estricto sistema proteccionista que deseaba crear para que la joven e ineficiente industria norteamericana pudiese competir con la mucho más desarrollada industria inglesa.

En 1862, con la guerra ya comenzada, Lincoln escribió lo siguiente en una carta dirigida al periodista y político Horace Greeley:

> Si hay quienes no quieren salvar la Unión a menos que al mismo tiempo puedan salvar la esclavitud, no estoy de acuerdo con ellos. Si hay quienes no quieren salvar la Unión al menos que al mismo tiempo puedan destruir la esclavitud, no estoy de acuerdo con ellos. Mi objetivo supremo en esta lucha es salvar la Unión y no salvar o destruir la esclavitud. Si pudiese salvar la Unión sin liberar ningún esclavo, lo haría; y

> si pudiese salvarla liberando todos los esclavos, lo haría; y si pudiese hacerlo liberando algunos y dejando en paz a los demás, también lo haría. Lo que hago por la esclavitud y la raza de color lo hago porque creo que ayuda a salvar la Unión; y lo que dejo de hacer es porque creo que ayuda a salvar la Unión[88].

Durante la guerra civil, Lincoln recibió del Congreso poderes que ningún presidente anterior había tenido: manejaba los fondos de la Cámara de Representantes y tenía la facultad de suspender el *habeas corpus,* lo que le permitió detener —sin orden judicial— a varios opositores políticos. También limitó la libertad de expresión controlando a la prensa y censurando a los grupos antibelicistas.

Poco antes de publicar la «Proclamación de Emancipación», Lincoln invitó a la Casa Blanca a cinco afroamericanos libres. En tono amable y paternal les dijo:

> Vosotros y nosotros somos razas diferentes. Tenemos entre nosotros la mayor diferencia que existe entre prácticamente cualquier raza. No necesito discutir si es correcto o incorrecto, pero esta diferencia física es una gran desventaja para ambos. Creo que vuestra raza sufre mucho, en parte por vivir entre nosotros, mientras que la nuestra sufre con vuestra presencia[89].

Para finalizar la conversación, el presidente les comunicó que, cuando todos los esclavos fuesen liberados, pensaba mandarlos de regreso a África, en concreto a Liberia, y si esa opción no era posible por los altos costes del viaje, lo mejor sería trasladarlos a Centroamérica[90]. La generosidad de Lincoln no tenía límites.

Sin pretender buscar atenuantes ni a la república esclavista construida por los Padres Fundadores de Estados Unidos ni al tráfico de esclavos organizado por Portugal, Holanda e Inglaterra, importa destacar que el comercio de esclavos negros no hubiera tenido éxito sin la colaboración de los propios africanos. Juan José Sebreli lo explica con suma claridad:

> El tráfico se realizaba, por lo común, con la mediación de jefes guerreros que vendían a sus cautivos a mercaderes nativos o árabes llamados sobas, avenzadores o pombeiros, bajo el control de los reyezuelos africanos, muchos de los cuales también eran traficantes. Estos reyes negros eran muy respetados por los europeos. La fuente de abastecimiento de esclavos para los traficantes eran los negros castigados [por los reyezuelos negros] por un delito real o supuesto. El *demel* de Cayol emitió un edicto por el cual cualquier mujer que cometiese adulterio debía ser vendida como esclava. Los sospechosos de conspiración contra el gobierno eran vendidos junto con sus mujeres, hijos y hermanos. Otra fuente eran los prisioneros de guerra. En el apogeo del tráfico, las guerras estallaban por causas fútiles y con el único objetivo de hacer prisioneros para la venta. Además, como los propios africanos tenían esclavos, en caso de necesidad podían venderlos a los traficantes[91].

En el África negra, la esclavitud estaba extendida antes de que llegasen los árabes y los europeos. Los prisioneros de guerra se convertían en esclavos y las mujeres se destinaban a la prostitución y la realización de sacrificios humanos, como ocurría en el reino de Dahomey, fundado en la primera mitad del siglo XVII y situado en la costa oeste del continente, en el territorio de la actual república de Benín. En su periodo de mayor apogeo, Dahomey despertó el interés de los europeos fundamentalmente porque allí se practicaban sacrificios humanos y porque en su ejército había mujeres. Junto con los vecinos reinos de Oyo y de Ashanti, Dahomey controlaba el comercio de esclavos en la región. Los reyes africanos iniciaban las negociaciones con los europeos afirmando: «Queremos tres cosas: pólvora, balas y aguardiente; ofrecemos tres cosas: hombres, mujeres, niños»[92]. Coincidimos con Sebreli en que «esta sórdida historia del África negra no exime de culpa a los blancos, pero destruye el mito que los convierte en creadores y únicos usufructuarios de la criminal institución de la esclavitud»[93].

El «destino manifiesto» de Estados Unidos y el sentimiento antiespañol

El sentimiento antiespañol existió en Estados Unidos desde su fundación. La joven república lo heredó de su *madre patria,* esto es, Gran Bretaña. De mano de los colonos anglosajones, la leyenda negra cruzó el Atlántico y encontró una nueva tierra fértil donde desarrollarse y crecer. Este asunto ha sido estudiado por João Feres Júnior y expuesto en un espléndido artículo titulado «El concepto de América española en Estados Unidos: de la leyenda negra a la anexión territorial»[94].

En el momento de la independencia, el menosprecio hacia los españoles —europeos y americanos— ya formaba parte del ADN de la élite política norteamericana. Poco importaba, por ejemplo, que España les hubiese ayudado a vencer a Gran Bretaña en su particular «lucha por la libertad». El caso es que los Padres Fundadores de Estados Unidos estaban imbuidos de planteamientos negrolegendarios, como le ocurría al abogado John Adams, dos veces vicepresidente de George Washington y segundo presidente de Estados Unidos (de 1797 a 1801), quien, en una carta dirigida a Thomas Jefferson, afirmó:

> Un gobierno libre y la religión católica romana no pueden existir juntos cualquiera que sea la nación o país, y, consecuentemente, todos los proyectos de reconciliarlos tanto con la vieja España como con la Nueva [México] son utópicos, platónicos, y quiméricos. Yo he visto tanta postración y prostitución de la naturaleza humana en la vieja España que formé mi juicio sobre estas cosas hace mucho, y, por lo que entiendo, la Nueva España es aún peor, si esto es posible[95].

Se puede decir más alto, pero no más claro. Pero las consecuencias de las palabras de Adams van aún más lejos: las bestias no tienen derecho a poseer un territorio, por lo que la Nueva España no puede ser la propietaria de las tierras que se extienden desde Texas hasta California. Así lo entendieron todos los presidentes de Estados Unidos y, por eso, unos años después, Jefferson, gracias a la ayuda de Alexander von Humboldt (lo vimos en el capítulo 1), comenzó a planificar la guerra contra el Virreinato de la Nueva España.

John Adams fue el padre de John Quincy Adams, sexto presidente de Estados Unidos, que afirmaba que los españoles «son indolentes, sucios, maliciosos y, en resumen, pueden ser bien comparados a un montón de puercos. Su bajeza es tan profunda que los torna inhumanos»[96]. Como cabía esperar, el desprecio también iba dirigido a los hispanoamericanos. Por ejemplo, en 1812 el Gobierno de Estados Unidos, presidido entonces por James Madison, envió a Venezuela a Alexander Scott para que recabase información sobre la situación política del país. En su informe posterior, Scott declaró que el venezolano es «tímido, indolente, ignorante, supersticioso e incapaz de empresa o esfuerzo alguno»[97]. En 1828, Beaufort Watts, encargado de realizar otro informe sobre Colombia, concluía que «el típico colombiano es un animal obediente que se muestra obsequioso cuando es castigado»[98]. Estas afirmaciones no son meros insultos producto del prejuicio, sino declaraciones de carácter político que tienden a justificar el expansionismo de la joven república norteamericana: los españoles y sus descendientes en América son animales que no merecen poseer ningún territorio, así que, por el «bien de la humanidad», los hombres laboriosos tienen todo el derecho a arrebatárselo.

Ahora bien, cuando al final lo lograron, se encontraron con el problema de qué hacer con la población mexicana de Texas. En 1843, el secretario de Estado estadounidense, Abel Upshur, afirmó:

> Ningún hombre que conozca algo de su propia naturaleza puede suponer que es posible que dos razas de hombres, distinguidas por marcas externas e indelebles que son obvias a los ojos de todos, que han mantenido entre ellas desde tiempos inmemorables la relación de señor y esclavo, puedan jamás vivir juntas como iguales en el mismo país y bajo el mismo Gobierno[99].

Es decir, el destino de la población nativa mexicana es la esclavitud, la expulsión o el exterminio, porque, como bien señala Reginald Horsman, «el problema no era el territorio, sino los mexicanos»[100]. En el marco de este debate es como debemos entender las declaraciones del político sureño John Calhoun (1782-1850):

> Nosotros nunca hemos soñado con incorporar a nuestra Unión cualquier otra raza que no sea la caucásica, la raza libre de los blancos. La incorporación de México sería el primer caso de incorporación de la raza india, puesto que más de la mitad de los mexicanos son indios y el resto está formado principalmente por tribus mixtas. ¡Yo protesto contra esa unión! El nuestro es el Gobierno de la raza blanca. Los grandes infortunios de la América española son consecuencias del error fatal de poner esas razas de color en pie de igualdad con la raza blanca[101].

Como vemos, la leyenda negra, al fusionarse con el mito del «nuevo pueblo elegido por Dios», engendra la doctrina del «destino manifiesto», que se consolida en la guerra con México y brilla como nunca durante la guerra contra España. Una doctrina que podría resumirse en las palabras del senador por Indiana Albert Beveridge (1862-1927):

> Dios no ha preparado a los pueblos de habla inglesa y a los teutónicos por mil años en vano o para la indolente contemplación y admiración de ellos mismos. ¡No! Él ha hecho de nosotros los grandes organizadores del mundo para establecer un sistema donde no impere el caos. Él nos ha dado el espíritu del progreso para derrotar a las fuerzas de la reacción en la tierra. Él ha hecho de nosotros adeptos del gobierno para que podamos administrar gobierno a los pueblos seniles y salvajes. Si no fuera por esa fuerza, el mundo caería en la peor barbarie y en la oscuridad. Y de toda nuestra raza, Él

> escogió el pueblo americano como la nación para, finalmente, guiar la regeneración del mundo. Esa es la misión divina de América, y como tal nos proporciona todo el lucro, la gloria y la felicidad posible al hombre. Nosotros somos los encargados del progreso del mundo, los guardianes de su paz virtuosa[102].

Poco más podemos añadir. Que el lector saque sus propias conclusiones.

8
Los otros jueces hipócritas del «Tribunal de la Historia»

Es necesario masacrar a las mujeres para que no produzcan
y a los niños porque serían los futuros rebeldes.

Lázaro Carnot, ministro de Guerra
de la Revolución francesa

Yo, general de los soldados alemanes, envío esta carta a los herero.
La nación herero debe abandonar el país.
Si se niegan, los forzaré a cañonazos.

General Lothar von Trotha

La mentira, la tergiversación y la ocultación de los hechos han sido siempre los rasgos característicos del planteamiento negrolegendario al que estamos intentando hacer frente en este libro. Como veremos a continuación, no solo se ha mentido sobre España y su historia, sino que, al amparo de estas falsedades, se han obviado algunos hechos que constituirían para otros países —en concreto, Francia y Alemania— un relato tanto o más espeluznante que el construido sobre España a raíz de la leyenda negra. La élite de «iluminados» que llevó a cabo la Revolución francesa reprimió brutalmente el menor atisbo de disidencia y, en nombre de la «libertad, igualdad y fraternidad», se instauró un Estado represivo que acabó con la vida de miles de «ciudadanos» franceses. Por su parte, a finales del siglo XIX y principios del XX, el Estado alemán decidió exterminar a la población nativa del sudeste africano (en la actual Namibia) para apropiarse de sus riquezas y eliminar cualquier tipo de oposición... No hay duda de que la manipulación de la historia siempre responde a los intereses de los más poderosos.

«Camaradas, entramos en el país insurrecto. Os doy la orden de entregar a las llamas todo lo que sea susceptible de ser quemado y pasar al filo de la bayoneta todo habitante que encontréis a vuestro paso»[1]. Quien así habla no es ni el camarada Lenin, ni el camarada Trotsky, ni el camarada Mao. Esas palabras las pronunció el tristemente célebre general francés Luis Grignon (1784-1825), que fue enviado desde París para reprimir la sublevación popular producida en la región de la Vendée, en el oeste Francia, entre 1793 y 1794[2]. Grignon tuvo a su cargo la llamada segunda «columna infernal», destinada a sofocar las revueltas siguiendo las instrucciones del general en jefe Louis Marie Turreau (1756-1816), que no eran otras que «masacrar, fusilar e incendiar a todas las personas y pueblos que la columna encuentre a su paso»[3]. En 1794, el Comité de Salvación Pública —institución de gobierno creada por los miembros de la Convención revolucionaria— estableció la siguiente consigna: «La Vendée debe ser un cementerio nacional»[4]. Las órdenes recibidas por el general Turreau estaban encabezadas por el lema «Libertad, igualdad, fraternidad o muerte»[5].

Pero la decisión —por escrito— de exterminar a las poblaciones de las 778 parroquias de la Vendée llevaba la firma del ministro de Guerra, Lázaro Carnot. El texto resulta estremecedor: «Es necesario masacrar a las mujeres para que no produzcan y a los niños porque serían los futuros rebeldes»[6]. El 12 de enero de 1794, el general Turreau dirigió una carta al Comité de Salvación Pública diciendo que su intención era «incendiar todo, preservando solo los pastos necesarios para establecer los acantonamientos propios para la aniquilación de los rebeldes, pero esta gran medida debe ser prescrita por ustedes»[7]. La respuesta de París se hizo esperar, pero fue contundente: el 8 de febrero, el Comité dio la siguiente orden a Turreau: «Extermina a los *brigands* hasta el último, ese es tu deber»[8]. ¿No es esto terrorismo de Estado?

El 22 de enero de 1794, en Saint-Aubin-du-Plain, 79 personas fueron asesinadas por una de las «columnas infernales» del general Luis Grignon. Dos días después, los pueblos y las aldeas situados entre Bressuire y La Flocellière fueron saqueados e incendiados, y todos sus habitantes, incluidos mujeres y niños, fueron asesinados[9]. El 26 de enero sucedió lo mismo en la población de Cerizay, y, cuatro días después, el 30 de enero, en Pouzauges, 30 prisioneros fueron violados por oficiales de la columna de Grignon antes de ser fusilados[10].

Un despacho del general François-Séverin Desgraviers-Marceau, comandante en jefe interino del Ejército del Oeste, describió así su paso por la Vendée: «Por agotadas que estuvieran nuestras tropas, hicieron todavía ocho leguas, masacrando sin cesar y haciendo un botín inmenso»[11]. Por su parte, el general Marie François Rouyer confesó: «Fusilamos a todo el que cae en nuestras manos: prisioneros, heridos y enfermos en los *hospitales»*[12], y, según el general François Pierre Joseph Amey, sus tropas fueron culpables de algunos de los peores excesos[13], algunos de los cuales fueron relatados por un oficial de Policía:

> Amey hace encender los hornos y cuando están bien calientes, mete en ellos a las mujeres y los niños. Le hemos hecho amonestaciones; nos ha respondido que era así como la República quería cocer su pan. Primeramente, se ha condenado a este género de muerte a las mujeres bandidas, y no

> hemos dicho demasiado; pero hoy los gritos de esas miserables han divertido tanto a los soldados y a Turreau que han querido continuar esos placeres. Faltando las hembras de los realistas, se han dirigido a las esposas de verdaderos patriotas. Ya veintitrés, que sepamos, han sufrido este horrible suplicio y no eran culpables más que de adorar a la nación. Hemos querido interponer nuestra autoridad, pero los soldados nos han amenazado con la misma suerte[14].

El capitán Dupuy, en una carta a su hermana, reconoció que «por todas partes por donde pasamos llevamos la llama y la muerte. La edad, el sexo, nada es respetado. Un voluntario mató, con sus propias manos, a tres mujeres. Es atroz, pero la salvación de la República lo exige imperiosamente»[15]. Testimonio parecido al del cirujano Thomas, que reconoció haber «visto quemar vivos a hombres y mujeres. He visto 150 soldados maltratar y violar mujeres, chicas de 14 y 15 años, masacrarlas después y lanzarse de bayoneta en bayoneta tiernos niños que habían quedado al lado de sus madres sobre las baldosas»[16]. Hay datos aún más estremecedores que los generales franceses parecen haber copiado de los incas peruanos, como la utilización de la piel de las víctimas para hacer guantes, zapatos o carteras, un hecho documentado en varias causas judiciales e incluso en un informe oficial del jefe revolucionario Louis de Saint-Just: «Se curte en Meudon la piel humana. La piel que proviene de hombres es de una consistencia y de una bondad superiores a la de las gamuzas. La de los sujetos femeninos es más flexible, pero presenta menos solidez»[17]. Semejante crueldad solo volvería a Europa con los nazis.

El 23 de enero de 1794, el general Joseph Crouzat (1735-1824), que comandaba una de las «columnas infernales», hizo enterrar vivos a 30 niños y a dos mujeres[18], tras lo cual procedió a fusilar a 200 hombres[19]. Uno de los soldados a su mando relató con todo lujo de detalles cómo el 5 de abril de 1794 la columna quemó a 150 mujeres para fabricar grasa y jabón:

> Hicimos agujeros en la tierra para colocar calderas a fin de recibir lo que caía; habíamos puesto barras de hierro encima y colocado a las mujeres encima. Después, más encima aún, estaba el fuego. Dos de mis camaradas estaban conmigo, en este asunto. Envié diez barriles a Nantes. Era como la grasa de momia: servía para los hospitales[20].

Fue así como los revolucionarios franceses que proclamaban que todos los hombres eran libres, iguales y hermanos anticiparon la «solución final» ideada por Adolf Hitler. La humanidad llegó a juzgar a los criminales nazis, pero los crímenes de lesa humanidad cometidos por los revolucionarios franceses siguen impunes a día de hoy.

La enumeración de las atrocidades cometidas en los años inmediatamente posteriores a la Revolución francesa nos llevaría demasiadas páginas. Según el historiador francés Reynald Secher, 117.000 campesinos fueron asesinados (la población de la Vendée era en aquel momento de 815.000 habitantes)[21], aunque, como señala el también historiador y demógrafo Pierre Chaunu, fueron 400.000 las víctimas de la represión llevada a cabo por el Estado francés. La Vendée perdió el 14,38 % de la población (dos tercios eran campesinos y un tercio eran comerciantes) y vio destruido el 18,16 % de sus casas. Sin embargo, en los pueblos que mayor resistencia pusieron al avance de las tropas, el exterminio de personas llegó al 80 %[22]. Tal fue el grado de destrucción provocado por la represión que gran parte de la Vendée, uno de los territorios más fértiles de Francia, permaneció prácticamente deshabitado durante 25 años[23].

Todas estas atrocidades fueron calificadas por algunos historiadores —a regañadientes— como crímenes de guerra, e incluso como el «primer genocidio de la era moderna»[24], aunque otros tuvieron la desfachatez de considerarlas «simples excesos» cometidos por unas tropas inexpertas que habían recibido la orden de aplacar la confabulación contrarrevolucionaria. ¿Acaso es posible definir como un «simple exceso» quemar a cientos de personas, violar niñas, enterrarlas vivas y obtener jabones de la «cocción» de la grasa de las mujeres capturadas? Nada tan atroz como lo sucedido en la Vendée aconteció jamás en la historia de España y, sin embargo, según la historia oficial francesa, aquello no fue más que una pequeña revuelta —organizada por nobles y curas con el apoyo de la parte más pobre e ignorante de la población— dirigida a acabar con el Gobierno revolucionario.

Como muestra del carácter «esencialmente democrático» de la sociedad francesa tenemos el caso del escritor Julio Verne (1828-1905), quien, tras conseguir una gran fama a raíz de la publicación de *Cinco semanas en globo,* decidió desafiar a la historia oficial francesa publicando, en 1864, en la revista mensual parisina *Musée des familles,* un capítulo de una novela titulada *El conde de Chanteleine.* Posteriormente, trató de publicarla en forma de libro, pero su editor, Pierre-Jules Hetzel, con quien tenía un contrato de exclusividad, no solo rechazó el proyecto, sino que procedió a ocultar la obra. Cuando el Gobierno francés se enteró de la censura al escritor, le sugirió a Hetzel que se mantuviera firme en su decisión. ¿Por qué el editor y el Gobierno francés se confabularon para ocultarle al pueblo una novela de uno de los escritores más famosos de Francia? La respuesta es bastante sencilla: porque *El conde de Chanteleine* trataba del genocidio de la Vendée y en ella se revelaban los atroces crímenes cometidos por la Revolución francesa en nombre de la igualdad, la libertad y la fraternidad. La novela de Verne no fue publicada en la «tolerante» Francia hasta 1971. En cambio, en España apareció en 1870. Como se aprecia, la «libertad de prensa y opinión», tan característica de los franceses, en este caso no hizo acto de presencia.

Como sucede con cualquier hecho histórico, la sublevación de la Vendée no tiene una causa única, sino múltiples. De lo que no hay duda es de que la Revolución francesa, que en teoría consagró los derechos del hombre, en la práctica procedió a violarlos sistemáticamente. Desde 1793, los fieles católicos, que eran la mayoría de la población de Francia, fueron perseguidos; se suprimieron las órdenes religiosas y las propiedades de la Iglesia fueron confiscadas. Los sacerdotes que rechazaron someterse a la autoridad del Estado —llamados «sacerdotes no juramentados»— fueron asesinados, obligados a exiliarse o encarcelados[25].

En marzo de 1793 se ordenó el cierre de la mayor parte de las iglesias, confiscando los vasos sacramentales y prohibiendo erigir cruces sobre las tumbas[26]. Se quitaron las campanas de las iglesias, se cambió el nombre de las ciudades cuando llevaban el nombre de un santo, se prohibió la educación cristiana en las escuelas y se promulgó una ley que condenaba a muerte a los sacerdotes que no se sujetasen a la autoridad del Estado. Poco después, la catedral de Notre-Dame fue profanada y el culto católico fue sustituido por el culto a la «razón y libertad». La imagen de la Virgen María fue reemplazada por la imagen de la «diosa» razón y se introdujo un nuevo calendario creado por los revolucionarios. Los años dejaron de contarse a partir del nacimiento de Cristo y comenzó a hacerse a partir de la fundación de la República, el 22 de septiembre de 1792. Los meses cambiaron de nombre y la semana ya no era de siete días, sino de diez.

Por otra parte, la Revolución, que supuestamente se había hecho para el pueblo, terminó por favorecer solo a los ricos, algo parecido a lo sucedido con la Reforma protestante. Un aspecto bastante desconocido de la Revolución francesa es que miles de obreros se quedaron sin trabajo, porque las fábricas fueron cerrando una tras otra y los trabajadores se vieron condenados a vivir en la miseria. Esto se debió, principalmente, al hecho de que la Revolución respondía a los intereses económicos y políticos de Gran Bretaña. El historiador José María Rosa lo explicó con claridad:

> Después de 1789, la Revolución política francesa consolidó la Revolución industrial inglesa. [...] Francia se llena de tejidos ingleses de Manchester, que arruinan su producción nativa a los compases de la libertad, la igualdad y la fraternidad [...]. Francia se arruina, pero sus teóricos leen en Adam Smith que la libertad de comercio es la base de la riqueza, y les parece una verdad científica y sin réplica. Es la base de la riqueza, pero para Inglaterra solamente [...]. Los liberales ingleses dueños del capital industrial aplauden las locuras de la Constituyente[27].

En efecto, Inglaterra, al compás de *La Marsellesa,* estaba conquistando comercialmente Europa. Se trataba del primer gran triunfo de su política de subordinación ideológica, la primera gran victoria silenciosa del «poder blando» británico. Después llegaron otras, y la América española fue la víctima principal.

La élite —el pequeño grupo minoritario de «iluminados»— que llevó a cabo la Revolución francesa instauró, junto al libre comercio, el reinado del terror, reprimiendo brutalmente a un pueblo que poco tenía que ver con sus ideas. Así, el 5 de septiembre de 1793, se instauró en Francia un brutal y refinado terrorismo de Estado basado en la represión y en el uso masivo de la guillotina. El mencionado Comité de Salvación Pública, un cuerpo de 12 miembros encabezado por el famoso Maximilien Robespierre (1758-1794), era el brazo ejecutor. Los llamados «tribunales revolucionarios» condenaron a morir en la guillotina a miles de franceses por sus opiniones políticas, o porque algunos sospechaban que sus ideas eran contrarias a las de la élite que se había hecho con el destino del Estado francés.

En nombre de la libertad, la igualdad y la fraternidad, entre 16.000 y 35.000 seres humanos —según la fuente que se use— fueron guillotinados tras el estallido de la Revolución. Una violencia que algunos consideran «buena» porque el objetivo era la reivindicación de los derechos del hombre y porque —no nos olvidemos— la única violencia «mala» es la que cometieron —y cometen— los españoles[28].

En realidad, la glorificada Revolución francesa no fue más que una «matanza en serie de miles de inocentes y uno de los episodios más manipulados de la historia de la humanidad»[29]. Comenzó con la llamada «toma de la Bastilla», donde tan solo quedaban seis presos: un noble condenado por incesto, cuatro falsificadores y un hombre declarado demente —que había sido acusado de ser cómplice de una tentativa de asesinato del rey—, quien, tras ser paseado por los revolucionarios por las calles de París, pidió humildemente volver a su celda[30]. Pero esta es otra historia que merecería un libro aparte...[31].

A comienzos de agosto de 1487, con dos carabelas y una naveta de provisiones, Bartolomé Díaz (1450-1500), por encargo del rey de Portugal Juan II (1455-1495), partió de Lisboa en busca de una ruta marítima para comerciar con la India y atacar al islam por su retaguardia, un viejo objetivo estratégico de la Corona portuguesa. El 8 de diciembre, la expedición penetró en una pequeña bahía de la costa occidental atlántica de África del Sur, que parecía ser un refugio seguro para las embarcaciones debido a que se trataba de un puerto natural de aguas profundas protegido por un espigón de arena. Los portugueses habían descubierto la actual Namibia. En su viaje de regreso, Díaz volvió a entrar en la bahía y la bautizó como Golfo de São Christovão, en honor de su buque insignia. Posteriormente, los cartógrafos portugueses cambiaron el nombre de la bahía por el de Angra dos Ilheos (Bahía de los Islotes) y más tarde por el de Angra Pequena (Bahía Estrecha).

Durante 400 años, ni Portugal ni ninguna otra potencia europea se interesó por esas miserables costas desérticas que nada tenían que ofrecer salvo arenas calientes que parecían ser un anticipo del infierno en la Tierra. Hasta que un día de 1882 Franz Adolf Eduard Lüderitz (1834-1886), un comerciante de tabaco de la ciudad alemana de Bremen, miró un mapa de África, vio un espacio vacío y decidió tomarlo, ya que «no quedaba nada mejor».

En 1883, Lüderitz envió a la región al joven Heinrich Vogelsang (1862-1914), quien entabló negociaciones con un jefe tribal que reclamaba la soberanía sobre esa parte de la costa, para que se desprendiera de Angra Pequena —el fondeadero, junto con toda la tierra en un radio de ocho kilómetros— a cambio de 100 libras en monedas de oro y 200 rifles. El jefe tribal aceptó, recibió los rifles, pero nunca las 100 libras. Adolf Lüderitz pensó entonces en colocar toda la zona bajo la protección del Imperio alemán para evitar una posible ocupación británica.

A principios de 1884, el barco Nautilus, de la Marina de Guerra Imperial alemana, llegó a Angra Pequena para examinar la situación. Otto von Bismarck buscó la conformidad de Londres para el establecimiento de una colonia alemana en África del Suroeste, pero no recibió respuesta. Ante el silencio de los británicos, los cruceros Leipzig y Elisabeth zarparon rumbo a África y la bandera alemana fue izada el 7 de agosto de 1884. Fue entonces cuando Adolf Lüderitz procedió a comprar gran parte del territorio que hoy conforma Namibia. A comienzos de 1885, el alemán ya era dueño de un tercio del país y tenía derechos mineros sobre una gran parte del resto. Sin embargo, pronto se arruinó y decidió vender sus posesiones y concesiones a la Deutsche Kolonialgesellschaft für Südwestafrika (Sociedad Colonial Alemana para el Suroeste de África), una empresa constituida en Berlín para desarrollar la colonia. La empresa fue creada el 1 de febrero de 1885 (la fundación oficial tuvo lugar el 30 de abril en la ciudad de Lüderitz, Namibia) por los banqueros Gerson von Bleichröder y Adolph von Hansemann, el industrial Guido Henckel von Donnersmarck y el político Johannes von Miquel. Heinrich Ernst Goering, enviado desde Alemania, fue el primer presidente de la compañía.

Gracias a una subvención de la Sociedad Colonial Alemana, Adolf Lüderitz emprendió una última expedición en busca de minas de oro y de cobre. En su viaje de regreso a Angra Pequena, en un pequeño barco con una vela endeble, y en algún lugar entre la desembocadura del río Orange y Angra Pequena, el comerciante alemán y su timonel se perdieron en el mar para siempre. Lo cierto es que a Adolf Lüderitz nunca le sonrió la suerte, porque 22 años después de su muerte se descubrieron diamantes en el mismo desierto que él había comprado a los jefes tribales de la región a cambio de unos viejos rifles usados.

Tras la muerte de Lüderitz, la Sociedad Colonial Alemana rebautizó la bahía de Angra Pequena con el nombre de Lüderitzbucht para recordar al iniciador de las reivindicaciones alemanas sobre el territorio del suroeste africano. La ciudad que se desarrolló en torno al puerto se llamó Lüderitz. Lentamente, varios miles de alemanes se fueron instalando en la nueva colonia, que quedó habitada, sobre todo, por empleados públicos, militares y granjeros, que se dedicaron principalmente a la ganadería y se transformaron —imitando a los bóeres— en jinetes de sombrero aludo, botas de montar y máuseres en bandolera[32]. En 1902, la colonia tenía 200.000 habitantes, aunque solo 2.595 eran alemanes, 1.354 eran afrikáners y 452 eran británicos.

Las dos principales tribus que poblaban Namibia eran los herero y los nama. Los *cowboys* alemanes, como ya lo hicieran sus «primos» norteamericanos, comenzaron a perseguir a los africanos para desalojarlos de sus tierras. En 1903, los guerreros herero atacaron a los *cowboys* germanos y a sus familias, y asesinaron a machetazos a cientos de hombres, mujeres y niños. La paranoia se apoderó de los alemanes que seguían en Namibia hasta el punto de que el Gobierno decidió emprender una «guerra de exterminio» contra los herero y los nama, una especie de «solución final para el problema nativo»[33].

En 1904, el káiser Guillermo II «despachó unos 14.000 soldados a Namibia bajo el comando del notorio Lothar von Trotha (1848-1920), el teniente general que había reprimido brutalmente rebeliones nativas en China y el este de África»[34].

Cuando Von Trotha pisó suelo africano, antes que la espada desenvainó la pluma y escribió un ultimátum al jefe de los herero: «Yo, general de los soldados alemanes, envío esta carta a los herero. La nación herero debe abandonar el país [...]. Si se niegan, los forzaré a cañonazos [...]. Cualquier herero, con o sin armas, será ejecutado»[35]. Antes del comienzo de los combates, «Von Trotha dijo a sus soldados que no perdieran su honor disparando contra mujeres y niños, que dispararan para asustarles y las forzaran a huir al desierto, donde les esperaría, sin duda, una muerte segura por sed y hambre»[36]. Previamente, el general alemán había instruido a un grupo selecto de soldados para que envenenaran los escasos pozos de agua existentes en el desierto de Kalahari[37]. A finales de 1904, los nama también entraron en la guerra contra el poder colonial, y lo hicieron obedeciendo las órdenes de sus dos líderes principales, Hendrik Witbooi y Jakob Morenga. Al segundo a menudo se le llama «el Napoleón Negro»[38].

Los alemanes habían planificado una guerra relámpago, pero ni mucho menos fue así:

> Hubo combates, en los que llegaron a morir 100 europeos, pero los cuatro años de guerra fueron básicamente una serie de atrocidades, fusilamientos, marchas de hambre y pruebas de artillería moderna contra aldeas. El general Lothar von Trotha se encontró con un problema que sus sucesores de apenas 30 años después enfrentarían en Polonia y Rusia: había demasiados nativos y no alcanzaban las balas[39].

Ante la falta de munición de las tropas, el general Lothar von Trotha decidió crear «campos de exterminio», como el de la isla de los Tiburones, justo enfrente del pintoresco pueblo de Lüderitz, al sur de la capital.

> La isla es un enorme manchón de arena unido a la costa por una peninsulita baja que desaparece con la marea. Los alemanes empujaron a miles de viejos, mujeres y chicos a la isla, montaron una ametralladora en la peninsulita y los dejaron morir. No había huida, porque en la costa había soldados armados, y en el mar, una colonia de tiburones feroces[40].

Se estima que perecieron aproximadamente «65.000 de los 80.000 herero que vivían en África del Suroeste bajo dominio alemán al comienzo del periodo colonial, así como 10.000 nama de una población estimada en 20.000 miembros»[41]. El general Von Trotha fue condecorado y felicitado por el gobernador de la colonia, Heinrich Goering, «un señor de bigotazos que extrañaba a uno de sus hijos que estaba en la metrópoli comenzando su carrera militar. El chico era Hermann, que sería jefe de la Luftwaffe y vice-führer de Adolf Hitler»[42]. Por lo que parece, la tecnología represiva de Von Trotha creó escuela. A fin de cuentas, si Lutero había ordenado masacrar a 150.000 campesinos alemanes, ¿por qué no podía él dar la orden de aniquilar a 30.000 nómadas africanos?

Como ya hemos dicho —y no nos cansaremos de repetir—, el ingenio español se esmeró en América por educar a los nativos, crear hospitales, fundar universidades e incorporar a los aborígenes a su propia cultura, creando una nueva al fundirse con los indios americanos. Sin embargo, según el criterio del inapelable «Tribunal de la Historia», España cometió un imperdonable genocidio en América. De esta acusación se libran otros pueblos europeos que, como acabamos de ver, cometieron horrendos crímenes en sus conquistas de territorios en otros continentes, e incluso cuando se trataba de imponer un nuevo régimen político.

9
El Foro de São Paulo: mano de obra barata del imperialismo

El indigenismo es una construcción colonial que
pretende destruir a los Estados nacionales inconstituidos.

Andrés Soliz Rada[1]

Fundamentalismo indigenista

En octubre de 1986, en la ciudad de Buenos Aires, en la esquina de Florida y Avenida de Mayo, a escasos metros de la confitería London, donde Julio Cortázar pasaba varias horas al día escribiendo sus novelas, y apenas a unos metros del mítico Café Tortoni, donde coincidieron varias figuras emblemáticas de la vida intelectual argentina, como Jorge Luis Borges o José María Rosa, un grupo de jóvenes repartía unos curiosos panfletos. Eran dos muchachos barbudos y dos chicas rubias de ojos azules, vestidas con falditas cortas, que en absoluto pasaban desapercibidas. Fermín Chávez[2], que venía caminando desde su casa de la calle Chile, en el barrio de San Telmo, se topó con el grupo de jóvenes y le ofrecieron el panfleto. No imaginaban que estaban ante uno de los historiadores más serios de Hispanoamérica.

A Chávez le llamó inmediatamente la atención el título del libelo: «12 de octubre, ¿sabías?», y les preguntó dónde estudiaban y a qué agrupación política pertenecían. Con un tono bastante displicente respondieron que eran de la

FEDE[3] (Federación Juvenil Comunista) y que estudiaban en la facultad de Filosofía y Letras de la Universidad de Buenos Aires.

Algo perturbado y a pesar de que lo detestaba, Fermín entró en el bar London, fundado unos meses antes del cruento bombardeo de la Plaza de Mayo (16 de junio de 1955)[4] con el que se pretendió derrocar al presidente de la República Argentina, Juan Domingo Perón. Los aviones surcaron el cielo del centro de Buenos Aires y lanzaron unas cien bombas (entre nueve y 14 toneladas de explosivos)[5] que acabaron con la vida de más de 300 personas y dejaron heridas a 1.200[6]. Tres centenares de civiles armados (los llamados «comandos civiles») intervinieron en acciones colaterales para apoyar el intento golpista.

Uno de ellos era Mario Grandona, quien años después se convertiría en un «prestigioso y democrático» profesor y periodista[7]. Fermín Chávez sospechaba que los propietarios de la confitería London habían tenido algo que ver en la intentona golpista, pero, aun así, se sentó a la misma mesa en la que Cortázar solía escribir, pidió un mate cocido y comenzó a leer el panfleto:

> Mientras los gobiernos de América y sus respectivos sistemas políticos han conmemorado como fecha gloriosa el 12 de octubre, cuando en realidad ha sido el comienzo del mayor genocidio de la historia, es hora de que los pueblos de América tomemos conciencia de que venimos festejando desde hace 494 años la invasión de un sistema de vida que nos viene sometiendo mediante la marginación política, económica y social[8].

Chávez, cada vez más perplejo y enfadado, siguió leyendo:

> Basta ya de festejar y callar esta fecha de duelo. Los primeros habitantes de América somos exiliados en nuestra tierra[9].

Dio la vuelta al panfleto y vio que uno de los financiadores era una agrupación denominada Juventud India. Sonrió para sí mismo al recordar los ojos azules de las jóvenes que le habían abordado en la calle y continuó la lectura:

> Ese nefasto día, nuestras culturas, que amaban y respetaban la vida en todas sus manifestaciones, comenzaron a ser aniquiladas por una civilización arrolladora, sectaria y destructiva[10].

«Pero ¿acaso estos muchachos no han estudiado que los aztecas asesinaban a 20.000 personas por año de los pueblos que dominaban? —se preguntó el historiador—. ¿No saben que los chiriguanos atacaban a los chanés para asesinarlos y comérselos porque, según ellos, la carne humana era el manjar más exquisito?». Por un momento, Chávez se sintió tentado ante la posibilidad de ir a hablar con los jóvenes, pero al instante desistió. La siguiente frase que leyó volvió a encender su cólera:

> Pero a cinco siglos, todavía resistimos[11]...

«¿No saben estos chicos que los mapuches, en la Guerra de la Independencia, combatieron a favor de los españoles y que se mantuvieron fieles al rey de España incluso después de la proclamación de independencia?», se preguntó el historiador, cada vez más enfadado.

No nos han derrotado nunca. Seguimos amando, defendiendo y respetando nuestra raza y nuestra tierra.

MAPUCHES, WICHIS, CHULUPIS, CHOROTES, TEHELCHES, MOCOVÍS, TOBAS, PILAGAS, CHIRIGUANOS, CHANES, CAINGUAS, COYAS, DIAGUITAS, CALCHAQUIES... viven en este país.

Marcha de repudio al festejo. CONVOCAN: Organizaciones indias. Domingo 12 de octubre, 19 HORAS. Callao y Corrientes. Salimos de Plaza Congreso.

JUVENTUD INDIA[12]

Cuando al fin salió de la confitería, fue a ver si el grupo de jóvenes seguía repartiendo panfletos. En efecto, allí estaban. No pudo resistirse y se dirigió al más alto de ellos.

—Pibe, ¿vos cómo te llamás?

—Enrique Müller —dijo el muchacho—. ¿Por qué pregunta?

—Porque estoy seguro de que un íntimo amigo mío, perteneciente a un pueblo originario olvidado y que ustedes seguramente no han estudiado, querrá enviarle una carta de apoyo a su agrupación[13].

Chávez se fue caminando cabizbajo y pensativo. «¿Qué tendrá de originario este barbudo y rubio Müller, sin duda descendiente de alemanes? Si me dice que es descendiente de indios, yo soy bisnieto de George Washington», se dijo.

«Carta del pueblo originario etrusco a nuestros hermanos de América»

Ya de regreso en su apartamento, se dispuso a redactar una carta que demostrara —por el absurdo— lo ridículas que son las formulaciones de los grupos indigenistas antihispanistas, para quienes el 11 de octubre es un «día festivo» y el 12 de octubre un «día de duelo». El recuerdo de las dos jovencitas rubias y de ojos azules, seguramente nietas de alemanes, defendiendo a unos indios que nunca habían visto en una ciudad como Buenos Aires —donde apenas hay eco de la presencia indígena— hizo que se decidiera a usar la ironía. Así la «Carta» estaría firmada por los compañeros «Rómulo Tarquino» y «Remo de Cortona», representantes del pueblo originario etrusco. El primero firmaría la carta como presidente del «Movimiento Indigenista Etrusco» y el segundo como su secretario general.

Sin embargo, durante un buen rato estuvo sopesando la idea de escribir un artículo «serio» en el que explicara que el Partido Comunista, que se autoproclamaba «Defensor de los obreros y de los indios», no tenía a ningún obrero ni a ningún indio entre sus filas porque en Argentina todos los obreros e indios estaban afiliados al Partido Peronista, cuyo fundador, Juan Domingo Perón, era un ferviente defensor de la Hispanidad. También pensó que debería aclarar que los comunistas no habían sido negrolegendarios hasta 1930 y que, antes de esa fecha, los marxistas veían como un acto progresista la conquista de América, como bien había explicado su colega y amigo Jorge Abelardo Ramos en su libro *Historia del stalinismo en la Argentina.*

Tras varios minutos sopesando si era mejor la seriedad o la broma, Chávez se decantó por la segunda. Lo que quería era burlarse elegantemente del indigenismo y del concepto de «pueblo originario» y enviar su «Carta» al semanario *Marcha,* seguramente el único medio dispuesto a publicarlo. Para aumentar la ironía, pensó en dirigir la «Carta» a Víctor Ramos (hijo de Jorge Abelardo Ramos), que era el director de la publicación, para contarle que el «compañero Tarquino» le había enviado desde Roma los estatutos del «Movimiento de Reivindicación del Pueblo Originario Etrusco»; que él ya se había adherido al mismo y que le solicitaba su publicación en el semanario.

Pero las dudas seguían dando vueltas en la mente de Chávez: «¿Y si los muchachos de Filosofía y Letras no saben quiénes fueron los etruscos?», se preguntó. Sabía que en la universidad argentina los profesores hacían *como que enseñaban* y los alumnos *como que aprendían*. Por tanto, quizá era necesario explicar que los etruscos eran un pueblo camita, hermanos de raza de los egipcios y de los cretenses y que, conocidos con el nombre de «pueblos del mar», se habían dedicado a la piratería, teniendo como centro las costas de Asia Menor. Quizá era necesario aclarar que hacia el año 1000 a. C., los etruscos fueron expulsados del mar Egeo por los griegos y que llegaron a Italia a bordo de sus veloces naves y que se establecieron en la Toscana, entre los ríos Arno y Tíber... Solo así, pensó, estos jóvenes se darían cuenta de lo absurdo que es hablar de «pueblos originarios» y se enterarían de que los etruscos eran originarios de Asia Menor. Al final, tras un buen rato elucubrando, Chávez comenzó a escribir la «Carta».

Unos días después, Víctor Ramos la recibió y no pudo parar de reírse mientras la leía. Lo que transcribimos a continuación fue publicado el 13 de noviembre de 1986, en la sección «La denuncia de la semana» del semanario *Marcha*.

> Sr. Director Víctor Ramos:
>
> El compañero Tarquino me ha hecho llegar el primer documento lanzado para iniciar su movimiento de reivindicación indigenista. Luego de adherirme a su contenido, se lo envío con pedido de difusión. Su pueblo ha sido muy mal-

tratado y creo que merece nuestra solidaridad. Muchas gracias por lo que haga a su favor.

FERMÍN CHÁVEZ

MOVIMIENTO INDIGENISTA ETRUSCO. Somos miembros, sobrevivientes y marginados de un pueblo y de una civilización que floreció en la hoy Italia central. Entre los siglos VII y IV a. C. y sufrimos, como ustedes los rioplatenses la invasión de los imperialistas de entonces, que, como todos los invasores, pusieron fin a una gran cultura vernácula.

Nuestra historia es poco conocida, porque la historia la escriben los vencedores. Nosotros, los etruscos, tuvimos nuestras curias, nuestras tribus y nuestras ciudades confederadas, que se llamaron Volaterra, Tarquina, Arretium, Volsine, Cuisa, Cortona, Perusia y Rusede, así como nuestras vías de comunicación: la Aurelia, la Cassia, la Clodia y la Amerina.

Adorábamos a nuestros dioses, principalmente a Tina, Uni y Minerva. Pero en el siglo V empezó nuestra desgracia, cuando los latinos, hoy italianos, aliados del tirano Cumas, es decir, de los extranjeros griegos, lograron vencernos en la ciudad de Aricia.

Vosotros no conocéis la historia de nuestras desgracias, ejecutadas por esos malditos italianos que en el año 450 avanzaron sobre nuestro querido país para destruir nuestra cultura, y que en el año 390 se vieron favorecidos por la ofensiva de los celtas, que operaban desde el norte. De esa operación de tenaza fuimos víctimas, de tal suerte que en el año 264 todas nuestra querida Etruria estaba bajo el dominio espurio.

No es exagerado decir, hermanos rioplatenses, que solamente nos dejaron un cementerio, ese que ustedes pueden contemplar hoy en Cerveteri, la antigua Caere de nuestro apogeo. Terminaron con nuestro idioma y hasta nos quedamos sin alfabeto, como les ha ocurrido en este siglo a los lituanos y a los estonios. ¡Italianos genocidas y ladrones!

Se llevaron nuestros colgantes de oro y nuestros candelabros, hoy piezas de museo. Falsificaron la historia como suelen hacerlo todos los poderes dominantes. Dicen que nos anexaron a Roma y que nos integraron a la ciudad victoriosa. Dicen que nos hicieron ciudadanos romanos. Dicen que solamente unas pocas ciudades nuestras, de la Campania, fueron administradas por prefectos italianos. Pero la verdad es que había diversas categorías de italianos y que el Imperio logró por la fuerza la asimilación de los vencidos. De allí viene la falsa historia según la cual todos los Italianos, de lenguas y razas diferentes, nos sentimos solidarios con el vencedor del siglo III. ¡¡Mentira!! ¡¡Italianos genocidas y delincuentes!!

Hermanos rioplatenses, víctimas de otros delincuentes, os solicitamos vuestra solidaridad en nombre de los indígenas etruscos, descendientes raleados de nuestros Patres y Avi trucidados por el invasor italiano,

Amén.

Civate, Bonis, Aeribus datum, Anno 1986.

REMO DE CORTONA, secretario
RÓMULO TARQUINO, presidente[14]

LA IZQUIERDA SE «RECICLA»: DEL PARTIDO COMUNISTA AL FORO DE SÃO PAULO

Tras la caída del Muro de Berlín, varias formaciones políticas de diversas corrientes de izquierda —convocadas «informalmente» por Fidel Castro y «formalmente» por Lula da Silva— decidieron reunirse y coordinarse para intentar «reciclarse» después del descrédito internacional en el que habían caído las izquierdas en general y el comunismo en particular[15]. Así nació, en 1990, el Foro de São Paulo. En aquel momento, el único Partido Comunista que ejercía el poder en un país soberano de Iberoamérica era el cubano, pero la coordinación lograda entre los miembros del Foro fue verdaderamente exitosa: 20 años después de su fundación, la mayoría de sus miembros lograron acceder al poder en sus respectivos países.

Lo más curioso es que, cuando lo lograron, todos esos partidos aplicaron una política económica neoliberal no muy distinta de la que decían combatir y una política cultural —que llamaron «marxismo cultural»— cuyos ejes principales eran «la prédica de la hispanofobia y el indigenismo, y la imposición del aborto y de la ideología de género»[16]. A modo de ejemplo, mencionaremos a algunos de sus miembros: Lula da Silva, líder del Partido de los Trabajadores de Brasil (PT); Evo Morales, jefe del Movimiento al Socialismo de Bolivia (MAS); Michelle Bachelet, en aquel momento presidenta del Partido Socialista de Chile; Daniel Ortega, líder del Frente Sandinista de Liberación Nacional nicaragüense; Mauricio Funes, jefe del Frente Farabundo Martí de El Salvador; Andrés Manuel López Obrador, presidente del Movimiento de Regeneración Nacional de México (Morena) y actual presidente de México; Cristina Fernández de Kirchner, al frente de una agrupación *socialconfusa* (liberal en lo económico y socialista «a la francesa» en lo cultural), y varios representantes del Partido Comunista de Argentina y de otras organizaciones, como las FARC (Fuerzas Armadas Revolucionarias de Colombia), entre otras.

A día de hoy, todos los gobiernos en Hispanoamérica son proindigenistas por acción u omisión. Está de moda ser indigenista, sobre todo entre la juventud universitaria, un poco como sucedía en la década de los 70 del siglo pasado, cuando estaba de moda el marxismo en su versión caribeña, que llevó a la juventud a la lucha armada y a la muerte. Esa moda la fomenta el Foro de São Paulo al predicar un *progresismo* —vaga corriente ideológica financiada, paradójicamente, por las fundaciones creadas por los «filántropos de las finanzas internacionales»[17], verdaderos vampiros de los pueblos—, que tiene todos los defectos del marxismo, pero ninguna de sus virtudes.

Los jóvenes que hoy abrazan alegremente el indigenismo, creyendo que están defendiendo los derechos de las poblaciones indias avasalladas, no saben que en realidad están sirviendo a una política destinada a impedir cualquier posibilidad futura de integración de la inconclusa nación hispanoamericana o «latinoamericana», que es como a ellos les gusta decir. Ayer cantaban a la muerte y hoy corean estribillos contra España, sin darse cuenta de que de ese modo empujan a Hispanoamérica hacia una nueva fragmentación territorial. Ellos no lo saben, pero sus jefes sí. Porque, como sostenía Juan Domingo Perón, son simples «mercenarios» pagados por el extranjero.

¿Qué es el indigenismo?

Aunque, como sostiene Hilaire Belloc, «toda definición implica un esfuerzo mental y, por tanto, repugna»[18], creo que debemos empezar aclarando qué es el indigenismo para evitar confusiones y malentendidos. En la década de los años cincuenta del siglo pasado, Jorge Abelardo Ramos, cuando él mismo se consideraba un ferviente trotskista, afirmaba lo siguiente al respecto:

El indigenismo resulta ser, paradójicamente, no solo la sincera reivindicación de los derechos pisoteados del indígena latinoamericano, sino, en realidad, una corriente que estimula el imperialismo con el objeto de levantar nuevos factores de división y de disociación en nuestro continente ya suficientemente dividido. El interés con que antropólogos y etnólogos extranjeros se ocupan de investigar y clasificar todos aquellos documentos y testimonios de comunidades, razas, lenguas, dialectos o culturas precolombinas, está dirigido a ocultar el hecho de que América Latina está unida por un idioma románico ligado a la cultura occidental y que constituye el principal elemento coagulante de nuestro vasto país inconcluso. El idioma español, si dejamos a un lado su variedad dialectal, entre otras, el portugués, es común a la inmensa mayoría del pueblo latinoamericano[19].

El fundamento del indigenismo es, por supuesto, la leyenda negra de la conquista española de América. Por ello es conveniente recordar una vez más la idea fundamental de este libro, idea que el escritor periodista argentino Enrique Lacolla resumió así:

> Hablar de una cultura indígena avasallada por España puede representar un motivo folclórico grato a cierto tipo de cantautor, o puede llegar a constituir un eslogan político, pero resulta equivocado. De hecho, más allá de las injusticias, brutalidades y atropellos que no fueron ajenos a la conquista y colonización, y que son su escoria, en la América hispana el fenómeno fue de fusión, no de segregación o exterminio, tal como se diera, en cambio en América del Norte en el caso de la colonización anglosajona. Ese tipo de posturas indigenistas a la que aludimos no representa entre nosotros otra cosa que la proyección inversa del fenómeno de la

dependencia cultural en que nos encontramos respecto del interés foráneo: aquejados como estamos por un problema de identidad, los centros de poder que regentan los *mass media* favorecen la difusión de falsos problemas, para distraer al público de los que realmente cuentan[20].

El movimiento indigenista se desarrolla a partir de 1810, pero no entre las masas indígenas —estas no albergan ningún sentimiento antiespañol—, sino entre la élite criolla; es decir, entre los hijos, nietos y bisnietos de españoles. Ya dijimos que, durante las guerras de independencia, la masa indígena y mestiza se mantuvo fiel a España y a la monarquía, y que vio enemigos, no libertadores, en los partidarios de la emancipación. El argentino Juan José Hernández Arregui lo deja bien claro:

> La emancipación no estaba en los pueblos, sino en las clases altas [...]. Las ideas emancipadoras se expandieron en aquellas ciudades como Caracas y Buenos Aires, conectadas al tráfico mercantil de ultramar, pero chocaron con fuertes resistencias en las poblaciones interiores [...]. Los focos de oposición al nuevo ordenamiento anglosajón se fortificaron en ciudades mediterráneas como Charcas, La Paz, Cochabamba, Asunción [...]. Las masas indígenas explotadas bajo el sistema virreinal no fueron antiespañolas [...]. Las veces que las masas intervinieron durante el periodo colonial fue en defensa del suelo patrio que asociaban a la fidelidad a España[21].

Es decir, son precisamente los miembros de la clase alta —ligados a Gran Bretaña— los que crean el «mito» indigenista para «matar a la madre patria»[22], un matricidio cometido por un miembro específico de las sociedades virreinales, un grupo muy definido que no surge ni de «las clases bajas ni de las razas maltratadas». Por el contrario, serán los criollos —descendientes de españoles nacidos en América— los «directores y beneficiarios de este homicidio colectivo»[23].

El chileno Pedro Godoy aclara que el indigenismo es usado por las clases altas durante la independencia «para legitimar la quiebra con Madrid»[24], que de pronto se preocupan hipócritamente por las minorías indígenas «para legitimar su odio hacia España. Después propician aniquilarlas, juzgándolas un lastre»[25].

Actualmente, los jóvenes ignoran que «son las repúblicas y no la Corona las que ocupan los territorios indígenas»[26]. En Bolivia, por ejemplo, fue la Asamblea Nacional Constituyente la que determinó, en septiembre de 1868, que las tierras poseídas por la raza indígena, y conocidas como «tierras de la comunidad», se declarasen propiedad del Estado. De ese modo se «facilitó el traspaso de extensas propiedades a la nueva oligarquía»[27]. El caso es que el desconocimiento de la historia lleva ahora a los nietos, bisnietos o tataranietos de los «renovadores del ayer remoto e intermedio» a recuperar el indigenismo. Pero esta vez con «financiamiento europeo y norteamericano». Les inquietan las «minorías», sobre todo si son raciales. La mayoría étnica, esos millones de hijos de la mezcla, son ignorados[28].

Cada vez que se habla de los «pueblos originarios», los medios de comunicación —controlados por el «progresismo» que predica el Foro de São Paulo— ocultan el hecho de que, en Hispanoamérica, de la Patagonia a México, la población amerindia no supera el 5 %[29] y, sin embargo, los indigenistas —junto con cierta élite aborigen— no solo «exigen respeto y suelo, sino autonomía y hasta soberanía. De la exigencia de autonomía cultural se pasará a la demanda de autonomía administrativa y política. De allí a que nazca otro Estado hay solo un paso»[30]:

> Los mapuches ultra —los genuinos y los disfrazados— exigen autonomía. Otros van más lejos: aluden a la nación mapuche y promueven fundar una república con soberanía. Es el Wallmapu, que abarcaría de océano a océano segmentos de Chile y Argentina. Son protegidos por Europa y por oficinas en Bristol. Los exalta la televisión a través de sus rostros. Son los mismos que ayer aplaudieron el separatismo catalán. Los que estamos libres de amnesia recordamos Kosovo y la fragmentación de Yugoslavia[31].

El indigenismo balcanizador: un comunismo que alegra a Washington

Aunque el origen del indigenismo balcanizador —promovido por el Foro de São Paulo— se halla en las posturas adoptadas por el Partido Comunista entre los años 1929 y 1931, debemos aclarar que los «padres del Frankenstein» indigenista que le sirve de inspiración a MAS (Movimiento al Socialismo), fundado en 1997 y liderado por el expresidente de Bolivia Evo Morales, fueron Jorge Alejandro Ovando Sanz, miembro fundador del Partido Comunista Boliviano (PCB), y Fausto Reinaga, que hasta 1960 fue un activo militante comunista y del que hablaremos más adelante[32].

La Primera Conferencia Comunista Latino Americana, que tuvo lugar en Buenos Aires entre el 1 y el 12 de junio de 1929, fue un encuentro de delegados de partidos comunistas latinoamericanos adscritos a la Internacional Comunista[33] que controlaba el PCUS (Partido Comunista de la Unión Soviética). Participaron delegados (38 en total) de Argentina, Brasil, Bolivia, Colombia, Cuba, Ecuador, El Salvador, Guatemala, México, Panamá, Paraguay, Perú, Uruguay y Venezuela. La III Internacional pretendía que se creara una «sección Latinoamérica», que finalmente se denominó «Buró Sudamericano» (se mantuvo hasta 1943), cuyo fin era consagrar el principio de la «autodeterminación de las nacionalidades» y «el derecho de separación», es decir, de la independencia. Todas estas pretensiones resultaban enormemente gratas a los oídos del imperialismo anglosajón, que siempre soñó con provocar una nueva balcanización de Hispanoamérica.

Veamos lo que se dijo en aquella mítica conferencia:

> Sería igualmente un grave error reducir la cuestión nacional a la cuestión de clase, a la cuestión agraria, porque esto significaría olvidar, justamente, las condiciones históricas de la lucha contra los conquistadores [...], peculiaridades que han determinado a los revolucionarios marxistas, al lado de las reivindicaciones de clase, la consigna, para nosotros fundamental, del derecho de los pueblos [indígenas] a disponer de ellos mismos, hasta el derecho de separación [...]. En este sentido, los casos de Bolivia y Perú son característicos. El problema de los indios es una cuestión nacional (no una cuestión agraria), y desde ahora ligamos esta cuestión con la consigna de la autodeterminación[34].

Jorge Abelardo Ramos, empleando cierta ironía, pensaba que aquella Primera Conferencia «pasó del delirio a los gastos administrativos, y de la cuestión de la creación de sóviets en Buenos Aires, a ejercicios oníricos, tales como predicar la creación de repúblicas indígenas en el bajo Perú y el Altiplano»[35]. Para la Unión Soviética, el fundamentalismo indigenista tenía como objetivo máximo la creación de repúblicas indígenas que se convertirían en satélites de Moscú y, como objetivo mínimo que provocara, en las distintas repúblicas donde la presencia indígena fuese importante, guerras civiles que desestabilizaran una región que la URSS definía como el «patio trasero» de Estados Unidos.

Como consecuencia de aquella reunión, en Bolivia apareció otra teoría de la balcanización que, como dijo Jorge Abelardo Ramos, fue llevada hasta «el delirio mismo» de la mano del estalinista boliviano Jorge Ovando, que realizó un examen de la estructura nacional de Bolivia y descubrió que esta república era un «Estado multinacional»[36]:

> Después del imperialismo balcanizador, correspondería al estalinismo rusificante realizar un esfuerzo regresivo de la clase a la raza, de la Nación latinoamericana al Estado boliviano, y del Estado boliviano al Estado multinacional o pluri-tribal. [...] Una teoría fragmentadora de índole indigenista como la propuesta por el autor citado solo puede convenir al imperialismo extranjero y solo tiende a debilitar el vínculo idiomático esencial para la formación del mercado y la Nación latinoamericana[37].

Lo que Abelardo Ramos no imaginaba era que el «delirio» se convertiría en realidad y, por supuesto, ignoraba que llegaría a constituir el fundamento de la Constitución de Bolivia e incluso que inspiraría la reforma constitucional en Chile y quizá también en Argentina y en Perú.

En 1978, la editorial Progreso publicó en Moscú el libro *América Latina: nacionalismo, democracia y revolución,* escrito por varios autores soviéticos, donde podía leerse que «todos los países de América Latina son considerados como Estados multinacionales»[38]. Desde entonces, la Unión Soviética respaldará a los teóricos y militantes del indigenismo —sean o no comunistas— subvencionando sus publicaciones, los centros de estudio y los grupos o partidos políticos que estos crearan. Así, el dinero de Moscú, a través de sus órganos de inteligencia, llegó a manos de los pensadores y líderes indigenistas, quienes en muchas ocasiones desconocían el origen del mismo.

En 1961 el comunista Alejandro Ovando plasmó su «delirio» en un libro que tituló *Sobre el problema nacional y colonial de Bolivia,* donde, en la primera página, afirmaba que «existe una nación dominante, la boliviana, y varias nacionalidades, tribus y grupos étnicos oprimidos»[39], idea que copió directamente de *El hombre americano,* del francés Alcides D'Orbigny, publicado en París en 1839[40]. Es decir, el indigenismo que hoy los jóvenes creen que es un pensamiento «original», surgido de las entrañas de América, en realidad, ¡es una teoría nacida en Francia!

En su libro, Ovando se pregunta cuáles son esas naciones, tribus y grupos etnográficos que componen el «Estado multinacional boliviano»:

UNA NACIÓN	bolivianos
CINCO NACIONALIDADES PRINCIPALES	aimaras quechuas chiquitos moxos chiriguanos

OCHO NACIONALIDADES PEQUEÑAS	chapacuras itonamas canichanas movimas cayuvavas pacaguaras iténez guarayos
VARIAS TRIBUS Y GRUPOS ETNOGRÁFICOS	chipayas urus yuracarés mocetenes tacanas maropas apolistas tobas abipones mataguayos[41].

Así pues —sostiene Ovando—, Bolivia no es un Estado nacional, sino «un Estado multinacional»[42], y la historia de la nación boliviana, «que tiene como idioma el castellano, no es sino la historia de la lucha por mantener bajo su opresión a las nacionalidades, tribus y grupos étnicos indígenas»[43]. ¿Cuál es la solución? Para el militante comunista, la respuesta está clara: Bolivia debe inspirarse en la Unión Soviética y «consagrar constitucionalmente el derecho de los pueblos a la libre autodeterminación, incluso hasta el grado de la separación y la formación de Estados independientes»[44], que fue lo que hicieron Lenin y Stalin en 1917.

Resulta irrisorio que la «solución» que Ovando propone para luchar contra el imperialismo norteamericano sea la partición de Bolivia en más de 22 microestados que nada pueden hacer en el concierto de las naciones. ¡Cómo deben de reírse los analistas que, en Washington, desde la Secretaría de Estado, estudian la situación boliviana! El objetivo del imperialismo anglosajón de fragmentar Hispanoamérica está siendo predicado y realizado de forma gratuita por los propios hispanoamericanos en nombre del antiimperialismo y el indigenismo.

La atrevida ignorancia de los indigenistas

El boliviano Andrés Soliz Rada describió así la situación creada por el indigenismo y el MAS en su país:

> La segunda corriente dentro del MAS es el indigenismo del vicepresidente Álvaro García Linera, una de cuyas vertientes se halla en la obra *Sobre el problema nacional y colonial,* de Iosif Stalin, que sirvió de modelo al libro *Sobre el problema nacional y colonial de Bolivia,* del dirigente del Partido Comunista «moscovita», Jorge Ovando. Sin embargo, el mayor teórico del indigenismo boliviano es Fausto Reinaga, cuyos libros fueron publicados entre 1960 y 1970. Su mayor expresión política fue Felipe Quispe Huanca, quien, luego de sufrir varios años de cárcel, junto a García Linera, por asaltos armados, al mando del denominado Ejército Guerrillero Túpac Katari (EGTK), encabezó, al inicio del nuevo siglo, dos sucesivos cercos a la ciudad de La Paz, en cuya oportunidad remarcó que su objetivo era reconstruir el Kollasuyo en el que las comunidades indígenas se autogobiernen e impidan el ingreso de autoridades del Estado, la Policía o el Ejército[45].

Fausto Reinaga, al que Soliz Rada considera «el mayor teórico del indigenismo boliviano», nació el 27 de marzo de 1906 en el pueblo de San Pedro de Macha, en el Departamento de Potosí, en el seno de una familia cristiana propietaria de tierras. Fue el segundo de cinco hermanos y, dado que no podía trabajar en el campo —padecía una discapacidad física—, sus padres decidieron que estudiara. Se licenció en Derecho en la Universidad Mayor de San Francisco Xavier (fundada por el padre jesuita Juan Frías de Herrán el 27 de marzo de 1624, es decir, 32 años antes de que se creara en Estados Unidos la Universidad de Harvard). Durante sus estudios universitarios, el joven Reinaga se orientó hacia el marxismo, pero con cierto matiz nacionalista, ya que rechazaba el internacionalismo promovido desde Moscú. En 1940 publicó en forma de libro su tesis de licenciatura en la universidad, un estudio sobre la sociedad del Tawantinsuyu (Imperio inca) desde la óptica marxista que el editor tituló «Mitayos y yanaconas».

Pronto simpatizó con el Movimiento Nacionalista Revolucionario (MNR), partido por el que llegó a ser diputado por el Norte de Potosí. En 1945, Reinaga «representa al Gobierno de Gualberto Villarroel en dos congresos internacionales en la capital azteca: en la Organización Internacional del Trabajo (OIT) y en la Conferencia Americana de Maestros (CAM), donde defendió el régimen de Villarroel del ataque de la delegación chilena. También defendió a la delegación argentina de la arremetida de la delegación mexicana contra Perón»[46]. Tras la muerte del presidente Villarroel —su cuerpo apareció colgado de un farol en la Plaza del Quemado el 21 de julio de 1946—, Reinaga se exilió en Argentina, donde conoció al presidente Juan Domingo Perón, quien lo nombró asesor jurídico de una de las recientes compañías nacionalizadas por el Gobierno, lo que le permitió llevar una vida tranquila y sin sobresaltos en la hermosa ciudad de Buenos Aires[47]. A raíz de la muerte de su padre intentó regresar clandestinamente a Bolivia, pero fue arrestado. En ese momento se produjo su giro hacia el marxismo internacionalista, es decir, hacia el comunismo soviético. En 1957 ya era un cuadro del Partido Comunista Boliviano, que lo envió a la República Democrática Alemana, a la ciudad de Leipzig, y luego a la Unión Soviética, para que afianzase su formación ideológica.

De vuelta en Bolivia, en 1963, comienzan sus «delirios místicos de grandeza», que lo llevarán a escribir —a él, que nunca leyó a los clásicos griegos y que los conocía solo por los resúmenes que le habían dado sus profesores de universidad— un libro que titula con el pomposo título de *Sócrates y yo*[48]. Y es que, inspirado por los dioses incas —según su propio relato—, decidió realizar un viaje iniciático al Machu Pichu y «fue entonces que los dioses de mi raza pusieron en mi corazón el deseo y en mi cerebro la idea de un peregrinaje. Porque Cuzco y Machu Pichu son la antítesis antónima de Occidente. Cuzco y Machu Pichu eran para mí lo que Delfos para Sócrates»[49]. Y, en efecto, allí se produjo la epifanía... Los dioses le revelan que será el creador de una corriente filosófica que salvará al mundo[50], revelación que le lleva a renegar formalmente del marxismo y a adoptar el «indianismo».

Pero, claro, a los únicos a los que ha leído un poquito son a Marx, Lenin y Stalin, por lo que su manera de pensar sigue respondiendo a categorías marxistas: lo que hace es cambiar el sujeto histórico, que deja de ser el proletariado para pasar a ser «la indiada». Así, en lugar del «paraíso comunista», Reinaga habla de la existencia de un «paraíso indio destruido» por la conquista española; en lugar de lucha de clases, él se basa en la «lucha de razas»; en lugar de dictadura del proletariado, él imagina una «dictadura india» que terminará con la sociedad «blanco-chola» (mestiza) y el Estado boliviano blanco-cholo para volver al «paraíso indio»[51], en el que no harán falta ni policías, ni ejército, ni leyes, porque, obviamente, el indio es naturalmente bueno.

La historia de Bolivia, de Hispanoamérica y de la humanidad es para Reinaga la «historia de la lucha de razas», y la violencia, como para Lenin, es la necesaria «partera de la historia», aunque, por supuesto, él habla de la «violencia de raza», es decir, la de los indios contra los «blancoides» y mestizos:

> A mi regreso de Europa, rompo con toda mi tradición intelectual y con toda mi producción cholista. Hubiese querido que no existiese [...]. Es otra etapa, otro camino que he encontrado; y tengo otra meta en el horizonte. En mis obras de 1940 a 1960, yo buscaba la asimilación del indio por el cholaje blanco-mestizo. Y en las que he publicado de 1964 a 1970, busco la liberación del indio, previa destrucción del cholaje blanco-mestizo [...]. Yo planteo la Revolución india[52].

Lo que el principal teórico del indigenismo plantea no es más que un racismo invertido que sostiene la superioridad de los pueblos originarios sobre los blancos y cholos. Reinaga elabora un supremacismo indio, una especie de panteísmo racista del que saldrá la salvación de la humanidad. A pesar de que declara no ser racista, predica el odio de raza y, de hecho, todos sus escritos están destinados a llenar el corazón del indio de odio contra los mestizos, a quienes siempre llama, despectivamente, «cholos»[53].

En su *Sócrates y yo,* el propio Reinaga afirma que fueron los dioses quienes le revelaron ese pensamiento supremacista:

> Ya sin Cristo ni Marx en mi cerebro. Limpio de mancha y polvo, me erguí. Y levanté la frente al espacio sideral del Universo [...]. Y aquí vi a Sócrates. Aquí estaba Sócrates [...] para que el hombre «mienta y mate» [...]. Y yo luchando para poner luz en las tinieblas del cerebro de la Humanidad. Al imperativo socrático «Miente y mata», yo arrojo la réplica del imperativo amaútico «¡No mientas ni mates! ¡Sé la Verdad y la Vida!»[54].

Ahora se entiende por qué Evo Morales se percibe a sí mismo como el «Napoleón de los Andes», que es como decir que es el mejor líder político después de Alejandro Magno...

Desde el punto de vista político, lo importante del caso es que la Unión Soviética siguió fomentando la difusión de los libros del «gran filósofo Reinaga», a quien durante años le ha rodeado un halo de prestigio que no deja de asombrarnos. Durante la Guerra Fría, la dirigencia política de la URSS pensaba que la lucha indigenista desestabilizaría el «patio trasero» de Estados Unidos, y en el caso de que alguno de esos pueblos originarios consiguiera crear un Estado, este inmediatamente se convertiría en un satélite soviético. Años después, cuando cayó el Muro de Berlín y la Unión Soviética se desintegró, el testigo lo cogieron el Pentágono y el Departamento de Estado estadounidense, que empezaron a ver con simpatía los planteamientos de Reinaga y de los demás indigenistas: se dieron cuenta de que su consecuencia lógica era la fragmentación de los Estados ya constituidos en minirepúblicas (indias) que serían aún más fáciles de someter[55].

El indigenismo es una construcción neocolonial

El sociólogo Eduardo Paz Rada, que realizó un agudo análisis de la Constitución indigenista boliviana —que, repetimos, parece que servirá de modelo a las planeadas reformas constitucionales de Chile, Perú, Ecuador y Argentina—, habla de los riesgos que entraña quebrar la unidad territorial y social de un país. En este sentido afirma:

> La nueva Constitución, en su apartado de territorios y autodeterminaciones parciales, abre caminos para la ruptura de la intersubjetividad nacional, genera expectativas peligrosas y provoca conflictos que no se pueden controlar. Se trata de un experimento que está sobrepasando a sus impulsores internos y se convierte en un instrumento del imperialismo para sus fines de control de Bolivia y de la región sudamericana[56].

Por nuestra parte, coincidimos con el historiador argentino Roberto Ferrero en que «la pulverización de Bolivia en 36 "naciones" es una idea suicida, solamente grata al imperialismo, cuya divisa ha sido siempre *divide et impera*»[57]. Por eso nos parece fundamental recordar las palabras de uno de los pocos intelectuales hispanoamericanos que se rebelaron contra el indigenismo, el boliviano Andrés Soliz Rada:

> El indigenismo es una construcción colonial [...]. Los indigenistas pretenden destruir a los Estados nacionales inconstituidos. Su capacidad de proponer alternativas viables es nula. Por esta razón se agotan en la repetición de generalidades, carentes de propuestas concretas. Y es lógico que así sea. En efecto, ¿cómo proponer algo coherente desde visio-

nes atomizadas por cientos de pluralismos, entrecruzados por cosmovisiones incompatibles entre sí?[58].

En efecto, hay una primera premisa falsa del indigenismo en Bolivia que consiste en afirmar que la población india conforma la mayoría de la población del país. Se trata de una falsedad mayúscula, porque, fundamentalmente, Bolivia es un país mestizo. Por ejemplo, Evo Morales se llama Evo porque, al parecer, su madre admiraba a Eva Perón —que era profundamente hispanista—, y su apellido es claramente español. El dirigente indigenista no habla ni aimara ni quechua, lo que lleva a muchos a pensar que, en realidad, es un mestizo disfrazado de indio. Y, claro, no es el único. De hecho, la mayoría de los dirigentes del fundamentalismo indigenista son mestizos disfrazados que, como denunció Soliz Rada, lo que pretenden es acabar con el mundo y la sociedad indo-mestiza —sus valores, su lengua (el español) y sus costumbres—, un objetivo que aparece con suma claridad en el documento titulado «Emancipación y contrahegemonía en Bolivia. Estrategias para destruir la dominación K'hara»[59]. Este documento se mantuvo en secreto durante bastante tiempo —cuando la opinión pública supo de su existencia, el expresidente Álvaro García Linera se apresuró a asegurar que «él no había participado de su redacción»[60]—, aunque está bastante claro lo que se pretendía con su publicación. En palabras de Soliz Rada,

> … lo que se busca desde una visión indígena es destruir la dominación simbólica del mundo K'hara […], de lo boliviano y lo occidental […]. Todo símbolo de poder del antiguo régimen debe ser destruido, aniquilado, arrasado, y sus representantes humillados, perseguidos y vilipendiados […].

Para ello será necesario debilitar el capital cultural de la sociedad K'hara: modificar el valor del idioma español. [Los mestizos y los blancos] deben ser humillados, infravalorados, maltratados económicamente, quitarles sus referentes sociales y culturales, pues constituyen las piezas del engranaje del poder para quitarle el sentido a la vida [...]. Desconocer la utilidad de sus servicios, conocimientos y experiencia es la mejor manera de matar su alma [...] La estrategia se desarrolla a través del desmontaje de la democracia, la «criminalización de la oposición», la «judicialización de la política» y la generación de una estructura alternativa para la emisión de información y construcción de sentido[61].

El indigenismo, por tanto, es una especie de «izquierda caviar» que constituye una especie de etapa superior del imperialismo:

> El debilitamiento de los Estados nacionales sudamericanos ha sido fomentado, en los últimos años, por los ultraindigenistas, por el autonomismo y por las concesiones desmesuradas a provincias y regiones. La nueva Constitución Política del Estado de Bolivia (CPE) reconoce a 36 naciones indígenas, con apropiación de recursos naturales renovables, veto a contratos sobre los no renovables, libre determinación, validez igualitaria de justicias comunitarias y virtual derecho a fundar nuevas naciones. Lo anterior nos recuerda a la ex-Yugoslavia[62].

En resumen, el indigenismo es una construcción discursiva neocolonial, puesta al servicio de la oligarquía financiera internacional por los políticos e intelectuales del Foro de São Paulo, cuyo objetivo último es prolongar el papel secundario de Hispanoamérica en la economía internacional como simple productora de materias primas. Y —no nos engañemos— este papel es el que mantiene a las masas hispanoamericanas en la pobreza.

Para terminar, recordemos las palabras proféticas de Juan Domingo Perón, que se refirió al indigenismo y alertó de sus peligros:

> Por los Andes asoman su cabeza pretendidos profetas a sueldo en un mundo que abomina de nuestra civilización y otra trágica paradoja parece cernirse sobre América al oírse voces que con la excusa de defender los principios de la Democracia [...] permiten el entronizamiento de una nueva tiranía. Hoy más que nunca debe resucitar Don Quijote y abrirse el sepulcro del Cid Campeador[63].

10
España: antes de juzgarla debemos conocerla

Yo veía antes, hace tiempo, con protesta la obra colonizadora de España; pero hoy la veo con profunda admiración. España nos dio su lengua, su civilización y su sangre. Nosotros más bien nos consideramos como españoles indios de América.

Augusto César Sandino[1]

La España de la conquista

El «Tribunal de la Historia» que ha juzgado y condenado a España por los «crímenes» cometidos en la conquista de América nunca ha tenido en cuenta cómo era la España del siglo XVI, es decir, cuál era el contexto político, económico y social en el que se produjo la conquista. Como bien señaló el escritor y político dominicano Juan Bosch, «muchas de las acusaciones que se han hecho a España debido al comportamiento de los españoles en América se han basado en una incomprensión casi total de la situación del país en esos años»[2], una situación —nos atrevemos a decir— que sigue siendo desconocida, en lo profundo de su «ser nacional», en la actualidad. Aclaremos que entendemos por «ser nacional» —y seguimos la explicación que ofrece el argentino Juan José Hernández Arregui del concepto— como esa «posesión en común de una herencia de recuerdo», es decir, una experiencia tanto individual como social en cuanto conciencia colectiva de un destino[3].

El desconocimiento de la realidad de España llevó a Karl Marx a afirmar que «acaso no haya otro país, salvo Turquía, tan poco conocido y erróneamente juzgado por Europa como España. El carácter de la moderna historia de España merece ser apreciado de modo muy distinto del que lo ha sido hasta ahora»[4]. O, como dijo Gilbert K. Chesterton, «siempre hemos estado en un asombroso error acerca de España»[5]:

> España ha sido campeona del progreso y de la libertad. La misma institución del Parlamento [...] no vino de Simón de Montfort, o de la Carta Magna, sino de España. [...] Cuando el sistema feudal era casi uniforme en toda Europa, solamente España tenía una forma libre de feudalismo. Poseía un sistema que permitía al vasallo descontento de su señor pasar bajo el dominio de otro más humano. En una palabra, España más bien ha estado a la cabeza de todos los demás países, como fue, a la cabeza de todos, a América. Y ello, a pesar del gran infortunio que fue el origen de todas las tragedias que realmente sufrió: el hecho de haber renacido entre espadas y escudos del recio país mahometano que, por muchos siglos, parecía tan sólido como Arabia. De aquí surgió la Cruzada española. [...] Y de aquí provino su triste criatura, la Inquisición española, que es lo único español de que los ingleses han oído hablar. [...] Cuando se toma la historia de España en conjunto, se percibe a través de ella un espíritu cuyo verdadero y único nombre es libertad. Innumerables viajeros lo han notado en el mismo carruaje y en los modales de cualquier campesino castellano. [...] En estos momentos, España, apenas mencionada por los periódicos, es, mejor que ningún otro país, el verdadero campo, el campo limpio de batalla entre las piezas espirituales de nuestra época[6].

¡Ay, nuestro querido Chesterton!... También él fue víctima de la leyenda negra y desconocía que mientras en

España, entre 1540 y 1700, se condenó a morir en la hoguera a 59 mujeres acusadas de brujería, en Alemania, casi en el mismo periodo, se ejecutaron a 25.000 por el mismo delito[7].

Lo más terrible es que la España de la conquista también es desconocida por muchos españoles, tanto de izquierdas como de derechas, que han aceptado sin rechistar los planteamientos negrolegendarios. Es trágico que muchos no la comprenden y peor aún que se avergüencen de ella. ¿Cómo es esto posible? Los españoles negrolegendarios en poco se parecen a los españoles que conquistaron el Nuevo Mundo. Viven en la posmodernidad, en el imperio de lo efímero, inmersos en una cultura que no comprende el sentido del honor, el valor del coraje o la grandeza de mantener la palabra dada. Para ellos, que carecen de sentido de la trascendencia, no hay cielo ni hay infierno, y una quijotada es, siempre y en toda circunstancia, una locura. Puede que no sean la mayoría, pero parece que esos nuevos negrolegendarios se han adueñado del destino de España. Han alcanzado la hegemonía cultural en la mayoría de las universidades y han establecido la dictadura de lo políticamente correcto, proponiendo incluso que los jóvenes no estudien —ni comprendan— la gran historia de España, que no conozcan ni sus hazañas, ni sus actos de valor ni su generosidad.

Algo similar sucede en Hispanoamérica. Para los negrolegendarios hispanoamericanos —a ellos, ya lo hemos dicho, les gusta llamarse «latinoamericanos»—, Hispanidad es una palabra negativa y atreverse a afirmar que España es nuestra «madre patria» supone un motivo suficiente para ser apartado de los circuitos académicos. Lo sabe bien quien esto escribe.

En primer lugar, me parece pertinente recuperar la recomendación que hiciera José Ortega y Gasset cuando analizó la anatomía nacional de España:

> No debiera olvidarse que en la comprensión de la realidad social lo decisivo es la perspectiva, el valor que a cada elemento se atribuya dentro del conjunto. Ocurre lo mismo que en la psicología de los caracteres individuales. Poco más o menos, los mismos contenidos espirituales hay en un hombre que en otro. El repertorio de pasiones, deseos, afectos nos suele ser común; pero en cada uno de nosotros las mismas cosas están situadas de distinta manera. [...]. El sentido para lo social, lo político, lo histórico es del mismo linaje. Poco más o menos, lo que pasa en una nación pasa en las demás. Cuando se subraya un hecho como específico de la condición española, no falta nunca algún discreto que nos cite otro hecho igual acontecido en Francia, en Inglaterra, en Alemania, sin advertir que lo que se subraya no es el hecho mismo, sino su peso y rango dentro de la anatomía nacional. Aun siendo, pues, aparentemente el mismo, su diferente colocación en el mecanismo colectivo lo modifica por completo. *Eadem sed aliter:* las mismas cosas, solo que de otra manera; tal es el principio que debe regir las meditaciones sobre sociedad, política, historia[8].

No es nuestra intención realizar una descripción acabada y perfecta de la España que con aquellas tres pequeñas embarcaciones —Pinta, Niña y Santa María— llegó a las Indias aquel memorable 12 de octubre de 1492. Tampoco pretendo exponer los grandes debates sobre el «ser español», como el sostenido entre Américo Castro y Claudio Sánchez

Albornoz[9], ni mucho menos tomar partido por uno u otro. Ese trabajo se me antoja más propio de una tesis doctoral que de este humilde libro. Me conformo con transmitir algunas observaciones y reflexiones hechas al respecto por importantes historiadores e intelectuales —de izquierdas y de derechas— que estudiaron esa gran nación desconocida que es la España que dejó su «ser» en América.

El hecho histórico de la Reconquista

Cuando el pensamiento español alcanzaba las alturas que en su vuelo alcanzan las águilas, el historiador Claudio Sánchez Albornoz, presidente del Gobierno de la República española en el exilio (en Argentina), afirmó lo siguiente:

> Considero la Reconquista una clave en la Historia de España [...]. Esta empresa multisecular constituyó un caso único en la historia de los pueblos europeos, no tiene equivalente en el pasado de ninguna comunidad histórica occidental. Ninguna nación en el Viejo Mundo ha llevado a cabo una aventura tan difícil y tan monocorde, ninguna ha realizado durante tan dilatado plazo de tiempo una empresa tan decisiva para formar su propia vida libre. Un decenio, cinco, ocho; un siglo, cuatro, seis de lucha nacional y religiosa, rara vez interrumpida por alguna década de paz. Con una frontera siempre incierta e indecisa que avanza durante los periodos de crisis de la España *muslim,* después de una gran victoria cristiana contra los sarracenos o cuando se conseguía conquistar una ciudad que dominaba la entrada de un valle o que aseguraba la posesión de una llanura. Una frontera que retrocedía fácilmente: al renacer el orden en Al-Ándalus, después de una gran victoria musulmana o cuando África

arrojaba sobre España nuevas catervas de islamitas. Y así siempre, desde antes de la batalla de Covadonga (722) hasta después de la victoria del Salado (1340). E incluso más tarde, cuando se aletargó la Reconquista, persistió siempre, como un mal endémico, la guerra de fronteras, que estuvo muy lejos de ser un paso de *ballet* caballeresco[10].

Basta recordar algunas de las matanzas de cristianos y algunas de las ciudades arrasadas por el tristemente célebre Almanzor, entre los años 977 y 1002, para apreciar que esos terribles años de guerra contra los moros no fueron un «paso de *ballet* caballeresco», sino una danza con lobos siempre hambrientos de esclavas y oro. Así, en 979, las hordas mahometanas conducidas por Almanzor atacaron Pamplona, Barcelona y Sepúlveda; en 981 saquearon los arrabales de Zamora; en 982 devastaron la periferia de León; en 983 asaltaron Salamanca, donde pasaron a cuchillo a todos los varones... Ese mismo año destruyeron Simancas y capturaron a 17.000 mujeres que fueron vendidas como esclavas sexuales en el mercado de la ciudad de Córdoba. En 984 devastaron Sepúlveda; en 985, durante el asedio de Barcelona, Almanzor, para aterrorizar a los defensores de la ciudad, lanzó, mediante catapultas, miles de cabezas de cristianos. Las crónicas más confiables afirman que las catapultas moras dispararon 1.000 cabezas de cristianos por día. Cuando las tropas mahometanas lograron traspasar los muros de Barcelona, Almanzor ordenó que los hombres que la habían defendido fueran degollados como corderos y que las mujeres y los niños fueran llevados como esclavos a la ciudad de Córdoba. Almanzor hizo su entrada triunfal en la capital del califato seguido de 70.000 cristianos encadenados. Muchas de las mujeres capturadas fueron llevadas a Estambul —a los más poderosos les gustaban, sobre todo, las mujeres rubias o pelirrojas de ojos claros—. Los niños fuertes fueron convertidos en jenízaros que luego asesinarían cristianos, y los más débiles fueron transformados en eunucos para el cuidado de los harenes... Pues bien, en 2002, la ciudad de Algeciras tuvo la desfachatez de inaugurar una estatua en honor a Almanzor...

En el mismo sentido de Claudio Sánchez Albornoz se manifiesta el historiador argentino Jorge Abelardo Ramos, que explica por qué la España del siglo XVI era, fundamentalmente, una sociedad militar cuya soberanía se había logrado como resultado de una guerra de religión que había durado ocho siglos:

> La ansiada unidad política de España había costado la sangre de generaciones. La construcción del Estado nacional, aún débil y aquejado por toda suerte de flaquezas, se había alcanzado, al fin, como fruto de una guerra de religión. Para lograr la plena soberanía española, se impuso hacerla bajo el signo de la cruz. Esa poderosa inspiración forjó un ideal heroico que perduró, como rasgo psicológico de los españoles, a través de las edades, cuando ya todos los héroes habían desaparecido. Tan grandioso objetivo, la unión de los reinos por la fe, requirió un inmenso esfuerzo. Lo dicho permite explicar las causas que transformaron España en una sociedad militar, capaz de velar y emplear sus armas durante setecientos años. Esa interminable guerra nacional y religiosa dejaría huellas profundas en la sociedad española [...]. La historia de España, de alguna manera, nace en dicha cruzada y se impregna hasta la médula de esta agotadora prueba. Bajo la luz cruel de tal historia nació la raza de hierro que descubrió, conquistó y colonizó las Indias, así llamadas por Colón, bajo la influencia arcaica de los mapas de Ptolomeo[11].

El alma española: un pueblo valiente, leal y generoso

Jorge Abelardo Ramos no fue el único historiador argentino que percibió que esa «raza de hierro» que llegó a América había sido forjada durante 700 años de lucha contra el invasor musulmán en una guerra tanto religiosa como patriótica, porque cada metro de tierra que se le arrebataba al invasor mahometano era un metro que se ganaba para la fe.

El historiador José María Rosa[12], en su libro *Historia argentina,* en el capítulo titulado «La Madre Patria», afirma:

> La larga guerra de la Reconquista forma el alma española, especialmente el espíritu de los castellanos en quienes recae su peso principal. Por eso, sus virtudes fueron guerreras: coraje, fe, hidalguía, generosidad... El español de todas las clases se educó para la guerra. Si era caballero, templaba desde niño sus nervios familiarizándose con las armas y la arriesgada caza de jabalí a lanza o rejoneo de toros bravos a caballo; si flaqueaba, podía tomar el camino de los claustros, donde el coraje revestía otras formas. Mientras los juegos y torneos adiestraban sus músculos, templaban su espíritu con los relatos del Cid Campeador o del conde Ansúrez, que jamás rehuían el combate, aunque fuese uno, contra mil. Si era artesano o labriego, mataba al toro a pie con espada y capa, mientras se preparaba como infante para la guerra. Sus canciones eran épicas y sus preferencias naturalmente guerreras[13].

Según Rosa, lo que en Europa era una excepción en España era la regla. En todo el continente había hombres valientes, generosos y de palabra, pero constituían una minoría. En España, por el contrario, eran multitud, y continúa así:

El castellano valía más cuanto menor fuese su capacidad de miedo; el honor consistía en ser valiente, leal y generoso; lo demás contaba poco. Era una moral heroica: lo importante era el valor, y esta palabra en su lengua tuvo la doble significación de coraje y medida de todas las cosas. Valor para afrontar la muerte, para mantenerse leal sin faltar a su palabra, para dar generosamente su dinero a quienes lo necesitasen más que él. Era una moral señorial como solamente la tenían, más allá de los Pirineos, los señores educados para proteger la vida, hacienda y familia de los vasallos. La oposición que en el resto de Europa enfrentó, al finalizar el siglo XIV, a señores con burgueses no encontraría eco en España, donde ningún comerciante cristiano antepuso la custodia de su barraca, sus cofres o su vida al culto de Dios, del rey o de la patria [...]. No hubo en España contraposición entre el mundo del coraje y el del dinero, entre la moral basada en el valor, la generosidad y la fidelidad, y aquella que encontraba sus pilares en la temperancia, el trabajo, el ahorro[14].

Una Esparta purificada por el cristianismo

En lo personal, no tengo dudas de que España fue una nueva Esparta, pero purificada por la fe cristiana de las atrocidades de la invencible ciudad del Peloponeso que mandaba que los niños débiles o deformes fuesen despeñados desde una colina. Los españoles fueron tan buenos y bravos guerreros como los espartanos, pero a diferencia de estos a la virtud del coraje unieron la de la generosidad para con los desamparados y combinaron la valentía con la bondad para con los más débiles. Por eso escribe José María Rosa:

El español fue guerrero, jinete si caballero o peón si plebeyo, pero siempre soldado. Lo eran todos: nobles, artesanos, rústicos, mercaderes y hasta sacerdotes. Fue raro que un clérigo arrastrado al claustro por amor al estudio y la meditación, dejase de ceñir la espada si llegaba la necesidad: también tenía sangre en las venas, y era difícil que le flaquease el valor; el coraje estaba tan impregnado en la sociedad española que el epíteto de 'cobarde' le hubiera dolido más que el de 'ignorante' o 'hereje'. Tampoco el artesano de manos hábiles para curtir el cuero o imbricar el acero, o el juglar de poemas medidos y armoniosos, dejaba de combatir si llegase el caso. Solamente podía permitirse a los hermanos de San Francisco de Asís predicar y mostrar que la bondad era un valor superior al valor mismo; al hacerlo, mostraban un supremo coraje que los hacía admirar y querer por todos[15].

Agudamente afirma también, el propio José María Rosa:

> El Greco y Cervantes atinaron a expresar esa alma en sus personajes. El pintor extranjero comprendió como ninguno el espíritu de los toledanos con sus hidalgos de rostro ascético... o sus mendigos que parecen ascender con vibraciones de llamas; en sus largas oscilantes, irreales figuras está entero Toledo, es decir el alma de Castilla en su más noble expresión. Y en la figura de Don Quijote que ambulaba por la Mancha deshaciendo entuertos y esperando como premio un imperio siempre postergado, sin rehuir el combate contra gigantes, encantadores o ejércitos enteros, dejó el escritor castellano, la imagen de quienes hicieron la enorme empresa de la conquista de América[16].

Resulta llamativo que, cada vez que los grandes pensadores o políticos, desde Karl Marx a Gilbert K. Chesterton, pasando por Juan Domingo Perón, intentaron describir el alma de España, fijaran siempre su mirada en la figura de Don Quijote y en la mítica Toledo. Chesterton escribió

El retorno de Don Quijote y dedicó dos ensayos al libro de Cervantes. Por su parte, Marx estudió español para poder leer el *Quijote* en su idioma original, porque sostenía que era la mejor manera de comprender España. Tal era su devoción por la obra de Cervantes que hizo que sus hijos se aprendieran de memoria algunos fragmentos. ¡Y pensar que hoy algunos que se llaman socialistas no quieren que los niños españoles se eduquen en la literatura clásica!...

Chesterton no se quedaba atrás en su descripción del alma de España:

> Toledo se asemejaba a Jerusalén mucho más de lo que Jerusalén se asemejaba a la mayor parte de sus propias fotografías [...]. Toledo se parece mucho a una espada acerada y de un espíritu caballeresco muy severo, pero la calienta el Sur; se halla en el círculo del Sol. Sé que se acostumbra a hablar de la influencia morisca, como si la que es una influencia mediterránea hubiese sido siempre una influencia musulmana. Creo que se trata de un completo error. La conexión indefinible que une a una ciudad como Toledo con una ciudad como Jerusalén existía mucho antes de que naciera Mahoma. Siguió siendo esencialmente una conexión cristiana mucho tiempo después de que la religión de Mahoma se extendiera primeramente por esos lugares y más tarde se retirase de ellos. Podemos llamarla, si se quiere, influencia romana [...]. Podemos relacionarla con nuestra idea de la unidad cristiana [...]. Pero, sea como fuere, no tuvo su origen en el desierto ni en las áridas negaciones propias de una fe del desierto. El islam no pudo plantar esos viñedos, pues prohibía el vino. No esculpió imágenes, pues prohibía las estatuas. No encontró la devoción caballeresca por la dama buscándola en el harén, ni pudo hallar todas esas leyendas sobre la Madre y el Niño en la aridez del dogma islámico del aislamiento de Dios[17].

El historiador argentino Guillermo Furlong[18] afirma: «Quienes han fraguado la leyenda relativa a la barbarie y rudeza de los conquistadores y colonizadores hispanos han olvidado que esos hombres venían de un país donde las ciencias y las artes habían llegado a esplendores inusitados, donde la cultura, aun la filosófica, era algo tan del pueblo como lo son hoy las noticias de policías, donde la atmósfera estaba impregnada del saber humano y divino, y donde hasta las lavanderas se interesaban por los grandes problemas del espíritu»[19].

Si la España que llegó a América fue una nueva Esparta por la valentía y el coraje de sus soldados, fue, sin embargo, también, al mismo tiempo, una nueva Atenas, por el manejo de la filosofía y el conocimiento literario de sus profesores y sacerdotes, pero una Atenas en la cual brillaban las mujeres.

En la España de la conquista, las mujeres tuvieron un papel protagonista tanto en las letras como en la producción del pensamiento, ámbitos en los que fueron decisivas las acciones de Isabel la Católica. Así, la presencia femenina

> ... en las altas esferas intelectuales y su participación activa en el nuevo movimiento cultural alcanzaron su máximo esplendor durante el reinado de Isabel I de Castilla. La reina, mujer culta y entusiasta de las letras y las artes, llevó a cabo una importante obra de difusión y recuperación de la cultura clásica. Su determinación tardía de aprender latín y su empeño por elevar el ambiente del saber de la corte le llevaron a llamar y acoger a destacados humanistas, como Nebrija, Alonso de Palencia, Luis Vives, Lucio Marineo Sículo y Pe-

dro Mártir de Anglería, entre otros. Fue en este ambiente erudito de la corte de Isabel la Católica donde floreció el nutrido grupo de mujeres dedicadas a la investigación y al estudio de la cultura y lenguas clásicas. Gracias a ellas las infantas y damas del entorno palaciego, animadas por la reina, empezaron a conocer y aprender también estas lenguas[20].

Para la formación científica y humanista de cualquier persona eran fundamentales las bibliotecas, y la reina Isabel la Católica puso la suya al servicio de sus cortesanos —especialmente, de las mujeres—. En ella se encontraba la obra de Christine de Pizan, poeta y filósofa francesa, considerada una de las precursoras del feminismo occidental y autora de *La ciudad de las damas* (1405), así como un célebre poema a Juana de Arco, uno de los principales referentes de la reina[21].

La leyenda negra siempre ha presentado a España como un país machista y ha ocultado que hubo una gran cantidad de mujeres —muchas más que en cualquier otra nación de Europa en el mismo momento histórico— que destacaron en el conocimiento y estudio del arte, de la filosofía, de la teología, de la historia, de la gramática, en el dominio de las lenguas extranjeras y en la producción literaria. Son conocidos los nombres de Teresa de Jesús y de Juana Inés de la Cruz, que brillaron en términos literarios, pero permanecen casi desconocidos para el gran público los nombres de Isabel de Villena, Beatriz Galindo, Juana de Contreras, Luisa de Carvajal y Mendoza o Cristobalina Fernández de Alarcón. También cabe citar a Florencia del Pilar —que vivió a finales del siglo XV—, a Catalina de Bustamante —la primera maestra de América, nacida aproximadamente alrededor del año 1490 en la localidad extremeña de Llerena—, a la poeta y pensadora Luisa de Medrano Bravo de Lagunas Cienfuegos, primera profesora de una universidad hispánica; a Francisca de Nebrija, hija de Antonio de Nebrija, que colaboró con su padre en la *Gramática castellana* y le sucedió en la cátedra de Retórica; a María López de Mendoza y Pacheco, hija del conde de Tendilla y mujer del comunero Padilla, y que tenía profundos conocimientos de latín, griego, matemáticas, letras e historia; a Ana de Cervatón, dama de honor de la reina Germana de Foix, o a Juana de Contreras, una humanista de la nobleza castellana que fue discípula del humanista e historiador italiano Lucio Marineo Sículo.

Isabel de Villena, una de las más destacadas desde el punto de vista intelectual, escribió la *Vida de Cristo,* un «libro de espiritualidad cristiana (de mucha demanda en la época) que por su estilo literario y profundidad doctrinal llegó a ser referencia en los ambientes religiosos de su época»[22]. La reina Isabel la Católica decidió imprimir la obra, en 1497, lo que permitió que circulara por toda Europa y que fuera reimpresa en Valencia en 1513 y en Barcelona en 1527[23]. El abogado e historiador Pablo Yurman dice de ella que fue abadesa del convento donde vivió toda su vida, en la ciudad de Valencia, y nos aclara el siguiente punto de enorme relevancia:

> Aunque en la actualidad existen muchas órdenes religiosas femeninas dentro de la Iglesia católica, en aquella época, de una piedad popular mucho más extendida socialmente, las abadías eran focos no solo espirituales, sino también culturales. Por tanto, el cargo de abadesa no solo revestía importancia puertas adentro de la orden de la que se tratara, sino que ostentaba una importancia social que hoy nos resulta difícil de imaginar[24].

Otra de las que brillaron con luz propia en la época fue Beatriz Galindo, de la que Yurman nos dice que «fue una figura cabal del humanismo español»:

> Debido a su facilidad para la gramática, sus padres decidieron que fuera alumna en la famosa Universidad de Salamanca, en donde descolló por su dominio del latín, idioma en el que escribía, razón por la cual se la apodó «La Latina». También manejaba con fluidez el griego, lo que le posibilitó familiarizarse con las obras de Aristóteles. Por su erudición fue llamada a la Corte y llegó a ser maestra de cinco reinas: la propia Isabel I de Castilla y sus cuatro hijas, Juana (también de Castilla), Catalina, que sería luego reina de Inglaterra, e Isabel y María, ambas reinas de Portugal[25].

Otro caso singular es el de Juana de Contreras, de quien sabemos que estaba «dotada de una inteligencia excepcional que le permitió ser políglota, conociendo el latín, el griego, el hebreo, el árabe, entre otras lenguas». También demostró un enorme talento para la historia y la poesía: un poema suyo llamado «Syntra» fue traducido a varias lenguas[26]. También destacó en el arte de la poesía la malagueña Cristobalina Fernández de Alarcón, que ganó «numerosas justas y certámenes literarios con sus sonetos y quintillas. El célebre Lope de Vega la frecuentó y se refería a ella como la "musa antequerana"»[27].

En el amplio grupo de las *puellae doctae* (muchachas doctas), la poeta mística Luisa de Carvajal y Mendoza ocupa un lugar especialmente relevante:

> Si Hollywood estuviera en España, seguramente su vida azarosa e intrépida habría sido llevada a la gran panta-

lla. No es para menos. Nacida en un hogar aristocrático, vestía sencillamente y su religiosidad impregnaba su vida cotidiana. Al punto que llegó a formar una asociación religiosa con los miembros de la servidumbre del hogar de su tío donde residió por varios años. Parte de su herencia la donó para fundar el Colegio Inglés de Lovaina, en la actual Bélgica. Eran años de tensión entre España e Inglaterra, por cuestiones políticas, pero con un trasfondo religioso. El Reino Unido había prohibido el culto católico y muchos ingleses huyeron (de ahí la creación de un colegio para sus hijos en la actual Bélgica), y los que decidieron quedarse o no tenían opción de huir eran perseguidos y en muchos casos condenados a muerte. En ese contexto, Luisa de Carvajal llegó clandestinamente a Inglaterra para ayudar a esos fieles perseguidos. Conoció la cárcel y murió en Londres tras una larga enfermedad[28].

Estos son solo unos cuantos ejemplos de una lista demasiado larga para este libro. Lo que queda claro es el alto «nivel cultural y educativo de la mujer española en el momento del descubrimiento de América, algo inédito en la Europa de entonces»[29]. Estamos plenamente de acuerdo con la tesis que sostiene el historiador argentino Vicente Sierra, para quien no hubo «prejuicios que cerraran las puertas a las mujeres altamente dotadas. No se procuró llevar a la mujer a regir el Estado, pero tampoco se prohibió que lo lograra»[30].

En resumen: si hubo un pueblo europeo que no tuvo reparos sobre el papel fundamental de la mujer, ese fue el español, circunstancia que se hizo notar en otros «órdenes de la vida social, más allá de lo cultural». Yurman argumenta su tesis exponiendo los casos de María de Toledo, Ana de Borja o Isabel Barreto, quienes

> … ejercieron […] el cargo de virreinas de Santo Domingo y de Perú, respectivamente. Es decir, no fueron virreinas por ser esposas de un virrey, sino que lo fueron por ejercicio pleno del cargo más importante en América en ese momento. Por otra parte, fue una española, Isabel Barreto, la primera mujer en la historia de la navegación en ostentar el título de Almirante[31].

Sobre el papel de la mujer en la América española, Vicente Sierra señala que «durante el periodo hispano se registran más mujeres en altos cargos de gobierno que durante el periodo independiente»[32]. De nuevo le pido al lector que saque sus propias conclusiones.

Así fue como España hizo América

A Federico García Lorca se le atribuye la frase que dice que «el español que no conoce América no sabe lo que es España», dicho con el que estamos totalmente de acuerdo. Pero también es cierto que el hispanoamericano que no conoce España no sabe lo que es Hispanoamérica, e incluso me atrevo a afirmar que los españoles europeos y los españoles americanos que no saben cómo se hizo América no saben ni lo que es España ni lo que es Hispanoamérica. Veamos cómo explicaba el asunto de la asimilación mutua —daría para un libro entero— el historiador argentino Vicente Sierra:

> Lo que otorga a la empresa colombina ser y sentido es que, tras la ruta que señala, todo un pueblo se lanza para trasplantar consigo una forma propia de cultura y civilización; todo un pueblo […] se entrega al esfuerzo sin par que deter-

> mina el futuro espiritual y material de un inmenso continente, de un mundo nuevo [...]. España, ajustado su ser a la labor castrense y misionera en lucha por la Reconquista, emprende como una nueva cruzada —la última que realiza la Cristiandad—: la labor de que América asimile España y España asimile América[33].

Podrán decir los negrolegendarios que el celo católico del historiador argentino nublaba su juicio. Sin embargo, un concepto similar expresaron tanto el «padre» del marxismo peruano, José Carlos Mariátegui, como el socialista argentino Rodolfo Puiggrós, a quienes ya recurrí en mi libro anterior y lo vuelvo a hacer ahora para que aclaren nuestro entendimiento. Veamos primero la tesis de Mariátegui:

> He dicho ya que la conquista fue la última cruzada y que con los conquistadores tramontó la grandeza española. Su carácter de cruzada define a la conquista como empresa esencialmente militar y religiosa. La realizaron en comandita soldados y misioneros [...]. La ejecución de Atahualpa, aunque obedeciese solo al rudimentario maquiavelismo político de Pizarro, se revistió de razones religiosas [...]. Después de la tragedia de Cajamarca, el misionero continuó dictando celosamente su ley a la conquista. El poder espiritual inspiraba y manejaba al poder temporal [...], el cruzado, el caballero, personificaba una época que concluía el Medioevo católico[34].

Para Rodolfo Puiggrós, la conquista de América supuso una prolongación de las cruzadas en un «escenario de magnitud y características desconocidas por el soldado europeo. Ninguno estaba tan habilitado como el español para tarea tan gigantesca»[35]:

> Casi tres siglos antes (1212), en la gran batalla de las Navas de Tolosa, que deshizo al ejército musulmán, los cincuenta mil caballeros y peones franceses, provenzales, bretones, italianos, alemanes e ingleses defeccionaron, y los ibéricos solos *(soli hispani)* dieron la pelea y obtuvieron la victoria. Desde entonces, guerrearon contra el islam sin ayuda extranjera [...]. De no aparecer en su camino el Nuevo Mundo, es seguro que los castellanos hubiesen perseguido a los súbditos del islam más allá del estrecho de Gibraltar. El ambicioso sueño de exterminarlos y de reconstruir a lo largo del litoral del sur del Mediterráneo los dominios de los primeros cristianos no fue abandonado mientras América no absorbió las energías de España hasta dejarla exhausta[36].

Puiggrós concluye afirmando que España llevó al Nuevo Mundo su «sentido misional cristiano, que, formado en la guerra antiislámica, inyectó a las sociedades que creó al otro lado del océano el trascendentalismo religioso que en las postrimerías del feudalismo sobrevivía a los grandes cambios sociales en marcha»[37].

Uno de los pocos historiadores no hispánicos que comprendieron el sentido de cruzada de la conquista española de América fue el alemán Ludwig Pfandl (1881-1942), quien describió así lo sucedido en el Nuevo Mundo:

> Seis hermanos de la gran monja de Ávila se precipitan, uno tras otro, como soldados del rey, a las colonias ultramarinas, y solo uno de ellos le vuelve a ver con vida. Francisco Javier va como misionero a la India, al Japón y a China; Luis Beltrán cristianiza Colombia; Francisco Solano es el apóstol de Perú; Pedro Claver consume su vida en cristiano servicio de caridad, cerca de los esclavos negros de América del Sur. Bandadas de jóvenes los siguen. En grupo, a menudo sin ha-

ber aún abandonado la nave, son asesinados estos luchadores por la fe por los piratas o los indígenas. Su muerte no es más que un estímulo para los que los seguirán. La aptitud de sacrificio de estos hombres es inconmensurable, y heroico de verdad su abandono a un fin más alto. Solo se habla y se escribe de la manera como la soldadesca española expolió y maltrató a los pobres indios; nada empero se dice de tanta humanidad y honradez y de tanta caridad salvadora y dispensadora de bendiciones como la que los misioneros españoles de la fe derramaron sobre los pueblos sometidos[38].

Para Vicente Sierra es un grave error calificar de «colonial» el periodo español de la historia de América:

> La colonización es un fenómeno de tipo económico que aparece con las primeras manifestaciones de los factores expansivos del capitalismo y se encuentra estrechamente ligado a la ideología liberal. Suponer a la España de los últimos años del siglo XV con elementos capitalísticos expansivos es un absurdo. La labor que el Nuevo Mundo le ofrece es de una vastedad desconocida hasta entonces. España debe crearlo todo. Debe comenzar hasta forjando la razón de ser de esa empresa que la providencia le brinda; pero a todo encuentra respuesta, porque dispone de un instrumento maravilloso: la conciencia[39].

El dominicano Juan Bosch, uno de los políticos más honestos de la democracia de su país, coincidía con las afirmaciones de Sierra, al tiempo que advertía de lo absurdo que es analizar la historia con los prejuicios de hoy:

> Los Reyes Católicos actuaban así porque no había diferencias entre un territorio americano y un territorio español. Para esos reyes y sus hombres de gobierno, América era igual

a Castilla o Aragón, no un imperio colonial destinado a enriquecer una burguesía española que no existía. Solo podemos ser justos con los reyes de esos días si nos situamos en su época y dejamos de ver sus actos con los prejuicios de hoy. Si el Estado español representó en el Caribe una conducta moral frente a los desmanes de sus súbditos peninsulares, se debió a que actuó adelantándose a su propio tiempo histórico. Al terminar el siglo XV y comenzar el XVI, el Estado español seguía irguiéndose por los principios religiosos que habían gobernado a la Ciudad de Dios en el Medioevo de Europa, y ni los reyes ni sus consejeros hubieran concebido que esos territorios de Ultramar podían ser dados a compañías de mercaderes para que los usaran con fines privados, cosa que un siglo y un tercio después hicieron Inglaterra, Holanda y Francia[40].

Isabel la Católica marcó la diferencia

La historia de la humanidad es una limitada serie de instantes decisivos. Uno de esos instantes ocurrió el 20 de junio de 1500, cuando la reina Isabel expidió una Real Cédula por la cual ordenaba la libertad de unos nativos de América que Colón había enviado para que fueran vendidos como esclavos, de acuerdo con las normas del Derecho vigente en la época. La reina dijo entonces que «los indios eran vasallos de la Corona y que, como tales, no podían ser esclavizados. Isabel no actúa así por consideraciones jurídicas ni económicas, ni siquiera oportunistas; se lo ha impuesto un deber de conciencia»[41]. Isabel la Católica no era reina de un Estado burgués y «tenía los principios morales de una católica sincera». Por ello, si tenía que hacerlo, «condenaba lo que sus súbditos hacían en las regiones que se iban descubriendo»[42].

> La ética no es en la reina un medio, sino también un fin, por el cual su conciencia no se extravía; y es así como la historia de América se inicia cuando España la descubre y cuando ella descubre, a través de España, la libertad. Pero no cualquier libertad, sino aquella que, basada en la tesis cristiana de la gracia, surge como expresión del amor al prójimo y del amor a Dios[43].

¿Por qué afirmamos que Isabel marcó la diferencia? ¿Por qué creemos que, sin ella, la historia de España y de América hubiese sido otra? Porque tomó una decisión sin antecedentes en la historia de la humanidad: la de poner la política, la economía y el Estado entero al servicio de la fe. Y todos sus sucesores —el emperador Carlos V, Felipe II, Felipe III, Felipe IV y Carlos II— se mantuvieron leales a ese mandato, que fue lo que en última instancia constituyó su verdadero testamento político[44]. El problema era que la decisión de la reina debía ser ejecutada por hombres, no por ángeles, lo que explica las contradicciones que se produjeron durante el proceso de conquista, poblamiento y evangelización de América.

¿Puede afirmarse que la decisión de Isabel fue acatada, comprendida y asumida por el pueblo español? Sí, sin duda, porque los casi ocho siglos de resistencia a la ocupación musulmana, más la guerra de reconquista, habían forjado el alma y el carácter de los españoles en las virtudes del coraje, la hidalguía y la generosidad.

Entonces, ¿por qué nos resulta tan difícil entender —e incluso creer— tanto la decisión de Isabel la Católica de poner la política al servicio de la fe como el hecho de que el pueblo español asumiera la conquista de América como una misión, como una cruzada? Para dar respuesta a esta pregunta recurriremos a las palabras del historiador británico

Bernard Lewis, que señala a nuestra mentalidad occidental como causa última de esta incapacidad para comprender lo que ocurría en España y en América en el siglo XVI:

> En Occidente, el hombre moderno, incapaz, por lo general, de asignar a la religión un rol central y preeminente dentro de su propia vida, se ha mostrado también incapaz de concebir la idea de que para otros pueblos y en otros lugares esta sí lo tenga; de ahí la necesidad que encuentra de inventar explicaciones para aquello que juzga como fenómenos religiosos solo en lo superficial [...]. Para un espíritu occidental moderno no es posible concebir que los hombres mueran y luchen, profundamente, por simples divergencias religiosas: debajo del velo religioso no puede sino haber otras razones, que son las verdaderas [...]. Aceptar que una civilización entera pueda acordar o establecer la primacía de la religión es demasiado pedir para nuestra mentalidad. El solo hecho de sugerir semejante cosa hace que caigan sobre aquel que la sugiera los rayos del pensamiento liberal[45].

España, nuestra madre patria

Exhibiendo la gran intuición que siempre la caracterizó, Eva Perón afirmaba que somos «españoles americanos», idea compartida por el filósofo mexicano José Vasconcelos. El nicaragüense Augusto César Sandino sostenía que somos «españoles indios», que es prácticamente lo mismo. De lo que no cabe duda es de que España hizo América y que nos dio su «ser», de ahí que los auténticos líderes hispanoamericanos —desde Sandino hasta Juan Domingo Perón, pasando por Hipólito Yrigoyen, Haya de la Torre o Luis Alberto

Herrera—, antes o después, cuando lograron desprenderse de la colonización mental del imperialismo anglosajón, la consideraran nuestra «madre patria».

Para terminar, me atrevo a aventurar que de todos los grandes líderes del pueblo hispanoamericano que se enfrentaron a ese imperialismo anglosajón, el que más autoridad tenía para referirse a España fue el tres veces presidente constitucional de Argentina Juan Domingo Perón Sosa (1895-1974), puesto que por sus venas corría la sangre del pueblo tehuelche[46]. En un discurso pronunciado el 14 de noviembre de 1947, a raíz de serle entregado el título de doctor honoris causa por las Universidades Argentinas[47], dijo lo siguiente:

> ¡España, Madre Nuestra, Hija eterna de la inmortal Roma, heredera directa de Atenas la Grácil y de Esparta la Fuerte: somos tus Hijos del claro nombre, somos argentinos, de la tierra con tintineos de plata que poseemos tu corazón de oro. Como bien nacidos hijos salidos de tu seno, te veneramos, te recordamos y vives en nosotros[48].

El presidente argentino expresó de esa forma en su discurso el sentimiento de la mayoría de la población argentina e hispanoamericana en ese momento histórico, antes de que el veneno «negrolegendario» a través de la propaganda cultural hecha por los militantes del fundamentalismo indigenista volviera a penetrar en su espíritu. Hoy, a 75 años de ese memorable discurso, la leyenda negra, es decir, la falsa historia de la conquista española de América escrita por los enemigos históricos de España e Hispanoamérica parece haber ganado la batalla cultural, determinando conciencias, costumbres y prejuicios. Pero los tiempos están maduros para la restauración de la verdad.

11
No hay patria sin historia

> Para los pueblos de origen hispánico, percibir el sentido de la obra de España en América es esencial a los fines de su propio destino.
>
> Vicente Sierra

Poco antes de su muerte, mi amigo Alejandro Pandra escribió:

> Probablemente, una de las trampas más perniciosas que impuso la contracultura de la globalización —aquí y en todo el mundo— es la sustitución del concepto de «pasado como historia» (sometido a confrontación y verificación constante) por el concepto de «pasado como memoria» (selectivo, fragmentario, parcial, sujeto a falsificación y manipulación). Memoria e historia constituyen dos formas antagónicas de relacionarse con el pasado[1].

La utilización política del concepto de «memoria histórica» y la consecuente sanción de las llamadas «leyes de memoria histórica» implican un culto obsesivo del recuerdo que solo exige adhesión, porque a la memoria nada le importa la verdad histórica y «hace de la historia una especie de tribunal del pasado con relación a los fines ideales que se quieren defender, sostener y ver triunfantes, y ante el cual se cita a los hombres [o a las naciones] para que rindan cuenta de sus actos, alcanzando el premio a algunos y el estigma a otros»[2].

Año tras año, España es conducida ante ese «tribunal del pasado» para juzgarla y condenarla precisamente por lo que fue su pasado más glorioso: la Reconquista y la conquista de América. Quienes forman ese «tribunal» desean que España pida perdón y que el pueblo español se avergüence de su pasado más heroico. Para tal fin unas pléyades de ideólogos —disfrazados de historiadores— escriben libros, publican artículos, dictan conferencias... Todo con un único objetivo: condenar a España. Y para dar difusión y trascendencia a la condena, siempre están ahí los grandes medios de comunicación globalistas —especialmente, la BBC— encargados de difundir *urbi et orbi* las patrañas elaboradas contra España.

Pero no nos dejemos engañar. La verdad es que no hay patria sin historia, y es esta la que conforma un pueblo, porque «de la conciencia de nuestros orígenes surge la conciencia de nuestro destino»[3]. Los mismos que dictaron la «Ley de memoria histórica» quieren ahora que los jóvenes españoles no estudien más historia y que se olviden de lo que ocurrió antes de 1812. Los mismos que pretenden que los jóvenes no sepan nada de don Pelayo o de Isabel la Católica quieren —sobre todo, cada 12 de octubre— que España se arrodille y se autoflagele por la conquista de América, una conquista que, en realidad, como sostenía el mexicano José Vasconcelos, fue la *liberación* de América de todas esas malas hierbas del alma que son el canibalismo, los sacrificios humanos, el despotismo embrutecedor y el machismo golpeador. Porque, en efecto —y de nuevo ruego que no nos dejemos engañar—, esas malas hierbas reinaban en América antes de que pisaran el suelo del Nuevo Mundo los hombres de Cortés, de Mendoza, de Balboa o de Pizarro.

A lo largo de este libro hemos visto cómo las manos de los que conforman ese implacable «Tribunal de la Historia» —Inglaterra, Holanda, Alemania, Francia y Estados Unidos— están manchadas de sangre. Y ya sabemos que todo el «juicio» ha sido manipulado a partir del falso testimonio de un único testigo, Bartolomé de las Casas, quien, como señaló fray Toribio de Benavente, no era más que un «mercenario» que ni siquiera se tomó la molestia de aprender alguna de las más de 300 lenguas que los indios hablaban cuando los españoles llegaron a América.

España no tiene nada por lo que pedir perdón porque, como dijo el gran hispanista norteamericano Lewis Hanke, «la conquista de América por los españoles no fue solo una extraordinaria hazaña militar en la que un puñado de conquistadores sometió todo un continente en un plazo sorprendentemente corto de tiempo, sino uno de los mayores intentos que el mundo haya visto de hacer prevalecer la justicia y las normas cristianas en una época brutal y sanguinaria»[4]. Ese intento convirtió a España en una excepción en la historia de la humanidad: ni antes ni después una nación se comportó de esa manera.

Si Maquiavelo pudiera hablarnos, seguramente nos diría que España cometió una locura política. Los españoles tendrían que haber seguido en América la misma política que los anglosajones. Si solo viéramos el comportamiento despectivo y ofensivo que hacia España muestran Evo Morales o Pedro Castillo —quienes, en el mejor de los casos, estarían en una reserva indígena si hubiera sido Inglaterra quien llegara por vez primera a América—, deberíamos rendirnos ante el implacable realismo político de Maquiavelo. Sin embargo, como prueba de que España no se equivocó, ahí están los agradecimientos expresados por el Inca Garcilaso de la Vega; por el hijo de una india nicaragüense que trabajó siempre de empleada doméstica, Augusto César Sandino, o por el tehuelche Juan Domingo Perón.

Ahora bien, ¿logró España lo que se había propuesto? ¿Consiguió que en la conquista de América prevalecieran la justicia y las normas cristianas? Si logramos hacer que el árbol —las injusticias cometidas por uno u otro soldado español— no nos impida ver el bosque, la respuesta es que el intento fue exitoso. Y aún más cuando, una vez terminada la conquista, se constituyeron los reinos de Indias. España sembró América de universidades (32) y hospitales; envió a sus mejores profesores, como Alonso de la Vera Cruz, Francisco Cervantes de Salazar, Bartolomé de Albornoz o Antonio Rubio, entre otros; fundó la Universidad de San Marcos, en la ciudad de Lima, 85 años antes de que se levantará en la América anglosajona la Universidad de Harvard. Los franceses fundaron la Universidad de Argel en 1909 —y habían conquistado Argelia en 1830—. Portugal comenzó la conquista de Mozambique en 1505 y tardó «solo» 463 años en decidirse a fundar la Universidad de Lourenço Marques, que fue inaugurada el 23 de diciembre de 1968. Ni una escuela construyó Holanda en Indonesia. Ni un taller de lectura levantó Alemania en sus colonias africanas.

Sin embargo, el dato políticamente más importante que demuestra que España intentó que en América prevalecieran la justicia y las normas cristianas es que en las aulas de las universidades hispanoamericanas se formaron criollos mestizos e indios que aprendieron de sus profesores la teoría revolucionaria que dice que el depositario real del poder —que siempre emana de Dios— es el pueblo y no el rey, por lo que el primero tiene derecho a rebelarse si el segundo no ejerce el gobierno en su beneficio. De nuevo Maquiavelo nos diría que España enloqueció en América. ¿A qué Metrópoli se le ocurre enseñar a sus colonos que tienen derecho a la revolución?, a lo que contestaríamos que el *quid* de la cuestión se halla en que España nunca consideró a América una colonia.

En el Virreinato de Nueva España, la población india tuvo derecho —desde el primer momento— a recibir cuidados gratuitos en todos los hospitales. Aunque al principio fueron pocos los indios que acudieron —por falta de confianza—, después lo hicieron de forma masiva, hasta el punto de considerarlos propios y de contribuir económicamente para su mantenimiento. Recordemos, por ejemplo, que el primer hospital de Nueva España —el Hospital de la Purísima Concepción y Jesús Nazareno— fue fundado en Ciudad de México, en 1521, por el propio Hernán Cortés. Fue allí donde, a propuesta del español Juan de la Fuente, nació en 1578 la Facultad de Medicina de la Real y Pontificia Universidad de México, origen de la actual Universidad Nacional Autónoma de México (UNAM). El hospital construido por Cortés —uno de los más antiguos del mundo— sigue a día de hoy en funcionamiento como testigo mudo de la falsificación de la historia mexicana.

En el Virreinato de Perú, España creó un sistema de salud gratuito para toda la población. La Corona española edificó allí 59 hospitales entre los años 1533 y 1792, 20 de los cuales se erigieron en la ciudad de Lima. No se exigía pago o cuota de ninguna clase ni al ingresar en el hospital, ni durante el tratamiento, ni al término de este, y todos los costes (medicamentos, curas, alimentación, ropa o productos de higiene) eran sufragados por el centro. Los miles de indigentes enfermos que hoy deambulan por las calles de Lima, Cuzco o Arequipa —que no reciben ninguna asistencia médica, como quedó demostrado durante la pandemia de la Covid-19— no imaginan los derechos que en materia de salud tenían sus antepasados durante la «terrible opresión» española.

La mentira negrolegendaria oculta el hecho de que entre los españoles que llegaron a América no era dominante la idea de una superioridad racial, como sí lo fue entre los anglosajones que desembarcaron en América del Norte. Entre otros motivos, porque ellos mismos pertenecían a un pueblo mestizo al que muchos en Europa —con razón o sin ella— acusaba de ser más africano que europeo, más semita que indoeuropeo. Esta falta de arraigo de los prejuicios raciales llevó a los españoles al mestizaje con las indias americanas, si bien, dicho sea de paso, se trataba de un mestizaje promovido y estimulado por Isabel la Católica, que sabía que cuando dos pueblos se mezclan profundamente dejan de ser enemigos y se transforman en un mismo pueblo. Así nació la Hispanidad. El mandato de Isabel fue respetado tanto por Carlos I como por Felipe II —y por los demás Austrias que les siguieron—, por lo que puede afirmarse que el mestizaje constituyó una verdadera política de Estado.

La leyenda negra ha difundido la idea de que el mestizaje de la América española fue tan solo el resultado de las brutales violaciones —sí, las hubo, como en toda conquista— perpetradas por los conquistadores y que los mestizos así engendrados constituyeron la mayoría de la clase baja de la etapa «colonial». Los negrolegendarios ocultan a los cientos de mestizos que fueron el resultado de la pasión y del amor y que llegaron a convertirse en ricos propietarios de tierras, en adelantados, en gobernadores de provincias, en ilustres militares del Imperio o en sacerdotes y monjas poseedores de una altísima formación cultural. Nada dicen, por ejemplo, de Isabel Moctezuma —hija del emperador Moctezuma—, quien, siendo ya una mujer rica e influyente, se casó por amor con el extremeño Juan Cano de Saavedra, con quien tuvo cinco hijos. Nada dicen de Leonor Cortés Moctezuma —hija de Hernán Cortés y de Isabel Moctezuma—, quien, siendo también una mujer adinerada, contrajo matrimonio, por amor, con el soldado vasco Juan de Tolosa, con quien tuvo cuatro hijos.

La relación metrópoli-colonia no existe cuando hay mestizaje y una educación de altísima calidad que permite a los mestizos llegar a ser destacados y admirados poetas, novelistas, historiadores, filósofos, políticos y militares. A los negrolegendarios no les gusta recordar que el padre de la literatura hispanoamericana, el soldado-poeta el Inca Garcilaso de la Vega —su madre fue una princesa quechua— se jugó la vida luchando contra la última rebelión mora en Granada. Rebelión esta que, de haber tenido éxito, habría provocado una nueva invasión mahometana, esta vez comandada por los turcos. En la contienda coincidió con Martín Cortés —hijo de doña Marina y de Hernán Cortés—, y juntos demostraron que se sentían «españoles americanos» y que para ellos la patria era el Imperio.

Por otra parte, conviene no olvidar que la temprana industrialización de la América española —ocurrida a partir del reinado de Felipe II—, totalmente ignorada por los negrolegendarios, demuestra que entre España y América no existió la típica relación metrópoli-colonia en la que la metrópoli se encarga de la elaboración industrial y la colonia de la producción de materias primas. La industria que se desarrolló durante el periodo hispánico desapareció cuando las repúblicas hispanoamericanas adoptaron el libre comercio, solo deseado —como la independencia— por las clases altas de Buenos Aires, Caracas y Guayaquil. Así fue como sobrevino el desempleo, la miseria y el hambre que sufre la mayoría de la población hispanoamericana.

Para las masas indígenas, tras la conquista española llegaron la justica y las normas cristianas, porque, pese a los pecados cometidos por algunos hombres faltos de escrúpulos, con España llegó a América la fe verdadera. Por ello es por lo que, tres siglos después, en Venezuela, Colombia, Ecuador, Perú y Bolivia, la mayor parte de la población nativa luchó contra la independencia y contra las tropas de Simón Bolívar, formadas principalmente por hijos y nietos de españoles que se habían hechos ricos en América y por 5.000 soldados británicos. El propio Bolívar se dio cuenta —tarde— de que la «independencia» era en realidad una trampa creada por Gran Bretaña en la que, si en el trono español hubiera estado un rey algo más hábil que Fernando VII, no habría caído ni un solo hispanoamericano. Sin embargo, el monarca rechazó el ofrecimiento de Bolívar y de San Martín de conformar un imperio constitucional hispano-criollo, con capital en Madrid, que habría salvado la unidad y evitado el trauma de la independencia[5].

Para los grandes líderes populares hispanoamericanos que lucharon por liberar Hispanoamérica de la dominación británica y estadounidense que sobrevino inmediatamente después de la independencia, la justicia y las normas cristianas también llegaron a América con la conquista española. Así lo entendieron, antes o después, Juan Manuel de Rosas, Hipólito Yrigoyen, Augusto César Sandino, Luis Alberto Herrera, Víctor Raúl Haya de la Torre o Juan Domingo Perón, que tuvieron que soportar el envite de unas minorías negrolegendarias —de izquierdas y de derechas— que, subordinadas cultural e ideológicamente, odiaban a España. Esas minorías se apropiaron del poder y del prestigio intelectual, pero ya sabemos que fueron —y son— el fruto del imperialismo cultural anglosajón y del imperialismo cultural soviético. Aunque apenas tuvieron predicamento en el pueblo hispanoamericano, se hicieron con el control de la mayoría de las universidades, constituyendo, como afirmaba Arturo Jauretche, el último eslabón de la colonización cultural y pedagógica.

Contra esa minoría negrolegendaria que conforma el «Tribunal del Santo Oficio de lo Políticamente Correcto», escribieron, entre otros, pensadores como José Enrique Rodó, José Vasconcelos, Manuel Ugarte, Rufino Blanco Fombona, Manuel Gálvez, Juan José Hernández Arregui, Leonardo Castellani, Alberto Methol Ferré, Washington Reyes Abadie, Vicente Sierra, Pedro Godoy, Ernesto Palacio, Guillermo Furlong, José María Rosa, Enrique Osés, José Luis Torres, Raúl Scalabrini Ortiz, Arturo Jauretche, Leopoldo Marechal y Fermín Chávez. Para todos ellos, España era nuestra madre patria.

También contra esa soberbia minoría levantó su voz una mujer salida de las entrañas del pueblo argentino, la legendaria Evita, la más antiimperialista de las mujeres nacidas en América. Es con sus palabras como quiero terminar este capítulo:

> La epopeya del descubrimiento y la conquista es, fundamentalmente, una epopeya popular. Somos, pues, no solo hijos legítimos de los descubridores y conquistadores, sino hederos directos de su gesta y de la llama de eternidad que ellos transportaron por sobre los mares. El 12 de octubre es, por lo mismo, una fiesta de la hispanidad, que toca por igual a España y a sus hijas de América. Luchemos como supieron luchar los hombres de Cortés, de Mendoza, de Balboa y de Pizarro. Este es mi homenaje al Día de la Raza, día del pueblo que nos dio el ser y que nos legó su espiritualidad. ¡Bendito sea![6].

Epílogo
Cuando el papa Francisco era el «padre Jorge», o cuando no había nada por lo que pedir perdón

> Fuimos forjados por España que, más allá de las contradicciones y los límites en la concepción histórica, nos deslumbra con sus Leyes de Indias, con las Ordenanzas de Alfaro [...], con la conciencia misionera de una mujer maravillosa que la historia daría en llamar Isabel la Católica.
>
> Jorge Mario Bergoglio

El 27 de mayo de 1975, el padre Jorge Mario Bergoglio, superior provincial de la Compañía de Jesús en Argentina, con motivo de la Celebración del Día de la Patria (25 de mayo), pronunció el siguiente discurso:

> No creo oportuno dirimir aquí, las cuestiones que los historiadores se plantean acerca del alcance de los acontecimientos de mayo de 1810, ni bucear en la trama de las tendencias ideológicas que gestan ese día. Pero sí me parece clara la direccionalidad que asume este acontecimiento en los hombres que lo sellaron de realismo.
>
> Y tres figuras se imponen a este momento, sin desmedro de otras preclaras actuaciones: la de don José Gervasio de Artigas, que popularizó y dio claro sentido federal con alcance americano —la Patria Grande, como él decía— a esta gesta revolucionaria. La del general don Martín Miguel de Güemes, que defendió valientemente la frontera más vulnerable, y la del general don José de San Martín, que es no solo el más grande estratega militar que gestó el siglo XIX, que es no solo el político visionario de la unidad continental para hacer frente al imperialismo de turno, sino que —sobre todo— es una conciencia superior que es expresión de la

conciencia superior del pueblo que él interpretó y condujo. Este hecho nos enorgullece y compromete.

Conciencia superior porque nuestro Pueblo puede oponer al proyecto de la Ilustración, sea el liberal o el marxista actual, una razón superior que la razón del dominio camuflado en ideología: es la razón superior de la justicia.

Y esto es, gracias a Dios, para nuestro Pueblo y los pueblos americanos. Fuimos forjados por la España que, más allá de las contradicciones y los límites en la concepción histórica, nos deslumbra con sus Leyes de Indias, con las Ordenanzas de Alfaro, con la conciencia misionera de una mujer maravillosa que la historia daría en llamar Isabel la Católica. Sí, la misma que hizo devolver a Colón los indios que él había traído a Europa, porque nadie osaría tratar así a sus vasallos.

Somos hijos de una gran conciencia. Porque la obra de España en América, más que una empresa, fue una Misión. Una misión del pueblo español que se volcó a estas tierras con lo mejor que tenía: su cultura y su fe. Misión de los conquistadores que en cincuenta años recorrieron a pie el continente, fundando pueblos y mezclándose, sin miedo, con los indios. Misión de los misioneros: la de los franciscanos que sembraron la devoción a María, el germen profundo de la unidad y de la auténtica Esperanza de los americanos; y la de los jesuitas, que volcaron en estas tierras, una tenaz voluntad de organización que afianzaría la conciencia del Pueblo de justicia, de soberanía. Y cuando, a través de los afrancesados borbones, los intereses imperiales penetraron en la Corona española, hubo que acallar y extinguir a la Compañía de Jesús, pero se equivocaron si pretendieron con ello matar los frutos. La semilla estaba sembrada: la de la fe inconmovible en el seno de la historia, una vocación de dignidad y de justicia y una enseñanza preclara acerca de la soberanía popular que repetía e inculcaba los principios de ese gran maestro y filósofo jesuita que fue don Francisco Suárez.

Docentes y alumnos: este es un legado que nos enorgullece y nos compromete. La educación, esa maravillosa tarea de forjar hombres, tiene un derrotero muy claro que andar:

—Cristianos con vocación de paz y justicia.

—Argentinos que pospongan sus mezquinos intereses a los intereses de la Patria.

Al igual que los hombres que forjan nuestra nacionalidad, que, abiertos a la Esperanza cristiana, supieron dar el paso que les correspondía poniendo los fundamentos de una institución: la patria. Y a nosotros nos corresponde seguir esas huellas. Y aceptar seguir hoy adelante en este camino solo puede hacerse echando raíces en esa área que es la fe de nuestros padres. Y si la miramos con atención, veremos que esta fe de nuestros padres, esta sabiduría peculiar del pueblo argentino, vive de cuatro principios cristianos que son el eje de su vida y de sus instituciones: el todo es superior a la parte, la unidad es superior al conflicto, la realidad es superior a la idea y el tiempo es superior al espacio.

Proclamar este 25 de mayo, aquí, en este histórico patio del Sagrado Corazón, el Día de la Patria, es hacer nuestro el hondo privilegio del tiempo, de la unidad, del todo y de la realidad, sobre los mezquinos intereses de los espacios parciales, de los conflictos fracturantes, de las partecitas que nos quitan miradas de cuerpo institucional, de las ideologías que nada tienen que ver con la realidad. Solamente así seremos fieles a la fe de nuestros padres y leales a la Patria.

El Señor nos ayude a comprender y a practicar esto.

Notas

Una confesión íntima

[1] Juan Domingo Perón, *La Comunidad Organizada y otros discursos académicos,* Macacha Güemes, Buenos Aires, 1973, pág. 140.

Introducción. Quien controla el pasado controla el presente... y el futuro

[1] Utilizamos el concepto de «oligarquía financiera internacional» como sinónimo de «imperialismo internacional del dinero», cuya definición tomamos de la realizada por el papa Pío XI en 1931, en su Carta Encíclica *Quadragessimo Anno.* En ese documento, el pontífice caracterizaba al «imperialismo internacional del dinero» como un poder real y concreto surgido de la concentración de la riqueza mundial en pocas manos. Los hombres que conforman ese nuevo imperialismo, afirmaba Pío XI, «teniendo en sus manos el dinero y dominando sobre él, se apoderan también de las finanzas y señorean sobre el crédito, y por esta razón administran, diríase, la sangre de que vive toda la economía y tienen en sus manos, así como el alma de la misma, de tal modo que nadie puede ni aun respirar contra su voluntad». Ver en http://w2.vatican.va/content/pius-xi/es/encyclicals/documents/hf_p-xi_enc_19310515_quadragesimo-anno.html. El concepto de «imperialismo internacional del dinero» como entidad política que subordina a los Estados fue retomado y ratificado por Juan XXIII el 15 de mayo de 1961 en su Encíclica

Mater et Magistra, donde afirma: «A la libertad de mercado ha sucedido la hegemonía económica, a la avaricia del lucro ha seguido la desenfrenada codicia de predominio; así toda la economía ha llegado a ser horriblemente dura, inexorable, cruel, determinando el servilismo de los poderes públicos a los intereses de grupo, y desembocando en el imperialismo internacional del dinero». Ver en http://w2.vatican.va/content/john-xxiii/es/encyclicals/documents/hf_j-xxiii_enc_15051961_mater.html. A su vez, en la Encíclica *Populorum Progressio,* Paulo VI sostiene: «Por desgracia [...] ha sido construido un sistema que considera el lucro como motor esencial del progreso económico; la concurrencia, como ley suprema de la economía; la propiedad privada de los medios de producción, como un derecho absoluto, sin límites ni obligaciones sociales correspondientes. Este liberalismo sin freno, que conduce a la dictadura, justamente fue denunciado por Pío XI como generador del imperialismo internacional del dinero». En http://w2.vatican.va/content/paul-vi/es/encyclicals/documents/hf_p-vi_enc_26031967_populorum.html.

[2] Cuando digo «Hispanoamérica» incluyo a nuestros hermanos brasileños, porque, como sabiamente destacó el gran literato rioplatense José Enrique Rodó, la Hispania romana abarcaba tanto a Portugal como a la actual España. Por otra parte, como sostiene el filósofo argentino Alberto Buela: «Es bueno recordar que el carácter de hispánicos compete tanto a españoles como a portugueses. El más célebre poeta portugués, Luís de Camões (1525-1580) en su obra más famosa, *Los Lusíadas,* nos dice: "uma gente fortissima d'Espanha" *(Canto 1,* estrofa XXXI). Por su parte, Alemida Garret (1799-1854) sostiene: "Somos hispanos e debemos chamar hispanos a quantos habitamos a penincula hispana". El humanista André de Rosende decía: "Hispani omnes sumus". Mientras que Ricardo Jorge afirmaba: "Camase Hispania a penincula, hispano ao seu habitante ondoquer que demore hispánico aso que Ihes dize repesito". Y así, podríamos continuar hasta nuestros días con la afirmación de pertenencia a la Hispanidad por parte del filósofo brasileño Galvão de Sousa. De modo que la Hispanidad entendida como empresa es una tarea que correspondió *ab initio* tanto a España como a Portugal. Que la hayan llevado a cabo juntos o por separado no es óbice para afirmar que ambas hicieron Hispanidad. De esto se desprende que la Hispanidad no se limita a América, sino que se extiende al África en naciones significativas como Mozambique y Angola, en el campo portugués, y Guinea Ecuatorial, en el español. Prolongándose al Asia en Macao y Filipinas». Alberto Buela, *Hispanoamérica contra Occidente,* Editorial del Pensamiento Nacional, Buenos Aires, 2021, págs. 53 y 54.

[3] Así se postuló en el Congreso de Partidos Comunistas de la América del Sur celebrado en 1929.

Capítulo 1. La única conquista «mala» es la conquista española de América

[1] Por supuesto, hay excepciones que confirman la regla: desde Julián Juderías a María Elvira Roca Barea pasando por Alberto Ibáñez, José Javier Esparza, César Cervera, Gustavo Bueno, Javier Portella, Aquilino Duque, Frigdiano Álvaro Durántez Prado, José Luis López Linares, Iván Vélez, Pedro Insua o Alfonso Guerra. Sin embargo, el pensamiento hegemónico ha sido siempre negrolegendario.

[2] Carlos Pereyra, *Las huellas de los conquistadores,* Porrúa, México D. F., 1896, pág. 171.

[3] Los estudios arqueológicos realizados en los últimos 20 años han sacado a la luz una verdad escondida durante mucho tiempo. Ahora hay pruebas contundentes, científicamente irrefutables, de que la conquista del Perú fue un asunto de indios luchando contra indios, indios atacando Cuzco, indios defendiendo Cuzco, indios atacando Lima, indios defendiendo Lima. Al respecto, ver Waldemar Espinoza Soriano, «Los huancas, aliados de la conquista. Tres informaciones inéditas sobre la participación indígena en la conquista del Perú: 1558-1560-1561», *Anales Científicos de la Universidad Nacional del Centro del Perú,* núm. 1, 1971, págs. 1-407. Ver también «La conquista del Imperio inca: la verdadera historia», en https://www.youtube.com/watch?v=-9tUEi3whCgo. Consultado el 1 de diciembre de 2019.

[4] María Rodríguez Shadow, *La mujer azteca,* Universidad Autónoma del Estado de México, México D. F., 1991.

[5] William Prescott, *Historia de la conquista de México,* Compañía General de Ediciones, México D. F., 1953, pág. 31.

[6] *Tlacatlaolli,* en náhuatl significa «maíz desgranado de hombres», porque sus ingredientes incluían, además de granos de maíz cacahuazintle, la carne humana de los sacrificios. Véase Carlos Javier González, *Xipe Tótec. Guerra y regeneración del maíz en la religión mexica,* Instituto Nacional de Antropología e Historia, Fondo de Cultura Económica, México D. F., 2011.

[7] Los incas sacrificaban a los niños de los pueblos que dominaban y explotaban. Tras largos días de caminata, los conducían hasta la cima del volcán Llullaillaco, ubicado en la actual provincia de Salta, en Argentina, a una altura de 6.700 metros. Allí eran atados de pies y manos y abandonados para que murieran de frío. En marzo de 1999 fueron encontrados los cuerpos de un niño de siete años, de una niña de seis y de una joven de 15 años. Su estado de conservación era tal que varios expedicionarios coincidieron en afirmar que parecían estar dormidos. Actualmente se encuentran en exhibición

en el Museo de Arqueología de Alta Montaña de Salta. María Constanza Ceruti, *Cumbres sagradas del noroeste argentino,* Eudeba, Buenos Aires, 1999.

[8] Marcelo Gullo, *Madre patria. Desmontando la leyenda negra desde Bartolomé de las Casas hasta el separatismo catalán,* Espasa, Barcelona, 2021.

[9] J. M. Sadurní, «El bombardeo de Dresde en la Segunda Guerra Mundial», en https://historia.nationalgeographic.com.es/a/bombardeo-dresde-segunda-guerra-mundial_15087. Consultado el 9 de febrero de 2022.

[10] Robert Lilly, *Taken by Force: Rape and American GIs in Europe in WWII,* Palgrave Macmillan, Londres, 2007, pág. 12.

[11] Carol Harrington, *Politicization of Sexual Violence: From Abolitionism to Peacekeeping,* Ashgate, Londres, 2010, págs. 80 y 81.

[12] Peter Schrijvers, *The Crash of Ruin: American Combat Soldiers in Europe During World War II,* New York University Press, Nueva York, 1998, pág. 183.

[13] Guillermo Carlos Pérez Galicia, *España: esencia y origen,* SND, Madrid, 2021, pág. 220.

[14] Eliane Patriarca, *La colpa dei vincitori,* Marchio Piemme, Milán, 2018.

[15] Charles de Gaulle, *Mémoires de guerre. Le salut 1944-1946,* Plon, París, 1989.

[16] Teresa Sesé, «El silencio de los dos millones de alemanas violadas por el Ejército Rojo en 1945», en https://www.lavanguardia.com/cultura/20191015/47986835064/ejercito-rojo-violaciones-alemania-1945-aisha-azoulay-fundacio-tapies.html. Consultado el 9 de febrero de 2022.

[17] En una interesantísima entrevista que la BBC le hizo a Antonio Espino López, para seguir difundiendo la leyenda negra, el profesor de la Universidad Autónoma de Barcelona, ante la pregunta de la periodista de si los conquistadores recurrieron a las violaciones de mujeres como arma de guerra, tiene que reconocer, muy a su pesar, que «son cuestiones mucho más difíciles de documentar, porque en la documentación de la época las mujeres no aparecen al nivel que uno desearía. En la documentación las menciones a las mujeres son bastante escasas. Y las mujeres aborígenes prácticamente ni aparecen». Ver «En España la conquista de América se ve como un hito histórico, pero en realidad fue una brutal y sangrienta invasión que debería generar vergüenza», en https://www.bbc.com/mundo/noticias-60224535. Consultado el 12 de febrero de 2022.

[18] Juan José Sebreli, *El asedio a la modernidad,* Sudamericana, Buenos Aires, 1992, pág. 281.

[19] El tema de la fidelidad de las masas indígenas a la monarquía española en la mal llamada «guerra de independencia» lo he demostrado en mi obra

Madre patria, capítulo 9, titulado «Los "pueblos originarios" contra la independencia», ob. cit.

[20] José Vasconcelos, *Breve historia de México,* Continental, México D. F., 1959, pág. 43.

[21] Ángel Rosenblat, *La población indígena de América desde 1492 hasta la actualidad,* Instituto de Cultura Española, Buenos Aires, 1945.

[22] William Prescott, ob. cit., pág. 31.

[23] La cifra total de la población actual de México fue tomada de la página oficial del Banco Mundial, estimada por dicha institución en el año 2020. Disponible en: https://datos.bancomundial.org/indicator/SP.POP.TOTL?locations=MX. Consultado el 30 de marzo de 2022.

[24] José Vasconcelos, ob. cit., pág. 148.

[25] Ibíd., pág. 148.

[26] Al respecto de la vida de Hernán Cortés, véanse Salvador de Madariaga, *Hernán Cortés,* Hermes, Buenos Aires, 1955; Santiago Magariños, *Hernán Cortés. Estampas de su vida,* Instituto de Cultura Hispánica, Madrid, 1947.

[27] El tema de la febril fundación de Hospitales en México lo he desarrollado extensamente en mi obra *Madre Patria* entre las páginas 258 y 271.

[28] El tema de la fundación de escuelas, colegios y universidades en México lo he desarrollado extensamente en mi obra *Madre patria* entre las páginas 231 y 243.

[29] Walter Redmond, *Lógica mexicana de Antonio Rubio: una nota histórica,* disponible en http://dianoia.filosoficas.unam.mx/files/7013/6993/4630/DIA82_Redmond.pdf. Consultado el 5 de diciembre de 2019.

[30] El tema de los brillantes profesores que España envió a México lo he desarrollado extensamente en mi obra *Madre patria* entre las páginas 243 y 248.

[31] Henri Colomb, el abuelo de Marie Elisabeth von Holwede, fue un importante comerciante calvinista parisino que, después de que se levantara el Edicto de Nantes en 1685, lo que implicó la prohibición del protestantismo en todo el territorio francés, emigró a Copenhague. En 1711, Colomb se mudó a Neustadt an der Dosse, en Brandeburgo-Prusia, y ocupó un puesto en la junta directiva de la fabricación real de espejos.

[32] Alexander Humboldt, *Ensayo político sobre la Nueva España,* Jules Renouard librero, París, 1827; prólogo, pág. XVII.

[33] Ibíd., págs. 236 y 237.

[34] Josefina Zoraida de Knauth, «Testimonio histórico», disponible en https://www.revistadelauniversidad.mx/download/198b787b-c6aa-444f-b9e7-7747d3549f6a?filename=testimonio-historico-alejandro-de-humboldt-ensayo-politico-sobre-el-reino-de-la-nueva-espana. Consultado el 12 de febrero de 2022.

[35] Alexander Humboldt, ob. cit., pág. 5.

[36] Ibíd., págs. 10 y 11.

[37] Ibíd., págs. 197 y 198.

[38] Ibíd., pág. 179.

[39] Ibíd., pág. 232.

[40] Ibíd., pág. 239.

[41] Ibíd., pág. 332.

[42] Ibíd., pág. 360.

[43] Ibíd., pág. 362.

[44] Ibíd.

[45] Ibíd., pág. 364.

[46] Ibíd., pág. 362.

[47] Juan Luis Beceiro García, *La mentira histórica desvelada. ¿Genocidio en América? Ensayo sobre la acción de España en el Nuevo Mundo,* Ejearte, Madrid, 1994, pág. 429.

[48] Alexander Humboldt, ob. cit., pág. 200.

[49] Juan Luis Beceiro García, ob. cit., pág. 428.

[50] Ibíd., pág. 429.

[51] Ibíd.

[52] Ibíd., pág. 257.

[53] Ibíd., pág. 258.

[54] Sandra Rebok, *Humboldt y Jefferson. Una amistad transatlántica de la Ilustración,* Centro de Investigaciones Diego Barros Arana, Santiago de Chile, 2019.

[55] Ken Gonzales-Day, *Lynching in the West, 1850-1935,* John Hope Franklin Center, Duke University Press, 2006.

[56] Jorge Óscar Sulé nació el 26 de agosto de 1930 en Punta Alta, provincia de Buenos Aires. Doctor en Sociología, fue cesado de su puesto como profesor en la Escuela Normal tras el golpe de Estado de 1955 contra el Gobierno constitucional de Juan Domingo Perón. Fue una de las tantas víctimas de la persecución política de la dictadura militar, encabezada por el general Aramburu, contra los partidarios del Gobierno constitucional derrocado. Sulé se relacionó entonces con el mundo sindical, donde desarrolló su vocación docente siendo profesor, entre los años 1973 y 1976, de la Escuela Superior de Conducción Sindical de la Confederación General del Trabajo (CGT). Dictó numerosas conferencias y seminarios. Algunos de los títulos de su vasta bibliografía son *Rosas y la problemática del indio* (1996); *Rosas y sus relaciones con los indios* (2003); *Conversando con las estatuas* (2007); *La coherencia política de San Martín* (2007); *Los heterodoxos del '80* (2008); *Iberoamérica y*

el indigenismo (2011) y *Cinco mujeres de Rosas* (2013). Falleció el 25 de abril de 2021 en la ciudad de Buenos Aires.

[57] Al respecto, véase Rolf Palm, *Los árabes: la epopeya del islam,* Javier Vergara Editor, Buenos Aires, 1980.

[58] Jorge Abelardo Ramos, *Historia de la nación latinoamericana,* Dirección de Publicaciones del Senado de la Nación, Buenos Aires, 2006, pág. 83.

Capítulo 2. Cuando Dios hizo el Edén, no pensó en América

[1] Arturo Jauretche sostiene que «decir que un individuo o un grupo es de medio pelo señala una posición equívoca en la sociedad; la situación forzada de quien trata de aparentar un estatus superior al que en realidad posee. Con lo dicho está claro que la expresión tiene un valor históricamente variable según la composición de la sociedad en la que se aplica [...]. Medio pelo es el sector que dentro de la sociedad construye un estatus sobre una ficción en que las pautas vigentes son las que corresponden a una situación superior a la suya, que es la que se quiere simular. Es esta ficción lo que determina ahora la designación y no el nivel social ni la raza [...], el medio pelo está constituido por aquellos que se intentan fugar de su situación real en el remedo de un sector que no es el suyo y que considera superior. Esta situación, por razones obvias, no se da en la clase alta, porque es el objeto de imitación; tampoco en los trabajadores ni en el grueso de la clase media. El equívoco se produce en el ambiguo perfil de una burguesía en ascenso y en sectores ya desclasados de la alta sociedad». Arturo Jauretche, *El medio pelo en la sociedad argentina. Apuntes para una sociología nacional,* Peña Lillo Editor, Buenos Aires, 1984, págs. 18 y 19.

[2] Miguel Mazzeo y José Agustín Sánchez, «En busca de nuestra identidad», *Marcha,* núm. 14, Buenos Aires, 6 de noviembre de 1986, pág. 19.

[3] El historiador chileno Pedro Godoy nació en La Serena, el 23 de febrero de 1937. Cursó sus estudios universitarios en el Instituto Pedagógico de la Universidad de Chile, donde se graduó en Historia y Geografía en 1960. Fue catedrático del Campus Macul (exonerado en 1976) y de la Universidad Arturo Prat. En 1988 formó parte de la directiva central del Partido Socialista Chileno. Actualmente es director del Centro de Estudios Chilenos (CEDECH). Entre sus numerosas obras destacan *Siete ensayos sudamericanos* (2002), *Chile versus Bolivia. Otra mirada* (2004), *Libro negro de nuestra educación* (2005), *Perón en Chile* (2006), *Día de sangre. Nicolás Palacio y el genocidio de Iqui-*

que (2007), *Bicentenario e Identidad* (2009), *Portales y la Guerra de la Confederación Perú-Bolivia* (2018) y *Mapuches, champurrias, chilenos* (2018).

[4] Pedro Godoy, «La leyenda negra antiespañola», disponible en https://espacioseuropeos.com/2015/03/la-leyenda-negra-antiespanola/. Consultado el 20 de enero de 2022.

[5] Belén Ortega «Esa rubia debilidad», *Clarín,* 23 de octubre de 2001, pág. 8.

[6] Pedro Godoy, ob. cit.

[7] Ibíd.

[8] Ibíd.

[9] «El concepto de estructura hegemónica del poder mundial, definido por Samuel Pinheiro Guimarães, da cuenta de que el escenario y la dinámica internacionales en que actúan los Estados periféricos se organizan en torno de estructuras hegemónicas de poder político y económico, cuyo núcleo está formado por los Estados centrales. Esas estructuras son el resultado de un proceso histórico, favorecen a los países que la integran y tienen como objetivo principal su propia perpetuación e incluyen vínculos de intereses y derecho, organizaciones internacionales, múltiples actores públicos y privados, la posibilidad de incorporación de nuevos participantes y la elaboración permanente de normas de conducta, pero en el núcleo de estas estructuras están siempre los Estados nacionales». Marcelo Gullo, *La insubordinación fundante. Breve historia de la construcción del poder de las naciones,* Biblos, Buenos Aires, 2008, pág. 35.

[10] Miguel Mazzeo y José Agustín Sánchez, ob. cit., pág. 19.

[11] Ibíd.

[12] Juan José Sebreli, *El asedio a la modernidad,* Sudamericana, Buenos Aires, 1992, pág. 277.

[13] Carlos Malamud, «En Latinoamérica no hay (ni hubo) paraíso», en https://www.clarin.com/opinion/latinoamerica-paraiso_0_2XPa8i6SR.html?fbclid=IwAR0KOTfwGxxUfKG_BQcB4JuuHx_UK-5tVEB-0NLkWfTK-rUhmrRzyIThebbM. Consultado el 1 de enero de 2022.

[14] Juan José Sebreli, ob. cit., pág. 272.

[15] Cristian Rodrigo Iturralde, *1492: fin de la barbarie, comienzo de la civilización en América,* tomo II, Grupo Unión, Buenos Aires, 2016, pág. 89.

[16] Por otra parte, debemos aclarar que ni la comunicación entre las diferentes áreas de cultura ni el idioma fueron constantes. «Humboldt observa que mientras el tabaco fue conocido desde el extremo norte al extremo sur, la patata, originaria de los Andes, no pasó de Colombia a México. La coca,

de uso general en Perú y Colombia, era desconocida en Centroamérica y en los lagos del Anáhuac. La llama no se llevó a tierra chibcha». Carlos Pereyra, *Breve historia de América,* Aguilar, México D. F., 1949, pág. 81.

[17] Ibíd., pág. 93.

[18] Carlos Pereyra, ob. cit., pág. 124.

[19] Luis Alberto Sánchez, *Breve historia de América,* Losada, Buenos Aires, 1965, pág. 56.

[20] Ann Roos, William Keegan, Michael Pateman y Collen Young, «Faces Divulge the Origins of Caribbean Prehistoric Inhabitants», disponible en https://www.nature.com/articles/s41598-019-56929-3. Consultado el 20 de enero de 2022.

[21] Carlos Cuervo Márquez, «Orígenes etnográficos de Colombia. Las grandes razas suramericanas. Los caribes y los chibchas», estudio presentado en el II Congreso Científico Panamericano, Washington, 1917, pág. 6, disponible en https://babel.banrepcultural.org/digital/collection/p17054coll10/id/1817/. Consultado el 20 de enero de 2022.

[22] Ibíd., pág. 9.

[23] Ibíd., pág. 29.

[24] El etnólogo francés Paul Rivet (1876-1958), creador de la teoría oceánica sobre el origen del poblamiento americano (según la cual, la población nativa americana es el resultado de migraciones procedentes de Asia, Australia, Polinesia y Melanesia), pasa de una posición ecléctica y cautelosa sobre si los pijao eran o no integrantes de la familia de los caribes a afirmar sin reservas que los pijao eran un grupo de los caribes. Al respecto, véase Antoine Meillet y Marcel Cohen, *Les langues du Monde,* Société de Linguistique, París, 1924.

[25] Juan José Velásquez Arango, «Nuevas perspectivas para la historia del pueblo pijao, siglos XVI y XVII», disponible en http://www.scielo.org.co/pdf/frh/v26n1/2539-4711-frh-26-01-256.pdf. Consultado el 10 de enero de 2022.

[26] Manuel Lucena Salmoral, «Datos antropológicos sobre los pijao», disponible en https://revistas.icanh.gov.co/index.php/rca/article/view/1696/1268. Consultado el 20 de enero de 2022.

[27] Ibíd.

[28] Chantal Caillavet, «Antropofagia y frontera: el caso de los Andes septentrionales», Institut Français d'Études Andines, disponible en https://books.openedition.org/ifea/2864?lang=es. Consultado el 10 de enero de 2022.

[29] Hans Dusselhoff, *El Imperio de los incas y las primitivas culturas indias de los países andinos,* Aymá, Barcelona, 1972, pág. 23.

[30] Inca Garcilaso de la Vega, *Comentarios reales de los incas,* tomo I, Universo, Lima, 1970, pág. 40.

[31] Ibíd., págs. 39 y 40.

[32] Carlos Cuervo Márquez, citado por Felipe González Ruiz, «La antropofagia en los indios del continente americano», *Revista de las Españas,* año VII, núms. 75-76, Madrid, 1932, págs. 545-548, disponible en https://www.filosofia.org/hem/dep/rde/re075545.htm#:~:text=Basta%20un%20ejemplo%3A%20en%20el,fueron%20rechazados%20con%20notables%20p%C3%A9rdidas. Consultado el 5 de abril de 2022.

[33] Inca Garcilaso de la Vega, ob. cit., pág 70. También disponible en https://pueblosoriginarios.com/sur/chaco/chiriguano/historia.html.

[34] Ibíd.

[35] En un interesante artículo, Isabelle Combès reconoce que «a los indios que cautivan los engordan para comer». Isabelle Combès, «En los albores de la historia chiriguana (1559-1564)», disponible en https://journals.openedition.org/bifea/1078?lang=en. Consultado el 20 de enero de 2022.

[36] *Historia general de la República del Ecuador,* tomo I, capítulo 3, «Usos y costumbres de las antiguas tribus indígenas del Ecuador», disponible en http://www.cervantesvirtual.com/obra-visor/historia-general-de-la-republica-del-ecuador-tomo-primero--0/html/0012f708-82b2-11df-acc7-002185ce6064_14.html. Consultado el 20 de enero de 2020.

[37] Priscila Burcher de Uribe, «Ecología de los caribes», *Boletín de Antropología,* vol. 9, núm. 25, 1995.

[38] «Según algunas tendencias, los constantes conflictos bélicos entre las comunidades prehispánicas se debieron principalmente a la captura de prisioneros para comerlos o realizar trabajos forzados, a la expansión de los nacientes cacicazgos y a una competencia por la disponibilidad de recursos en la región. Con respecto al canibalismo, se cree que se practicaba con frecuencia para fines ceremoniales y rituales, o como una forma de suplir la falta de proteínas y alimentos». Juan José Velásquez Arango, «Nuevas perspectivas para la historia del pueblo pijao: siglos XVI y XVII», ob. cit.

[39] Citado por Chantal Caillavet, «Antropofagia y frontera: el caso de los Andes septentrionales», ob. cit.

[40] Ibíd.

[41] William Arens, *El mito del canibalismo,* Siglo XXI Editores, Buenos Aires, 1981.

[42] «¿Cómo funciona el canibalismo? ¿Es el canibalismo un mito?», disponible en https://howstuffworks.wiki/cultura/personas/cultura-y-tradiciones/subculturas/cannibalism5. Consultado el 10 de enero de 2021.

[43] Chantal Caillavet, ob. cit.

[44] «El adulterio se castigaba severamente: les quitaban la vida tanto al hombre como a la mujer». José Antonio Flores Farfán y Jan G. R. Elferink, «La prostitución entre los nahuas», disponible en https://www.historicas.unam.mx/publicaciones/revistas/nahuatl/pdf/ecn38/779.pdf. Consultado el 10 de diciembre de 2021.

[45] Cristian Rodrigo Iturralde, ob. cit., pág. 122.

[46] Ibíd., pág. 415.

[47] Ibíd.

[48] José Antonio Flores Farfán y Jan G. R. Elferink, ob. cit., pág. 268.

[49] Miriam López Hernández, «Las seductoras del mundo nahua prehispánico», *Revista Española de Antropología Americana,* vol. 42, núm. 2.

[50] José Antonio Flores Farfán y Jan G. R. Elferink, ob. cit., pág. 270.

[51] Miriam López Hernández, ob. cit., pág. 401.

[52] Ibíd., pág. 413

[53] Cristian Rodrigo Iturralde, ob. cit., pág. 29.

[54] Sara Bialostosky, *Condición jurídica y social de la mujer azteca,* Porrúa, México D. F., 2005, pág. 1.

[55] Cristian Rodrigo Iturralde, ob. cit., pág. 75.

[56] Ibíd., pág. 93.

[57] Ibíd.

[58] Ibíd., pág. 210.

[59] Marcelo Gullo, *Madre patria. Desmontando la leyenda negra desde Bartolomé de las Casas hasta el separatismo catalán,* Espasa, Barcelona, 2021, págs. 212 y 213.

Capítulo 3. Bartolomé de las Casas: el «santo» que convirtió el infierno en paraíso

[1] Bartolomé de las Casas, *Brevíssima relación de la destruyción de las Indias,* EDAF, Madrid, 2004, pág. 69.

[2] Ibíd., pág. 70.

[3] Ibíd.

[4] Ibíd.

[5] Los doce apóstoles de América, conducidos por fray Martín de Valencia, fueron Francisco de Soto, Martín de Jesús (o de la Coruña), Juan Suárez, Antonio de Ciudad Rodrigo, Toribio de Benavente (Motolinía), García de Cisneros, Luis de Fuensalida, Juan de Ribas, Francisco Jiménez, y

los frailes legos Andrés de Córdoba y Juan de Palos. Partieron de Sanlúcar de Barrameda el 25 de enero de 1524 y arribaron a Veracruz, a la que se le denominaba «la puerta de México», el 13 de mayo de ese año.

[6] José María Iraburu, «Hechos de los apóstoles de América», disponible en https://web.archive.org/web/20141015003218/http://www.gratisdate.org/nuevas/hechos/. Consultado el 2 de febrero de 2022.

[7] Ibíd.

[8] Ibíd.

[9] Ibíd.

[10] Ramón Ezquerra, *Toribio de Benavente (Motolinía),* en *Enciclopedia franciscana,* disponible en http://www.franciscanos.org/enciclopedia/tbenavente.html. Consultado el 7 de abril de 2022.

[11] José María Iraburu, ob. cit.

[12] Ramón Ezquerra, ob. cit.

[13] José María Iraburu, ob. cit.

[14] Ibíd.

[15] Fray Toribio de Benavente, *Historia de los indios de la Nueva España,* disponible en https://www.fundacionaquae.org/wp-content/uploads/2017/07/Historia-de-los-Indios.pdf. Consultado el 5 de enero de 2022.

[16] Javier Olivera Ravasi, *Que no te la cuenten I. La falsificación de la Historia,* Katejon, Buenos Aires, 2018, pág. 190.

[17] Ibíd., pág. 191.

[18] Bartolomé de las Casas, ob. cit., pág. 73.

[19] Ibíd., pág. 77.

[20] Jorge Abelardo Ramos, *Historia de la nación latinoamericana,* Dirección de Publicaciones del Senado de la Nación, Buenos Aires, 2006, pág. 83.

[21] Miguel León-Portilla, «Introducción» a Bartolomé de las Casas, ob. cit., pág. 53.

[22] Javier Olivera Ravasi, «La leyenda negra española y fray Bartolomé de las Casas», disponible en https://www.es.catholic.net/op/articulos/53805/cat/279/la-leyenda-negra-espanola-y-fray-bartolome-de-las-casas.html#modal. Consultado el 1 de febrero de 2022.

[23] Miguel León-Portilla, ob. cit., pág. 55.

[24] Luis Alberto Sánchez, *Breve historia de América,* Losada, Buenos Aires, 1965, pág. 75.

[25] Javier Olivera Ravasi, ob. cit.

[26] «El miércoles 2 de octubre del 2002 se inició en Sevilla, en la parroquia de Santa María Magdalena, la causa de beatificación de fray Bartolomé de las Casas (1474-1566). En esta que fue la antigua iglesia dominica del con-

vento de San Pablo donde Las Casas fue consagrado obispo, en 1544, tras ser promovido al obispado de la diócesis de Ciudad Real de Chiapas, el arzobispo de Sevilla, Carlos Amigo, presidió la liturgia de la Palabra con la cual se abre el proceso canónico que podría culminar en el reconocimiento de sus virtudes por parte de la Iglesia. La Congregación para la Causa de los Santos otorgó la competencia de aforo a la Archidiócesis de Sevilla para el proceso de canonización del religioso dominico, de cuya causa es postulador el padre Innocenzo Venchi (Roma) y vicepostulador el padre Fernando Aporta (Sevilla)». Puede verse en «Fray Bartolomé de las Casas, hacia los altares», disponible en https://es.zenit.org/2002/10/02/fray-bartolome-de-las-casas-hacia-los-altares/. Consultado el 4 de febrero de 2022.

[27] Javier Olivera Ravasi, ob. cit.

[28] Juan Antonio Llorente, *Colección de las obras de Bartolomé de las Casas,* HardPress, Dublín, 2019.

[29] Emilio Castelar, «Prólogo» en Carlos Gutiérrez, *Las Casas. Sus tiempos y su apostolado,* Imprenta de Fortanet, Madrid, 1878, pág. XVII. Transcribió y corrigió la ortografía Herminio de Paz Castaño, disponible en https://www.dominicos.org/quienes-somos/grandesfiguras/personajes/semblanza/. Consultado el 20 de noviembre de 2021.

[30] Francisco Pi y Margall, *Historia general de América desde sus tiempos más remotos,* Astort Hermanos Editores, Madrid, 1878.

[31] Mariarosaria Colucciello, «Gustavo Gutiérrez releyendo a Bartolomé de las Casas», *Cultura Latinoamericana,* 30 (2), 2019, págs. 96-117, disponible en file:///C:/Users/User/Downloads/lpicarella,+96-117.pdf. Consultado el 21 de noviembre de 2021. Fernando Ortiz, «La leyenda negra contra fray Bartolomé», *Cuadernos Americanos,* septiembre-octubre de 1952.

[32] Entre algunas de las obras que defienden a capa y espada a Bartolomé de las Casas, véanse Luca Baccelli, *Bartolomé de las Casas. La conquista senza il fondamento,* Feltrinelli, Milán, 2016; Marino Benzi, *Bartolomé de las Casas, il difensore degli Indios,* La Piccola Editrice, Celleno, 1996; Jacob Buganza Torio, «La lámpara de Diógenes», *Revista semestral de filosofía,* vol. 6, núms. 10-11, 2005, págs. 103-111; Mauricio Beuchot, «Bartolomé de las Casas, el humanismo indígena y los derechos humanos», *Anuario Mexicano de Historia del Derecho,* núm. 6, 1994, págs. 37-48, disponible en https://revistas-colaboracion.juridicas.unam.mx/index.php/anuario-mexicano-historia-der/article/view/29507/26630. Consultado el 3 de diciembre de 2021; Caroline Cunill, «Fray Bartolomé de las Casas y el oficio de defensor de indios en América y en la Corte española», disponible en https://journals.openedition.org/nuevomundo/63939. Consultado el 1 de diciembre de 2021; Gustavo Gutiérrez

Merino, «La perspectiva evangelizadora en Bartolomé de las Casas», en VV. AA., *Evangelización y Teología en el Perú. Luces y sombras en el siglo XVI*, Instituto Bartolomé de las Casas, Texas, 1991, págs. 133-147; João Batista Libanio, *Gustavo Gutiérrez,* Morcelliana, Brescia, 2000; Pedro Borges Morán, *Quién era Bartolomé de las Casas,* Rialp, Madrid, 1990; Maurizio Martinelli, *Il pensiero giuridico di Bartolomé de las Casas,* Aracne, Roma, 2011; Bernard Lavallé, *Bartolomé de las Casas: entre la espada y la cruz,* Ariel, Barcelona, 2009; Hidefuji Someda, *Apología e Historia. Estudios sobre Fray Bartolomé de las Casas,* PUCP, Lima, 2005; Agustín Yáñez, *Fray Bartolomé de las Casas: el conquistador conquistado,* Planeta, México, 2014.

[33] Juan José Hernández Arregui, *¿Qué es el ser nacional?,* Peña Lillo, Buenos Aires, 2005, pág. 24.

[34] Juan José Sebreli nació en Buenos Aires el 3 de noviembre de 1930. En 2015 fue designado «Ciudadano ilustre» de la ciudad de Buenos Aires. En 2018 recibió del Senado la distinción más importante de esta Cámara, que se entrega a personalidades destacadas del ámbito cultural, deportivo, académico y profesional. En los años setenta del siglo pasado fue uno de los fundadores del Frente de Liberación Homosexual. Escritor prolífico, entre sus numerosas obras pueden citarse *Martínez Estrada, una rebelión inútil* (1960), *Buenos Aires, vida cotidiana y alienación* (1964), *Eva Perón, aventurera o militante* (1966), *Mar de Plata, el ocio represivo* (1970), *Tercer mundo, mito burgués* (1975), *Los deseos imaginarios del peronismo* (1983), *El riesgo del pensar. Ensayos* (1984), *La saga de los Anchorena* (1985), *Las señales de la memoria* (1987), *El asedio a la modernidad* (1991), *El vacilar de las cosas* (1994), *La era del fútbol* (1998), *El olvido de la razón. Un recorrido crítico por la filosofía contemporánea* (2006) y *Dios en el laberinto: crítica de las religiones* (2016).

[35] Juan José Sebreli, *El asedio a la modernidad,* Sudamericana, Buenos Aires, 1992, pág. 271.

[36] Ibíd., pág. 270.

Capítulo 4. Martín Lutero y el rayo que cambió la historia

[1] Mario Vargas Llosa, «Leyendas negras que horadan el poder del enemigo», disponible en https://www.lanacion.com.ar/2172654-leyendas-negras-horadan-poder-del-enemigo. Consultado el 30 de junio de 2019.

[2] Al respecto de la vida de Lutero, su doctrina y la Reforma protestante, véanse las siguientes obras: Jacques Maritain, *Tres reformadores,* Club de Lec-

tores, Buenos Aires, 1986; Ricardo García Villoslada, *Raíces históricas del luteranismo,* BAC, Madrid, 1973; Albert Greiner, *Lutero,* Ayma, Barcelona, 1968; Daniel Rops, *La Iglesia del Renacimiento y de la Reforma protestante,* Luis Caralt, Barcelona, 1956; Ivan Gobry, *Luther,* La Table Ronde, París, 1991; Jean Schuck, *Historia de la Iglesia de Cristo,* Dinor, San Sebastián, 1957; Bernardino Llorca y Ricardo García Villoslada, *Historia de la Iglesia católica,* vol. III, Edad Nueva, BAC, Madrid, 1967; James Brodrick, *Saint Peter Canisius,* Spes, París, 1956; Ivan Gobry, *La Conférence entre Luther et le Diable au sujet de la Messe, racontée par Luther Lui-même,* Saint-Rémi, París, 1975.

[3] Desde principios de 1520, tres comisiones, bajo la presidencia del cardenal Tomás Cayetano, maestro general de los dominicos, estudiaron detenidamente los escritos y discursos de Lutero. A partir de los informes elaborados por dichas comisiones, el papa León X redactó la *Bulla contra errores Martini Lutheri et sequatium.* Importa precisar que el texto no condena ni la totalidad de las «95 tesis» ni todas las ideas expuestas desordenadamente por Lutero hasta ese momento. El documento pontificio le exigía que se retractara tan solo de 41 errores que habría cometido según la doctrina católica. El documento papal está disponible en https://books.google.com.ar/books?id=liHvngEACAAJ&printsec=frontcover&redir_esc=y#v=onepage&q&f=false. Consultado el 2 de enero de 2022.

[4] Abraham M. Deborin, *Las doctrinas políticas-sociales de la época moderna,* Ediciones Pueblos Unidos, Montevideo, 1960, pág. 63.

[5] Alfredo Sáenz, *La nave y las tempestades. La Reforma protestante,* Gladius, Buenos Aires, 2005, pág. 239.

[6] Ibíd., págs. 241 y 242.

[7] Esta hipótesis es sostenida por Irmtraud Kampffmeyer, que afirma que «para entender por qué tal pueblo devino protestante y tal otro permaneció católico, yo comencé por mirar la forma en que se habían cristianizado. Descubrí consecuencias que llegan a nuestros días. No es una cosa menor que un pueblo se haya convertido por convicción o bautizado por la fuerza, como es el caso de los sajones». Irmtraud Kampffmeyer, «Relations interethniques et interconfessionnelles au sein de la Chretiente», *Dossier de Psychologie,* núm. 32, Université de Neuchatel, marzo de 1988, pág. 14.

[8] Leonardo Castellani, teólogo, filósofo, sociólogo, periodista y novelista, nació el 16 de noviembre de 1899 en el pueblo de Reconquista, al norte de la provincia argentina de Santa Fe. Sacerdote jesuita, en 1924, estudió Teología y Filosofía en la Universidad Gregoriana de Roma. Continuó sus estudios en París, bajo la dirección de Emile Bréhier y del psiquiatra George Duma, y en Lovaina, con el padre Joseph de Maréchal. En 1930 fue ordenado sacerdo-

te. En 1935 regresó a Argentina, donde se dedicó a la enseñanza de la Filosofía y de la Teología. En 1946, sin permiso de sus superiores jesuitas, se presentó como candidato a diputado por la Alianza Libertadora Nacionalista. Ese mismo año fue llamado a Roma. El padre general de la Compañía de Jesús, Jean-Baptiste Janssens, ordenó que fuese encarcelado en España, en el hospicio de Manresa. Con ayuda de los servicios secretos argentinos, que intervinieron por orden directa del presidente Juan Domingo Perón, logró fugarse y retornar a Argentina en octubre de 1949. El 18 de octubre de ese año fue suspendido en su ministerio sacerdotal y expulsado de la orden de los jesuitas. El golpe de Estado que derrocó al presidente constitucional Juan Domingo Perón lo despidió de su puesto de profesor del Instituto Nacional del Profesorado. A partir de 1956, colaboró con el semanario *Rebeldía,* dirigido por el sacerdote jesuita Hernán Benítez, de filiación peronista. La publicación fue varias veces censurada por el régimen dictatorial de Pedro Eugenio Aramburu y finalmente fue clausurada, lo que le valió una fuerte persecución. En 1966 se le restituyó en el ministerio sacerdotal sin condiciones, reservas o retractaciones. Aunque siempre tuvo cierta influencia agustiniana, Castellani fue un pensador tomista tanto en el manejo de las categorías como en el lenguaje, aunque cabe destacar que desde los años cincuenta asumió la filosofía de Kierkegaard. Entre sus numerosas obras citaremos *Historias del Norte bravo* (1936), *El nuevo gobierno de Sancho* (1942), *La muerte de Martín Fierro* (1953), *Cristo ¿vuelve o no vuelve?* (1951), *Su majestad Dulcinea* (1956), *El Evangelio de Jesucristo* (1957), *Las parábolas de Cristo* (1959), *Doce parábolas cimarronas* (1960), *El Apokalypsis de San Juan* (1963), *Domingueras prédicas* (1967) y *Cristo y los fariseos* (1969).

[9] Hilaire Belloc, *Las grandes herejías,* Vórtice, Buenos Aires, 2021, pág. 132.

[10] Ibíd., págs. 10 y 11.

[11] Leonardo Castellani, *Cristo y los fariseos,* Alfa, Buenos Aires, 2019, pág. 15.

[12] Ibíd., pág. 13.

[13] Ibíd.

[14] Ibíd., pág. 14.

[15] Alfredo Sáenz, ob. cit., pág. 53.

[16] Ibíd., pág. 54.

[17] Ibíd., págs. 54 y 55.

[18] Ibíd., págs. 55 y 56.

[19] Ibíd., págs. 56 y 57.

[20] Ibíd., pág. 79.

[21] Ibíd., pág. 81.

[22] Ibíd., pág. 82.

[23] Ibíd., pág. 80.

[24] Hilaire Belloc, ob. cit., pág. 166.

[25] Abraham Moiseievich Deborin, «militante del POSDR en 1903 y menchevique desde 1907 a 1917, se graduó en Filosofía en Berna (1908). En 1921, Lenin autorizó que dirigiera la sección de Filosofía de la Universidad Comunista Sverdlov. Pronto se incorporó al Instituto de Profesores Rojos, y de 1924 a 1931 fue director adjunto de investigación del Instituto Marx Engels (1924-1931). En enero de 1927 dirigió la sección filosófica de la Academia Comunista. En 1928 comenzó a militar en el PCU (b) y fue el primer director del Instituto de Filosofía de la Academia Comunista, hasta su destitución en 1931. Adalid de los dialécticos frente a los mecanicistas, logró sobrevivir a las purgas y fue rehabilitado tras la desestalinización». «Quién fue quién en la filosofía soviética», *El Basilisco,* disponible en https://www.filosofia.org/urss/qfq.htm. Consultado el 2 de febrero de 2022.

[26] Abraham M. Deborin, ob. cit., pág. 63.

[27] Ibíd., pág. 64.

[28] Ibíd., pág. 66.

[29] Ibíd., pág. 68.

[30] Ibíd., pág. 65.

[31] Ibíd.

[32] Karl Marx, *La Sagrada Familia y otros escritos filosóficos de la primera época,* Grijalbo, México D. F., 1967, pág. 10.

[33] Ibíd., pág. 65.

[34] André Lichtenberger, *La Alemania contemporánea,* Brokhaus-Efron, San Petersburgo, 1914, pág. 223.

[35] León Opalín Chmielniska, «El antisemitismo de Martín Lutero», *El Financiero,* 15 de marzo de 2021, disponible en https://www.elfinanciero.com.mx/opinion/leon-opalin/el-antisemitismo-de-martin-lutero/. Consultado el 3 de enero de 2022.

[36] Ibíd.

[37] Alfredo Sáenz, ob. cit., pág. 218.

[38] León Opalín Chmielniska, ob. cit.

[39] De la misma opinión es León Opalín Chmielniska, quien afirma: «Al igual que los nazis, Lutero mitificó a los judíos como el mal», en León Opalín Chmielniska, «El antisemitismo de Martín Lutero», *Enlace judío,* 10 de marzo de 2021, disponible en https://www.enlacejudio.com/2021/03/10/leon-opalin-el-antisemitismo-de-martin-lutero/. Consultado el 7 de enero de 2022.

[40] Alfredo Sáenz, ob. cit., pág. 218.

[41] «Subastan carta de Lutero en la que llama demonios encarnados a los judíos», *Enlace judío,* 10 de julio de 2018, disponible en https://www.enlacejudio.com/2018/07/10/carta-lutero-demonios-judios/. Consultado el 7 de enero de 2022.

[42] León Opalín Chmielniska, ob. cit.

[43] Ibíd.

[44] «Subastan carta de Lutero en la que llama demonios encarnados a los judíos», ob. cit.

[45] León Opalín Chmielniska, ob. cit.

[46] Ibíd.

[47] César Cervera, «Martín Lutero, el "rayo" alemán que odiaba de forma cruel a los españoles», disponible en https://www.abc.es/historia/abci-martin-lutero-rayo-aleman-odiaba-forma-cruel-espanoles-201711210236_noticia.html. Consultado el 5 de enero de 2022.

[48] María Elvira Roca Barea, *Imperiofobia y leyenda negra,* Siruela, Madrid, 2018, pág. 183.

[49] César Cervera, ob. cit.

[50] María Elvira Roca Barea, «España en el mundo de Martín Lutero», disponible en https://www.elmundo.es/cultura/literatura/2017/10/30/59f5ff8fca4741a6658b45f9.html. Consultado el 7 de enero de 2022.

[51] María Elvira Roca Barea, ob. cit., pág. 186.

[52] Ibíd., pág. 186.

[53] «El primer ciclo de las guerras de religión (1546-1552) hasta la Paz de Ausburgo era llamado por los protestantes las guerras españolas», en María Elvira Roca Barea, ob. cit., pág. 186.

[54] Eva Perón, *Escribe Eva Perón,* Biblioteca del Congreso de la Nación, Buenos Aires, 2019, pág. 40.

[55] Rudolf K. Markwald y Marilynn M. Markwald, *Katharina Von Bora: A Reformation Life,* Concordia Publishing House, St. Louis, 2002.

[56] Disponible en https://lutheranreformation.org/wp-content/uploads/2016/07/ref500-VonBora_Handout_Spanish.pdf. Consultado el 4 de enero de 2022.

[57] Alfredo Sáenz, ob. cit., pág. 229.

[58] María Elvira Roca Barea, «España en el mundo de Martín Lutero», ob. cit.

[59] Disponible en https://infovaticana.com/blogs/cristo-era-sabio/papa-coloca-una-estatua-lutero-vaticano-dice-no-licito-convencer-fe/. Consultado el 7 de enero de 2022.

[60] Disponible en https://cnnespanol.cnn.com/2017/01/27/martin-lutero-estara-en-un-sello-de-el-vaticano/. Consultado el 7 de enero de 2022.

[61] Robert Dean Linder, *The Reformation Era,* Greenwood Press, Westport, 2008, pág. 39.

[62] Bernard Cottret, *Calvino: la fuerza y la fragilidad: biografía,* Editorial Complutense, Madrid, 2002.

[63] La presunta homosexualidad de Calvino le fue siempre echada en cara por sus enemigos. Al respecto, véase Leopoldo Cervantes-Ortiz, *Juan Calvino: su vida y obra a 500 años de su nacimiento,* Clie, Barcelona, 2010.

[64] Alister E. McGrath, en su biografía de Calvino afirma: «Jerome Bolsec, con quien Calvino cruzó espadas en 1551 [...] *publicó su Vie de Calvin* en Lyon en junio de 1577. Calvino, según Bolsec, era irremediablemente tedioso y malicioso, sanguinario y frustrado. Trató sus propias palabras como si fueran la palabra de Dios, y se permitió ser adorado como Dios. Además de ser víctima frecuente de sus tendencias homosexuales, tenía la costumbre de entregarse sexualmente a cualquier mujer que estuviera a poca distancia. Según Bolsec, Calvino renunció a sus beneficios en Noyon debido a la exposición pública de sus actividades homosexuales». Alister E. McGrath, *A Life of John Calvin,* Basil Blackwell, Oxford, 1990, págs. 16 y 17.

[65] Al respecto, véase José Barón, *Miguel Servet: Su vida y su obra,* Austral, Madrid, 1989; Fernando Martínez Laínez, *Miguel Servet: Historia de un fugitivo,* Temas de Hoy, Madrid, 2003.

[66] Jean Calvin, *Institution de la religion chrétienne,* publicada por Jean-Daniel Benoit, J. Vrin, París, 1957.

[67] Alfredo Sáenz, ob. cit., pág. 284.

[68] Ibíd., pág. 285.

[69] Ibíd., pág. 286.

[70] Ibíd., pág. 287.

[71] Paul Johnson, *Estados Unidos. La historia,* Ediciones B, Buenos Aires, 2002, pág. 63.

[72] «La historia de los católicos bajo el dominio protestante en Suecia explicada en 15 fechas clave», disponible en https://www.religionenlibertad.com/europa/52788/historia-los-catolicos-bajo-dominio-protestante-suecia.html. Consultado el 11 de enero de 2022.

[73] Jón Arason fue consagrado sacerdote en 1504 y en 1522 obispo de Hólar, una de las dos diócesis de Islandia. Hombre de gran formación cultural, escribió dos poemas religiosos: *Pislargrátr* y *Ljómur.* A él se debe la introducción de la imprenta en Islandia. Gunnar Karlsson, *The History of Iceland,* University of Minnesota Press, Minneapolis, 2000, págs. 129-134.

[74] Guillermo Carlos Pérez Galicia, *España: esencia y origen,* SND Editores, Madrid, 2021, pág. 213.

[75] María Elvira Roca Barea, ob. cit., pág. 175.

[76] Véase al respecto, Mary Fulbrook, *Historia de Alemania,* Cambridge University Press, Cambridge, 1995.

[77] «Alemania continuaba siendo, en la primera mitad del siglo XIX, un país esencialmente rural, ya que en 1849 el 72 % de la población vivía de la tierra». Jacques Droz, *La formación de la unidad alemana, 1789-1871,* Vicens-Vives, Barcelona, 1973, pág. 133.

[78] Emil Ludwig, *Historia de Alemania,* Anaconda, Buenos Aires, 1944, págs. 190 y 191.

[79] Vladimir Potemkin, *Historia de la diplomacia,* Lautaro, Buenos Aires, 1943, pág. 293.

[80] Jacques Droz, ob. cit., pág. 130.

[81] Al respecto de la insubordinación fundante alemana, véase Marcelo Gullo, *La insubordinación fundante. Breve historia de la construcción del poder de las naciones,* Biblos, Buenos Aires, 2008.

[82] «Es Alemania anticatólica», disponible en https://obtienearchivo.bcn.cl/obtienearchivo?id=documentos/10221.1/54636/2/208052.pdf&origen=BDigital. Consultado el 2 de enero de 2022.

[83] Al respecto, véase las siguientes obras: Vahakn Dadrian, *The History of the Armenian Genocide: Ethnic Conflict from the Balkans to Anatolia to the Caucasus,* Berghahn Books, Nueva York, 2003; Sébastien de Courtois, *The Forgotten Genocide: Eastern Christians, the Last Arameans,* Gorgias Press, Piscataway, 2004, págs. 106-110; Paul Cambon, *Correspondence. 1870-1924. L'établissement de la République-Le Protectorat Tunisien-La régence en Espagne-La Turquie d'Abd Ul Hamid,* vol. 1, Grasset, París, 1940, pág. 395.

[84] Hilaire Belloc, ob. cit., págs. 134 y 135.

[85] Disponible en https://es.catholic.net/op/articulos/3315/cat/279/el-cine-dentro-de-la-leyenda-negra.html#modal. También puede encontrarse en: Francisco García del Junco, *Eso no estaba en mi libro de Historia de España,* Almuzara, Madrid, 2016.

Capítulo 5. Inglaterra: la nación elegida por Dios que se convierte en un imperio depredador

[1] Hilaire Belloc, *Historia de Inglaterra desde los orígenes hasta el siglo XX,* CS Ediciones, Buenos Aires, 2005, pág. 11.

[2] Ibíd., pág. 8.

[3] Hilaire Belloc, ob. cit.

[4] Gilbert Keith Chesterton, *Pequeña historia de Inglaterra,* Losada, Buenos Aires, 2014.

[5] Paul Johnson, *Estados Unidos. La historia,* Ediciones B, Buenos Aires, 2004, pág. 42.

[6] Este tema lo hemos tratado extensamente en *Madre patria. Desmontando la leyenda negra desde Bartolomé de las Casas hasta el separatismo catalán,* Espasa, Barcelona, 2021.

[7] Richard Konetzke, *El Imperio español, orígenes y fundamentos,* Ediciones Nueva Época, Madrid, 1946, pág. 261.

[8] Ibíd., pág. 262.

[9] Ibíd., pág. 263.

[10] Hilaire Belloc, ob. cit., pág. 256.

[11] Ibíd., pág. 259.

[12] Ibíd.

[13] Ibíd., pág. 260.

[14] Enrique «no se tenía por enemigo, sino por amigo del Papa [...]. El rey había defendido al Papa en el terreno de la diplomacia y a la Iglesia, en la controversia; y cuando se cansó de su reina y empezó a apasionarse por una de las damas de esta (Ana Bolena), se figuró que en aquella época de concesiones cínicas bien podría un amigo hacerle una concesión cínica a un amigo [...]. El Papa le negó el nuevo matrimonio y Enrique, bajo la negra tempestad del despecho, rompió todas las antiguas relaciones que había entre su trono y el Papado. Acaso no se dio cuenta clara de toda la trascendencia de su acto [...]. Enrique no solo cortó a Inglaterra de Europa, sino, lo que es más importante, cortó a Inglaterra de Inglaterra». Gabriel K. Chesterton, ob. cit., págs. 149 y 114.

[15] Hilaire Belloc, ob. cit., pág. 283.

[16] Ibíd., págs. 283 y 284.

[17] Ibíd., pág. 284.

[18] Ibíd., págs. 284 y 285.

[19] Ibíd., pág. 285.

[20] Ibíd., pág. 331.

[21] Ibíd., págs. 330 y 331.

[22] Ibíd., pág. 445.

[23] Paul Johnson, ob. cit., pág. 42.

[24] Ibíd., pág. 42.

[25] Giovanny Gómez Pérez, «John Foxe: Vida y legado del autor de *El libro de los mártires»,* disponible en https://biteproject.com/john-foxe/. Consultado el 22 de febrero de 2022.

[26] Giovanny Gómez Pérez, ob. cit.

[27] Ibíd.

[28] Paul Johnson, ob. cit., pág. 42.

[29] Ibíd.

[30] John Aylmer nació en 1521. Cuando era aún un niño, Henry Grey, tercer marqués de Dorset, más tarde primer duque de Suffolk, se percató de su precocidad y lo envió a Cambridge, donde se convirtió en miembro del Queen's College. En 1541, fue nombrado capellán del duque y tutor de griego de su hija, *lady* Jane Grey. John Aylmer ayudó a John Foxe a traducir el *Libro de los mártires* al latín. Con la llegada de Isabel I regresó a Inglaterra. En 1558, Aylmer, en un famoso sermón, proclamó: «Dios es inglés», intentando llenar de piedad y patriotismo a sus feligreses. En 1577 fue consagrado obispo de Londres.

[31] Paul Johnson, ob. cit., pág. 43.

[32] Ibíd.

[33] Ibíd.

[34] Ibíd.

[35] Sobre la historia de la piratería, véanse Philip Gosse, *Historia de la piratería. Los piratas del oeste. Los piratas de oriente,* Espasa Calpe, Buenos Aires, 1946; Jacques Gall y François Gall, *El filibusterismo,* Fondo de Cultura Económica, Buenos Aires, 1957; Daniel Defoe, *Historia de piratas,* Bruguera, Barcelona, 1981; Alex Oexmelin, *Historias de piratas. Diario de un cirujano de a bordo,* Centro Editor de América Latina, Buenos Aires, 1972; Eros Nicola Siri, *Historia del filibusterismo,* Los Libros del Mirasol, Buenos Aires, 1961; Enrique Silberstein, *Los constructores del capitalismo. Piratas, filibusteros, corsarios y bucaneros,* Centro Editor de América Latina, Buenos Aires, 1968; José Hernández Úbeda, *Piratas y corsarios. De la antigüedad a los inicios del mundo contemporáneo,* Temas de Hoy, Madrid, 1995.

[36] George Lichtheim, *El imperialismo,* Alianza, Madrid, 1972, pág. 43.

[37] Paul Johnson, ob. cit., pág. 42.

[38] Ibíd., pág. 42.

[39] Ibíd.

[40] Daniel Eduardo Tangir, *Piratas, corsarios y filibusteros,* Círculo Latino, Barcelona, 2004, pág. 78.

[41] Eros Nicola Siri, ob. cit., pág. 60.

[42] Ibíd., pág. 61.

[43] Hilaire Belloc, ob. cit., pág. 24.

[44] Daniel E. Tangir, ob. cit., pág. 79.

[45] Frank Moya Pons, *Manual de historia dominicana,* Caribbean Publishers, Santo Domingo, 2000.

[46] Joy Paige, *Sir Francis Drake: circumnavigator of the globe and privateer for Queen Elizabeth,* Rosen, Nueva York, 2003.

[47] Julian Stafford Corbett, *Drake and the Tudor navy, with a history of the rise of England as a maritime power,* B. Franklin, Nueva York, 1965.

[48] Página oficial del CMN. Consejo de Monumentos Nacionales de Chile, disponible en https://www.monumentos.gob.cl/monumentos/monumentos-publicos/sir-francis-drake#:~:text=Este%20monumento%20a%20Francis%20Drake,una%20base%20c%C3%BAbica%20de%20hormig%C3%B3n. Consultado el 4 de enero de 2022.

[49] William Dalrymple, *La anarquía. La Compañía de las Indias Orientales y el expolio de la India,* Desperta Ferro, Madrid, 2021, pág. 1.

[50] Ibíd., pág. 2.

[51] Ibíd.

[52] Ibíd., pág. 14.

[53] Aldo Ferrer, *Historia de la globalización. Orígenes del orden económico mundial,* Fondo de Cultura Económica, Buenos Aires, 1996, pág. 228.

[54] William Dalrymple, ob. cit., pág. XXVII.

[55] Ibíd., pág. 21.

[56] Ibíd., pág. XXV.

[57] Ibíd., pág. 15.

[58] Ibíd., pág. 145.

[59] Ibíd., pág. XXIX.

[60] Ibíd., pág. XXVIII.

[61] Jorge Abelardo Ramos, *De octubre a septiembre,* Peña Lillo, Buenos Aires, 1959, pág. 176.

[62] Guillermo Horacio Lamedra, *Breve historia del imperialismo,* Plexo, Buenos Aires, 2002, pág. 38.

[63] Dinyar Patel, «Cómo el gobierno colonial británico dejó morir de hambre a un millón de indios», disponible en https://www.bbc.com/mundo/noticias-internacional-36507745. Consultado el 28 de febrero de 2022.

[64] José Abelardo Ramos, ob. cit., pág. 179.

[65] Dinyar Patel, ob. cit.

[66] Jorge Abelardo Ramos, ob. cit., pág. 179.

[67] «Winston Churchill, ¿héroe o villano? Reino Unido sopesa el legado de su líder en tiempos de guerra», disponible en https://www.bbc.com/mundo/noticias-47255429. Consultado el 3 de marzo de 2022.

[68] Domenico Losurdo, *Contrahistoria del liberalismo,* El Viejo Topo, Barcelona, 2005, pág. 23.

[69] Eric Hobsbawm, *La era de la revolución, 1789-1848,* Crítica, Buenos Aires, 1999, pág. 114.

[70] Juan José Sebreli, ob. cit., pág. 247.

[71] Al parecer, la frase apareció por primera vez en un periódico de Nueva Zelanda, en 1873, en la forma: «Estos son mis principios, pero si no les gustan, yo los cambio». Muchos estudiosos de su figura sostienen que la atribución de la cita a Groucho Marx se publicó por primera vez en el *Legal Times,* en 1983, algunos años después de su fallecimiento. Lo seguro es que, si Groucho utilizó esa frase, no fue él quien la inventó.

[72] Domenico Losurdo, ob. cit., pág. 13.

[73] Ibíd.

[74] «"Avaro, vanidoso, holgazán… y plagiario": así definen unos documentos perdidos al filósofo John Locke», disponible en https://www.abc.es/cultura/abci-avaro-vanidoso-holgazan-y-plagiario-definen-unos-documentos-perdidos-filosofo-john-locke-202106260021_noticia.html. Consultado el 2 de marzo de 2022.

[75] Domenico Losurdo, ob. cit., pág. 32.

[76] Ibíd., pág. 33.

[77] Eva Botella Ordinas, «Olvidar a John Locke: invasión de América, colonización de España e invención de Inglaterra», *Magallánica. Revista de Historia Moderna* (dossier), julio-diciembre de 2015, pág. 13, disponible en file:///C:/Users/User/Downloads/1507-6290-1-PB.pdf. Consultado el 3 de marzo de 2022.

[78] Domenico Losurdo, ob. cit., pág. 15.

[79] Eva Botella Ordinas, ob. cit., pág. 14.

[80] Ibíd.

[81] Ibíd.

[82] Ibíd., pág. 15.

[83] Domenico Losurdo, ob. cit., pág. 33.

[84] Ibíd.

[85] Ibíd.

[86] Ibíd., pág. 34.

[87] Beresford era un experimentado profesional que había combatido contra los independentistas en Canadá y contra las tropas napoleónicas, teniendo una destacada actuación en la campaña de Egipto contra Napoleón Bonaparte.

[88] Carlos Machado, *Historia de los orientales,* tomo I, Banda Oriental, Montevideo, 1984, pág. 23.

[89] Pablo Yurman, «Reconquista o el pueblo como protagonista de la historia», disponible en http://nomeolvidesorg.com.ar/wpress/?p=2551. Consultado el 1 de marzo de 2022.

[90] Cabe acotar que la inteligencia británica había comenzado a operar en el Río de la Plata desde, por lo menos, «1804, cuando llegó a Buenos Aires don Santiago Florentino Burke; exoficial prusiano, según él declaraba. Irlandés al servicio de Londres, amigo del duque de York, convertido ya en Jorge III, y mandado por Pitt, era Burke un espía de Su Majestad. Trabó relaciones con los extranjeros que habitaban la ciudad virreinal y se ligó también, guardando disimulos, con algunos criollos, Castelli y los Rodríguez Peña... Castelli admitió su relación con Burke en la "Causa Reservada" que se le siguió», en Carlos Machado, ob. cit., pág. 21.

[91] José Alfredo Martínez de Hoz, apodado Joe, fue ministro de Economía de la provincia de Salta durante la dictadura militar que derrocó al Gobierno constitucional de Juan Domingo Perón entre los años 1956 y 1957. Estrechamente relacionado con los miembros de la oligarquía financiera internacional, fue el verdadero cerebro del golpe militar de 1976 contra el Gobierno constitucional de Isabel Martínez de Perón.

[92] Marcelo Gullo, *La historia oculta. La lucha del pueblo argentino por su independencia del Imperio inglés,* Biblos, Buenos Aires, 2013.

[93] Francisco Pestanha, Marcelo Gullo, Julio Cardos, Laura Prado, *Malvinas en la Historia. Una perspectiva sudamericana,* Ediciones UNLa, Remedios de Escalada, 2011, pág. 223.

[94] Ibíd., pág. 223.

[95] Pablo Marcos Carballo, *Dios y los halcones,* Abril, Buenos Aires, 1983, pág. 5.

[96] Lista de los miembros de la Aviación argentina caídos en combate durante la guerra de las Malvinas (en mayúsculas los apellidos de origen español): Comodoro (PM) D. Rodolfo Manuel de la COLINA, Comodoro (PM) D. Hugo César MEISNER, Vicecomodoro (PM) D. Juan José Ramón FALCONIER, Mayor (PM) D. Hugo Ángel Del Valle PALAVER, Mayor (PM) D. Jorge Osvaldo GARCÍA, Mayor (PM) D. Fernando Juan CASADO, Mayor (PM) D. Rubén Héctor MARTEL, Mayor (PM) D. Gustavo Argentino GARCÍA CUERVA, Mayor (PM) D. Carlos Eduardo KRAUSE, Mayor (PM) D. Marcelo Pedro LOTUFO, Capitán (PM) D. Mario Hipólito GONZÁLEZ, Capitán (PM) D. Manuel Óscar BUSTOS, Capitán (PM) D. Luis Darío José CASTAGNARI, Capitán (PM) D. José Daniel VÁZQUEZ, Capitán (PM) D. Daniel Fernando MANZO-

TTI, Capitán (PM) D. Luciano GUADAGNIN, Capitán (PM) D. Fausto GAVAZZI, Capitán (PM) D. Omar Jesús CASTILLO, Capitán (PM) D. José Leónidas ARDILES, Capitán (PM) D. Danilo Rubén BOLZAN, 1er Teniente (PM) D. Juan Domingo BERNHARDT, 1er Teniente (PM) D. Pedro Ignacio BEAN, 1er Teniente (PM) D. Héctor Ricardo VOLPONI, 1er Teniente (PM) D. Daniel Antonio JUKIC, 1er Teniente (PM) D. Mario Víctor NIVOLI, 1er Teniente (PM) D. Miguel Ángel GIMÉNEZ, 1er Teniente (PM) D. Jorge Eduardo CASCO, 1er Teniente (PM) D. Jorge Rubén IBARLUCEA, 1er Teniente (PM) D. Eduardo Jorge Raúl de IBÁÑEZ, 1er Teniente (PM) D. Jorge Alberto BONO, 1er Teniente (PM) D. Juan José ARRARÁS, 1er Teniente (PM) D. Néstor Edgardo LÓPEZ, 1er Teniente (PM) D. Carlos Julio CASTILLO, 1er Teniente (PM) D. Jorge Ricardo FARÍAS, Teniente (PM) D. Alfredo Jorge Alberto VÁZQUEZ, Teniente (PM) D. Mario Luis VALKO, Suboficial Mayor (PM) Julio Jesús LASTRA, Suboficial Principal (PM) Manuel Alberto ALBELOS, Suboficial Principal (PM) Francisco Tomás LUNA, Suboficial Ayudante (PM) Guido Antonio MARIZZA, Suboficial Auxiliar (PM) Miguel Ángel CARDONE, Suboficial Auxiliar (PM) Carlos Domingo CANTEZANO, Suboficial Auxiliar (PM) Mario DUARTE, Suboficial Auxiliar (PM) Juan Antonio RODRÍGUEZ, Cabo Principal (PM) Miguel Ángel CARRIZO, Cabo Principal (PM) José Alberto MALDONADO, Cabo Principal (PM) Agustín Hugo MONTAÑO, Cabo Principal (PM) José Luis PERALTA, Cabo Principal (PM) Andrés Luis BRASHICH, Cabo Primero (PM) Héctor Hugo VARAS, Cabo (PM) Guillermo Ubaldo GARCÍA, Cabo (PM) Héctor Ramón BORDÓN, Cabo (PM) Héctor Walter AGUIRRE, Cabo (PM) Luis Guillermo SEVILLA, Cabo (PM) Mario Ramón LUNA.

[97] El reconocido periodista Richard Norton Taylor fue quien publicó en el sitio Declassified UK el contenido de los archivos ultrasecretos del Ministerio de Defensa británico durante la contienda que detallan el armamento nuclear que Gran Bretaña llevó al Atlántico Sur durante la guerra de Malvinas. Cuando esta revelación ocurrió, algunos académicos argentinos que suelen trabajar gratis o no para Gran Bretaña —los Saturnino Rodríguez Peña y Manuel Aniceto Padilla del siglo XXI—, se apresuraron a decir, con mucha pasión, que la decisión de bombardear la ciudad de Córdoba era un mito. Que los ingleses jamás harían una cosa semejante. Que el armamento nuclear transportado a 12.000 kilómetros de distancia de Europa era para enfrentar a los soviéticos. Dicho por un inglés resultaría hasta gracioso, pero dicho por un

argentino ese argumento resulta penoso. Al respecto de un vocero argentino de los intereses británicos, véase Facundo Chaves, *Entrevista a Alejandro Amendolara. Mitos y verdades sobre las armas nucleares enviadas en buques británicos a la Guerra de Malvinas,* disponible en https://www.infobae.com/politica/2022/01/05/mitos-y-verdades-sobre-las-armas-nucleares-enviadas-en-buques-britanicos-a-la-guerra-de-malvinas/. Consultado el 20 de febrero de 2022.

[98] Francisco Pestanha, Marcelo Gullo, Julio Cardos, Laura Prado, ob. cit., pág. 236.

[99] Sergio Cerón, *Malvinas. ¿Gesta heroica o derrota vergonzosa?,* Sudamericana, Buenos Aires, 1984, pág. 208.

[100] Al respecto de la ayuda de los Estados Unidos a Gran Bretaña durante la guerra de las Malvinas y sobre el desarrollo bélico en sí mismo, véanse Nicholas Henderson, «Los Estados Unidos y las Falkland. Análisis del comportamiento de un aliado», *The Economist,* Londres, 12 de noviembre de 1983; Julian Thompson, *No picnic,* Atlántida, Buenos Aires, 1982; Milton Thomas, «Meditaciones sobre una Pequeña Gran Guerra», *Revista Aeroespacio,* núm. 430, noviembre-diciembre de 1982; José Teófilo Goyret, «El Ejército argentino en la guerra de las Malvinas», *Revista Armas y Estrategias,* vol. 2, núm. 6, mayo de 1983; Paul Eddy y Magnus Linklater, *Una cara de la moneda,* Hispanoamérica, Buenos Aires, 1983; David Tinker, *Malvinas. Carta de un marino inglés,* EMECE, Buenos Aires, 1983; Jean Pierre Clerc, «Enseñanzas de una Guerra Periférica», *Clarín,* 13 de septiembre de 1983; Juan Carlos Murguizur, «El conflicto del Atlántico Sur; un punto de vista argentino», *International Defense Review,* Ginebra, núm. 2, 1982; Enrique Manson, *Tras su manto de neblinas,* Fabro, Buenos Aires, 2010.

Capítulo 6. La «pobrecita Holanda», que fundó un imperio basado en la esclavitud

[1] César Cervera, «El fraile español que prendió la leyenda negra por usar datos falsos sobre los conquistadores de América», disponible en https://www.abc.es/historia/abci-bartolome-casas-fraile-espanol-cifras-falsas-para-denunciar-abusos-conquistadores-201607060439_noticia.html. Consultado el 1 de febrero de 2022.

[2] Carlos Alberto Montaner, *Las raíces torcidas de América Latina,* Temas de Hoy, México, 2019.

[3] Eric Hobsbawm, *Industria e Imperio,* Ariel, Buenos Aires, 1998, pág. 37.

[4] Holanda lograría ser en muy pocos años la potencia marítima y comercial más poderosa de Europa. Era mucho más de lo que el poder inglés podía tolerar. Inglaterra había ayudado a Holanda en su lucha por la independencia para debilitar al poder español, pero no para ver surgir, pasivamente, una nueva potencia que, dominando el mar, controlara el comercio del mundo. En febrero de 1651, el Parlamento inglés envió a Holanda a dos embajadores extraordinarios, Saint John y Strickland, con el propósito de proponer a la República de Holanda su fusión con Inglaterra, es decir, la sumisión voluntaria o la guerra. En el mes de julio, ante el rechazo holandés del ultimátum inglés, los embajadores ingleses regresaron a Londres y, con extraordinaria celeridad, el Parlamento inglés aprobó, en el mes de agosto, el «Acta de Navegación», que suponía un golpe mortal para la Marina holandesa dado que solo se permitía importar en Inglaterra mercancías en barcos ingleses que se hallaran bajo el mando de ingleses y en los cuales, además, las tres cuartas partes de su tripulación fueran marineros ingleses. El Acta de Navegación también establecía que solo se podían importar a Inglaterra mercancías de los lugares de origen. De este modo, la industria naval inglesa recibió un enorme impulso estatal. Los comerciantes ingleses, obligados a aprovisionarse por su propia cuenta, dieron un empuje tal a la construcción naval que al poco tiempo la Marina inglesa se convirtió en la primera del mundo. El Acta de Navegación elevó la tensión al máximo entre Inglaterra y Holanda, y en 1652 los dos países se declararon la guerra. Se sucedieron furiosos combates navales y, en junio de 1653, la Armada inglesa deshizo completamente a la flota holandesa. Desastre que obligó a la República holandesa a demandar la paz. Fue entonces cuando Cornelio de Witt, en la Asamblea de los Estados Generales de las Provincias Unidas, declaró: «Es mi deber deciros que ahora estamos, tanto nosotros como el mar, en poder de Inglaterra».

[5] Giovanni Arrighi, *El largo siglo XX,* Akal, Madrid, 2015, págs. 167-170.

[6] Fernand Braudel, *Civilization and Capitalism,* XV-XVIII *Century,* vol. III, Harper and Row, Nueva York, 1984, pág. 419.

[7] Ibíd., págs. 418 y 419.

[8] Giovanni Arrighi, ob. cit., pág. 171.

[9] Fernand Braudel, ob. cit., págs. 246 y 247.

[10] Jan Huygen van Linschoten, *The Voyage of John Huyghen van Linschoten to the East Indies: The first book, containing his description of the East,* Adamant Media Corporation, Boston, 2001.

[11] Otras de las informaciones que el espía Jan Huygen van Linschoten proporcionó a la Armada holandesa fue la clave geográfica para desbloquear el control que los portugueses ejercían sobre el estratégico estrecho de Malaca: sugirió acercarse a las Indias Orientales desde el sur de Sumatra, por el estrecho de Sunda, minimizando así el riesgo de ser descubiertos por los portugueses. Holanda todavía honra la memoria de Jan Huygen van Linschoten a través del Premio Linschoten, que reconoce la excelencia en los negocios y es otorgado por el banco de los Países Bajos, ABN AMRO. Como se ve, los Países Bajos no olvidan a sus grandes espías.

[12] Guillermo Horacio Lamedra, *Breve historia del imperialismo,* Plexo, Buenos Aires, 2002, págs. 35 y 36.

[13] Aldo Ferrer, *Historia de la globalización. Orígenes del orden económico mundial,* Fondo de Cultura Económica, Buenos Aires, 1996, pág. 225.

[14] Guillermo Lamedra, ob. cit., pág. 36.

[15] Ibíd., pág. 36.

[16] Aldo Ferrer, ob. cit., pág. 227.

[17] Ibíd.

[18] Guillermo Lamedra, ob. cit., pág. 37.

[19] Jorge Abelardo Ramos, «El campo de batalla del imperialismo», *Marcha,* año I, núm. 12, 23 de octubre de 1986, pág. 14.

[20] Karl Marx, *El capital,* tomo 1, Cartago, Buenos Aires, 1973, págs. 732 y 733.

[21] Giles Milton, *Nathaniel's Nutmeg or, The True and Incredible Adventures of the Spice Trader Who Changed the Course of History,* Farrar, Straus and Giroux, Nueva York, 2014.

[22] Willard Anderson Hanna, *Indonesian Banda: Colonialism and Its Aftermath in the Nutmeg Islands,* Yayasan Warisan dan Budaya, Banda Naira, 1991, pág. 55.

[23] Merle Calvin Ricklefs, *A History of Modern Indonesia since c. 1300,* Macmillan, Londres, 1993, pág. 25.

[24] Giles Milton, *Nathaniel's Nutmeg,* Sceptre, Londres, 1999, pág. 5.

[25] Willard Anderson Hanna, ob. cit., pág. 54.

[26] Ibíd.

[27] Ibíd., pág. 55.

[28] «El lado oscuro del Siglo de Oro holandés», disponible en https://www.holland.com/es/turista/rutas-tematicas/la-edad-de-oro-holandesa/el-lado-oscuro-del-siglo-de-oro-holandes.htm#:~:text=Entre%20los%20siglos%20XVI%20y,consciente%20en%20los%20%C3%BAltimos%20a%C3%B1os. Consultado el 1 de marzo de 2022.

[29] Domenico Losurdo, *Contrahistoria del liberalismo,* El Viejo Topo, Barcelona, 2005, pág. 25.

[30] Ibíd., pág. 26.

[31] Ibíd.

[32] Ibíd., pág. 31.

[33] Ibíd., pág. 32.

[34] Bartolomé de las Casas, *Brevíssima relación de la destruyción de las Indias,* EDAF, Madrid, 2004, pág. 71.

[35] Guillermo Lohmann Villena, *Las defensas militares de Lima y Callao,* Escuela de Estudios Hispanoamericanos, Sevilla, 1964.

[36] Kris E. Lane, *Pillaging the Empire: Piracy in the Americas, 1500-1750,* Armonk, Nueva York, 1998, págs. 84-86.

[37] Peter Gerhard, *Pirates of New Spain, 1575-1742,* Courier Dover Publications, Nueva York, 2003.

Capítulo 7. Los «piadosos» puritanos de Estados Unidos, creadores de una republica esclavista con un «destino manifiesto»

[1] Samuel Huntington, *¿Quiénes somos? Los desafíos a la identidad nacional estadounidense,* Paidós, Buenos Aires, 2004, págs. 89 y 90.

[2] João Feres Júnior, «El concepto de América Española en Estados Unidos: de la leyenda negra a la anexión territorial», disponible en file:///C:/Users/User/Downloads/5011-229-18637-1-10-20120221.pdf. Consultado el 10 de marzo de 2022.

[3] Charles Lummis nació en Massachusetts, en 1859, en el seno de una familia tradicional protestante de clase alta, lo que llevaba de suyo, por aquel entonces, que fuese una familia profundamente antihispánica. Fue a estudiar a Harvard, donde tuvo de compañero al futuro presidente de Estados Unidos Theodore Roosevelt, pero para disgusto de sus padres abandonó la universidad para comenzar a trabajar como periodista en un periódico de Cincinnati (Ohio) no muy importante. Sin embargo, el joven Charles no había nacido para trabajar en una oficina y tampoco permaneció en la redacción del periódico por mucho tiempo. Le aburría sobremanera la vida tradicional y ordenada del este de Estados Unidos y entonces decidió partir hacia el todavía mítico «lejano Oeste». Su idea era caminar de Cincinnati a Los Ángeles, por aquel entonces un pueblecito de 12.000 habitantes, y en el transcurso de esa larga caminata, de nada menos que 5.700 kilómetros, ir escribiendo la cróni-

ca de su travesía. En 1884 logró convencer a *Los Angeles Times* para que financiera su proyecto y fue en el transcurso de ese prolongado viaje hacia las playas del océano Pacífico cuando Charles F. Lummis se encontró con la América española que todavía sobrevivía en las ruinas de las iglesias y en la cultura de los mexicanos que aún poblaban el oeste. Cuando, en 1884, Charles Lummis empieza su caminata hacia California, hacía apenas ocho años que el Séptimo Regimiento de Caballería, conducido por el legendario coronel Custer, había sido derrotado por los sioux en la famosa batalla de Little Bighorn y todavía no había sido capturado el gran jefe apache Gerónimo, que seguía combatiendo una guerra de guerrillas por la libertad de su pueblo contra el ejército de Estados Unidos. Charles tenía entonces 25 años y Gerónimo, el indio que hablaba español, 55.

Para Lummis, como para la mayoría de los norteamericanos, todos los indios eran sucios salvajes y hostiles por naturaleza y el mejor indio era el indio muerto. Pero, para su sorpresa, Lummis se encontró en Nuevo México y en California con indios limpios, educados, hospitalarios que construían iglesias católicas y todavía hablaban español. Este choque entre la realidad y sus prejuicios lo llevó a estudiar la historia de las misiones españolas que, construidas por los franciscanos, los jesuitas y los dominicos, se habían diseminado a lo largo y ancho de América del Norte, mucho antes de que sus antepasados ingleses llegaran, en 1620, a la costa de Massachusetts. Naturalmente, Lummis comenzó a indagar sobre la conquista española del Nuevo Mundo y a compararla con la colonización británica de América del Norte. Fruto de ese enorme esfuerzo de lucha contra sus prejuicios y de una profunda investigación fue su libro *Exploradores españoles del siglo XVI. Vindicación de la acción colonizadora española en América,* que publica en 1893. En su obra, Lummis desmonta la falsa historia de la conquista española de América: «Porque creo que todo joven sajón-americano ama la justicia —afirma Lummis— y admira el heroísmo tanto como yo, me he decidido a escribir este libro. La razón de que no hayamos hecho justicia a los exploradores españoles es sencillamente porque hemos sido mal informados. Su historia no tiene paralelo... la exploración de las Américas por los españoles fue la más grande, la más larga y la más maravillosa serie de valientes proezas que registra la Historia». Charles F. Lummis, *Exploradores españoles del siglo XVI. Vindicación de la acción colonizadora española en América,* EDAF, Madrid, 2017, pág. 47.

[4] James Brown Scott, hijo de inmigrantes escoceses protestantes, aunque nació en Canadá en 1866, adoptó Estados Unidos como su patria. Fue bachiller en Artes en 1890, licenciado en Derecho en 1891, *summa cum laude* por la Universidad de Harvard y doctor en Derecho, en 1884, por la Univer-

sidad de Heidelberg. En la apoteosis de su brillante carrera, en 1898, la guerra de Estados Unidos contra España lo sorprende siendo decano de la joven Universidad de Los Ángeles, y es entonces cuando, ante el reclutamiento de voluntarios para la guerra que lleva a cabo el presidente William McKinley, el abogado y profesor James Brown Scott, que ya tenía 32 años, se alista como voluntario, sirviendo desde principios de mayo en el Séptimo Regimiento de Infantería de Marina de California. Y es justamente este profesor protestante, visceral antihispanista, que combatió contra España revólver en mano, el que, superando sus prejuicios, reivindicó al jesuita Francisco Suárez como fundador de la moderna filosofía del derecho y al dominico Francisco de Vitoria como padre fundador del Derecho Internacional. Antes de la labor de investigación y difusión realizada por James Brown Scott, la Academia le había otorgado injustamente ese título al holandés protestante Hugo Grocio y había despreciado y olvidado completamente al español católico Francisco de Vitoria.

[5] Samuel Huntington, ob. cit., pág. 90.

[6] Ibíd., pág. 89.

[7] Ibíd.

[8] Ibíd.

[9] Ibíd., págs. 89 y 90.

[10] Paul Johnson, *Estados Unidos. La historia,* Ediciones B, Buenos Aires, 2002, pág. 50.

[11] Samuel Huntington, ob. cit., pág. 61.

[12] Ibíd., pág. 85.

[13] Marcelo Gullo, *Argentina, Brasil. La gran oportunidad,* Biblos, Buenos Aires, 2005.

[14] En Holanda, los puritanos ingleses podían practicar la religión a su antojo, pero les preocupaba que sus hijos se vieran influidos por las costumbres y el idioma holandeses. Por ello iniciaron tres años de difíciles negociaciones en Inglaterra en busca de permiso para establecerse en las zonas del norte de la colonia de Virginia.

[15] William Bradford (1590-1657), originario del West Riding de Yorkshire, en el norte de Inglaterra, fue gobernador de la colonia de Plymouth de forma intermitente entre 1621 y 1657. Su obra más conocida es *Of Plymouth Plantation,* un cuaderno donde iba anotando todo lo que acontecía. Se trata de una historia detallada, en forma de diario personal, sobre la fundación de la colonia de Plymouth y la vida de los colonos desde 1621 hasta 1646. En su libro, Bradford establecía profundos paralelismos entre la vida cotidiana de la colonia puritana y los acontecimientos de la Biblia. Su intención era que las

futuras generaciones comprendieran que los colonos puritanos, como nuevo pueblo elegido por Dios, siempre habían estado asistidos y guiados por la Divina Providencia. El libro de Bradford educó y formó a generaciones enteras de norteamericanos y tuvo una importancia capital en la conformación del mito de Estados Unidos como la «Nueva Jerusalén».

[16] William Brewster (1568-1657) fue uno de los impulsores de la decisión de navegar hacia América del Norte y uno de los organizadores del viaje. Cuando los pasajeros del Mayflower desembarcaron en la colonia de Plymouth, Brewster —único miembro de la colonia con educación universitaria— se convirtió en el anciano principal y, por tanto, en el líder religioso de la colonia.

[17] Paul Johnson, ob. cit., pág. 51.

[18] Ibíd., pág. 52.

[19] Ibíd.

[20] Ibíd., pág. 51.

[21] John Winthrop (1588-1649) nació en Edwardstone, un pequeño pueblo que se haya no muy lejos de Cambridge, en el condado de Suffolk, en el este de Inglaterra. Según Paul Johnson, el puritano John Winthrop, a pesar de ser un inglés de pura cepa, fue «el primer gran norteamericano». Estudió Derecho en Gray's Inn y llegó a ser juez de paz, cargo que perdió por mantenerse fiel a sus ideas puritanas. A su llegada a Norteamérica, en 1630, fue designado gobernador 12 veces, entre los años 1631 y 1648. La idea fuerza que guio su política en América era la de que una empresa como la colonial solo podía triunfar si se basaba en la religión.

[22] Winthrop pensaba que Inglaterra era una causa perdida y que Nueva Inglaterra era la solución, ideas que expuso en su obra *Considerations for the Plantation of New England,* donde sostenía que «todas las otras Iglesias de Europa se encuentran en decadencia y es innegable que lo mismo nos está sucediendo a nosotros [...]. Este suelo se ha cansado de sus habitantes [...]. Hemos llegado al más alto grado de intemperancia cultivando todo tipo de excesos [...]. Las fuentes del conocimiento y la religión se han corrompido. La mayoría de los niños, incluso los más inteligentes y aquellos de quienes más se puede esperar, están pervertidos, corrompidos y profundamente abrumados por la multitud de malos ejemplos y el licencioso gobierno de sus escuelas», en *Considerations for the Plantation of New England,* véase en Paul Johnson, ob. cit., pág. 53.

[23] Ibíd., pág. 54.

[24] Ibíd., pág. 55.

[25] Ibíd.

[26] «Los colonos que exterminaron a los pueblos indios en Estados Unidos», disponible en https://www.eltiempo.com/mundo/eeuu-y-canada/colonizacion-de-pueblos-indigenas-en-estados-unidos-41971. Consultado el 10 de marzo de 2022.

[27] Karl Marx, *El capital,* libro I: «El proceso de producción del capital», Siglo XXI, Madrid, 1983, pág. 942.

[28] Leopoldo Zea, prólogo a la obra de Juan A. Ortega y Medina, *La evangelización puritana en Norteamérica. Delendi sunt Indi,* Fondo de Cultura Económica, México D. F., 1976, pág. 12.

[29] Ibíd., pág. 13.

[30] José Carlos Mariátegui, *Siete ensayos de interpretación de la realidad peruana,* Amauta, Lima, 1994, págs. 169 y 170.

[31] Leopoldo Zea, ob. cit., pág. 13.

[32] Algunos puritanos, como William Penn, que tradujo la Biblia a una de las lenguas indígenas, se esforzaron por acercar a los indios al cristianismo. Pero estos no querían leer la Biblia e interpretarla por su propia cuenta, que era lo que los colonos creían que debían hacer. La salvación, de acuerdo con la concepción protestante de los colonos, era algo personal. En la concepción novocristiana de los colonos-puritanos, cada individuo era responsable de su salvación.

[33] Leopoldo Zea, ob. cit., pág. 16.

[34] Ibíd.

[35] Ibíd.

[36] Ibíd.

[37] Ibíd.

[38] Joseph Höffner, *La ética colonial española del Siglo de Oro,* Ediciones Cultura Hispánica, Madrid, 1957, pág. 218.

[39] Arnold Toynbee, *Estudio de la Historia,* Emecé, Buenos Aires, 1967, pág. 418.

[40] Domenico Losurdo, *Contrahistoria del liberalismo,* El Viejo Topo, Barcelona, 2005, pág. 27.

[41] Ibíd.

[42] Ibíd., pág. 29.

[43] Ibíd.

[44] Ibíd., pág. 27.

[45] «George Washington, el genocida», disponible en https://www.voltairenet.org/article125729.html. Consultado el 14 de marzo de 2022.

[46] Barbara Graymont, *The Iroquois and Revolution,* Syracuse, Nueva York, 1972, pág. 289.

[47] Juan A. Ortega y Medina, ob. cit., págs. 11 y 12.

[48] Los cheroqui habitaban el territorio actual de los estados de Alabama, Georgia, Kentucky, Carolina del Norte, Carolina del Sur, Tennessee y Virginia.

[49] Véanse Samuel Carter, *Cherokee Sunset. A Nation Betrayed: A Narrative of Travail and Triumph, Persecution and Exile*, Doubleday, Nueva York, 1976, y Andrew Denson, *Monuments to Absence: Cherokee Removal and the Contest Over Southern Memory*, University of North Carolina Press, Chapel Hill, 2017.

[50] Urs Bitterli, *Los salvajes y los civilizados*, Fondo de Cultura Económica, México D. F., 1981, pág. 164.

[51] Georg Friederici, *El carácter del descubrimiento y la conquista de América*, Fondo de Cultura Económica, México D. F., 1986, pág. 197.

[52] Ibíd., pág. 199.

[53] Domenico Losurdo, ob. cit., pág. 28.

[54] Urs Bitterli, ob. cit., pág. 164.

[55] John Collier, *Los indios de las Américas*, Fondo de Cultura Económica, México D. F., 1960, pág. 207.

[56] Urs Bitterli, ob. cit., pág. 164.

[57] Bruce Johansen, *El genocidio de los primeros norteamericanos*, Fondo de Cultura Económica, México D. F., 1982, pág. 30.

[58] John Collier, ob. cit., pág. 207.

[59] Ibíd., pág. 208.

[60] Bruce Johansen, ob. cit., pág. 45.

[61] Samuel Eliot Morison, *Historia de los Estados Unidos de Norteamérica*, Fondo de Cultura Económica, México D. F., 1951, pág. 234.

[62] Carlos Dávila, *Nosotros los de las Américas*, Editorial del Pacífico, Santiago de Chile, 1950. Citado por Juan Luis Beceiro García, *La mentira histórica desvelada*, Ejearte, Madrid, 1994, pág. 292.

[63] Domenico Losurdo, ob. cit., págs. 28 y 29.

[64] Paul Johnson, ob. cit., pág. 50.

[65] Juan José Sebreli, *El asedio a la modernidad*, Sudamericana, Buenos Aires, 1992, págs. 242 y 243.

[66] Luis Alberto Sánchez, *Breve historia de América*, Losada, Buenos Aires, 1965, pág. 226.

[67] *History of the United States* es un libro de texto de historia para escolares publicado en 1921. El libro comienza con el periodo colonial y se extiende hasta el final de la Primera Guerra Mundial. Charles Beard y Mary Beard eran conocidos como historiadores brillantes y excelentes narradores de his-

torias, pero el libro, que suministra una abundante y a veces inédita información, presenta una narración árida.

[68] Charles Austin Beard (1874-1948) estudió en la universidad metodista DePauw y se graduó en 1898. Luego realizó estudios de posgrado en la Universidad de Oxford con Frederick York Powell. Fue profesor de Historia en la Universidad de Columbia y un icono de la escuela progresista de interpretación histórica. En 1926 fue elegido presidente de la Asociación Estadounidense de Ciencias Políticas. Su libro más influyente fue *Una interpretación económica de la Constitución de Estados Unidos,* publicado en 1913, donde sostiene que los Padres Fundadores de Estados Unidos estaban más motivados por la economía que por los principios filosóficos. Beard realizó una interpretación económica de la historia de Estados Unidos y llegó a afirmar que la lucha o el conflicto de clases era el factor principal de la historia norteamericana. Esta interpretación fue muy criticada durante la Guerra Fría, pero tuvo una gran influencia en los historiadores de la Nueva Izquierda de la década de 1960.

[69] Charles Beard y Mary Beard, *History of the United States,* Macmillan, Nueva York, 1921, disponible en https://www-marxists-org.translate.goog/archive/beard/history-us/ch01.htm?_x_tr_sl=en&_x_tr_tl=es&_x_tr_hl=es-419&_x_tr_pto=sc. Consultado el 20 de marzo de 2022.

[70] Ibíd.

[71] Ibíd.

[72] Juan José Sebreli, ob. cit., pág. 246.

[73] Charles Beard y Mary Beard, ob. cit.

[74] Javier Sanz, «Cuando los colonos ingleses rompieron el mercado de esclavos con los mulatos», disponible en https://www.eleconomista.es/historia/noticias/9412010/09/18/Cuando-los-colonos-ingleses-rompieron-el-mercado-de-esclavos-con-los-mulatos.html. Consultado el 20 de marzo de 2022.

[75] Ibíd.

[76] Ibíd.

[77] Domenico Losurdo, ob. cit., pág. 22.

[78] Ibíd., pág. 22.

[79] En la plantación de Mount Vernon había 123 esclavos propiedad exclusiva de George Washington, 154 esclavos que había aportado su esposa como dote y 40 alquilados a una vecina.

[80] Carlos Sala, «George Washington, el presidente que persiguió indignado a sus esclavos fugados», disponible en https://www.larazon.es/cataluna/20200625/ltna2fo255elpcarsrq7d55fne.html. Consultado el 1 de marzo de 2022.

[81] Jackson Fossett, Roger Wilkins, Jan Lewis y Clarence E. Walker, «Forum: Thomas Jefferson», *Time,* 27 de junio de 2004, disponible en https://web.archive.org/web/20040706044034/http://www.time.com/time/covers/1101040705/tjforum.html. Consultado el 8 de febrero de 2022.

[82] Domenico Losurdo, ob. cit., pág. 22.

[83] Ibíd.

[84] El presidente Taylor poseía unos 150 esclavos negros repartidos entre sus plantaciones de Kentucky, Misisipi y Luisiana.

[85] Jorge Enea Spilimbergo, *La cuestión nacional en Marx,* Editorial Octubre, Buenos Aires, 1974, pág. 121.

[86] Henry Clay (1777-1852) fue presidente de la Cámara de Representantes en varias ocasiones, senador por Kentucky y secretario de Estado entre 1825 y 1829.

[87] Ha Joon Chang, *Retirar la escalera. La estrategia del desarrollo en perspectiva histórica,* Los Libros de la Catarata, Madrid, 2004, pág. 69.

[88] Jorge Enea Spilimbergo, ob. cit., pág. 117.

[89] «Fin de la esclavitud en EE. UU.: Lincoln no era abolicionista, la Proclamación de Emancipación fue una estrategia militar», disponible en https://www.eldiario.es/internacional/fin-esclavitud-eeuu-lincoln-abolicionista_1_1168504.html. Consultado el 10 de marzo de 2022.

[90] Ibíd.

[91] Juan José Sebreli, ob. cit., pág. 244.

[92] Ibíd., pág. 245.

[93] Ibíd.

[94] João Feres Júnior, «El concepto de América Española en los Estados Unidos: de la Leyenda Negra a la anexión territorial», Instituto Universitário de Pesquisas do Río de Janeiro-IUPERJ, disponible en file:///C:/Users/User/Downloads/5011-229-18637-1-10-20120221.pdf. Consultado el 19 de marzo de 2022.

[95] Juan José Sebreli, ob. cit., pág. 67.

[96] Ibíd.

[97] Ibíd.

[98] Ibíd., pág. 68.

[99] Ibíd., pág. 69.

[100] Ibíd., pág. 70.

[101] Ibíd., pág. 71.

[102] Ibíd., pág. 73.

Capítulo 8. Los otros jueces hipócritas del «Tribunal de la Historia»

[1] Nicolas Delahaye y Pierre-Marie Gaborit, *Les 12 Colonnes infernales de Turreau,* Editions Pays et Terroirs, Cholet, 1995, págs. 104 y 105.

[2] Al respecto, véanse Emile Gabory, *Les guerres de Vendée,* Robert Laffont, París, 1999; Jean Clement Martin, *Blancs et Bleus dans la Vendée déchirée,* Gallimard, París, 1993; Jean Dumont, *La Révolution française ou les prodigies du sacrilège,* Criterion, París, 1984; Gabriel du Pontavice, «Les "crimes" des chouans: deux cents ans de désinformation», *Chahier de Chiré,* núm. 7, 1999, págs. 249-253; Reynald Secher, «La Vendée: génocide et mémoricide», *Chahier de Chiré,* núm. 8, 1993, págs. 267-277; Maurice de Charette, «La Vendée, guerre religieux», *Chahier de Chiré,* núm. 9, págs. 65-73, y Pierre Maramboud, «Quelques réflexions sur la Guerre de la Vendée», *Chahier de Chiré,* núm. 10, 1995, págs. 213-227.

[3] Reynald Secher, *La Vendée-Vengé. Le génocide franco-français,* PUF, París, 1986, pág. 130.

[4] Alfredo Sáenz, *La epopeya de La Vendée,* Gladius, Buenos Aires, 2009, pág. 217.

[5] Ibíd.

[6] Ibíd., pág. 214.

[7] Ibíd., pág. 220.

[8] Ibíd.

[9] Nicolas Delahaye y Pierre-Marie Gaborit, ob. cit., pág. 105.

[10] Ibíd., pág. 45.

[11] Carmelo López Arias, «El genocidio de La Vendée: las pruebas de la determinación anticatólica de la Revolución francesa», disponible en https://www.religionenlibertad.com/cultura/49016/genocidio-vendee-las-pruebas-determinacion-anticatolica.html. Consultado el 2 de marzo de 2022.

[12] Ibíd.

[13] Antoine Boulant, «Histoire militaire des guerres de Vendée, Revue historique des armée», disponible en file:///C:/Users/User/Downloads/rha-7173.pdf. Consultado el 8 de marzo de 2022.

[14] Carmelo López Arias, ob. cit.

[15] Ibíd.

[16] Ibíd.

[17] Ibíd.

[18] Auguste Billaud, *La Guerre de Vendée,* Lussaud, Fontenay-le-Comte, 1977, pág. 197.

[19] Félix Deniau, *Histoire de la guerre de la Vendée,* tomo IV, Siraudeau, París, 1911, pág. 173.

[20] Carmelo López Arias, ob. cit.

[21] Alfredo Sáenz, ob. cit., pág. 237.

[22] Alberto Bárcena Pérez, *La Guerra de la Vendée: Una cruzada en la Revolución,* Editorial San Román, Madrid, 2015.

[23] Michael Naumann, «Speech at the Stockholm International Forum on the Holocaust», disponible en https://web.archive.org/web/20070806035928/http://www.holocaustforum.gov.se/conference/official_documents/speeches/naumann_eng.htm. Consultado el 6 de marzo de 2022.

[24] Entre los partidarios de la tesis del genocidio figuran, entre otros, Reynald Secher, Pierre Chaunu y Alberto Bárcena Pérez.

[25] Anthony James Joes, *Resisting Rebellion: The History and Politics of Counterinsurgency,* University Press of Kentucky, Lexington, 2006, pág. 51.

[26] Ibíd.

[27] José María Rosa, *Historia argentina,* Oriente, Buenos Aires, 1974, pág. 12.

[28] Como ejemplo de aquellos para los cuales la única violencia «mala» es la cometida por los españoles y, sobre todo, por los Reyes Católicos, merece citarse a Rosa María Artal en su artículo titulado «La Revolución francesa apenas guillotinó a 15.000 personas», disponible en https://www.eldiario.es/opinion/zona-critica/revolucion-francesa-apenas-guillotino-personas_129_5089140.html. Consultado el 8 de diciembre de 2021.

[29] Javier Paredes, «Leyendas fuera: la Revolución francesa fue una matanza en serie de miles de inocentes... y el episodio más manipulado de la historia», disponible en https://www.hispanidad.com/opinion/la-resistencia/leyendas-fuera-revolucion-francesa-fue-matanza-en-serie-miles-inocentes_12027404_102.html. Consultado el 1 de noviembre de 2021.

[30] Ibíd.

[31] Sobre la Revolución francesa, véanse Hilaire Belloc, *La Revolución francesa,* Sudamericana, Buenos Aires, 1967; Rubén Calderón Bouchet, *La Revolución francesa,* Santiago Apóstol-Nueva Hispanidad, Buenos Aires, 1999; Jean Lombard Coerderoi, *La cara oculta de la Historia Moderna,* Dilifollac, Bogotá, 1989; Pierre Gaxotte, *La Revolución francesa,* Doncel, Madrid, 1975; Alfredo Sáenz, *La Revolución francesa,* Gladius, Buenos Aires, 2007.

[32] Sergio Kiernan, «La historia del genocidio en Namibia», disponible en https://www.pagina12.com.ar/344570-la-historia-del-genocidio-en-namibia-alemania-lo-reconocio-y. Consultado el 10 de marzo de 2022.

[33] Ibíd.

[34] Tim Whewell, «Cómo fue el "genocidio olvidado" de Namibia, cometido por Alemania y reconocido un siglo después», disponible en https://

www.bbc.com/mundo/noticias-internacional-57282350. Consultado el 8 de marzo de 2022.

[35] Ibíd.

[36] Ibíd.

[37] Ibíd.

[38] Morenga nació de una madre herero y un padre nama y fue educado por misioneros cristianos. Trabajó como minero en Sudáfrica. Antes de la guerra de 1904, había participado en algunas insurrecciones pequeñas y localizadas que estaban teniendo lugar en el África sudoccidental alemana. Morenga se ganó una reputación dentro del ejército alemán como un genio estratégico, lo que le valió el apodo de «Napoleón Negro». En mayo de 1906, después de la batalla de Rooysvlei, donde las tropas africanas fueron derrotadas, Morenga se vio nuevamente obligado a huir hacia Sudáfrica. Se retiró al desierto de Kalahari, donde planeó nuevas insurrecciones contra la ocupación alemana. Sin embargo, Morenga fue encontrado, gracias a la cooperación de las tropas alemanas y la Policía sudafricana, y finalmente fue asesinado a tiros, en una batalla entre sus tropas y las fuerzas combinadas germano-sudafricanas el 20 de septiembre de 1907 en Eenzaamheid.

[39] Sergio Kiernan, ob. cit.

[40] Ibíd.

[41] Tim Whewell, ob. cit.

[42] Sergio Kiernan, ob. cit.

Capítulo 9. El Foro de São Paulo: mano de obra barata del imperialismo

[1] Andrés Soliz Rada (1939-2017) nació en la ciudad de La Paz, Bolivia. Fue abogado, periodista, dirigente sindical, profesor universitario y dirigente político. Discípulo del historiador argentino Jorge Abelardo Ramos, fue una de las figuras más destacadas de la izquierda boliviana. Fue nombrado ministro de Hidrocarburos por el presidente Evo Morales, ejerciendo el cargo de enero a septiembre de 2006. Fue el gran propulsor de la nacionalización de los hidrocarburos. Entre sus libros más destacados figuran *Caracterización de Bolivia y la contradicción fundamental* (1978), *El gas en el destino nacional* (1984), *La conciencia enclaustrada* (1994), *La fortuna del presidente* (1997) y *Jorge Abelardo Ramos y la Unión Sudamericana* (2008).

[2] Fermín Chávez (1924-2006) nació el 13 de julio de 1924 en El Pueblito, un caserío cercano a la ciudad de Nogoyá, provincia de Entre Ríos, en la Me-

sopotamia argentina. Hijo de un humilde agricultor, fue uno de los más importantes historiadores de su país. Poeta y periodista, fue también profesor en las Universidades Nacionales de Buenos Aires, La Plata y Lomas de Zamora. Publicó más de 40 obras, entre las que destacan: *Civilización y barbarie en la historia de la cultura argentina; La cultura en la época de Rosas. Aportes a la descolonización mental de la Argentina; Perón y el peronismo en la historia contemporánea; Eva Perón sin mitos; Historicismo e Iluminismo en la cultura argentina; Historia del país de los argentinos; Vida y muerte de López Jordán* e *Historia y antología de la poesía gauchesca.*

[3] La Federación Juvenil Comunista de la Argentina, fundada el 12 de abril de 1921, es conocida popularmente en Argentina como FEDE. Como ala juvenil del Partido Comunista, la FEDE apoyó públicamente el golpe militar de 1955 contra el Gobierno constitucional de Juan Domingo Perón, así como el golpe militar de 1976 contra el Gobierno constitucional de Isabel Perón. La línea pro defensa de la criminal dictadura militar instaurada en Argentina sostenida por la Federación Juvenil Comunista era también la posición oficial del Partido Comunista Argentino (PCA). Sobre este asunto, véase Natalia Casola, «El Partido Comunista argentino y la última dictadura militar. La cuestión de la legalidad», disponible en https://acontracorriente.chass.ncsu.edu/index.php/acontracorriente/article/view/1355/2534. Consultado el 24 de marzo de 2022.

[4] Hernán Patiño Mayer, «El peor atentado terrorista», disponible en http://www.elortiba.org/old/160655.html#El_bombardeo_y_la_ca%C3%ADda_. Consultado el 2 de febrero de 2022.

[5] Osvaldo Vergara Bertiche, «A nosotros nos faltó Picasso», disponible en http://www.elortiba.org/old/160655.html#El_bombardeo_y_la_ca%C3%ADda_. Consultado el 1 de abril de 2022.

[6] Rosa Elsa Portugheis, *Bombardeo 16 de junio de 1955,* Ministerio de Justicia y Derechos Humanos de la Nación, Buenos Aires, 2015.

[7] Mariano Grondona ya había participado en un anterior atentado terrorista en la Plaza de Mayo, según reconoció públicamente en su programa de televisión *Hora Clave,* en 2008. El atentado consistió en la detonación de dos bombas mientras se realizaba un acto sindical organizado por la Confederación General del Trabajo (CGT). Murieron seis personas y más de 90 resultaron heridas. Mariano Grondona tuvo una destacada trayectoria periodística. Trabajó en los años 60 en las revistas *Confirmado, Todo* y *Primera Plana* y, en la década de 1970, en el diario *La Opinión*. Dirigió, además, el semanario *Carta Política,* desde donde apoyó el golpe de Estado de 1976. Grondona dirigió también la revista latinoamericana *Visión* entre 1978 y 1995. En televisión, junto a Bernardo Neustadt, condujo el programa *Tiempo Nuevo,* de 1988 a 1989, que fue fundamental en la formación de la

opinión pública en Argentina. Mariano Grondona fue, además, «profesor visitante» en la Universidad de Harvard, donde brindó un curso en el Centro de Asuntos Internacionales y en el Departamento de Gobierno, donde dictó el curso «Los valores y el desarrollo». Al respecto, véanse Martín Sivak, *El Doctor. Biografía no autorizada de Mariano Grondona,* Aguilar, Buenos Aires, 2005; «El influyente de la derecha», disponible en https://www.pagina12.com.ar/diario/escrito/22-58904-2005-11-07.html. Consultado el 1 de marzo de 2022; y Mariano Caucino, «Cómo se gestó el golpe contra Juan Domingo Perón en 1955», disponible en https://www.infobae.com/2015/09/19/1756096-como-se-gesto-el-golpe-contra-juan-domingo-peron-1955/. Consultado el 26 de abril de 2022.

[8] El panfleto fue publicado íntegramente en Miguel Mazzeo y José Sánchez, *Religiosidad popular y Revolución Nacional,* Amaru, Buenos Aires, 1988, pág. 75.

[9] Ibíd.

[10] Ibíd.

[11] Ibíd.

[12] Ibíd.

[13] El relato del encuentro de Fermín Chávez con los cuatro miembros de la agrupación Juventud India me fue transmitido por el propio Chávez en una entrevista en la que específicamente le pregunté cómo se había gestado la carta publicada por él en el semanario *Marcha* el 13 de noviembre de 1986. La entrevista fue realizada el 26 de diciembre de 2001 y publicada parcialmente en la revista *Sí* el 31 de enero de 2002.

[14] Miguel Mazzeo y José Sánchez, ob. cit., pág. 78.

[15] Jorge Mones Ruiz, «El Foro de San Pablo», disponible en https://www.laprensa.com.ar/485118-El-Foro-de-San-Pablo-es-una-amenaza-revolucionaria-vigente-.note.aspx. Consultado el 6 de febrero de 2022.

[16] Cristina Martín, «El plan del Foro de São Paulo para Hispanoamérica: extender el comunismo, el aborto y la ideología de género», disponible en https://www.hispanidad.com/hemeroteca/confidencial/plan-foro-sao-paulo-hispanoamerica-extender-comunismo-nom-aborto-ideologia-genero_12014453_102.html. Consultado el 7 de marzo de 2022.

[17] Jorge Morelli, «Soros y el Foro», disponible en https://elmontonero.pe/columnas/soros-y-el-foro. Consultado el 7 de marzo de 2022.

[18] Hilaire Belloc, *Las grandes herejías,* Vórtice, Buenos Aires, 2021, pág. 7.

[19] Jorge Abelardo Ramos, *De octubre a septiembre,* Peña Lillo, Buenos Aires, 1959, pág. 123.

[20] Enrique Lacolla, *Reflexiones sobre la identidad nacional,* Córdoba en América Latina, Córdoba, 1998, pág. 46.

[21] Juan José Hernández Arregui, *¿Qué es el ser nacional?*, Peña Lillo, Buenos Aires, 2005, págs. 38, 47 y 49.

[22] Miguel Saralegui, *Matar a la madre patria. Historia de una pasión latinoamericana,* Tecnos, Madrid, 2021.

[23] Ibíd., pág. 21.

[24] Pedro Godoy, *Mapuches, champurrias, chilenos,* Centro de Estudios Chilenos, Santiago de Chile, 2018, pág. 55.

[25] Ibíd., pág. 63.

[26] Ibíd., pág. 71.

[27] Andrés Soliz Rada, *La luz en el túnel. Las lides ideológicas de la Izquierda Nacional boliviana,* Publicaciones del Sur, Buenos Aires, 2013, tomo I, págs. 111 y 112.

[28] Pedro Godoy, ob. cit., pág. 64.

[29] Ibíd., pág. 69.

[30] Ibíd., págs. 70 y 71.

[31] Ibíd., pág. 81.

[32] Véanse, págs. 294-297.

[33] Los discursos de los distintos representantes de los partidos comunistas que participaron de la Primera Conferencia Comunista Latino Americana de 1929, así como los debates y resoluciones, fueron publicados en forma de libro, titulado *Movimiento Revolucionario Latino Americano. Versiones de la Primera Conferencia Comunista Latino Americana de 1929,* por la Editorial Sudán en la ciudad de Buenos Aires en 1930, disponible en https://drive.google.com/file/d/1mjDTL9qlDkqbEFRRalzwo6k15gQtEVwP/view. Consultado el 25 de noviembre de 2021.

[34] Jorge Abelardo Ramos, *El Partido Comunista en la política argentina. Su historia y su crítica,* Coyoacán, Buenos Aires, 1962, pág. 67.

[35] Ibíd., pág. 67.

[36] Jorge Abelardo Ramos, *Historia de la nación latinoamericana,* Dirección de Publicaciones del Senado de la Nación, Buenos Aires, 2006, págs. 220 y 221.

[37] Ibíd., págs. 221 y 222.

[38] Jorge Alejandro Ovando Sanz, *Sobre el problema nacional y colonial de Bolivia,* Librería Editorial Juventud, La Paz, 1984, pág. 1.

[39] Ibíd., pág. 1.

[40] Ibíd., pág. 36.

[41] Ibíd., pág. 51.

[42] Ibíd., pág. 49.

[43] Ibíd., pág. 50.

[44] Ibíd.

[45] Andrés Soliz Rada, ob. cit., tomo II, págs. 51 y 52.

[46] «Biografía de Fausto Reinaga», disponible en http://faustoreinaga.org/index.php?option=com_content&view=article&id=65&Itemid=55. Consultado el 20 de noviembre de 2021.

[47] «En Buenos Aires, durante su exilio, se contacta con círculos de intelectuales; gracias a Carlos R. Desmarás, con quien amistó en México, llega a tener amistad con Perón, quien, sabedor de la defensa que hizo Reinaga de su gobierno, lo protege, dándole un trabajo bien remunerado como asesor legal de una transnacional intervenida. Por ello no pasa penurias y, además, puede ayudar a muchos compañeros, igual que él exilados», ibíd.

[48] Fausto Reinaga, *Sócrates y yo,* Comunidad Amáutica Mundial, La Paz, 1983.

[49] «Biografía de Fausto Reinaga», ob. cit.

[50] Ibíd.

[51] En su autobiografía, Reinaga afirma que «*Sócrates y yo* debía haberse publicado en un volumen de mil páginas». Pero se tuvo que imprimir en sinópticos resúmenes, donde proclamó que «el hombre no es obra del Olimpo; el Olimpo es mentira y asesinato. El hombre es tierra que piensa. Su pensamiento es verdad y vida [...]. Con el imperativo amáutico desaparecen la mentira y el asesinato [...]. La sociedad amáutica es el paraíso en toda la faz de la Tierra y el espacio cósmico del sistema solar». Aclaremos que «amauta», en el vocabulario indigenista, significa «sabio». Esta cita corresponde a la página web Biografía de Fausto Reinaga, disponible en http://faustoreinaga.org/index.php?option=com_content&view=article&id=65&Itemid=55. Consultado el 20 de noviembre de 2021.

[52] Ibíd.

[53] Fausto Reinaga utiliza la palabra «cholo» de forma despectiva para referirse al mestizo. Importa aclarar que es una palabra muy utilizada en varios países de Hispanoamérica. Y en la mayoría se le da una connotación despectiva. La Real Academia Española (RAE) ofrece dos definiciones respecto al vocablo. La primera se trata de un adjetivo y sustantivo usado en Argentina, Costa Rica, Ecuador, Panamá, Perú y República Dominicana para hablar de alguien que es «mestizo de sangre europea e indígena». Por otro lado, se aclara que en México se refiere a «un indio que adopta los usos occidentales».

[54] Fausto Reinaga, *Sócrates y yo,* ob. cit.

[55] Actualmente, el indigenismo es fomentado por el Departamento de Estado de Estados Unidos. Esta verdad tuvo que ser reconocida por el propio Gobierno de Venezuela, que predica el indigenismo. En las páginas de *Tele*

Sur puede leerse: «A finales del pasado mes de agosto, las y los intelectuales indígenas mayas más prominentes del país realizaron un congreso nacional, en la ciudad de Guatemala, titulado "Formas contemporáneas de producción del racismo contra los pueblos indígenas". Dicho congreso estuvo auspiciado por la Agencia de Estados Unidos para el Desarrollo Internacional (USAID, por sus siglas en inglés). ¿Qué es la USAID? Es el brazo civil del intervencionismo político y militar de Estados Unidos en diferentes países de América Latina y el mundo». En «USAID y el indigenismo en Guatemala», disponible en https://www.telesurtv.net/bloggers/USAID-y-el-indigenismo-en-Guatemala-20181025-0003.html. Consulado el 22 de marzo de 2022.

[56] Eduardo Paz Rada, «El rescate de la política», prólogo a la edición boliviana del libro de Andrés Soliz Rada, ob. cit., tomo I, pág. 17.

[57] Roberto Ferrero, introducción a Andrés Soliz Rada, ob. cit., tomo I, pág. 27.

[58] Ibíd., pág. 62.

[59] Khara es un término aimara que engloba a mestizos, clases medias, medias altas y empresarios.

[60] Andrés Soliz Rada, ob. cit., tomo I, pág. 58.

[61] Ibíd., págs. 58-60.

[62] Andrés Soliz Rada, ob. cit., tomo II, pág. 220.

[63] Juan Domingo Perón, *La Comunidad Organizada y otros discursos académicos,* Macacha Güemes, Buenos Aires, 1973, pág. 162.

Capítulo 10. España: antes de juzgarla debemos conocerla

[1] Augusto César Sandino (1895-1934) nació en la pequeña localidad de Niquinohomo, en la República de Nicaragua. Su madre fue una humilde campesina india llamada Margarita Calderón, que trabajó toda su vida como empleada doméstica. Su padre fue el criollo Gregorio Sandino, un productor de café, propietario de una finca de mediano tamaño. A los 17 años, Sandino fue testigo de la primera intervención de las tropas estadounidenses en Nicaragua. Esa experiencia marcó profundamente su personalidad. En 1921 emigró a Honduras y Guatemala, donde trabajó en las plantaciones de la United Fruit Company para luego trasladarse a México, donde trabajó en las empresas de petróleo estadounidenses que operaban en la región. En México fue profundamente adoctrinado en el pensamiento negrolegendario. En 1926 regresó a Nicaragua. Entre 1927 y 1933 dirigió la resistencia nicaragüense

contra el ejército de ocupación estadounidense, consiguiendo que las tropas norteamericanas salieran del país. El 21 de febrero de 1934, Sandino fue asesinado por Anastasio Somoza García, jefe director de la Guardia Nacional. Importa destacar que Sandino, durante su juventud, fue un devoto partidario de la leyenda negra de la conquista española de América. Sin embargo, en su madurez —cuando logró desprenderse de la colonización cultural—, se convirtió en un ferviente defensor de la obra de España en América, como queda de manifiesto en la entrevista que le realizó Ramón de Belausteguigoitia en febrero de 1933. Al respecto, véase Ramón de Belausteguigoitia, «Conversaciones con Sandino», disponible en http://www.elortiba.org/old/sandino.html. Consultado el 20 de febrero de 2022.

[2] Juan Bosch, *De Cristóbal Colón a Fidel Castro,* tomo I, Sarpe, Madrid, 1985, pág. 50.

[3] «El "ser nacional" es, en primer término, un concepto general y sintético compuesto por una pluralidad de subconceptos subordinados y relacionados entre sí [...] intuimos que la palabra "patria" —al menos desde el punto de vista emocional— expresa aproximadamente lo mismo. El "ser nacional", en esta primera reducción de la esfera todavía mal delimitada del concepto, es la patria. La patria, junto con otras notas específicas, es una categoría histórico-temporal, experimentada como la "posesión en común de una herencia de recuerdo", de modo que la patria, de un lado, es un hecho psicológico vivido como experiencia individual, y del otro, un hecho social en tanto conciencia colectiva de un destino. El "ser nacional" en tanto patria hace referencia a una comunidad de hombres. El "ser nacional" es, al mismo tiempo, un pueblo cultura o comunidad nacional de cultura. El concepto de comunidad nacional tiende a desplegarse en el más comprensivo de "nación". La nación no es un ente fuera de la experiencia histórica. La nación es un hecho histórico, con su génesis y su desarrollo, pues expresa el origen y permanencia en el tiempo de un grupo institucionalizado, de la continuidad de generaciones, cuyos frutos se mantienen lozanos en el recuerdo de los vivos sobre el reposo y legado de los muertos, en primer término por la lengua, "experiencia y sangre del espíritu", y, además, por la aprobación supraindividual de parecidos valores, pasados y presentes, con los cuales la comunidad nacional se reconoce a sí misma como unidad de cultura. En estas sucesivas reducciones del concepto vemos que el "ser nacional" es el proceso de la interacción humana surgido de un suelo y de un devenir histórico, con sus creaciones espirituales propias —lingüísticas, técnicas, jurídicas, religiosas, artísticas—, o sea, el "ser nacional" viene a decir cultura nacional», Juan José Hernández Arregui, *¿Qué es el ser nacional?,* Peña Lillo, Buenos Aires, 2005, págs. 18 y 19.

[4] Santiago Armesilla, *El marxismo y la cuestión nacional española,* El Viejo Topo, Barcelona, 2017, pág. 53.

[5] Cuando Chesterton visitó España pudo ver rasgos, destellos, de la España que descubrió América que sobrevivían, como perviven aún a día de hoy, a pesar de todo, en el seno del pueblo. Por eso escribió: «Lo primero que llama la atención es el cambio de esa atmósfera de frivolidad dura a una festividad grave y solemne. Los españoles aún poseen más costumbres que modas, y sus costumbres les son naturales. La fiesta de los Reyes Magos es un magnífico ejemplo de cómo unas gentes que conservan ese instinto popular son capaces de poner en acción un poema. [...] Se imaginan a los Reyes acercándose más cada día, y si hay imágenes de esas figuras sagradas, se las hace avanzar un poco cada noche. Esto resulta ya extrañamente impresionante, bien se considere como un juego de niños o como una meditación mística sobre los misterios del tiempo y el espacio. Es ejemplo de algo que la gente podía crear en épocas más sencillas: un drama completo y concreto perfectamente sencillo e insondablemente profundo. Lo que quiero saber con respecto a la civilización moderna, que se preocupa tanto por la belleza, es por qué no es capaz de producir esas cosas bellas», en Gilbert K. Chesterton, *El color de España y otros ensayos,* Espuela de Plata, Salamanca, 2009, págs. 35-39.

[6] En un artículo publicado por la revista *Ave María,* en agosto de 1935, Chesterton criticó el silencio de la prensa inglesa sobre la revolución de octubre de 1934. Además de atribuirlo al sesgo ideológico —la derecha católica había ganado las elecciones de 1933—, lo atribuyó a la «extraña indiferencia e ignorancia» de los ingleses sobre España. Dicho artículo fue reproducido parcialmente bajo el título «Un pueblo cordial y generoso», en la revista *Alfa y Omega,* disponible en https://alfayomega.es/un-pueblo-cordial-y-generoso/?fbclid=IwAR27BIPs7xDxIvHjTeDZJdno8ChvwHHZDdniwaKuXnlx_VHKint_DLre6ag. Consulado el 1 de enero de 2022.

[7] César Cervera, «Las mentiras sobre la persecución de brujas en España, el país que no se unió a la masacre de mujeres», disponible en https://www.abc.es/historia/abci-leyenda-negra-mentiras-sobre-persecucion-brujas-espana-pais-no-unio-masacre-mujeres-201605200105_noticia.html. Consultado el 12 de febrero de 2022.

[8] José Ortega y Gasset, *España invertebrada,* Revista de Occidente, Madrid, 1963, págs. 5 y 6.

[9] Un buen resumen de la polémica entre Américo Castro y Claudio Sánchez Albornoz fue realizado por José L. Gómez Martínez, en su artículo titulado «Américo Castro y Claudio Sánchez Albornoz: Dos posiciones ante

el origen de los españoles», disponible en https://www.ensayistas.org/jlgomez/estudios/Castro-SA.pdf. Consultado el 2 de noviembre de 2021.

[10] Claudio Sánchez Albornoz, *España, un enigma histórico,* tomo II, Editorial Hispanoamericana, Barcelona, 1973, págs. 9 y 11.

[11] Jorge Abelardo Ramos, *Historia de la nación latinoamericana,* Dirección de Publicaciones del Senado de la Nación, Buenos Aires, 2006, págs. 23 y 24.

[12] José María Rosa (1906-1991) fue abogado, juez, profesor universitario, historiador y diplomático argentino. Se doctoró con la tesis «Orígenes místicos del Estado», que fue también el tema de su segundo libro, de 1936, *Interpretación religiosa de la Historia,* y de *La sociedad en el tiempo,* donde descarta las visiones institucionales, raciales, periodísticas o épicas. Fue presidente del Instituto Nacional de Investigaciones Históricas Juan Manuel de Rosas en 1951. La dictadura militar instaurada a raíz del golpe de Estado de 1955 contra el Gobierno constitucional encabezado por Juan Domingo Perón lo dejó cesante y lo encarceló. Escritor prolífico, entre sus obras pueden mencionarse: *Defensa y pérdida de nuestra independencia económica* (1943), *Artigas, prócer de la nacionalidad* (1949), *La misión García ante lord Strangford* (1951), *Del municipio indiano a la provincia argentina* (1958), *La caída de Rosas* (1958), *El pronunciamiento de Urquiza* (1960), *Artigas, la Revolución de Mayo y la unidad hispano-americana* (1960), *Rivadavia y el imperialismo financiero* (1964), *La guerra del Paraguay y las montoneras argentinas* (1965), *Doctores, militares e ingleses en la independencia nacional* (1968).

[13] José María Rosa, *Historia argentina,* tomo I, Oriente, Buenos Aires, 1973, págs. 39 y 40.

[14] Ibíd., pág. 40.

[15] Ibíd., págs. 40 y 41.

[16] Ibíd.

[17] Gilbert K. Chesterton, ob. cit., págs. 23-25.

[18] Guillermo Furlong Cardiff, hijo de inmigrantes irlandeses, nació el 21 de junio de 1889 en Pueblo Aguirre, localidad fundada un año antes como estación del nuevo ferrocarril, denominada después Arroyo Seco, en la provincia de Santa Fe, en la República Argentina. Estudió en el Colegio Británico de la ciudad de Rosario. Su primera educación fue netamente anglófona y negrolegendaria. Hasta los 13 años su vida transcurrió totalmente dentro de la colectividad británica de la ciudad de Rosario, hasta el punto de que no hablaba español y apenas conocía la historia y la geografía de la Argentina. Su formación da un vuelco de 180 grados cuando comenzó a estudiar en el colegio jesuita de la ciudad de Santa Fe. En 1905 viajó a España para realizar estudios de humanidades en el Monasterio de Veruela, en Aragón. En 1911 se

trasladó a Estados Unidos para realizar estudios superiores en el Woodstock College de Maryland. En 1913, la Georgetown University de Washington le otorgó el título de doctor en Filosofía. Ejerció después como profesor de Historia Argentina en el Colegio del Salvador, en Buenos Aires. En 1920, regresó a España, donde en el Colegio Máximo de Sarriá de Barcelona cursó estudios de Teología, a la vez que investiga en varios archivos, fundamentalmente en el General de Indias. Fue ordenado sacerdote en 1924, regresando a Buenos Aires al año siguiente. En 1929 publicó *Glorias Santafesinas,* su primer trabajo sobre temas históricos. A partir de 1930, fue profesor en el Colegio del Sagrado Corazón de Montevideo, circunstancia que le posibilitó entrar en contacto con los archivos e historiadores uruguayos. El 24 de junio de 1939 fue designado miembro de número de la Academia Nacional de la Historia. Falleció en Buenos Aires a los 86 años de edad, el 20 de mayo de 1974. Entre sus obras pueden destacarse entre otras: *Los jesuitas y la cultura rioplatense* (1933); *Cartografía jesuítica del Río de la Plata* (1936); *Bibliotecas argentinas durante la dominación hispánica* (1944); *Músicos argentinos durante la dominación hispánica* (1945); *Matemáticos argentinos durante la dominación hispánica* (1945); *Médicos argentinos durante la dominación hispánica* (1947); *El General José de San Martín, ¿Masón-Católico-Deísta?* (1950); *Nacimiento y desarrollo de la filosofía en el Río de la Plata. 1536-1810* (1952); *Historia y bibliografía de las primeras imprentas rioplatenses 1700-1850* (1953); *Los jesuitas y la escisión del Reino de Indias* (1960).

[19] Guillermo Furlong, *La tradición de la escuela primaria en la Argentina,* Cuadernos de Estudio, Buenos Aires, 1940, págs. 51 y 52.

[20] Cristina Borreguero Beltrán, «*Puellae Doctae* en las Cortes peninsulares», *Dossiers Feministes,* núm. 15; «Mujeres en la Historia: heroínas, damas y escritoras (siglos XVI-XIX)», pág. 78, disponible en file:///C:/Users/User/Downloads/Dialnet-PuellaeDoctaeEnLasCortesPeninsulares-4124066.pdf. Consultado el 1 de febrero de 2022.

[21] Ibíd., pág. 79.

[22] Pablo Yurman, *La intelectualidad femenina en la España que descubrió América,* Conferencia pronunciada en el Centro de Estudios de Historia Constitucional Argentina, el 9 de marzo de 2022, disponible en https://www.youtube.com/watch?v=DdjaWb9miis. Consultado el 20 de marzo de 2022.

[23] María Martos Pérez, «Mujeres escritoras y conciencia creadora en la Primera Edad Moderna», disponible en http://portal.uned.es/Publicaciones/htdocs/pdf.jsp?articulo=0137432PB01A01. Consultado el 3 de enero de 1963.

[24] Pablo Yurman, ob. cit.

[25] Ibíd.

[26] Ibíd.

[27] Ibíd.

[28] Ibíd.

[29] Ibíd.

[30] Vicente D. Sierra, *Así se hizo América,* Docencia, Buenos Aires, 2013, pág. 247.

[31] Pablo Yurman, ob. cit.

[32] Vicente D. Sierra, ob. cit., pág. 250.

[33] Ibíd., págs. 9 y 10.

[34] José Carlos Mariátegui, 7 *Ensayos de interpretación de la realidad peruana,* Amauta, Lima, 1994, págs. 169 y 170.

[35] Rodolfo Puiggrós, *La España que conquistó el Nuevo Mundo,* Altamira, Buenos Aires, 2005, pág. 17.

[36] Ibíd.

[37] Ibíd.

[38] Vicente D. Sierra, ob. cit., págs. 11 y 12.

[39] Ibíd., pág. 14.

[40] Juan Bosch, ob. cit., pág. 55.

[41] Vicente D. Sierra, ob. cit., pág. 13.

[42] Juan Bosch, ob. cit., pág. 54.

[43] Vicente D. Sierra, ob. cit., pág. 13.

[44] Isabel I de Castilla ha sido declarada «Sierva de Dios» por la Santa Sede y, por tanto, ha emprendido ya el camino de los altares. Al respecto, véase José María Zavala, *Isabel la Católica. Por qué es Santa,* Homo Legens, Madrid, 2019. Sobre la vida de Isabel la Católica véanse William Prescott, *Historia de los Reyes Católicos,* Argonauta, Buenos Aires, 1947, y Jean Dumont, *La incomparable Isabel la Católica,* Encuentro, Madrid, 1992.

[45] Bernard Lewis, *Le retour de l'Islam,* Gallimard, París, 1985, págs., 443 y 444.

[46] Juan Domingo Perón nació el 8 de octubre de 1895. Su padre fue Mario Tomás Perón (1867-1928), un argentino de ascendencia italiana, más precisamente de la isla de Cerdeña, nacido en el pueblo de Lobos, en la provincia de Buenos Aires, y su madre fue Juana Salvadora Sosa (1874-1953), una argentina de ascendencia tehuelche nacida en el área de Lobos. Al respecto, véase Hipólito Barreiro, *Juancito Sosa, el indio que cambió la Historia,* Tehuelche, Buenos Aires, 2000.

[47] En su discurso del 14 de noviembre de 1947, el presidente Juan Domingo Perón, refiriéndose a los españoles que llegaron a América, afirmó:

«Unos hombres que pueden compararse a los héroes de la mitología llegan a las "islas y tierra firme de las Indias". Letrados unos, analfabetos los más, clérigos otros, pero todos impregnados de esa cultura milenaria cuya formación tan esquemáticamente vengo relatando. Y esos hombres van sembrando con su fe, su lengua y su sangre semillas de esa cultura cuya posesión muchos ignoraban. Y sus romances y canciones, sus tradiciones y sus costumbres, saturados de siglos de civilización, son captados por aborígenes que viven una vida atrasada en muchas centurias. Así, en el folclore del norte argentino, en lengua aborigen se cantan, interpretadas con forma singular, antiguas leyendas medievales europeas, y un buen día, un feliz día, un soberano que vive en otro continente crea una Universidad en Córdoba del Tucumán a imagen y semejanza de la de Salamanca, y así se realiza el milagro que nos hace legatarios de la cultura clásica», Juan Domingo Perón, *La Comunidad Organizada y otros discursos académicos,* Macacha Güemes, Buenos Aires, 1973, pág. 183.

[48] Ibíd., 186.

Capítulo 11. No hay patria sin historia

[1] Alejandro Pandra, *Origen y destino de la Patria,* Punto de Encuentro, Buenos Aires, 2013, pág. 18.

[2] Ibíd.

[3] Ibíd., pág. 19.

[4] Lewis Hanke, *La lucha por la justicia en la conquista de América,* Sudamericana, Buenos Aires, 1949, pág. 13.

[5] Remito al lector a mi libro anterior, *Madre patria. Desmontando la leyenda negra desde Bartolomé de las Casas hasta el separatismo catalán,* Espasa, Barcelona, 2021, donde analizo extensamente este controvertido asunto.

[6] Eva Perón, *Escribe Eva Perón,* Biblioteca del Congreso de la Nación, Buenos Aires, 2019, pág. 36.

Bibliografía

Acuña Polo, José, «Los indígenas de la Guajira en la independencia de las provincias caribeñas de la Nueva Granada: una aproximación», *Memoria y Sociedad* 15 (2011), págs. 21-37.

Altuve-Febres Lores, Fernán, *Los reinos del Perú. Apuntes sobre la monarquía peruana,* Febres y Dupuy, Lima, 1996.

Anglés Vargas, Víctor, *Historia del Cusco Colonial,* tomo II, Industrialgrafica, Lima, 1983.

Arens, William, *El mito del canibalismo,* Siglo XXI Editores, Buenos Aires, 1981

Arévalo, Carolina, «Malinalli Tenepal: Traición e identidad», en https://www.academia.edu/7514818/Malinalli_Tenepal_Traici%C3%B3n_e_identidad.

Armesilla, Santiago, *El marxismo y la cuestión nacional española,* El Viejo Topo, Barcelona, 2017.

Arrighi, Giovanni, *El largo siglo xx,* Akal, Madrid, 2015.

Artal, Rosa María, «La Revolución francesa apenas guillotinó a 15.000 personas», en https://www.eldiario.es/opinion/zona-critica/revolucion-francesa-apenas-guillotino-personas_129_5089140.html.

Baccelli, Luca, *Bartolomé de Las Casas. La conquista senza fondamento,* Feltrinelli, Milán, 2016.

BÁRCENA PÉREZ, Alberto, *La Guerra de la Vendée: Una cruzada en la Revolución,* Editorial San Román, Madrid, 2015.

BARÓN, José, *Miguel Servet. Su vida y su obra,* Austral, Madrid, 1989.

BARREIRO, Hipólito, *Juancito Sosa: el indio que cambió la Historia,* Tehuelche, Buenos Aires, 2000.

BASADRE, Jorge, *Historia de la República del Perú,* La República, Lima, 1999.

BEARD, Charles y BEARD, Mary, *History of the United States,* Macmillan, Nueva York, 1921.

BECEIRO GARCÍA, Juan Luis, *La mentira histórica desvelada,* Ejearte, Madrid, 1994.

BELAUSTEGUIGOITIA, Ramón de, «Conversaciones con Sandino», en https://www.elortiba.org/old/sandino.html. Consultado el 20 de febrero de 2022.

BELLOC, Hilaire, *La Revolución francesa,* Sudamericana, Buenos Aires, 1967.

— *Historia de Inglaterra desde los orígenes hasta el siglo XX,* CS Ediciones, Buenos Aires, 2005.

— *Las grandes herejías,* Vórtice, Buenos Aires, 2021.

BENZI, Marino, *Bartolomé de las Casas, il difensore degli Indios,* La Piccola Editrice, Celleno, 1996.

BEUCHOT, Mauricio, «Bartolomé de las Casas, el humanismo indígena y los derechos humanos», *Anuario Mexicano de Historia del Derecho,* núm. 6, 1994, págs. 37-48.

— «Perfil del pensamiento filosófico de fray Alonso de la Vera Cruz» *Nova Tellus,* 2 (2011), págs. 201-214.

BIALOSTOSKI, Sara, *Condición jurídica y social de la mujer azteca,* Porrúa, México D. F., 2005.

BILLAUD, Auguste, *La Guerre de Vendée,* Lussaud, Fontenay-le-Comte, 1977.

BISHOP, Patrik y WITHEROW, John, *La Guerra de invierno: las Malvinas,* Claridad, Buenos Aires, 1986.

BITTERLI, Urs, *Los salvajes y los civilizados,* Fondo de Cultura Económica, México D. F., 1981.

BORGES MORÁN, Pedro, *Quién era Bartolomé de las Casas,* Rialp, Madrid, 1990.

BORREGUERO BELTRÁN, Cristina, «Puellae Doctae en las Cortes peninsulares», *Dossiers Feministes,* núm. 15: «Mujeres en la Historia: heroínas, damas y escritoras (siglos XVI-XIX)», pág. 78.

BOSCH, Juan, *De Cristóbal Colón a Fidel Castro,* tomo I, Sarpe, Madrid, 1985.

BOTELLA ORDINAS, Eva, «Olvidar a John Locke: invasión de América, colonización de España e invención de Inglaterra», *Magallánica, Revista de Historia Moderna* (dossier), julio-diciembre de 2015, pág. 13.

BOULANT, Antoine, «Histoire militaire des guerres de Vendée» *Revue historique des armée,* en file:///C:/Users/User/Downloads/rha-7173.pdf.

BRAUDEL, Fernand, *Civilization and Capitalism, XV-XVIII Century,* vol. III, Harper and Row, Nueva York, 1984.

BRODRICK, James, *Saint Peter Canisius,* Spes, París, 1956.

BUELA, Alberto, *Hispanoamérica contra Occidente,* Editorial del Pensamiento Nacional, Buenos Aires, 2021.

BUENO, Gustavo, *España frente a Europa,* Alba, Barcelona, 1999.

— *España no es un mito. Claves para una defensa razonada,* Temas de Hoy, Madrid, 2005.

BUGANZA TORIO, Jacob, «La lámpara de Diógenes», *Revista semestral de filosofía,* vol. 6, núms. 10-11, 2005, págs. 103-111.

BURCHER DE URIBE, Priscila, «Ecología de los caribes», *Boletín de Antropología,* vol. 9, núm. 25, 1995.

BUSSER, Carlos, *Malvinas: la guerra inconclusa,* Fernández Requera, Buenos Aires, 1887.

BUSTO DUTHURDBURU, José Antonio, *Una cronología aproximada del Tahuantinsuyo,* Pontificia Universidad Católica del Perú, Lima, 2000.

BYE, Robert y LINARES, Edelmira, «Plantas medicinales del México prehispánico», *Arqueología Mexicana* 39 (2019), págs. 4-11.

CAILLAVET, Chantal, «Antropofagia y frontera: el caso de los Andes septentrionales», Institut Français d'Études Andines, en https://books.openedition.org/ifea/2864?lang=es.

CAILLET-BOIS, Ricardo, *Una tierra argentina. Las Islas Malvinas,* Peuser, Buenos Aires, 1952.

CALDERÓN BOUCHET, Rubén, *La Revolución francesa,* Santiago Apóstol-Nueva Hispanidad, Buenos Aires, 1999.

CALVINO, Jean, *Institution de la religion chrétienne,* publicada por Jean-Daniel Benoit, J. Vrin, París, 1957.

CAMBON, Paul, *Correspondance. 1870-1924. L'établissement de la République-Le protectorat tunisien-La régence en Espagne-La Turquie d'Abd ul Hamid,* vol. 1, Grasset, París, 1940.

CANCLINI, Arnoldo, *Malvinas. Su historia en la historia,* Planeta, Buenos Aires, 2000.

CAPOTE, Salvador, «Campos de exterminio llamados reservaciones», en https://www.alainet.org/es/active/68564.

CARTER, Samuel, *Cherokee Sunset. A Nation Betrayed: A Narrative of Travail and Triumph, Persecution and Exile,* Doubleday, New York, 1976.

CASTELLANI, Leonardo, *Cristo y los fariseos,* Alfa, Buenos Aires, 2019.

CATTA, Victoria, «Salvadores de mi Patria: la Legión Británica en Carabobo», en https://www.historiahoy.com.

ar/salvadores-mi-patria-la-legion-britanica-carabobo-n140.

Cavieres Figueroa, Eduardo, «Desplazamiento del escenario: los araucanos en el proceso de independencia de Chile», *Studia Historia. Historia Contemporánea,* 27 (2009), págs. 75-98.

Cerón, Sergio, *Malvinas ¿Gesta heroica o derrota vergonzosa?,* Sudamericana, Buenos Aires, 1984.

Ceruti, María Constanza, *Cumbres sagradas del noroeste argentino,* Eudeba, Buenos Aires, 1999.

Cervantes-Ortiz, Leopoldo, *Juan Calvino: su vida y obra a 500 años de su nacimiento,* Clie, Barcelona, 2010.

Cervera, César, «Martín Lutero, el "rayo" alemán que odiaba de forma cruel a los españoles», en https://www.abc.es/historia/abci-martin-lutero-rayo-aleman-odiaba-forma-cruel-espanoles-201711210236_noticia.html.

— «El fraile español que prendió la leyenda negra por usar datos falsos sobre los conquistadores de América», en https://www.abc.es/historia/abci-bartolome-casas-fraile-espanol-cifras-falsas-para-denunciar-abusos-conquistadores-201607060439_noticia.html.

— «Las mentiras sobre la persecución de brujas en España, el país que no se unió a la masacre de mujeres», en https://www.abc.es/historia/abci-leyenda-negra-mentiras-sobre-persecucion-brujas-espana-pais-no-unio-masacre-mujeres-201605200105_noticia.html.

Chang, Ha Joon, *Retirar la escalera. La estrategia del desarrollo en perspectiva histórica,* Los Libros de la Catarata, Madrid, 2004.

Charette, Maurice de, «La Vendée, guerre religieux», *Chahier de Chiré,* núm. 9, págs. 65-73.

Chávez, Fermín, *La cultura en la época de Rosas. La descolonización mental,* Theoria, Buenos Aires, 1973.

— *La vuelta de José Hernández,* Theoria, Buenos Aires, 1973.
— *Correspondencia de San Martín y Rosas,* Theoria, Buenos Aires, 1975.
— *La Confederación: un proyecto nacional olvidado,* Cuadernos de Crisis, Buenos Aires, 1976.
— *La vuelta de Rosas*, Theoria, Buenos Aires, 1976.
— *Historicismo e Iluminismo en la cultura argentina,* Editora del País, Buenos Aires, 1977.
— *La jornada del 17 de octubre por cuarenta y cinco autores,* Corregidor, Buenos Aires, 1996.
— *El pensamiento nacional. Brevario e Itinerario,* Pleamar, Buenos Aires, 1999.
— *El peronismo visto por Victor Frankl,* Theoria, Buenos Aires, 1999.
— *Siete escolios sobre Perón,* Theoria, Buenos Aires, 2001.
— *Epistemología para la periferia,* Universidad Nacional de Lanús, Remedios de Escalada, 2012.
CHESTERTON, Gilbert K., *El color de España y otros ensayos,* Espuela de Plata, Salamanca, 2009.
— *Pequeña historia de Inglaterra,* Losada, Buenos Aires, 2014.
CIEZA DE LEÓN, Pedro, *Crónica del Perú, el señorío de los Incas,* Biblioteca Ayacucho, Caracas, 2005.
CISNEROS, Manuel (comp.), *Seis temas peruanos. Conferencias pronunciadas en la Embajada del Perú en España,* Espasa Calpe, Madrid, 1960.
CLAVIJERO, Francisco Javier, *Historia Antigua de México,* Porrúa, México, D. F., 1958.
COLLIER, John, *Los indios de las Américas,* Fondo de Cultura Económica, México D. F., 1960.
COLUCCIELLO, Mariarosaria, «Gustavo Gutiérrez releyendo a Bartolomé de las Casas», *Cultura Latinoamericana,* 30(2), 2019, págs. 96-117.

Comarazamy, Francisco, *The first Hospital in America,* Editorial del Caribe, Ciudad Trujillo, 1954.

Combès, Isabelle, «En los albores de la historia chiriguana (1559-1564)», en https://journals.openedition.org/bifea/1078?lang=en.

Conway, G. R. G., *Notas a la Postrera voluntad y Testamento de Fernando Cortés, marqués del Valle,* Pedro Robredo, México D. F., 1940.

Cottret, Bernard, *Calvino: la fuerza y la fragilidad: biografía,* Editorial Complutense, Madrid, 2002.

Courtois, Sebastien de, *The Forgotten Genocide: Eastern Christians, the Last Arameans,* Gorgias Press, Piscataway, 2004.

Cuervo Márquez, Carlos, «Orígenes etnográficos de Colombia. Las grandes razas suramericanas. Los caribes y los chibchas», estudio presentado en el II Congreso Científico Panamericano, Washington, 1917, pág. 6, en https://babel.banrepcultural.org/digital/collection/p17054coll10/id/1817/.

Cunill, Caroline, «Fray Bartolomé de las Casas y el oficio de defensor de indios en América y en la Corte española», en https://journals.openedition.org/nuevomundo/63939.

Dadrian, Vahakn, *The History of the Armenian Genocide: Ethnic Conflict from the Balkans to Anatolia to the Caucasus,* Berghahn Books, Nueva York, 2003.

Dalrymple, William, *La anarquía. La Compañía de las Indias Orientales y el expolio de la India,* Desperta Ferro, Madrid, 2021.

De Gaulle, Charles, *Mémoires de Guerre. Le salut, 1944-1946,* Plon, París, 1989.

Deborin, Abraham M., *Las doctrinas políticas-sociales de la época moderna,* Ediciones Pueblos Unidos, Montevideo, 1960.

Defoe, Daniel, *Historia de piratas,* Bruguera, Barcelona, 1981.

Delahaye, Nicolas y Gaborit, Pierre-Marie, *Les 12 Colonnes infernales de Turreau,* Editions Pays et Terroirs, Cholet, 1995.

Deniau, Félix, *Histoire de la guerre de la Vendée,* tomo IV, Siraudeau, París, 1911.

Denson, Andrew, *Monuments to Absence: Cherokee Removal and the Contest Over Southern Memory,* University of North Carolina Press, Chapel Hill, 2017.

Droz, Jacques, *La formación de la unidad alemana, 1789-1871,* Vicens-Vives, Barcelona, 1973.

Dumont, Jean, *La Révolution française ou les prodiges du sacrilège,* Criterion, París, 1984.

— *La incomparable Isabel la Católica,* Encuentro, Madrid, 1992.

Durántez Prados, Frigdiano Álvaro, *Paradigma y ciclo de la Hispanidad,* Sepha, Málaga, 2009.

Dusselhoff, Hans, *El imperio de los incas y las primitivas culturas indias de los países andinos,* Aymá, Barcelona, 1972.

Enea Spilimbergo, Jorge, *La cuestión nacional en Marx,* Octubre, Buenos Aires, 1974.

Espino López, Antonio, «En España la conquista de América se ve como un hito histórico, pero en realidad fue una brutal y sangrienta invasión que debería generar vergüenza», en https://www.bbc.com/mundo/noticias-60224535.

Espinoza Soriano, Waldemar, «Los huancas, aliados de la conquista. Tres informaciones inéditas sobre la participación indígena en la conquista del Perú: 1558-1560-1561», *Anales Científicos de la Universidad Nacional del Centro del Perú,* núm. 1, 1971, págs. 1-407.

Ezquerra, Ramón, «Toribio de Benavente, Motolinía», *Enciclopedia franciscana,* en https://www.franciscanos.org/enciclopedia/tbenavente.html.

Fajardo-Ortiz, Guillermo, «Perfiles y ruinas del primer hospital de América: Hospital San Nicolás de Bari, en Santo Domingo, República Dominicana», *Gaceta Médica de México* 1 (2006), págs. 75-77.

Feres Júnior, João, «El concepto de América Española en los Estados Unidos: de la Leyenda Negra a la anexión territorial», Instituto Universitário de Pesquisas do Río de Janeiro-IUPERJ, en file:///C:/Users/User/Downloads/5011-229-18637-1-10-20120221.pdf.

Fernández de Castillejo, Federico, *La ilusión en la conquista. Génesis de los mitos y leyendas americanas,* Atalaya, Buenos Aires, 1945.

Fernández Martín, Luis, *Hernán Cortés y su familia, en Valladolid, 1542-1605,* Casa de Colón, Valladolid, 1990.

Ferreiro, Felipe, *La Disgregación del Reyno de Indias,* Barreiro y Ramos Editores, Montevideo, 1981.

Ferrer, Aldo, *Historia de la globalización. Orígenes del orden económico mundial,* Fondo de Cultura Económica, Buenos Aires, 1996.

Figueroa, Mercedes, *Versión completa del Juicio al teniente general John Whitelocke,* Edivern, Buenos Aires, 2007.

Flores Farfán, José Antonio y Elferink, Jan G. R., «La prostitución entre los nahuas», en https://www.historicas.unam.mx/publicaciones/revistas/nahuatl/pdf/ecn38/779.pdf.

Fossett, Jackson, Wilkins, Roger, Lewis, Jan y Walker, Clarence E., «Forum: Thomas Jefferson», *Time,* 27 de junio de 2004.

Franch Alcina, José, «Plantas medicinales para el Temazcal mexicano», en http://www.historicas.unam.mx/publicaciones/revistas/nahuatl/pdf/ecn24/428.pdf.

Frandkin, Raúl y Garavaglia, Juan Carlos, *La Argentina colonial. El Río de la Plata entre los siglos XVI y XIX,* Siglo XXI, Buenos Aires, 2009.

Friederici, Georg, *El carácter del descubrimiento y la conquista de América,* Fondo de Cultura Económica, México D. F., 1986.

Fuentes Mares, José, *Poinsett. Historia de una gran intriga,* Jus, México D. F., 1958.

Fulbrook, Mary, *Historia de Alemania,* Cambridge University Press, Cambridge, 1995.

Gabory, Emile, *Les guerres de Vendée,* Robert Laffont, París, 1999.

Gall, Jacques y Gall, François, *El filibusterismo,* Fondo de Cultura Económica, Buenos Aires, 1957.

Gallardo, Guillermo, *Joel Roberts Poinsett, agente norteamericano, 1810-1814,* Emecé, Buenos Aires, 1984.

Gálvez, Manuel, *El diario de Gabriel Quiroga. Opiniones sobre la vida argentina,* Arnaldo Moen, Buenos Aires, 1910.

— *El solar de la raza,* Poblet, Buenos Aires, 1943.

García del Junco, Francisco, *Eso no estaba en mi libro de Historia de España,* Almuzara, Madrid, 2016.

García Villoslada, Ricardo, *Raíces históricas del luteranismo,* BAC, Madrid, 1973.

Garcilaso de la Vega (el Inca), *Comentarios reales de los incas,* tomo I, Universo, Lima, 1970.

Gaxotte, Pierre, *La Revolución francesa,* Doncel, Madrid, 1975.

Gerhard, Peter, *Pirates of New Spain, 1575-1742,* Courier Dover Publications, Nueva York, 2003.

GOBRY, Ivan, *La Conférence entre Luther et le Diable au sujet de la Messe, racontée par Luther Lui-même,* Saint-Rémi, París, 1975.

— *Luther,* La Table Ronde, París, 1991.

GODOY, Pedro, «La leyenda negra antiespañola», en https://espacioseuropeos.com/2015/03/la-leyenda-negra-antiespanola/.

GÓMEZ DE OROZCO, Federico, *Doña Marina, la dama de la conquista,* Xotchil, México D. F., 1942.

GÓMEZ MARTÍNEZ, José L., «Américo Castro y Claudio Sánchez Albornoz: Dos posiciones ante el origen de los españoles», en https://www.ensayistas.org/jlgomez/estudios/Castro-SA.pdf.

GÓMEZ PÉREZ, Giovanny, «John Foxe: Vida y legado del autor de "El libro de los mártires"», en https://biteproject.com/john-foxe/. Consultado el 22 de febrero de 2022.

GONZALES-DAY, Ken, *Lynching in the West, 1850-1935,* John Hope Franklin Center, Duke University Press, 2006.

GONZÁLEZ, Carlos Javier y TÓTEC, Xipe, *Guerra y regeneración del maíz en la religión mexica,* Instituto Nacional de Antropología e Historia, Fondo de Cultura Económica, México D. F., 2011.

GONZÁLEZ RUIZ, Felipe, «La antropofagia en los indios del continente americano», *Revista de las Españas,* año VII, núms. 75-76, Madrid, 1932, págs. 545-548.

GORTARI, Elì, *La ciencia en la historia de México,* Grijalbo, México D. F., 1980.

GOSSE, Philip, *Historia de la piratería. Los piratas del oeste. Los piratas de oriente,* Espasa Calpe, Buenos Aires, 1946.

GRAYMONT, Barbara, *The Iroquois and Revolution,* Syracuse, Nueva York, 1972.

GREINER, Albert, *Lutęro,* Ayma, Barcelona, 1968.

Guerra, Alfonso, «¿Qué es España?», conferencia pronunciada el 21 de mayo de 2018, en el tercer ciclo Letras en Sevilla, «¿Mito o realidad?», en https://www.youtube.com/watch?v=3d5a6rOUOCU.

Guerra, Francisco, *El hospital en Hispanoamérica y Filipinas, 1492-1898*, Ministerio de Sanidad y Consumo, Madrid, 1994.

Gullo Omodeo, Marcelo, *Argentina-Brasil. La gran oportunidad*, Biblos, Buenos Aires, 2005.

— *La insubordinación fundante. Breve historia de la construcción del poder de las naciones*, Biblos, Buenos Aires, 2008.

— *Haya de la Torre. La lucha por la Patria Grande*, Universidad Nacional de Lanús, Remedios de Escalada, 2012.

— *Insubordinación y desarrollo. Las claves del éxito y el fracaso de las naciones*, Biblos, Buenos Aires, 2012.

— *La historia oculta. La lucha del pueblo argentino por su independencia del imperio inglés*, Biblos, Buenos Aires, 2013.

— *Madre patria. Desmontando la leyenda negra desde Bartolomé de las Casas hasta el separatismo catalán*, Espasa, Barcelona, 2021.

Gutiérrez, Carlos, *Las Casas. Sus tiempos y su apostolado*, Imprenta de Fortanet, Madrid, 1878.

Gutiérrez Merino, Gustavo, *Dios o el oro en las Indias. Siglo xvi*, Instituto Bartolomé de las Casas, Lima, 1989.

— «La perspectiva evangelizadora en Bartolomé de las Casas», en VV. AA., *Evangelización y Teología en el Perú. Luces y sombras en el siglo xvi*, Instituto Bartolomé de Las Casas, Texas, 1991.

Hampe Martínez, Teodoro, «Aportación de los jesuitas a la cultura virreinal, el Colegio de San Pablo de Lima (1568-1767)», en Coello de la Rosa, Alexander (coord.), *Escritura, imaginación política y la Compañía de*

Jesús en América Latina (Siglos XVI-XVIII*),* Bellaterra, Barcelona, 2011.
Hanke, Lewis, *La lucha por la justicia en la conquista de América,* Sudamericana, Buenos Aires, 1949.
Hanna, Willard Anderson, *Indonesian Banda: Colonialism and Its Altermath in the Nutmeg Islands,* Yayasan Warisan dan Budaya, Banda Naira, 1991.
Haring, Clarence Henry, *El Imperio Hispánico en América,* Peuser, Buenos Aires, 1958.
Harrington, Carol, *Politicization of Sexual Violence: From Abolitionism to Peacekeeping,* Ashgate, Londres, 2010.
Harris, Marvin, *Caníbales y reyes,* Salvat, Barcelona, 1986.
Haya de la Torre, Víctor Raúl, *¿Adónde va Indoamérica?,* Indoamérica, Buenos Aires, 1954.
— *Obras completas,* Juan Mejía Baca, Lima, 1985.
Heizer, Robert, *The destruction of California Indians,* University of Nebraska Press, Lincoln, 1974.
Hernández Arregui, Juan José, *Nacionalismo y liberación,* Peña Lillo, Buenos Aires, 2004.
— *¿Qué es el ser nacional?,* Peña Lillo, Buenos Aires, 2005.
Hernández Úbeda, José, *Piratas y corsarios. De la antigüedad a los inicios del mundo contemporáneo,* Temas de Hoy, Madrid, 1995.
Herrera, Fortunato, «Los hospitales del Cuzco», *Revista Histórico-Arqueológica* 2 (1920), págs. 6-23.
Herrera, Luis Alberto, *La diplomacia británica y la independencia del Uruguay,* Editorial Universitaria de Buenos Aires, Buenos Aires, 1974.
Hobsbawm, Eric, *Industria e Imperio,* Ariel, Buenos Aires, 1998.
— *La era de la revolución, 1789-1848,* Crítica, Buenos Aires, 1999.

HOFFNER, Joseph, *La ética colonial española del Siglo de Oro,* Ediciones Cultura Hispánica, Madrid, 1957.

HUMBOLDT, Alexander von, *Ensayo político sobre la Nueva España,* Jules Renouard librero, París, 1827.

HUNTINGTON, Samuel, *¿Quiénes somos? Los desafíos a la identidad nacional estadounidense,* Paidós, Buenos Aires, 2004.

HURTADO, Albert, *Indian Survival on the California Frontier,* Yale University Press, New Haven, 1998.

HURTADO, Guillermo, «Philosophy in Mexico», *The Stanford Encyclopedia of Philosophy,* en https://plato.stanford.edu/archives/spr2016/entries/philosophy-mexico.

IBÁÑEZ, Alberto, *La leyenda negra. Historia del odio a España,* Almuzara, Madrid, 2018.

IRABURU, José María, «Hechos de los apóstoles de América», en https://web.archive.org/web/20141015003218/http://www.gratisdate.org/nuevas/hechos/.

ITURRALDE, Cristian Rodrigo, *1492: fin de la barbarie comienzo de la civilización en América,* tomo II, Grupo Unión, Buenos Aires, 2016.

IZA, Agustín y SAAVERRY, Oswaldo, *El Hospital Real de San Andrés,* en https://sisbib.unmsm.edu.pe/bvrevistas/anales/v61_n3/Hosp_Real_San_And.htm.

JAGUARIBE, Helio, *Un estudio crítico de la historia,* Fondo de Cultura Económica, Buenos Aires, 2001.

JAURETCHE, Arturo, *Los profetas del odio y la yapa. La colonización pedagógica,* Peña Lillo, Buenos Aires, 1975.

— *Manual de zonceras argentinas,* Peña Lillo, Buenos Aires, 1984.

— *Política nacional y revisionismo histórico,* Corregidor, Buenos Aires, 2006.

JIMÉNEZ ABOLLADO, Francisco, «Don Diego Luis Moctezuma, nieto de Hueytlatoani, padre de conde: un noble indígena entre dos mundos», *Anuario de Estudios Americanos* 65 (2008), págs. 49-70.

JOES, Anthony James, *Resisting Rebellion: The History and Politics of Counterinsurgency,* University Press of Kentucky, Lexington, 2006.

JOHANSEN, Bruce, *El genocidio de los primeros norteamericanos,* Fondo de Cultura Económica, México D. F., 1982.

JOHNSON, Paul, *Estados Unidos. La historia,* Ediciones B, Buenos Aires, 2002.

JOS, Emiliano, *Una sociedad hispánica de naciones en 1820 según el plan de don Francisco Antonio Zea. Contribuciones para el estudio de la Historia de América. Homenaje al doctor Emilio Ravignani,* Peuser, Buenos Aires, 1941.

KAMPFFMEYER, Irmtraud, «Relations interethniques et interconfessionnelles au sein de la Chretiente», *Dossier de Psychologie,* núm. 32, Universite de Neuchatel, marzo de 1998, pág. 14.

KARLSSON, Gunnar, *The History of Iceland*, University of Minnesota Press, Minneapolis, 2000.

KIERNAN, Sergio, «La historia del genocidio en Namibia», en https://www.pagina12.com.ar/344570-la-historia-del-genocidio-en-namibia-alemania-lo-reconocio-y.

KNAUTH, Josefina Zoraida de, «Testimonio histórico», en https://www.revistadelauniversidad.mx/download/198b787b-c6aa-444f-b9e7-7747d3549f6a?filename=testimonio-historico-alejandro-de-humboldt-ensayo-politico-sobre-el-reino-de-la-nueva-espana.

KONETZKE, Richard, *El Imperio español, orígenes y fundamentos,* Nueva Época, Madrid, 1946.

LA PARRA LÓPEZ, Emilio, *Fernando VII. Un rey deseado y detestado,* Tusquets, Barcelona, 2018.

LAMEDRA, Guillermo Horacio, *Breve historia del imperialismo,* Plexo, Buenos Aires, 2002.

LANE, Kris E., *Pillaging the Empire: Piracy in the Americas, 1500-1750,* Armonk, Nueva York, 1998.

LAS CASAS, Bartolomé de, *Brevíssima relación de la destruyción de las Indias,* EDAF, Madrid, 2004.

LAVALLÉ, Bernard, *Bartolomé de las Casas: entre la espada y la cruz,* Ariel, Barcelona, 2009.

LEWIS, Bernard, *Le retour de l'Islam,* Gallimard, París, 1985.

LIBANIO, João Batista, *Gustavo Gutiérrez,* Morcelliana, Brescia, 2000.

LICHTENBERGER, André, *La Alemania contemporánea,* Brokhaus-Efron, San Petersburgo, 1914.

LICHTHEIM, George, *El imperialismo,* Alianza, Madrid, 1972.

LILLY, Robert J., *Taken by Force: Rape and American GIs in Europe in WWII,* Palgrave Macmillan, Londres, 2007.

LINDER, Robert Dean, *The Reformation Era,* Greenwood Press, Westport, 2008.

LINSCHOTEN, Jan Huygen van, *The Voyage of John Huyghen van Linschoten to the East Indies: The first book, containing his description of the East,* Adamant Media Corporation, Boston, 2001.

LLORCA, Bernardino y GARCÍA VILLOSLADA, Ricardo, *Historia de la Iglesia católica,* vol. III, Edad Nueva, BAC, Madrid, 1967.

LLORENTE, Juan Antonio, *Colección de las obras de Bartolomé de las Casas,* HardPress, Dublín, 2019.

LOHMANN VILLENA, Guillermo, *Las defensas militares de Lima y Callao,* Escuela de Estudios Hispanoamericanos, Sevilla, 1964.

LOMBARD COERDEROI, Jean, *La cara oculta de la Historia Moderna,* Dilifollac, Bogotá, 1989.

López Arias, Carmelo, «El genocidio de La Vendée: las pruebas de la determinación anticatólica de la Revolución Francesa», en https://www.religionenlibertad.com/cultura/49016/genocidio-vendee-las-pruebas-determinacion-anticatolica.html.

López Hernández, Miriam, «Las seductoras del mundo nahua prehispánico», *Revista Española de Antropología Americana,* vol. 42, núm. 2.

López Romero, David, Agis Juárez, Raúl Alzael y Guzmán Olea, Eduardo, «El Hospital Real de Naturales», *Prolija Memoria* 2 (2018), págs. 59-78.

Losurdo, Domenico, *Contrahistoria del liberalismo,* El Viejo Topo, Barcelona, 2005.

Loustaunau, Mare, «Historia del Hospital de Jesús, el más antiguo de todo el continente», en https://mxcity.mx/2017/09/la-historia-del-hospital-de-jesus-el-mas-antiguo-de-todo-el-continente/.

Lucena Salmoral, Manuel, «Datos antropológicos sobre los Pija», en https://revistas.icanh.gov.co/index.php/rca/article/view/1696/1268.

Ludwig, Emil, *Historia de Alemania,* Anaconda, Buenos Aires, 1944.

Lummis, Charles F., *Exploradores españoles del siglo* xvi. *Vindicación de la acción colonizadora española en América,* EDAF, Madrid, 2017.

Machado, Carlos, *Historia de los orientales,* tomo I, Banda Oriental, Montevideo, 1984.

Madariaga, Salvador de, *Hernán Cortés,* Hermes, Buenos Aires, 1955.

Madley, Benjamin, *An American Genocide: The United States and the California Indian Catastrophe, 1846-1873,* Yale University Press, New Haven, 2017.

MAEZTU, Ramiro de, *En defensa de la hispanidad,* Rialp, Madrid, 2017.

MAGARIÑOS, Santiago, *Hernán Cortés. Estampas de su vida,* Instituto de Cultura Hispánica, Madrid, 1947.

MALAMUD, Carlos, «En Latinoamérica no hay (ni hubo) paraíso», en https://www.clarin.com/opinion/latinoamerica-paraiso_0_2XPa8i6SR.html?fbclid=IwAR0KOTfwGxxUfKG_BQcB4JuuHx_UK5tVEB-0NLkWfTK-rUhmrRzyIThebbM.

MARAMBOUD, Pierre, «Quelques réflexions sur la Guerre de la Vendée», *Chahier de Chiré,* núm. 10, 1995, págs. 213-227.

MARIÁTEGUI, José Carlos, *Siete ensayos de interpretación de la realidad peruana,* Amauta, Lima, 1994.

MARITAIN, Jacques, *Tres reformadores,* Club de Lectores, Buenos Aires, 1986.

MARKWALD, Rudolf K. y MARKWALD, Marilynn M., *Katharina Von Bora: A Reformation Life,* Concordia Publishing House, St. Louis, 2002.

MARTIN, Jean Clement, *Blancs et Bleus dans la Vendée déchirée,* Gallimard, París, 1993.

MARTÍN, Luis, *La conquista intelectual del Perú: el Colegio Jesuita de San Pablo: 1568-1767,* Casiopea, Barcelona, 2001.

MARTINELLI, Maurizio, *Il pensiero giuridico di Bartolomé de las Casas,* Aracne, Roma, 2011.

MARTINENGUI SUÁREZ, Elías, *El imperio de los incas: causas de su destrucción,* Big Print, Lima, 1980.

MARTÍNEZ, José Luis, *Hernán Cortés,* Fondo de Cultura Económica, México D. F., 1990.

MARTÍNEZ LAÍNEZ, Fernando, *Miguel Servet: Historia de un fugitivo,* Temas de Hoy, Madrid, 2003.

MARTOS PÉREZ, María, «Mujeres escritoras y conciencia creadora en la Primera Edad Moderna», en https://

portal.uned.es/Publicaciones/htdocs/pdf.jsp?articulo=0137432PB01A01.

Marx, Karl, *El capital,* 2 tomos, Siglo XXI, Madrid, 1983.

— *La Sagrada Familia y otros escritos filosóficos de la primera época,* Grijalbo, México D. F., 1967.

Mauleón, Héctor de, «Hospital del Amor de Dios», en https://www.cdmx200lugares.com/hospital-del-amor-de-dios/#.XmuC885Kjcc.

— «Calle de Academia», en https://www.nexos.com.mx/?p=29393.

Mazzeo, Miguel y Sánchez, José Agustín, «En busca de nuestra identidad», *Marcha,* núm. 14, Buenos Aires, 6 de noviembre de 1986, pág. 19.

McGrath, Alister E., *A Life of John Calvin,* Basil Blackwell, Oxford, 1990.

Meillet, Antoine y Cohen, Marcel, *Les langues du Monde,* Société de Linguistique, París, 1924.

Messori, Vittorio, *Leyendas Negras de la Iglesia,* Planeta, Barcelona, 2000.

Methol Ferré, Alberto, *El Uruguay como problema,* Ediciones de la Banda Oriental, Montevideo, 1971.

— «Las Malvinas, la nueva frontera latinoamericana», *Revista Geopolítica* 24 (1982), págs. 21-26.

— «La biografía de un descubrimiento», *Revista Política* 5 (2007), págs. 14-22.

Methol Ferré, Alberto y Metalli, Alver, *La América Latina del siglo xxi,* Edhasa, Buenos Aires, 2006.

Micheli-Sierra, Alfredo de, «Médicos y medicina en la nueva España del siglo xvi», *Gaceta Médica de México* 3 (2001), págs. 257-263.

— «Cirujanos y médicos frente a la Inquisición Novohispana», *Gaceta Médica de México* 1 (2003), págs. 77-81.

MILTON, Giles, *Nathaniel's Nutmeg or, The True and Incredible Adventures of the Spice Trader Who Changed the Course of History,* Farrar, Straus and Giroux, Nueva York, 2014.

MOCTEZUMA, Diego Luis, *Corona Mexicana, o Historia de los nueve Moctezumas,* Maxtor, Madrid, 2012.

MONTANER, Carlos Alberto, *Las raíces torcidas de América Latina,* Temas de Hoy, México D. F., 2019.

MORISON, Samuel Eliot, *Historia de los Estados Unidos de Norteamérica,* Fondo de Cultura Económica, México D. F., 1951.

MOYA PONS, Frank, *Manual de historia dominicana,* Caribbean Publishers, Santo Domingo, 2000.

MUÑOZ AZPIRI, José Luis, *Historia completa de Malvinas,* Oriente, Buenos Aires, 1966.

— *Soledad de mis pesares. Crónica de un despojo,* Corporación, Buenos Aires, 2007.

MURIEL, Josefina, *Hospitales de la Nueva España. Fundaciones del siglo XVI,* tomo I, UNAM, México D. F., 1990.

NAUMANN, Michael, «Speech, at the Stockholm International Forum on the Holocaust», en https://web.archive.org/web/20070806035928/http://www.holocaustforum.gov.se/conference/official_documents/speeches/naumann_eng.htm.

NAVA CARRIÓN, Ernesto, «Del Hospital Santa Ana al arzobispo Loayza», en https://elperuano.pe/noticia-del-hospital-santa-ana-al-arzobispo-loayza-73649.aspx.

NAVAS SIERRA, Alberto, *Utopía y atopía de la Hispanidad: El proyecto de Confederación Hispánica,* Encuentro, Madrid, 2000.

NICOLA SIRI, Eros, *Historia del filibusterismo,* Los Libros del Mirasol, Buenos Aires, 1961.

OEXMELIN, Alex Olivièr, *Historias de piratas. Diario de un cirujano de a bordo,* Centro Editor de América Latina, Buenos Aires, 1972.

Oliva, Enrique, *Malvinas desde Londres,* Ciudad Argentina, Buenos Aires, 2004.

Oliveira Martins, Joaquín Pedro, *Historia de la civilización ibérica,* Aguilar, Madrid, 1988.

Oliver Muñoz, Victoria, «La Biblioteca del Colegio Máximo de San Pablo (1568-1767): Análisis bibliográficos y socioculturales», tesis doctoral, Universidad Complutense de Madrid, 1988.

Olivera Ravasi, Javier, *Que no te la cuenten I. La falsificación de la Historia,* Katejon, Buenos Aires, 2018.

— «La leyenda negra española y fray Bartolomé de las Casas», en https://www.es.catholic.net/op/articulos/53805/cat/279/la-leyenda-negra-espanola-y-fray-bartolome-de-las-casas.html#modal.

Opalín Chmielmiska, León, «El antisemitismo de Martín Lutero», *El Financiero,* 15 de marzo de 2021.

Ortega, Belén, «Esa rubia debilidad», *Clarín,* 23 de octubre de 2001, pág. 8.

Ortega y Gasset, José, *España invertebrada,* Revista de Occidente, Madrid, 1963.

Ortega y Medina, Juan A., *La evangelización puritana en Norteamérica. Delendi sunt Indi,* Fondo de Cultura Económica, México D. F., 1976.

Ortiz, Fernando, «La leyenda negra contra fray Bartolomé», *Cuadernos Americanos,* septiembre-octubre de 1952.

Ortiz García, Enrique, «El Hospital de Jesús, su templo y los restos de Hernán Cortés», en https://lopezdoriga.com/entretenimiento/el-hospital-de-jesus-su-templo-y-los-restos-de-hernan-cortes/.

Paige, Joy, *Sir Francis Drake: circumnavigator of the globe and privateer for Queen Elizabeth,* Rosen, Nueva York, 2003.

PALM, Rolf, *Los árabes: la epopeya del islam,* Javier Vergara Editor, Buenos Aires, 1980.
PALOMERA, Esteban Diego, *Diego Valdés, O.F.M. Evangelizador humanista de la Nueva España,* Universidad Iberoamericana, México D. F., 1988.
PANDRA, Alejandro, *Origen y destino de la Patria,* Punto de Encuentro, Buenos Aires, 2013.
PAREDES, Javier, «Leyendas fuera: la Revolución Francesa fue una matanza en serie de miles de inocentes... y el episodio más manipulado de la historia», en https://www.hispanidad.com/opinion/la-resistencia/leyendas-fuera-revolucion-francesa-fue-matanza-en-serie-miles-inocentes_12027404_102.html.
PATEL, Dinyar, «Cómo el gobierno colonial británico dejó morir de hambre a un millón de indios», en https://www.bbc.com/mundo/noticias-internacional-36507745.
PATRIARCA, Eliane, *La colpa dei vincitori,* Marchio Piemme, Milán, 2018.
PEIRÓ, Claudia, «Cuando Juan Perón acusaba de imperialistas a los detractores de la Conquista española de América», en https://www.infobae.com/2013/10/12/1515658-cuando-juan-peron-acusaba-imperialistas-los-detractores-la-conquista-espanola-america/.
PEREYRA, Carlos, *Las huellas de los conquistadores,* Porrúa, México D. F., 1896.
— *Hernán Cortés,* Espasa Calpe, Buenos Aires, 1947.
— *Historia del pueblo mexicano,* Polis, México, D. F., 1948.
— *Breve historia de América,* Aguilar, México D. F., 1949.
PÉREZ, Joseph, *La España del siglo XVI,* Espasa, Madrid, 2002.
— *Historia de España,* Crítica, Barcelona, 2014.
PÉREZ GALICIA, Guillermo Carlos, *España: esencia y origen,* SND, Madrid, 2021.

PERÓN, Eva, *Escribe Eva Perón,* Biblioteca del Congreso de la Nación, Buenos Aires, 2019.

PERÓN, Juan Domingo, *La Comunidad organizada y otros discursos académicos,* Macacha Güemes, Buenos Aires, 1973.

PI Y MARGALL, Francisco, *Historia general de América desde sus tiempos más remotos,* Astort Hermanos Editores, Madrid, 1878.

PICÓN SALAS, Mariano, *De la conquista a la independencia,* Fondo de Cultura Económica, México D. F., 1944.

PIÑEIRO ÍÑIGUEZ, Carlos, *Pensadores latinoamericanos del siglo XX. Ideas, utopías y destino,* Siglo XXI, Buenos Aires, 2006.

PIRENNE, Henri, *Mahoma y Carlomagno,* Alianza, Madrid 1985.

POINSETT, Joel Roberts, *Exposición de la conducta política de los Estados Unidos para con las nuevas Repúblicas de América,* Imprenta en la Ex-Inquisición, a cargo de Manuel Ximeno, México D. F., 1827.

PONTAVICE, Gabriel du, «Les "crimes" des chouans: deux cents ans de désinformation», *Chahier de Chiré,* núm. 7, 1999, págs. 249-253.

POPESCU, Oreste, «El Padre Pedro de Oñate (1567-1646) y su importancia en la historia del pensamiento económico latinoamericano», *Revista del Instituto de Investigaciones Musicológica Carlos Vega* 11 (1990), págs. 31-58.

POTEMKIN, Vladimir, *Historia de la diplomacia,* Lautaro, Buenos Aires, 1943.

PRESCOTT, William, *Historia de los Reyes Católicos,* Argonauta, Buenos Aires, 1947.

— *Historia de la conquista de México,* Compañía General de Ediciones, México D. F., 1953.

PUIGGRÓS, Rodolfo, *La España que conquistó el Nuevo Mundo,* Altamira, Buenos Aires, 2005.

Rabí Chara, Miguel, *Historia de la medicina peruana. El Hospital de Refugio de Incurables Santo Toribio de Mogrovejo,* ed. del autor, Lima, 1997.
— «La formación de médicos y cirujanos durante los siglos xvi a xix. Las escuelas prácticas de medicina y cirugía del Perú», *Anales de la Facultad de Medicina,* Lima, 2006, págs. 173-183.
— «Un capítulo inédito: el traslado del Hospital del Espíritu Santo de Lima a Bellavista (1750)», en https://pdfs.semanticscholar.org/cc78/411faf4437f29234bf3adc02b7e280149301.pdf.
Ram, Ben Ari, «Las rebeliones contra el incaico», tesis doctoral, Universidad Complutense de Madrid, Madrid, 1999.
Ramos, Jorge Abelardo, *Crisis y resurrección de la literatura argentina,* Indoamérica, Buenos Aires, 1954.
— «Introducción a la América Criolla», en *Estudios sobre el Supremo Dictador, Mariátegui y Haya de la Torre, la revolución hispanoamericana y Manuel Ugarte,* Mar Dulce, Buenos Aires, 1985.
— «El campo de batalla del imperialismo», *Marcha,* año I, núm. 12, Buenos Aires, 23 de octubre de 1986.
— «Argentina y América Latina en el fin del siglo», conferencias pronunciada el 2 de noviembre de 1992 en el Instituto de Historia Social Simón Rodríguez, en https://www.youtube.com/watch?v=Tj6yXo_64MY&fbclid=IwAR3tTfvyvsZe_mZH2m2jeNPcjTkNYbmAdQt56goN4-Dd_JhSSLij-dqiBgY.
— *Historia de la nación latinoamericana,* Dirección de publicaciones del Senado de la Nación, Buenos Aires, 2006.
Rebok, Sandra, *Humboldt y Jefferson. Una amistad transatlántica de la Ilustración,* Centro de Investigaciones Diego Barros Arana, Santiago de Chile, 2019.

Redeker, Robert, *Los centinelas de la humanidad: Filosofía del heroísmo y de la santidad,* Homo Legens, Madrid, 2020.

Redmond, Walter, «Lógica mexicana de Antonio Rubio: una nota histórica», *Revista de Filosofía Diánoia* 28 (1982), págs. 309-330.

Ricklefs, M. C., *A History of Modern Indonesia Since c. 1300,* Macmillan, Londres, 1993.

Rippy, James Fred, *British investments in Latin America, 1822-1949,* Minneapolis University of Press, Minnesota, 1950.

Roca Barea, María Elvira, «Las pruebas que confirman el Holocausto azteca», *El Mundo,* Madrid, 10 de julio de 2017.

— «España en el mundo de Martín Lutero», en https://www.elmundo.es/cultura/literatura/2017/10/30/59f5ff8fca4741a6658b45f9.html.

— *Imperiofobia y leyenda negra,* Siruela, Madrid, 2018.

— «El indio Gerónimo hablaba español», en https://elpais.com/cultura/2019/01/08/actualidad/1546958387_643634.html.

— *Fracasología. España y sus élites: de los afrancesados a nuestros días,* Espasa, Barcelona, 2019.

Rodó, José Enrique, *El mirador de Próspero,* Cervantes, Barcelona, 1928.

Rodríguez Shadow, María, *La mujer azteca,* Universidad Autónoma del Estado de México, México D. F., 1991.

Roel Pineda, Virgilio, *Conatos, levantamientos, campañas e ideología de la independencia. Historia del Perú. Perú Republicano,* tomo VI, Mejía Baca, Lima, 1982.

Rojas, Rodrigo, «Los 9 hospitales más grandes de México», en https://www.saludiario.com/los-9-hospitales-mas-grandes-de-mexico/. Consultado el 10 de marzo de 2020.

ROMERO-HUESCA, Andrés y RAMÍREZ-BOLLAS, Julio, «La atención médica en el Hospital Real de Naturales», *Cirugía y Cirujanos* 6 (2003), págs. 496-503.

ROOS, Ann, KEEGAN, Willliam, PATEMAN, Michael y YOUNG, Collen, «Faces Divulge the Origins of Caribbean Prehistoric Inhabitants», en https://www.nature.com/articles/s41598-019-56929-3.

ROPS, Daniel, *La Iglesia del Renacimiento y de la Reforma protestante,* Luis Caralt, Barcelona, 1956.

ROSA, José María, *Defensa y pérdida de nuestra soberanía económica,* Huemul, Buenos Aires, 1954.

— *Historia argentina,* Oriente, Buenos Aires, 1974.

ROSA OLMOS, Ramón, *Benjamín Poucel: un viajero francés que visitó Catamarca a mediados del siglo XIX,* La Unión, Catamarca, 1970.

ROSENBLAT, Ángel, *La población indígena de América desde 1492 hasta la actualidad,* Instituto de Cultura Española, Buenos Aires, 1945.

ROSTWOROWSKI, María, *Historia del Tahuantinsuyo,* Instituto de Estudios Peruanos, Lima, 1999.

— *Pachacútec Inca Yupanqui,* Instituto de Estudios Peruanos, Lima, 2001.

RUIZ MARRUL, David, «Los incas sacrificaban a sus niños exponiéndolos a los rayos eléctricos», en https://www.lavanguardia.com/cultura/20191001/47759656973/incas-volcan-ninos-imperio-sacrificio-cuzco-rayo-electrico.html?utm_term=botones_sociales&utm_source=whatsapp&utm_medium=social.

SADURNÍ, J. M., «El bombardeo de Dresde en la Segunda Guerra Mundial», en https://histori.nationalgeographic.com.es/a/bombardeo-dresde-segunda-guerra-mundial_15087.

Sáenz, Alfredo, *La nave y las tempestades. La Reforma protestante,* Gladius, Buenos Aires, 2005.

— *La Revolución francesa,* Gladius, Buenos Aires, 2007.

— *La epopeya de La Vendée,* Gladius, Buenos Aires, 2009.

Sáez, José Luis, *Los hospitales de la ciudad colonial de Santo Domingo. Tres siglos de medicina dominicana (1503-1883),* Organización Panamericana de la Salud, Santo Domingo, 1996.

Sala, Carlos, «George Washington, el presidente que persiguió indignado a sus esclavos fugados», en https://www.larazon.es/cataluna/20200625/ltna2fo255elpcarsrq7d55fne.html.

Salado Álvarez, Victoriano, *Poinsett y algunos de sus discípulos,* Jus, México D. F., 1968.

Salinas, Midory, «El primer hospital de América y tumba de Cortés», en https://www.eluniversal.com.mx/entrada-de-opinion/colaboracion/mochilazo-en-el-tiempo/nacion/sociedad/2016/08/29/el-primer-hospital.

Sánchez, Luis Alberto, *Breve historia de América,* Losada, Buenos Aires, 1965.

— *Haya de la Torre y el APRA,* Universo, Lima, 1985.

Sánchez Albornoz, Claudio, *España, un enigma histórico,* tomo II, Editorial Hispanoamericana, Barcelona, 1973.

Sánchez Mantero, Rafael, *Fernando VII,* Arlanza, Madrid, 2001.

Sánchez Ruiz, Juan Fracisco y Tejeda Resales, María Elena, «Las formas farmacéuticas en el *libellus de medicinalibus indorum herbis*», *Revista mexicana de ciencias farmacéuticas* 4 (2011), págs. 39-49.

Sánchez Uriarte, María del Carmen, «El hospital de San Lázaro de la Ciudad de México y los leprosos novohispanos durante la segunda mitad del siglo xviii», *Estudios de Historia Novohispana* 42 (2010), págs. 81-113.

SCALABRINI ORTIZ, Raúl, *Política británica en el Río de la Plata,* Sol 90, Buenos Aires, 2001.

SCHJELLERUP, Inge, *Incas y españoles en la conquista de los chachapoya,* Fondo Editorial de la Pontificia Universidad Católica del Perú, Lima, 2005.

SCHRIJVERS, Peter, *The Crash of Ruin: American Combat Soldiers in Europe During World War II*, New York University Press, Nueva York, 1998.

SCHUCK, Jean, *Historia de la Iglesia de Cristo,* Dinor, San Sebastián, 1957.

SEBRELI, Juan José, *El asedio a la modernidad,* Sudamericana, Buenos Aires, 1992.

SECHER, Reynald, *La Vendée-Vengé. Le génocide franco-français,* PUF, París, 1986.

— «La Vendée: génocide et mémoricide», *Chahier de Chiré,* núm. 8, 1993, págs. 267-277.

SESÉ, Teresa, «El silencio de los dos millones de alemanas violadas por el Ejército Rojo en 1945», en https://www.lavanguardia.com/cultura/20191015/47986835064/ejercito-rojo-violaciones-alemania-1945-aisha-azoulay-fundacio-tapies.html.

SIERRA, Vicente, *Historia de la Argentina. Introducción, conquista y población (1492-1600),* Unión de Editores Latinos, Buenos Aires, 1956.

— *Así se hizo América,* Docencia, Buenos Aires, 2013.

— *El sentido misional de la conquista de América,* Docencia, Buenos Aires, 2013.

SILBERSTEIN, Enrique, *Los constructores del capitalismo. Piratas, filibusteros, corsarios y bucaneros,* Centro Editor de América Latina, Buenos Aires, 1968.

SODI DE PALLARÉS, María Elena, *Enciclopedia de México, Historia de una obra pía,* Fernández Editor, México D. F., 1999.

SOLIZ RADA, Andrés, «Pugna de modelos civilizatorios: indigenismo o Estados continentales», en https://www.rebelion.org/noticia.php?id=158937.

SOMEDA, Hidefuji, *Apología e Historia. Estudios sobre Fray Bartolomé de las Casas,* PUCP, Lima, 2005.

STAFFORD CORBETT, Julian, *Drake and the Tudor navy, with a history of the rise of England as a maritime power,* B. Franklin, Nueva York, 1965.

STARR, Kevin, *California: A History,* The Modern Library, Nueva York, 2005.

SULÉ, Jorge Óscar, *Iberoamérica y el indigenismo,* Fabro, Buenos Aires, 2011.

TANGIR, Daniel Eduardo, *Piratas, corsarios y filibusteros,* Círculo Latino, Barcelona, 2004.

TEJERINA CARRERAS, Ignacio, «Yrigoyen y el Día de la Raza: día de la América Criolla», en https://institutoyrigoyen.tripod.com/raza.htm.

THOMAS, Hugh, *La conquista de México: el encuentro de dos mundos, el choque de dos imperios,* Planeta, México D. F., 1993.

— *El Imperio español. De Colón a Magallanes*, Planeta, Buenos Aires, 2004.

TOMASINI, Carlos, «El primer hospital de América tiene 500 años», en https://www.chilango.com/ciudad/hospital-de-jesus-historia-primer/.

TONIOLLI, Eduardo, *Manuel Gálvez. Una historia del nacionalismo argentino,* Remanso, Rosario, 2018.

TORIBIO DE BENAVENTE, *Historia de los indios de la Nueva España,* en https://www.fundacionaquae.org/wp-content/uploads/2017/07/Historia-de-los-Indios.pdf.

TOYNBEE, Arnold, *Estudio de la Historia,* Emecé, Buenos Aires, 1967.

TRÍAS, Vivian, «El Imperio británico», *Cuadernos de Crisis* 24 (1976), págs. 1-80.

Ugarte, Manuel, *El arte y la democracia,* F. Sempere, Valencia, 1904.
— *El porvenir de la América Española. La Raza. La integridad territorial y moral. La organización interior,* edición definitiva, corregida y aumentada por el autor, Prometeo, Valencia, 1920.
— *Mi campaña hispanoamericana,* Cervantes, Barcelona, 1922.
— *Escritores Iberoamericanos de 1900,* Vértice, México D. F., 1947.
— *La reconstrucción de Hispanoamérica,* Docencia, Buenos Aires, 2010.
Valadés Sierra, Juan Manuel, «Diego Valadés, un barcarroteño en la conquista de México», *Revista de Estudios Extremeños* 3 (2011), págs. 1293-1346.
Valdés, Diego, *Fray Diego, Retórica Cristiana,* Fondo de Cultura Económica, México D. F., 1989.
Van Deusen, Nancy E., *Entre lo sagrado y lo mundano. La práctica institucional y cultural del recogimiento en la Lima virreinal,* Institut français d'études andines, Lima, 2007.
Vargas Ugarte, Rubén, *Historia General del Perú,* tomo VI, Emancipación (1816-1825), Carlos Milla Batres, Lima, 1981.
Vasconcelos, José, *La raza cósmica. Misión de la raza iberoamericana,* Agencia Mundial de Librería, París, 1928.
— *Breve historia de México,* Continental, México D. F., 1959.
— *Bolivarismo y monroísmo,* Universidad Nacional de Lanús, Remedios de Escalada, 2014.
Velásquez Arango, Juan José, «Nuevas perspectivas para la historia del pueblo pijao, siglos xvi y xvii», en https://www.scielo.org.co/pdf/frh/v26n1/2539-4711-frh-26-01-256.pdf.
Velásquez Fernández, Katherine Andrea, «Características farmacobotánicas y de propagación de Ternstroemia te-

pezapote», informe de tesis, Universidad de San Carlos de Guatemala, Guatemala, 2009.
VERNIER, Martha Elena, «La Rhetorica Chistiana de Diego Valdés», en https://www.jstor.org/stable/40854981?seq=1#page_scan_tab_contents.
VIZCARRA, Zacarías, *La vocación de América,* Gladius, Buenos Aires, 1995.
VV. AA., *Historia general de la República del Ecuador,* tomo I, capítulo 3, «Usos y costumbres de las antiguas tribus indígenas del Ecuador», en https://www.cervantesvirtual.com/obra-visor/historia-general-de-la-republica-del-ecuador-tomo-primero--0/html/0012f708-82b2-11df-acc7-002185ce6064_14.html.
WHEWELL, Tim, «Cómo fue el "genocidio olvidado" de Namibia, cometido por Alemania y reconocido un siglo después», en https://www.bbc.com/mundo/noticias-internacional-57282350.
WINTHROP, John, *Considerations for the Plantation of New England,* 1629.
WOBESER, Gisela, «Los indígenas y el movimiento de Independencia», *Estudios de cultura náhuatl* 42 (2011), págs. 299-312.
YÁÑEZ, Agustín, *Fray Bartolomé de las Casas: el conquistador conquistado,* Planeta, México D. F., 2014.
YURMAN, Pablo, *La intelectualidad femenina en la España que descubrió América,* conferencia pronunciada en el Centro de Estudios de Historia Constitucional Argentina, 9 de marzo de 2022.
— «Reconquista o el pueblo como protagonista de la historia», en https://nomeolvidesorg.com.ar/wpress/?p=2551.
ZAVALA, José María, *Isabel la Católica. Por qué es santa,* Homo Legens, Madrid, 2019.

Índice onomástico